资本品与部门创新：
中国机床工具工业的演化
（1949—2019）

严鹏 著

科学出版社

北京

内 容 简 介

机床工具工业是一个在经济与军事上同时具有高度战略性地位的行业。机床工具工业的创新，是人类制造能力发展最为活跃的因素之一，也是国家战略安全的基石。本书从"机床工具工业"这一具有战略性地位的行业发展史入手，运用档案、口述史料、企业内部报刊与文件、厂志、行业协会成系列报纸等多种前人未曾使用过的原始史料，完整刻画了新中国成立以来该行业的发展历程、发展路径、发展特点、发展成就及影响，特别是中国工业界以引进为基础，坚持持续创新的奋斗历程及其成绩，从一个崭新的角度诠释和展示了新中国发展史和改革开放史。作者运用演化与创新经济学的理论工具分析了该产业追赶与创新的机制，总结了工业史与工业创新的规律，深具学术价值，对于促进中国资本品部门"由大变强"以及构建现代产业体系具有重要的现实意义。

本书适合对工业史、技术史、经济史、改革开放史、现代化史、当代中国史和机床工业创新史感兴趣的读者阅读。

图书在版编目（CIP）数据

资本品与部门创新：中国机床工具工业的演化：1949—2019 / 严鹏著. -- 北京：科学出版社，2024.8. -- ISBN 978-7-03-079224-2

Ⅰ．F426.41

中国国家版本馆 CIP 数据核字第 2024TQ3781 号

责任编辑：李春伶　李秉乾 / 责任校对：张亚丹
责任印制：肖　兴 / 封面设计：有道文化

科学出版社 出版

北京东黄城根北街 16 号
邮政编码：100717
http://www.sciencep.com

天津市新科印刷有限公司印刷
科学出版社发行　各地新华书店经销

*

2024 年 8 月第 一 版　　开本：720×1000　1/16
2024 年 8 月第一次印刷　　印张：21 1/4
字数：350 000

定价：96.00 元

（如有印装质量问题，我社负责调换）

国家社科基金后期资助项目
出版说明

后期资助项目是国家社科基金设立的一类重要项目，旨在鼓励广大社科研究者潜心治学，支持基础研究多出优秀成果。它是经过严格评审，从接近完成的科研成果中遴选立项的。为扩大后期资助项目的影响，更好地推动学术发展，促进成果转化，全国哲学社会科学工作办公室按照"统一设计、统一标识、统一版式、形成系列"的总体要求，组织出版国家社科基金后期资助项目成果。

全国哲学社会科学工作办公室

目　录

绪论　国家工业创新的核心 ……………………………………… 1

第一章　打造部门创新体系：中国机床工具工业的奠基
　　　　（1949—1957）………………………………………… 27
　　第一节　历史遗产：中国机床工具制造的起源与基础 ……… 28
　　第二节　行业体系形成：中国机床工具工业成为独立行业 … 37
　　第三节　小结：战略倾斜下的部门创新体系建立 …………… 59

第二章　部门创新要素积累：中国机床工具工业的成长
　　　　（1958—1976）………………………………………… 61
　　第一节　波动发展：政策主导下的机床工具工业演化 ……… 61
　　第二节　行业战役：计划经济体制下的资本品部门创新 … 113
　　第三节　小结：计划指令下的部门创新要素积累 ………… 133

第三章　部门创新体系重构：中国机床工具工业的转型
　　　　（1977—2000）………………………………………… 134
　　第一节　行业体系渐变：中国机床工具工业的改革与开放 … 135
　　第二节　行业体系重构：中国机床工具工业的市场化演变 … 169
　　第三节　追赶创新前沿：中国数控机床产业的兴起 ……… 197
　　第四节　小结：战略转型下的部门创新体系重构 ………… 233

第四章　创新要素的新积累：中国机床工具工业的新体系
　　　　（2001—2019）………………………………………… 235
　　第一节　周期循环：中国机床工具工业的扩张与重组 …… 235
　　第二节　战略需求：国家政策推动下的机床工具工业创新 … 272

第三节　生态演化：中国机床工具工业在追赶中创新 ………… 286
　　第四节　小结：演化时机与部门创新要素的重新积累 ………… 311
结论　后发展国家的资本品部门创新 ………………………………… 312
主要参考文献 …………………………………………………………… 317
后记 ……………………………………………………………………… 328

表 目 录

表 0-1	创新的类型	7
表 0-2	部门创新要素样式分析	11
表 0-3	机床工具工业创新的层次	21
表 0-4	中国机床工具工业演化与创新的阶段	24
表 1-1	近代上海机械企业进出机床行业的机制	31
表 1-2	中国机床工业的"十八罗汉"	38
表 1-3	中国机床工具工业早期主体类型	54
表 1-4	一机部定点厂金切机床产量（1949—1957年）	55
表 2-1	毛泽东时代机床工具工业的部门创新分析	69
表 2-2	一机部定点厂的金切机床产量（1958—1965年）	79
表 2-3	机床工具工业的三线建设企业	85
表 2-4	星火机床厂主要经济技术指标（1970—1976年）	89
表 2-5	青海重型机床厂的生产纲领	93
表 2-6	北京第一机床厂的经营数据（1967—1976年）	100
表 2-7	美国机床工具工业代表团1975年来华座谈情况	115
表 2-8	世界主要大型侧面拉床参数（20世纪70年代初）	128
表 2-9	二汽战役中的资本品部门创新	132
表 3-1	中国改革开放后资本品部门创新体系的演化	138
表 3-2	机床工具工业的主体重构	144
表 3-3	上海机床厂世界银行贷款项目用款情况	158
表 3-4	上海机床公司世界银行贷款项目各厂投资分配情况	159
表 3-5	上海第二机床厂世界银行贷款项目投资情形	161
表 3-6	后发展国家资本品部门的演化类型	163
表 3-7	中国机床工具工业主要经济指标（1990—1995年）	175

表 3-8　中国机床工具工业的利润（1995—2000 年）……………………176
表 3-9　中国机床进出口情况（1990—1995 年）……………………………177
表 3-10　中国金切机床的进口（1990—2000 年）…………………………180
表 3-11　中国数控金切机床产量（1995—2000 年）………………………185
表 3-12　中国国产机床国内市场占有率（1995—2000 年）………………188
表 3-13　美日数控机床发展过程对比表……………………………………201
表 3-14　主要数控机床重点产品研制项目表（1976 年）…………………205
表 3-15　中国国产数控系统的早期应用案例………………………………217
表 3-16　沈阳第三机床厂的生产经营情况（1991—1995 年）……………222
表 3-17　华中数控早期演化与创新阶段……………………………………232
表 4-1　中国机床工具工业基本情况（2001—2005 年）……………………237
表 4-2　中国机床工具工业产品销售率与利润（2005—2010 年）…………238
表 4-3　中国机床工具工业固定资产投资资金来源（2007—2010 年）……238
表 4-4　"十五"期间中国机床工具工业海外并购项目……………………241
表 4-5　沈阳机床集团主要经营指标完成情况（2003—2011 年）…………249
表 4-6　济南二机床设计制造外防护的创新过程……………………………256
表 4-7　机床工具工业企业所有制结构（2006—2010 年）…………………257
表 4-8　中国进口金属加工机床 10 强企业（2007 年）………………………261
表 4-9　机床工具工业各分行业主要财务指标完成情况（2013 年）………264
表 4-10　沈阳机床股份有限公司主要财务数据（2015—2016 年）………266
表 4-11　华中 8 型数控系统在汽车零部件相关课题中的配套应用
　　　　（截至 2016 年）………………………………………………………279
表 4-12　大连光洋的演化阶段及其动力………………………………………300
表 4-13　科德的发展情况（2019—2021 年）…………………………………301
表 4-14　大连光洋创造力的形成与演化………………………………………305

绪论　国家工业创新的核心

1776 年，瓦特（James Watt）的合伙人博尔顿（Matthew Boulton）满意地写道："威尔金森曾为我们镗削过几个几乎没有缺陷的缸体，他为本特利公司加工的直径为 50 英寸的缸体，其误差不到旧英币 1 先令的厚度。"[1]当时瓦特正在改良蒸汽机，工匠威尔金森发明的镗床原本是用来制造大炮的，但恰好派上了用场。除了镗床外，其他机床对瓦特改良蒸汽机也发挥了巨大作用。例如，在约 1820 年引入刨床前，蒸汽机的制造只能依赖技艺高超的手工劳动，但花费冗长的时间加工出来的平面却很少。瓦特改良的蒸汽机成为工业革命的引擎，而瓦特能成功改良蒸汽机，离不开英国机床工具工业（machine tool industry）创新带来的金属加工能力。换言之，机床工具工业是工业革命必不可少的助力。

1941 年 5 月，美国总统罗斯福（Franklin Roosevelt）写信给负责工业动员的生产管理局局长克努森（William Knudson）等，称："我已经看到机床工具工业在过去几个月里稳定而持续地增长。与此同时，我看到了我们兵工厂里的关键设备每周都在不断增加运转时数。我知道这种成就来源于你们的辛勤工作，你们的协作，以及全国各个工厂里的管理者和工人们。但这还不够。"克努森于是写信给美国的机床制造商，要求增产："不要等待了！让我们前进并且保持前进！让我们忘掉所有的事情，除了我们国家的安全。"[2]美国在第二次世界大战中被称为"民主的兵工厂"（Arsenal of Democracy），早在直接参战前，就以军需物品的生产支援反法西斯国家，并最终依靠其庞大的工业产能为国际反法西斯战争的胜利创造了物质条件。为军需生产提供生产设备的机床工具工业，在第二次世界大战的工业动员中，占据着中心位置。

由上可见，机床工具工业是一个在经济上与军事上同时具有高度战略性的行业。机床工具工业的创新，是人类制造能力发展最为活跃的因素之一，也是国家战略安全的基石。美国学者曾这样评价机床工具工业的重要

---

[1] 〔英〕查尔斯·辛格等主编：《技术史》第 4 卷《工业革命》，辛元欧、刘兵主译，北京，中国工人出版社，2020 年，第 423 页。

[2] Broehl W G. *Precision Valley: The Machine Tool Companies of Springfield, Vermont*. New York: Prentice-Hall, Inc., 1959: 170-171.

性："没有世界水平的机床业是不可能有世界水平的制造业的。如果完全依靠进口是不可能有世界水平的机床业的。"[1]自工业革命以来，机床工具工业一直居于国家工业创新体系的核心，一国机床工具工业的创新问题，往往也是该国工业创新的核心问题。对那些战略物资不能依赖进口的大国来说，尤其如此。中华文明历史悠久，勤劳的中国先民从简单的劳动工具中逐渐发展出了机床的雏形，但是，严格意义上的机床是作为一种西方技术在近代被引入中国的。中华人民共和国成立后，依托重工业优先发展的国家战略，中国逆市场比较优势而为，建立起了一个独立的资本品（capital goods）部门，机床工具工业在该部门里承担重要职能。改革开放以来，中国的资本品部门的创新体系逐渐重构，机床工具工业成为一个高度市场化的完全竞争性行业，在规模壮大为世界第一的同时，创新能力却仍与先进国家存在较大差距，可谓中国制造业"大而不强"的一个缩影。与消费品部门相比，资本与技术更加密集的资本品部门，在后发展国家不具备比较优势，其追赶与创新尤为困难，也是被发达国家"卡脖子"的关键部门。研究中国机床工具工业的历史，分析其演化过程中所反映的资本品部门创新的机制与问题，对于中国建立自主可控的国家工业创新体系，具有以史为鉴的重要意义。

一、工业的心脏：资本品部门与机床

人的经济活动是从生产到消费的不断循环。马克思将资本主义社会的总生产分为两大部类：一类是生产资料，指具有必须进入或至少能够进入生产消费的形式的商品；另一类是消费资料，指具有进入资本家阶级和工人阶级个人消费的形式的商品。这两个部类中，每一部类拥有的所有不同生产部门，总合起来都形成一个单一的大的生产部门：一个是生产资料的生产部门，另一个是消费资料的生产部门。实际上，在整个人类经济史上，生产资料的生产部门和消费资料的生产部门一直存在，分别满足着社会的生产与消费需求，但直到资本主义时代，这两大生产部门才实现工业化。生产资料的生产部门是积累的关键。马克思指出，资本主义社会把它所支配的年劳动的较大部分用来生产生产资料（即不变资本），而生产资料既不能以工资形式也不能以剩余价值形式分解为收入，而只能作为资本执行职能。[2]因此，生

---

[1] 〔美〕德托佐斯等：《美国制造：如何从渐次衰落到重振雄风》，惠永正等译，北京，科学技术文献出版社，1998年，第19页。

[2] 〔德〕马克思：《资本论（纪念版）》第二卷，中共中央马克思恩格斯列宁斯大林著作编译局编译，北京，人民出版社，2018年，第438—439、489页。

产资料的生产部门便是一种资本品部门。在美国商务部使用过的标准中，资本品包括非军事装备中的机械设备、电气与电子设备、不包含汽车的交通运输设备、仪器与相关设备。[①]这一标准将资本品等同于除汽车工业外的整个民用机械工业与电子工业的产品，由此而形成的资本品部门约同等于中国提出的装备制造业。美国商务部之所以将汽车这种机械产品排除在资本品之外，是因为现代汽车工业的主体产品——轿车属于耐用消费品。不过，美国商务部的标准实际上缩小了资本品的范围。在现代经济活动中，除了装备制造业外，冶金工业、化学工业等重工业同样在提供生产资料，其大量产品亦属于资本品。发展经济学家张培刚将工业化视为一系列"基要的生产函数"（strategical production function）连续发生变化的过程，所谓基要的生产函数大都与资本品工业相关联，指的是交通运输、动力工业、机械工业、钢铁工业诸部门。[②]因此，张培刚对资本品工业或资本品部门的界定，更符合马克思的理论，指的就是生产资料的生产部门。在张培刚看来，工业化又可以被定义为生产的"资本化"，即社会的整个生产结构呈现出资本品相对增加和消费品相对减少的特征。[③]这一观点与前述马克思的论述是相吻合的。故而，在张培刚的工业化模型中，资本品部门具有战略性，在工业化进程中占据中心地位，引导着农业和消费品部门产生结构性与本质性的变化。换言之，资本品部门是现代经济演化的驱动性部门，是物质积累的中心。

资本品部门之所以具有战略性，是因为该部门的产品是生产技术的物化，直接决定着生产活动的技术水平。例如，消费品部门的衣服、鞋帽、食品等产品，在生产过程中需要使用设备，设备的技术水平与先进程度，在很大程度上决定着这些消费品的生产数量、周期、品质乃至产品本身的生产可能性。用于生产这些消费品的设备就是资本品，而生产制造这些设备的部门就是资本品部门。资本品部门对消费品部门的主导性与制约性由此体现。经济学家在对创新进行测度时，总结了创新在部门间的流动，指出机械、仪器与电子这三个主要的工程部门的创新向其他部门流动的重要

[①] Eckley R S. *Global Competition in Capital Goods: An American Perspective*. New York: Quorum Books, 1991: 1.

[②] 张培刚：《农业与工业化（上卷）：农业国工业化问题初探》，武汉，华中科技大学出版社，2002年，第64—65页。

[③] 张培刚：《农业与工业化（上卷）：农业国工业化问题初探》，武汉，华中科技大学出版社，2002年，第96页。

性。①如前所述，机械、仪器与电子工业的产品是最主要的资本品。因此，资本品部门在工业化进程中具有中心性，而机械工业等装备制造业在资本品部门里又占据核心地位。戴维·兰德斯（David S. Landes）在分析第一次工业革命时，将机械工业称为"新经济文明的心脏"②。若进一步分析，则会发现机床工具工业在机械工业中又居于中心。

机床工具工业是机床工业与工具工业的合称，这两者密不可分，因为工具既有独立性，又是机床的组成部分。简单地说，机床就是用来制造机器的机器。在美国，机床被定义为"一种使用动力的用来切割金属、使金属成形或塑造金属的非手工设备"，又被称为机器的"母亲"或"主人"，因为它是用来制造一切机器的机器。③在中国，机床曾被译为"母机"或"工具机"，其当代定义是："用切削或变形等方法使工件获得所要求的形状、尺寸和表面质量的机器。一般指金属切削机床、木工机床和锻压机床等。"④生产机床与工具的行业便是机床工具工业。机床工具工业被誉为"工业的心脏"，是机械工业的重要组成部分，是为国民经济各部门的机器制造和修理提供技术装备的行业。机床工具工业的产品水平和技术服务水平，对于机械工业产品生产技术和经济效益的提高起着决定性作用。⑤实际上，机床种类繁多，从用来制造大型航天设备的重型机床，到用来加工玩具零件的小型机床，都被囊括于"机床"名下。于是，机床工具工业又依产品的分类而包含众多细分行业或小行业。中国的机床工具工业已形成涵盖金属切削机床（以下简称金切机床）、金属成形机床、铸造机械、木工机床、数控装置、功能部件、工具及量具量仪、机床电器和磨料磨具等细分行业的完备的机床工具产业体系。在这个产业体系的产品中，各类机床和铸造机械是机器制造业需要的基本生产设备，工具及量具量仪、磨料磨具和功能部件是与机床配套使用的工艺装备，而数控装置与机床电器则是与机床等主机设备的控制系统配套的电器元件、器件、装置和系统。这三类产品构成了一个完整的体系。

---

① 〔挪〕詹·法格博格等主编：《牛津创新手册》，柳卸林等译，上海，东方出版中心，2021年，第202页。

② Landes D S. *The Unbound Prometheus: Technological Change and Industrial Development in Western Europe from 1750 to the Present*. Cambridge: Cambridge University Press, 2003: 40.

③ Holland M. *From Industry to Alchemy: Burgmaster, a Machine Tool Company*. Washington D. C.: BeardBooks, 1989: 2.

④ 辞海编辑委员会编纂：《辞海》（第六版彩图本），上海，上海辞书出版社，2009年，第998页。

⑤ 《当代中国》丛书编辑部编：《当代中国的机械工业》（上），北京，中国社会科学出版社，1990年，第117页。

制造工具与使用工具进行劳动的能力，是人类与动物的重要区别。工具的演化，是贯穿人类经济活动演化的中心线索之一。工具制造活动的工业化，是现代资本品部门形成的基础，而用来制造工具的工具一旦工业化，也就居于资本品部门中心之中心了。机床工具工业就是制造工具的工具实现工业化的产物。马克思指出了机床工具工业对于工业革命的意义："大工业必须掌握它特有的生产资料，即机器本身，必须用机器来生产机器。这样，大工业才建立起与自己相适应的技术基础，才得以自立。随着19世纪最初几十年机器生产的发展，机器实际上逐渐掌握了工具机的制造。"① 机床工具工业，正是生产资本品的资本品工业。从创新角度看，机床工具工业属于"携带者行业"，即专门供应技术的特定行业。② 因此，研究英国机床工具工业史的经济史学者指出，这一行业"作为资本品供给者在众多工业行业中发挥着中心作用"③。由此可见，机床属于核心资本品，机床工具工业可以被视为核心资本品部门。普通消费者在市场上购买的消费品以及所需要的基础设施，是通过一般资本品生产出来的，而一般资本品又必须依赖核心资本品生产出来。因此，核心资本品就是用来生产资本品的资本品，在机械工业里，自然就是机床及其附属的工具了。核心资本品部门，往往规模不大，最为远离消费者，但具有最高的知识与技术集成度。在国家与国家的工业经济竞争中，在后发展国家与发达国家动态竞争的产业升级过程中，核心资本品部门堪称决战的战场。

正因为资本品部门是现代经济积累与创新的中心，而机床工具工业又位于资本品部门的中心，所以，以机床工具工业的演化为案例来探讨资本品部门的创新问题，是研究国家工业创新的核心课题之一。

二、部门创新及其要素：理论源流

创新是现代经济发展的动力，是国家竞争力的源泉，自18世纪中叶以来，具有战略意义的创新主要发生在工业领域。熊彼特（Joseph Schumpeter）被称为"创新经济学之父"，其理论至今仍有巨大的影响力，他反对新古典经济学静态的经济观，认为现代经济的本质就在于经济

---

① 〔德〕马克思：《资本论（纪念版）》第一卷，中共中央马克思恩格斯列宁斯大林著作编译局编译，北京，人民出版社，2018年，第441页。
② 〔挪〕詹·法格博格等主编：《牛津创新手册》，柳卸林等译，上海，东方出版中心，2021年，第511页。
③ Floud R. *The British Machine-Tool Industry, 1850-1914*. Cambridge: Cambridge University Press, 1976: 2.

系统必然趋向于偏离均衡。①熊彼特所提出的创造性毁灭（creative destruction，或译为创造性破坏）理论，刻画了现代经济因创新而出现结构性变化的特征。从其文字表述看，他所说的创新就是指各种层面上的工业革命："国内国外新市场的开辟，从手工作坊和工厂到像美国钢铁公司这种企业的组织发展，说明了产业突变（industrial mutation）的同样过程——如果我可以使用这个生物学术语的话——它不断地从内部使这个经济结构革命化，不断地破坏旧结构，不断地创造新结构。这个创造性破坏的过程，就是资本主义的本质性的事实。"②此处的资本主义，指的就是以市场经济为基础的现代经济体系。必须指出的是，熊彼特的理论受到过马克思的影响，对于尊熊彼特为奠基者的现代创新经济学来说，马克思主义政治经济学也是重要的学术源头与理论灵感之一。事实上，有创新经济学家认为，马克思认识到创新在现代经济发展中的绝对中心地位，其特别的贡献是认识到创新在竞争性斗争中的作用。③

自熊彼特以来，经济学对创新的探讨已经有了深厚的积累，形成了庞大的理论体系。经济学家所研究的创新主要是一种以企业为主体的市场经济行为。实际上，熊彼特早就区分了发明与创新的不同，这种不同之处，也是纯粹的发明活动与系统性的经济活动的区别。经济学家所探讨的创新，没有发明所严格要求的首创性，也不像发明那样通常局限于技术与科学领域。熊彼特提出的经典的五种创新类型，包括推出新产品、采用新生产方法、开辟新市场、获取原料或半成品的新供应来源以及缔造新组织，在边界上是模糊与宽泛的。例如，对于新市场，熊彼特的界定是"有关国家的某一制造部门以前不曾进入的市场，不管这个市场以前是否存在过"；对于原材料或半成品的新供应来源，他则强调"不问这种来源是已经存在的，还是第一次创造出来的"。④熊彼特在提出这五种创新类型时，均解释了创新并不意味着首创或"第一"，相反，他强调的是创新必须在经济上具有影响力。根据这一界定，某种产品即使在发达国家已经成熟，但只要将该种产品引入此前缺乏该产品的后发展国家的市场，或在后发展

---

① 〔美〕布朗温·H.霍尔、内森·罗森伯格主编：《创新经济学手册》第一卷，上海市科学学研究所译，上海，上海交通大学出版社，2017年，第4—5页。
② 〔美〕约瑟夫·熊彼特：《资本主义、社会主义与民主》，吴良健译，北京，商务印书馆，1999年，第146—147页。
③ 〔英〕斯旺：《创新经济学》，韦倩译，上海，格致出版社、上海人民出版社，2012年，第7页。
④ 〔美〕约瑟夫·熊彼特：《经济发展理论——对于利润、资本、信贷、利息和经济周期的考察》，何畏、易家详等译，北京，商务印书馆，1990年，第74页。

国家生产该产品以替代进口,都属于创新。重要的是,这种不同于发明的宽泛的创新行为会带来熊彼特所说的"企业家利润",而历史记录表明,首创性的发明有时无法给发明者带来经济上的回报。实际上,根据熊彼特的界定,创新既可以是"突变"的,也可以是渐进的微小改变。当代经济学家弗里曼(Chris Freeman)等从不同创新行为的特点的角度,区分了四种创新类型,如表 0-1 所示。[①]

表 0-1　创新的类型

类型	特点
增量创新	一线生产人员积累经验的"干中学"或用户提出反馈意见的"用中学"
基本创新	企业和(或)大学以及政府实验室中的研发,具有非连续性
"技术体系"的变革	增量创新和基本创新的一种组合,伴随着厂商的机构创新和管理创新,产生影响深远的技术进步
"技术经济模式"的变革("技术革命")	技术体系的变革程度大到对整个经济行为产生重要影响,包含多组增量创新和基本创新,并可能包含若干新技术体系

不同类型的创新发生于经济活动不同的层级,彼此独立又交叉影响,牵涉的主体包括个人、企业内部团队、企业、行业、大学及政府。从创新过程来看,知识是至关重要的因素。任何创新都是以知识为基础的,不管这种知识涉及技术、科学还是组织管理。知识在本质上是一种有用的信息。罗森伯格(Nathan Rosenberg)指出,创新常常发生在信息匮乏或不确定的环境中,一个企业创新的自然过程是,刚开始只拥有贫乏或非常有限的信息,随着经验和投资增加而获得新的信息。[②]不过,与纯粹的信息不同,知识的复制具有成本。这种成本可以解释创新的扩散绝非易事,而以创新为基础的现代经济发展存在着地理差异性,即某些地区领先,而某些地区落后。知识的生产需要时间和认知投入,也需要资源支持,有时还有意外发现。[③]因此,创新既有规律可循,又存在高度不确定性。但从研究的角度看,创新是可以分解为不同要素的,如知识、知识的生产者与搜寻者、起支持作用的资金、聚合不同要素的组织等。创新的过程,就是影响创新的要素积累与发生变化的演化过程。杰恩(Ravik Jain)等在研究研发组织管理时,就将研发组织划分为员工、思想、资金和文化这四种要

[①] 〔美〕G. 多西、C. 弗里曼、R. 纳尔逊,等合编:《技术进步与经济理论》,钟学义、沈利生、陈平,等译,北京,经济科学出版社,1992 年,第 58—60 页。

[②] 〔美〕罗森伯格:《探索黑箱:技术、经济学和历史》,王文勇、吕睿译,北京,商务印书馆,2004 年,第 5 页。

[③] 〔美〕布朗温·H. 霍尔、内森·罗森伯格主编:《创新经济学手册》第一卷,上海市科学学研究所译,上海,上海交通大学出版社,2017 年,第 64、255—262 页。

素，认为管理人员必须巧妙地将这四种要素进行整合，才能实现创新。[①]对创新进行要素分析，在研究上是可行的。

起初，熊彼特受19世纪工业创新特点的影响，将创新的主体聚焦于个体性的企业家，以企业家精神理论来解释创新。后来，熊彼特关注到组织在创新中的作用。不过，当代经济学家很早就注意到了熊彼特的不足之处，即熊彼特几乎没有注意到欠发达国家或后发展国家的创新问题，没有将国际贸易引入对创新的分析，也几乎没有谈到政府的政策对创新的影响。[②]换言之，熊彼特没有考虑国家，而国家既通过贸易政策与产业政策影响企业的创新活动，其本身又是重要的创新主体。后发展国家正是通过引进新技术与培育新产业这种创新方式，来追赶发达国家，尽管这些新技术与新产业的"新"只是相对而言，但这种相对性恰恰符合熊彼特对创新的界定。由此可以推论的是，后发展国家对领先国家的追赶实质上是一个持续性以及系统性的创新过程。创新的国别差异性，导出了国家创新体系或国家创新系统（National Innovation System 或 National Systems of Innovation）这一概念。[③]任何创新体系的中心活动都是学习，而学习是一种涉及人与人之间互动的社会活动，故国家创新体系是一种社会体系。创新体系同样是一种动态系统，被积极的反馈和再生产赋予其特性。国家之间的政治与文化差异，使创新体系具有国别性，尽管其边界有时候是模糊的。[④]将创新视为体系或系统，也暗含了创新是由不同要素构成的思想。

国家创新体系理论弥补了熊彼特理论的不足，使创新经济学能与讨论落后国家经济发展问题的发展经济学相融合。然而，在庞大的创新系统内，介乎国家与企业之间的部门也自成创新体系。此处的部门，在中文译著中通常被译为产业，但译者会解释，在同一本书里有些地方也会译成部门。[⑤]在中文学界，广义的产业是指国民经济中的各行各业，包括农业、工业、服务业等一切领域，而每一个具体的产业如农业、工业等又是由同类型企业的集合而成。狭义的产业则专门指工业或制造业内部的各种工业

---

① 〔美〕拉维·K.杰恩、哈里·C.川迪斯、辛西娅·W.韦克：《研发组织管理：用好天才团队》，柳卸林、刘建军译，上海，东方出版中心，2021年，第28页。

② 〔美〕G.多西、C.弗里曼、R.纳尔逊，等合编：《技术进步与经济理论》，钟学义、沈利生、陈平，等译，北京，经济科学出版社，1992年，第6—7页。

③ 〔挪〕詹·法格博格等主编：《牛津创新手册》，柳卸林等译，上海，东方出版中心，2021年，第229页。

④ Lundvall B A. *National Systems of Innovation: Toward a Theory of Innovation and Interactive Learning*. London: Pinter Publishers, 1992.

⑤ 〔挪〕詹·法格博格等主编：《牛津创新手册》，柳卸林等译，上海，东方出版中心，2021年，第466页。

部门或行业，这些工业部门或行业也是由一些具有相同生产技术特点或产品特点的企业组合而成。① 由此可见，在中文里，"产业""部门""行业"等概念存在交叉性，在很多场合是可以互换使用的。而在创新经济学里，部门是一组为了满足给定需求或正在出现的新需求，由某些关联的产品群组成，并拥有共同知识的活动集合体。一个部门系统框架关注的是三个维度：知识和技术领域、行为者和网络及制度。② 从上述关于产业和部门的定义出发可以推论，由共同生产机床与工具的企业所组成的机床工具工业，作为一种"行业"，既可以称为狭义的"产业"，也构成了创新经济学所说的"部门"。如果将产品的抽象特性放大，则机床工具工业又与其他生产资本品的行业或产业构成一个"部门"，即资本品部门。如此一来，在具有伸缩性的部门视角下，部门创新理论既可以用来分析机床工具工业这一具体行业部门的创新机制，又可以之为基础，探讨该行业部门所属的资本品部门的创新问题。

马雷尔巴（Franco Malerba，又译为马勒巴）指出，部门层级的创新具有体系性的特征，部门体系拥有一个知识基础（knowledge base）、技术、投入及潜在的或既存的需求。一般来说，每一个部门体系都可能会建立一个技术—产品矩阵（technologies-product matrix），将产品与一系列技术连接起来。部门体系除了可用于分析创新外，还可应用于研究生产。③ 研究部门创新的重要性在于创新具有部门异质性（heterogeneity），一些部门相当重要，驱动了整个经济的增长，很多国家的经济发展是由特定部门驱动的。帕维特（Keith Pavitt）等学者认为，在经济系统中，存在着产生经济中绝大多数创新和资源以及技术来源的核心部门，如电子、机械、仪器和化工等；还有创新较少且需要从核心部门获取技术的次级部门，如汽车和冶金等；以及主要吸收技术的使用者部门，如服务业等。④ 部门之间在创新上的异质性源于知识的异质性，即不同部门拥有与需要不同的知识。马雷尔巴指出，不同的行动主体知道以不同的方式去做不同的事情，由此，学习、知识与行为使行动主体在经验、能力和组织上必然呈

---

① 芮明杰主编：《产业经济学》（第三版），上海，上海财经大学出版社，2016年，第5页。
② 〔挪〕詹·法格博格等主编：《牛津创新手册》，柳卸林等译，上海，东方出版中心，2021年，第471页。
③ Malerba F. *Sectoral Systems of Innovation: Concepts, Issues and Analyses of Six Major Sectors in Europe*. Cambridge: Cambridge University Press, 2004: 1, 10, 18.
④ 〔澳〕马克·道奇森、〔英〕大卫·甘恩、尼尔森·菲利普斯编：《牛津创新管理手册》，李纪珍、陈劲译，北京，清华大学出版社，2019年，第148—149页。

现异质性，并带来行动主体不同的表现。这种观点吸收了演化经济学（Evolutionary Economics）的理论框架。[1]知识的异质性与知识的分工有密切关联。知识还具有积累性，这是因为新知识创造的程度建立在现有知识的基础之上。知识积累的来源包括三种途径："（1）认知。学习过程和过去的知识限制了当前的研究，但也产生了新的问题和新的知识。（2）企业及其组织能力。组织能力是企业特有的、具有高度路径依赖性的知识生产能力。组织能力定义了一个组织学习的内容和能够在未来获得什么。（3）来自市场的反馈，例如'成功孕育成功'的过程。创新成功产生了能够重新投入 R&D 活动的利润，并因此增加了再次创新的可能性。"[2]以对知识的特性的认知为基础，马雷尔巴描述了创新与部门演化的过程，即一个部门经历了知识、技术、学习、能力、产品类别与制度的转变过程，部门内行动主体之间的关系网络也发生了改变，这些行动主体影响了部门内的创新和绩效。在这一框架下，创新与部门演化可以看作企业和个体的学习过程的结果，它依赖于该部门特定的知识基础，在部门内，有着不同知识和能力的市场主体之间发生竞争与合作、市场与非市场、正式与非正式的相互作用，而整个过程不仅改变了产品和流程，还改变了行动主体及其联系、制度和知识。[3]创造包括新企业与非企业组织在内的新的行动主体，对于部门体系的动力机制来说特别重要。[4]由此可知，部门创新同样是创新要素积累、组合与变化的过程。

通过梳理部门创新理论的源流，可以看到，部门创新既具有创新的一般性特点，又具有其特殊性，而"部门"界定的可伸缩性，使行业个案研究能够在部门创新理论的框架下扩展其结论的适用性。从研究的便利出发，可以将部门创新视为部门内企业在各种互动过程中积累创新要素，并利用企业外部的创新要素，促成企业创新，进而推动整个部门实现创新的过程。部门创新要素的基础是各类知识，包括技术、科学理论、操作技能、组织管理能力与文化建构能力等。这些知识附着于企业家、工程师、管理人员、工人等从业者，既在企业内生产，又在大学等非企业主体内生

---

[1] Malerba F. *Sectoral Systems of Innovation: Concepts, Issues and Analyses of Six Major Sectors in Europe*. Cambridge: Cambridge University Press, 2004: 14.

[2] 〔挪〕詹·法格博格等主编：《牛津创新手册》，柳卸林等译，上海，东方出版中心，2021年，第475页。

[3] 〔德〕坎特纳、〔意〕马雷尔巴主编：《创新、产业动态与结构变迁》，肖兴志等译，北京，经济科学出版社，2013年，第11—12页。

[4] Malerba F. *Sectoral Systems of Innovation: Concepts, Issues and Analyses of Six Major Sectors in Europe* . Cambridge: Cambridge University Press, 2004: 29.

产，并通过各种方式在不同的主体间流动。随着时间的推移，部门会形成一个具有一定演化轨道的创新体系，进行程度不同、成败不定的创新活动，其创新结果决定着整个部门的绩效。这个部门创新体系是其所属的国家创新体系的一部分，既通过部门所处的地位来影响国家层面的创新，又被国家的相关政策塑造着。本国不同部门之间，本国部门与境外同类部门及非同类部门之间，存在着竞争与合作等互动关系，影响着部门创新体系的演化路径。不可忽视的是，不管在国家、部门、企业还是个人层次上，创新都依赖于行为主体设定目标，并以意志去维持充满不确定性的创新过程。表 0-2 为一个简单的部门创新要素样式分析。

表 0-2 部门创新要素样式分析

部门状态→	动机→	战略→	创新主体投入资源→创新要素积累		文化的作用：设置动机 调节资源 维持过程
知识存量 市场生态	决定创新	设定目标	要素	功能	
			知识	知识生产诱发创新	
			人力	创新的承担者	
			资金	负担创新成本	
			组织	整合创新各要素	

可以将表 0-2 理解为一个简单的模型或分析框架。换言之，在对历史的实际演化进行研究时，表 0-2 中的要素及其功能与作用机制，是值得关注并加以分析的内容。

不过，表 0-2 在很大程度上还只是一个基于部门自身的创新要素分解，未能考虑到国际竞争与用户创新这两个重要因素。国际竞争对于某一国家的部门创新来说，既具有知识扩散的可能性，又常常具有挤压效应，正负影响兼具，无法概而论之，最好在历史还原过程中详加探讨。用户创新理论则是对传统创新理论尤其是工业创新理论的重要补充。希普尔（Eric von Hippel）所提出的用户创新（democratizing innovation）直译应为民主化的创新，但实际上，希普尔在自己的著述中也用过"以用户为中心的创新系统"（user-centered innovation system）这一术语，故其理论译为"用户创新"恰如其分。概言之，用户创新理论区分了基于制造商的创新系统（manufacturer-based innovation system）和以用户为中心的创新系统，并强调后者的重要性。传统的观点，如前述张培刚的工业化理论，都较强调资本品部门或制造商等供给侧作为创新的驱动力，但用户创新理论基于经验事实指出，用户不是被动的消费者，在新的技术条件下，用户越来越善于为他们自己的利益进行创新。例如，波音公司是一家飞机制造商,但它同时也是机床的用户,当波音公司对用于企业内部制造飞机的机床进行创新时,它就在进行用户创新。实际上,用户创新并非新现象。尤其以机床来说,在历史上的不同时期,很多非机床企业都曾经自造机床,而非向专业的机床厂商购买产品。用户创新之所以会发生,是因为用户提出的需求信息和方案信息具有黏滞性,其传递成本较高。换言之,用户对自己的需求比为用户服务的制造商更为了解。这种信息不对称的结果,会使用户更倾向于开发具有全新功能的创新,而制造商则倾向于完善已有的人们熟知的性能。当用户自己具有开发能力时,就会选择自己创新来满足自己的特定需求,而非购买制造商的产品。[1]用户创新并不能完全替代传统的制造商创新,但它是不可忽视的创新力量。对于一国的特定部门来说,该部门的用户所进行的创新,从国家层面看也构成了该特定部门创新体系的一部分,但在市场上会对该特定部门的企业进行挤压。

如前所述,资本品部门是现代经济创新与积累的中心,而机床工具工业又占据资本品部门的中心,故以机床工具工业为案例来探讨资本品部门的创新,具有重要意义与价值。资本品部门与投资有直接关系,而从创新的角度看,弗里曼等指出,投资过程包含知识的生产和推广,是凝结了技术进步的资本品的生产和使用过程。[2]罗森伯格更为具体地阐述了这一论点,指出新产品和新工艺需要新设备和新设施的支持,故创新孕育了投资,但投资会刺激新的经济活动,故投资也孕育了创新。[3]资本品部门以技术为其显著特征,但同样受市场影响。马克思曾指出,在不同的场合,生产资料的生产部门或者"必须压缩自己的生产",或者"提供的产品过剩",两者都意味着"危机"。[4]这揭示了资本品部门在市场经济中存在着固有的矛盾性。这种矛盾性,以及技术与市场之间的张力,对后发展国家来说就更严重了。后发展国家追赶领先国家,从市场经济角度看,并不一定要建立具有创新性的资本品部门,其所需要的资本品可通过进口解决。因为后发展国家的后发展属性,已经决定了其发展资本品部门是严重缺乏比较优势的,在自由贸易条件下,应与领先国家形成合乎成本原则的国际

---

[1] 〔美〕埃里克·冯·希普尔:《用户创新:提升公司的创新绩效》,陈劲、朱朝晖译,上海,东方出版中心,2021年,第4—5、10—11、168页。

[2] 〔英〕弗里曼等:《工业创新经济学》(第三版),华宏勋等译,北京,北京大学出版社,2004年,第4页。

[3] 〔美〕罗森伯格:《探索黑箱:技术、经济学和历史》,王文勇、吕睿译,北京,商务印书馆,2004年,第89页。

[4] 〔德〕马克思:《资本论(纪念版)》第二卷,中共中央马克思恩格斯列宁斯大林著作编译局编译,北京,人民出版社,2018年,第525页。

分工，由领先国家为其供应资本品。经济学家早已发现，先进国家对欠发达国家的技术转让，可能阻止欠发达国家有机会着手发展自己的资本品工业。[1]但是，从政治经济学的角度看，资本品不仅是现代工农业生产的基础，也是武器装备等军用物资生产的基础，如此一来，一国是否拥有独立自主且具有创新能力的资本品部门，就关乎该国是否具有自主捍卫国家安全的能力了。然而，这里就存在着矛盾，即市场逻辑的开放性与战略逻辑的自给性的对立。因此，研究后发展国家的资本品部门创新问题，不应从单纯的经济或市场视角，而应从该国在世界体系中的实际地位和战略目标出发，探讨后发展国家如何在缺乏比较优势的条件下，解决市场逻辑和战略逻辑的矛盾，培育具有创新能力的资本品部门。

三、创新与历史：经济学的历史学派传统

在《资本论》中，马克思指出机床工具工业本质上还是简单工具生产职能的复杂化、组合化与扩大化："如果我们现在考察一下机器制造业所采用的机器中构成真正工具机的部分，那么，手工业工具就再现出来了，不过规模十分庞大。例如，钻床的工作部分，是一个由蒸汽机推动的庞大钻头，没有这种钻头就不可能生产出大蒸汽机和水压机的圆筒。机械旋床是普通脚踏旋床的巨型翻版；刨床是一个铁木匠，它加工铁所用的工具就是木匠加工木材的那些工具；伦敦造船厂切割胶合板的工具是一把巨大的剃刀；剪裁机的工具是一把大得惊人的剪刀，它剪铁就像裁缝剪布一样；蒸汽锤靠普通的锤头工作，但这种锤头重得连托尔也举不起来。"[2]马克思细致入微的观察，既揭示了现代机床工具是手工工具在动力、材料与组合方式等要素上实现创新的产物，又揭示了这种革命性的创新实际上具有渐进演化的特征，能够在其现代形态中发现古老的原型。创新是古老的人类行为，创新植根于历史演化，得益于历史积累。

在当代经济学分支中，创新经济学与演化经济学往往交织在一起，其原因就在于创新的演化性。继承了熊彼特传统而开创现代演化经济学的纳尔逊（Richard R. Nelson）与温特（Sidney G. Winter）指出了企业创新的积累性亦即演化性："信息不仅是在与发现有关的活动中获取，还在创造与学习某种新事物的过程中获取……今天搜寻（信息）的结果，又是明天

---

[1] 〔美〕G. 多西、C. 弗里曼、R. 纳尔逊，等合编：《技术进步与经济理论》，钟学义、沈利生、陈平，等译，北京，经济科学出版社，1992 年，第 601 页。

[2] 〔德〕马克思：《资本论（纪念版）》第一卷，中共中央马克思恩格斯列宁斯大林著作编译局编译，北京，人民出版社，2018 年，第 442—443 页。

搜寻（信息）的自然起点。"①复杂系统此刻的状态会深刻影响其未来相当时间内的运行，这就是演化的路径依赖。换言之，历史在起重要作用。②实际上，对演化经济学而言，历史的重要性不仅在于此种路径依赖；从演化经济学的哲学基础来说，演化和历史都是随机事件、偶然性或更为系统的趋向（more systematic tendencies）的复杂的混合产物。③因此，演化经济学的方法特别适合于分析历史的发展过程，而历史也为演化经济学研究提供了大量案例。纳尔逊本人在他的部分研究中采用了历史主义的方法，即"更加贴近各种详尽的经验材料，且用文字加以表述，而不用数学形式"④。马雷尔巴等将这种研究方法所得出的理论称为"鉴赏式理论"（appreciative theory），这种理论贴近经济学家所观测到的实证现象，有助于理论的言辞表达，让人弄懂现象并更好地感知本质上非量化的事物。⑤历史研究是构建"鉴赏式理论"的基础。

尽管"鉴赏式理论"并非上述演化经济学家所认可的唯一类型的理论，但他们认为理论应该追求对"发生了什么"有一个合理的抽象化表达，这就使演化经济学始终具有亲历史（history-friendly）的性质。因为历史研究的主要任务之一就是探寻"发生了什么"。马雷尔巴等还指出，所谓"鉴赏式理论"的源头，可以追溯至19世纪反对"形式化理论"的德国历史学派。⑥

因此，历史方法对于经济学的创新研究能够作出贡献。工业革命的进程日新月异，比起马克思、德国历史学派与熊彼特所处的时代，当代的工业创新又产生了一些新的历史经验材料，需要去观察和描述，然后分析与归纳，再形成不同类型的理论。更为重要的是，当下的西方经济学界未能深入观察广大欠发达国家或后发展国家工业创新的历史，也未将这些后发展国家工业创新的问题置于视野的中心。但这些在现实中影响乃至困扰着

---

① Nelson R R, Winter S G. *An Evolutionary Theory of Economic Change*. Cambridge: The Belknap Press of Harvard University Press, 1982: 256-257.
② 〔美〕理查德·R. 纳尔森：《经济增长的源泉》，汤光华等译，北京，中国经济出版社，2001年，第2页。
③ 〔挪〕詹·法格博格等主编：《牛津创新手册》，柳卸林等译，上海，东方出版中心，2021年，第609页。
④ 〔美〕理查德·R. 纳尔森：《经济增长的源泉》，汤光华等译，北京，中国经济出版社，2001年，第2页。
⑤ 〔意〕弗朗科·马雷尔巴等：《高科技产业创新与演化：基于历史友好模型》，李东红、马娜译，北京，机械工业出版社，2019年，第27—28页。
⑥ 〔意〕弗朗科·马雷尔巴等：《高科技产业创新与演化：基于历史友好模型》，李东红、马娜译，北京，机械工业出版社，2019年，第26、29页。

后发展国家的工业创新问题，对这些后发展国家的人们来说，显然是其求富求强的中心议题。事实上，德国历史学派与英国古典经济学分道扬镳，正是因为当时尚处于后发展地位的德国人，认为发达国家英国的经济学解决不了德国的现实问题。历史主义方法的有用性，便来源于经济演化的时空特殊性。这对于并非单纯理论探讨的政策研究来说，更显重要。故而，研究中国机床工具工业的演化，去观察和描述中国机床工具工业的发展历程，以之为基础分析中国资本品部门创新机制的演变及其在不同历史阶段的特点与问题，是为了理解中国这个后发展大国的工业创新的核心问题，并为中国构筑富国强军的产业基础提供参考性的政策建议。这是遵循历史学派传统研究中国工业创新问题的应有之义。

四、多学科视角：研究前史与研究计划

经济学的创新研究具有多学科维度，以经济演化为研究对象的经济史研究同样具有多学科视角。近年来，中国学者在演化经济学视角下对资本品工业的发展问题多有研究。贾根良区分了资本品生产部门与资本品使用部门，指出资本品工业的自主创新是中国扩大内需战略的关键。[①]张志认为发展资本品工业是后发展国家摆脱全球产业价值链低端位置的有效途径，后发展国家政府应对本国资本品工业加以保护。[②]贾利军和陈恒烜从中国演化经济学界提出的新李斯特主义理论出发，认为应由资本品驱动制造业升级，并提倡保护国内高端制造业。[③]这些针对资本品部门的研究，均吸收了演化经济学与创新经济学的传统理论，并进行了再创造，但主要为针对当下中国产业发展战略的政策研究，未对中国资本品工业部门本身的演化详加刻画。曾在美国工程机械巨头卡特彼勒公司（Caterpillar Tractor Co.）任职的埃克利（Robert Eckley）研究了资本品的全球竞争，探讨了20世纪80年代美国资本品部门竞争力衰退问题，其列举的行业即包括计算机与芯片、航空、电气装备、工程机械、柴油机与机床工具等。埃克利认为，美国机床工具工业因为犯了数控机床普及慢、轻视日本竞争者等长期性的战略失误，最终丧失了全球领导地位。不过，埃克利虽然探讨了产业的技术创新与市场竞争的关系问题，但未从理论上对资本品

[①] 贾根良：《资本品工业的自主创新：扩大内需战略的关键》，《经济学家》2012年第11期。

[②] 张志：《发展资本品工业的一种国家主义思路》，《演化与创新经济学评论》2015年第1期。

[③] 贾利军、陈恒烜：《资本品驱动制造业升级：自由贸易还是产业保护——新古典经济学与新李斯特主义经济学的比较分析》，《政治经济学评论》2019年第2期。

部门的创新机制进行总结，只是指出美国的资本品部门犯了导致竞争力衰退的累积性错误，而20世纪60年代美国开始出现的教育问题，20世纪70年代的通胀以及20世纪80年代的财政赤字，也都不利于美国资本品部门。①

实际上，正是美国机床工具工业在20世纪80年代的衰败，导致学界对该行业进行了基于国际竞争力比较的研究，演化经济学家亦参与其中。在1986年出版的专著中，德菲利波（Anthony Di Filippo）以机床工具工业为例，探讨了军事开支与美国工业衰退（industrial decline）之间的关系。德菲利波勾画了美国机床工具工业的发展史，指出这一重要的行业其实规模很小，整个行业的总资产甚至还不如汽车工业一家大企业多。这一特点加上机床工具工业是一个典型的周期性行业，给行业发展增添了很大的困难。数控机床技术本是在美国空军的需求拉动下产生于美国的创新，但由于美国机床企业畏惧高风险，并未参与由军方推动的先进制造工艺创新，这导致美国机床企业研发力量弱，而本该与机床工具工业结合的先进制造技术研发工作在产业外完成。这既削弱了美国机床工具工业的竞争力，又从整体上拖累了美国制造业的发展。德菲利波还指出，美国牵头组建的对社会主义阵营实施技术封锁的多国出口控制协调委员会（Coordinating Committee for Multilateral Export Controls，COCOM）即"巴统"，只有美国最为严格地执行封锁政策，导致美国将社会主义阵营的机床工具市场拱手让给了西欧与日本，美国机床制造商协会（National Machine Tool Builders Association，NMTBA）对此怨声载道。②德菲利波由此揭示了机床工具工业等具有军民两用属性的资本品部门，在发展过程中会遇到市场谋利与国家战略之间的张力。持相近观点的有戴维·诺布尔（David F. Noble），他通过描绘数控机床技术的起源，指出美国发展数控机床过于关注军工用途，导致民用市场被日本等国产品蚕食。③不过，诺布尔研究的本意是从马克思主义政治经济学的角度出发，探讨自动化技术与劳资矛盾的关系，并非要寻求美国制造业的振兴之道。1986年麻省理工学院成立的研究美国制造业的课题组动机则完全不同。该课题组认为："美国工业确实显现出令人担心的衰退迹象。在许多重要的工业门类，美

---

① Eckley R S. *Global Competition in Capital Goods: An American Perspective*. New York: Quorum Books, 1991: 120-121, 156.
② DiFilippo A. *Military Spending and Industrial Decline: A Study of the American Machine Tool Industry*. New York: Greenwood Press, 1986: 39, 58-61, 137-139.
③ 〔美〕诺布尔：《生产力：工业自动化的社会史》，李风华译，北京，中国人民大学出版社，2007年。

国公司正在把地盘输给国外竞争者。"①美国机床工业就是"一蹶不振"的典型。该课题组还认为，美国机床工业中的合并造成了反效果，在华尔街驱使下追逐高季度盈利水平的大公司对机床工业"并没有感情"，它们在需求旺盛时期被机床工业的高利润所吸引，但并没有用赢利进行再投资，而是资助其他新项目，或是支付公司的管理费。这些大公司是"数量导向"的，放弃了专用机床的生产，而是用不断走下坡路的设备制造批量产品，由此破坏了机床工业的长期能力。②换言之，资本品部门具有长周期特性，这与资本市场鼓励短期投资的战略与文化，是存在尖锐矛盾的。佛朗特（Robert Forrant）对1950—2000年美国机床工具工业的发展进行了总结，指出美国机床工具工业的衰落源于内部联系与外部联系的破坏，内部联系即培养技术工人的学徒制，外部联系则是与用户的直接关系。③英国的机床工具工业曾是工业革命的助推器，但衰败得更为彻底。劳埃德-琼斯（Roger Lloyd-Jones）和刘易斯（M. J. Lewis）通过研究英国曾经最大的机床企业阿尔弗雷德·赫伯特公司（Alfred Herbert Ltd）的兴衰史，探讨了英国机床工具工业衰落的原因。他们运用纳尔逊的演化经济学理论，指出英国机床企业未能抓住第二次世界大战后短暂的机会窗口（a window of opportunity）。实际上，英国机床企业长期在本国市场上代理国外企业生产的高端机床，而把自己制造的中低端机床卖往后发展国家，由此导致英国机床企业缺乏设计能力。④缺乏自主创新能力的英国机床工具工业最终落败，也就不足为奇了。

对第二次世界大战后美国与英国机床工具工业造成致命打击的是日本、联邦德国、瑞士与意大利等国的机床工具工业。哈特默特（Hartmut Hirsch-Kreinsen）研究了数控技术在美国和欧洲不同的发展路径，指出社会因素而非技术条件塑造了产业技术。在联邦德国的数控技术系统中，劳动力并非像美国那样只是附属于机器的次要因素，相反，人对于自动化是一个具有重要补充功能的因素。联邦德国开发的数控技术是工作过程导向或面向工作过程（work process-oriented）的，为车间程序提供了大

---

① 〔美〕德托佐斯等：《美国制造：如何从渐次衰落到重振雄风》，惠永正等译，北京，科学技术文献出版社，1998年，第5页。
② 〔美〕德托佐斯等：《美国制造：如何从渐次衰落到重振雄风》，惠永正等译，北京，科学技术文献出版社，1998年，第219页。
③ 转引自 Wilson J F, Wong N D, Toms S. *Growth and Decline of American Industry: Case Studies in the Industrial History of the USA*. London: Routledge, 2020: 120.
④ Lloyd-Jones R, Lewis M J. *Alfred Herbert Ltd and the British Machine Tool Industry, 1887-1983*. Hampshire: Ashgate, 2006: 174-175, 193-197.

量可能性，其中央程序设计并非深思熟虑的，也并非只履行补充职能。这个基本概念本身就设置了更大程度的技术—组织弹性，并寻求避免数控技术应用中的大量障碍及典型问题。从20世纪70年代中期起，工作过程导向路径在联邦德国就成为一种高度成功的数控技术的基础。与美国相比，机床工具工业在联邦德国数控技术发展中所起的作用更大。资本品部门在德国的工业结构中具有举足轻重的传统，机械制造又是其中的关键。在这种工业结构中，机械工业不仅是制造商，它本身也是机械设备最大的用户。因此，在联邦德国，数控机床必须被设计成能满足不同制造条件，并且必须具有高度的弹性。为了满足这种弹性，有必要在车间层级设置控制系统的程序。这些都是联邦德国数控技术与美国数控技术的不同之处，自然影响到两国机床工具工业演化的差异性。哈特默特还与其他学者合作讨论了柔性制造系统（flexible manufacturing system，FMS）的发展问题。FMS是小批量制造的自动化技术，其基础仍是机床。不过，哈特默特等主要讨论的是FMS在联邦德国汽车工业中的应用问题，并以此来分析自动化技术与工作组织变革的关系。在他们研究的案例中，联邦德国政府支持企业进行技术改造，经过两年的计划后，1977年FMS正式开始设计与建设，1981年安装了第一台机床设备，1982年开始局部调试系统，1984年之后系统开始正常运行。到1985年中期，FMS与此前的制造过程相比，提升了70%的生产率，节省了40%的人力。不过，无人生产仍受限于机器的故障并需要人去设置。[①]联邦德国的案例表明，机床工具工业及其相关技术，是制造业创新的先锋。马雷尔巴在分析意大利国家创新体系时，指出意大利装备制造业的后来居上，得益于用户企业与上游的设备生产企业之间形成了良性循环。对技术进步要求高和竞争性高的用户企业要求上游企业生产新型先进设备，上游生产企业受到激励制造新型设备以满足用户企业的需求。有了新设备，用户企业能够提高技术能力和竞争力，反过来又产生了对资本品进一步改进的新要求，如此循环往复。[②]马雷尔巴所揭示的良性的"纵向创新循环"，很符合机床工具工业的成长机制。

比起欧洲国家，第二次世界大战后日本机床工业的崛起更为惊人，对美国造成的实际冲击与心理冲击也更大。日本学界对其本国机床工具工业史的研究兴趣颇大，但绝大部分研究成果集中于讨论第二次世界大战前日

[①] Altmann N, Köhler C, Meil P. *Technology and Work in German Industry*. London: Routledge, 2018: 63-76, 163-173.

[②] 〔美〕理查德·R.尼尔森主编：《国家（地区）创新体系：比较分析》，曾国屏等译，北京，知识产权出版社，2011年，第320页。

本的机床工具工业。然而，一方面，日本机床工具工业的质变发生于第二次世界大战后，另一方面，第二次世界大战后的数控技术掀起了机床工具工业的革命性巨变，日本企业成功地抓住了这一波创新潮流的机遇，但即使在日本机床工具工业内部，数控化也是一个创造性毁灭过程，造成了日本企业的分化。因此，从资本品部门的创新角度看，对日本机床工具工业的研究更应将视线集中于第二次世界大战后。目前，泽井实对日本机床工具工业进行的研究涵盖时段较为完整。在泽井实看来，带来了庞大军事需求的铁道省与陆海军，在第二次世界大战前与第二次世界大战中，是日本机床工具工业的重要客户。但是，这类需求在促进日本机床工具工业整体发展方面力量较弱，也不能支撑处于低谷期的机床企业经营。近代日本多层级的机床市场结构发挥了非关税壁垒的作用，被这种市场结构保护的日本机床厂商从下至上逐渐成长，获得了迎头赶上国外厂商的时间。在日本中小微机床厂一步一步向上攀爬的过程中，从事贸易的机械商社的存在不可或缺。在第二次世界大战后的经济高速增长时期，支持日本机床工具工业成长最大的因素是持续性的庞大需求。日本政府通产省推行的产业政策——《振兴机械工业临时措施法案》对苦于缺乏设备投资资金的日本机床企业意义重大。多品种少量生产是日本机床企业的常态，尽管在经济高速增长时期，日本机床企业也力争确立量产体制，但一部分主流厂商仍对客户的需求事无巨细地应对。[①]泽井实通过举出这些因素来说明日本机床工具工业是如何崛起的。尽管泽井实的研究并无太多理论痕迹，但他参考过欧美演化经济学家的研究成果并知晓其论点。就此而论，泽井实的研究完成了"鉴赏式理论"所依赖的观察与描述工作。

在 20 世纪 90 年代初，罗伯托·马佐莱尼（Roberto Mazzoleni）对全球机床工业的比较优势动态性进行了考察。这一研究是在纳尔逊等演化经济学家的支持下进行的。马佐莱尼以美国机床工业的历史性衰败为主轴展开多国比较分析。他指出，美国发明的数控技术，在从大学实验室向生产企业的转化过程中存在着很大的困难，美国所追求的军事用途催生了花费昂贵的复杂技术，其高昂成本限制了新技术在商业上的广泛应用，因此，美国未能获得数控机床产业的先发优势。然而，20 世纪 70 年代中期，美国的机床大客户汽车工业等发现标准化的进口数控机床不仅交货时间短，而且性能和价格都优于美国产品，就大量转向进口机床。直到里根政府于

---

① 沢井実：『マザーマシンの夢—日本工作機械工業史』，岡崎，名古屋大学出版会，2013 年，第 407—412 頁。

1986年采取保护主义贸易政策，迫使日本和韩国等国家和地区自我限制其机床对美出口后，美国机床工业才得以喘息。在产业政策庇护下，随着美国市场上日本进口机床单位价格的上升，法道（Fadal）、哈斯（Haas）等美国公司才得到了在低成本机床制造方面发起冲击的机会。马佐莱尼还分析了欧洲和韩国的机床工业，通过比较，他认为机床工业具有比较优势的演化特点。企业创新能力的差异决定了不同的市场竞争结果，但国家的产业政策同样发挥了重要作用。① 马佐莱尼的分析颇为全面，也指出了对机床工具工业的研究应置于全球市场竞争的视野下。值得一提的是，不少研究都指出了日本的产业政策对日本机床工业崛起所起的重大作用，马佐莱尼则指出，总体上被认为自由主义的里根政府以保护主义政策使美国机床工业免于全盘崩溃。现实世界的国家行为是复杂的，并影响到经济演化与工业创新。

文格尔（Jürgen Wengel）和沙皮拉（Philip Shapira）运用部门创新理论，对截至21世纪初的机床工具工业演化进行了跨国比较研究。他们将机床工具工业视为一种传统产业。他们同样研究了美国机床工业的衰落与重振，认为该产业的复兴源于非美国企业在美国建立生产基地，而美国幸存的机床企业进行了结构重组并采取了新的策略。在对德国机床工业进行分析时，他们指出技术工人和职业教育对德国机床工业的重要性，而研发对创新所起的作用相对较小。他们认为竞争与合作这两个因素在不同时空中以不同的方式平衡，塑造了意大利的机床工业区。定制化对意大利机床工业尤为重要。两位学者认为，总体来看，机床工具工业作为一种传统产业出现了新的演化。信息技术给机床工具工业带来的附加值稳步增长，部门创新体系发生了变迁。机床工具工业总是需要在设计与制造中整合理论与实践，这种整合传统上以默会（tacit）方式实现。但是，科学与正式研发的相对重要性的增长，以及设计与生产过程的空间分离，都在挑战传统的创新路径。这同样意味着对部门学习过程的挑战，即由传统的内部学习转向外部学习。尽管新企业的进入在机床工具工业史上意义重大，如20世纪50年代的日本与联邦德国，但在20世纪80年代以后，新企业并未扮演主要角色。无论如何，两位学者认为，强大的区域部门联系以及地区生产复合体（regional production complexes）与用户的紧密结合，一如既

---

① 〔美〕莫厄里、纳尔逊编著：《领先之源：七个行业的分析》，胡汉辉、沈华、周晔译，北京，人民邮电出版社，2003年，第165—200页。

往地是决定机床工具工业竞争优势的关键因素。①文格尔和沙皮拉对各国机床工具工业的研究采取了在演化进程中分析要素的思路。事实上，在运用部门创新理论时，他们确实没有刻意区分创新和生产。毕竟，工业企业的创新通常包含于生产中，或在生产中积累。值得一提的是，文格尔和沙皮拉用表格的形式推演了一个机床工具工业演化与创新的模型，分析了演化与创新的机制。这种低抽象程度建模的研究方法，对于深描历史的研究来说，是值得借鉴的。他们的模型如表 0-3 所示。

表 0-3　机床工具工业创新的层次

项目	创新类型	
创新聚焦↓	技术的（更硬核）	组织的（更软性）
产品	↗新产品： 改进的加工中心，切割技术，软件	→附加值服务： 金融，培训，再利用
流程	→制造技术： 在制造流程中改进技术，工具，信息技术的使用	→新的生产概念： 精益生产，虚拟企业，供应链管理

资料来源：转引自 Malerba F. *Sectoral Systems of Innovation: Concepts, Issues and Analyses of Six Major Sectors in Europe*. Cambridge: Cambridge University Press, 2004: 245

与欧美和日本学界对发达国家机床工具工业历史的研究相比，中国学界对于本国机床工具工业这一资本品部门重要产业的历史，研究尚少。张柏春研究了中国近代机床的引进与仿制，指出洋务运动时期、第一次世界大战期间与抗日战争时期是中国近代机床制造活动的三个阶段。②由于中国的资本品部门主要建立并壮大于 1949 年后，故研究当代中国经济史、工业史的众多成果，虽然并未直接对中国机床工具工业的发展历程作具体而详尽的刻画，但这些涉及中华人民共和国经济战略、"156"项工程、三线建设和改革开放等领域的经济史研究著述，是研究中国机床工具工业演化史必须参考并吸收的成果。在计划经济时代，中国机床工具工业归属第一机械工业部（以下简称一机部）管理。《当代中国》丛书中的《当代中国的机械工业》，对 20 世纪 90 年代前的中国机床工具工业发展历程进行了概述，其资料与视角皆基于行业管理部门，侧重直属中央的骨干企业。③曾负责行业管理的机械工业部机械基础装备司官员恩宝贵，利用官方资料，撰写了中国机床工具工业的简史，将行业史的时间下限拓展至

---

① 转引自 Malerba F. *Sectoral Systems of Innovation: Concepts, Issues and Analyses of Six Major Sectors in Europe* . Cambridge: Cambridge University Press, 2004: 243-284.
② 张柏春：《中国近代机床的引进与仿制》，《科学技术与辩证法》1990 年第 5 期。
③ 《当代中国》丛书编辑部编：《当代中国的机械工业》，北京，中国社会科学出版社，1990 年。

21世纪初。该简史既编印成《情系中国机床》于2007年印行①，在更早的时候又纳入了《中国机械工业技术发展史》作为机床部分的内容②。不过，由于编写与出版年代较为久远，即使在公开出版的《中国机械工业技术发展史》中，也不乏史实、编校等方面的明显错误，中国机床工具工业史的研究与撰写仍须"史实重建"。

与经济史学界相比，中国的创新经济学、演化经济学与政治经济学等领域的学者，对当代中国机床工业的发展似更为关注。而中信改革发展研究基金会等智库，也和20世纪80年代的美国智库一样，对本国机床工具工业所存在的创新与竞争力问题忧心忡忡，开展了相应的研究。多年来一直为自主创新政策鼓与呼的学者路风，对沈阳机床（集团）有限责任公司（以下简称沈阳机床集团）研发的i5数控系统进行了研究，其成果于2016年公布后，在中国工业界与学界引发了充满争议性的大讨论。通过i5数控系统这一案例，路风讨论了中国产业升级的基本问题，认为中国的产业升级必须是"基础广泛"的升级。当然，曾受教于纳尔逊的路风的理论依据与理论总结，仍然是演化经济学的，即产业升级的实质是工业知识和经验体系的扩张和更新，从而决定产业升级是一个演进的过程。③由于沈阳机床集团的i5数控系统在市场上反响不佳，再加上沈阳机床集团自身破产重组，引发八部委救助，中国社会不乏质疑路风对i5数控系统评价过高的声音。但这也正说明了中国这样仍处在追赶期的后发展国家，其资本品部门的创新，面临着巨大的困难与复杂性，对其进行研究也具有高度的挑战性。

2017年，中信改革发展研究基金会组织了一个中国装备制造业与国企改革的研究课题，课题组成员包括高梁、杨青、章毅、孙喜、简练等。课题组成员对一些机床企业如大连光洋科技集团有限公司（以下简称大连光洋）、济南二机床集团有限公司（以下简称济南二机床）和北京精雕集团（以下简称北京精雕）等进行了调研，并撰写了研究报告，部分成员还指导自己的学生撰写了相关学位论文。这些报告对于中国机床工具工业的最新发展有所分析，并往往追溯了相关企业的演化历史。④在最终的总报

---

① 恩宝贵：《情系中国机床》，内部资料，2007年。
② 李健、黄开亮主编：《中国机械工业技术发展史》，北京，机械工业出版社，2001年。
③ 路风：《新火》，北京，中国人民大学出版社，2020年，第311、313页。
④ 孙喜：《国有企业能够搞好——济南二机床改革发展的经验和启示》，《经济导刊》2017年第5期；简练：《北京精雕：中国机床工业的后起之秀》，《经济导刊》2017年第6期；丁一：《机床工业技术学习中的"用户—生产者互动"机制研究——大连光洋科技集团案例分析》，首都经济贸易大学硕士学位论文，2019年。

告中，课题组指出，中国机床工具工业"处于艰难爬坡的阶段，面临不少亟待解决的问题"。这些问题包括机床企业一般利润微薄，缺乏实力进行持续高强度研发活动，而"在市场开放情况下，本国企业研制的高端装备不易被用户采用，更难在使用中改进提高"，这导致中国高端机床受制于人的局面很难被打破。[1]值得一提的是，在该课题组中负责研究机床工业的孙喜是路风的学生，演化与创新经济学的脉络隐隐可见。

  中信改革发展研究基金会课题组对 21 世纪中国机床工具工业面临问题的分析，在一定程度上与 20 世纪 80 年代各路学者与智库指出的美国机床工具工业的问题，有相似之处。这表明资本品部门的全球市场竞争，不管对发达国家还是后发展国家的产业，都能够带来挤压，使产业落后国家的劣势被放大，使产业领先国家的优势不断累积。机床工具工业毕竟只是一个规模很小的行业，在全球竞争中，容易形成少数国家与地区的垄断性优势，这是马佐莱尼称这个行业具有比较优势特点的用意所在。比较优势就意味着全球产业分工，即部分国家或地区的产业占据优势地位，而其他国家或地区的同类产业将萎缩。就此而论，在中国资本品部门中，机床工具工业的创新与追赶，将比轨道交通装备、电气装备、工程机械等更具政策垄断性或规模经济性的行业困难得多。同理，基于资本品部门尤其是机床工具工业的特性，在经济危机期间，技术落后但资金充裕的企业并购技术先进但财务困难的企业亦不鲜见。因此，全球资本品部门的竞争不存在先进技术必然带来市场竞争力的线性模式。技术创新、市场格局与国家政策，共同塑造着资本品部门创新与演化的路径。

  因此，本书旨在从经济史的角度描述 1949—2019 年中国机床工具工业的演化历程，并在此基础上探寻后发展国家资本品部门创新的规律。中国机床工具工业萌芽于近代，但直到 1949 年后才真正成为一个独立的工业行业。从行业自身演化阶段看，1949—1957 年为行业的奠基与形成时期，该时期同时为中国政府在资本品部门初步建设部门创新体系的时代。1958—1976 年，中国机床工具工业与中国资本品部门的众多行业一样，在计划经济体制下获得倾斜性的资源，实现了部门创新要素的积累。但在该时期内，行业受政治波动的影响较大，其发展不无曲折。1977—2000 年，中国资本品部门随着改革开放而重构了部门创新体系，中国机床工具工业也随之演化为一个开放性与竞争性的市场化行业。但在 20 世纪 90 年代，受宏观经济周期与进口冲击的影响，中国机床工具工业也开始面临此

---

[1] 课题组：《装备制造业国企的改革和产业升级》，《经济导刊》2019 年第 3 期。

后持续缠绕行业的若干问题。进入 21 世纪后，第二轮重工业化拉动中国经济高速增长，中国机床工具工业深化改革，成为一个完全竞争性行业，同时享受了"黄金十年"，规模与体量大为扩张。但随着全球经济周期变动，自 2013 年后，中国机床工具工业出现了行业性下滑，在持续低迷的市场形势下，最终进行了剧烈的体系性重组。然而，也是在 21 世纪，随着中国政府实施重大专项等产业政策，中国机床工具工业进行了创新要素的新一轮积累，若干企业提升了创新能力。尽管中国机床工具工业与领先国家的行业仍存在较大差距，但追赶亦在持续。从上述行业演化的历史阶段出发，本书的主体内容按时序分为四个大的部分，以对应行业演化的四个阶段。事实上，中国机床工具工业的演化阶段与中华人民共和国的历史分期具有高度的重合性。考虑到 1949 年后中国政治体制对于中国经济、社会所具有的高度影响力，这种重合性亦不足为奇。与文格尔和沙皮拉的研究相似，在借鉴部门创新理论用以分析工业演化时，本书同时指向创新与生产。事实上，对于后发展国家的制造业来说，创新与生产的交融性在追赶过程中往往更为显著。中国各界对 1949 年以来中国工业的演化有一种简单而直观的认识，即中国工业的不少行业与部门在改革开放前主要解决的是"从无到有"的问题，改革开放以后实现了"从小变大"的规模化转变，自 21 世纪 10 年代以后，则必须"从大变强"，以解决"卡脖子"问题等。这就是一种朴素的演化性理论。实际上，对中国这个后发展大国来说，这三个阶段在诸如机床工具工业等具体的行业与部门中，往往交叉并行，其原因与表现也都指向了创新与生产的交融性。表 0-4 为对中国机床工具工业演化与创新的阶段的简要分析。

表 0-4　中国机床工具工业演化与创新的阶段

部门创新与发展目标	从无到有	从小变大	从大变强
对应年份	1949—1976 年	1977—2012 年	2013 年至今
产业演化阶段	产业初辟/成长	产业成长/壮大	产业壮大/升级
部门创新活动	创立新单位 引进新产品与新技术 车间增量创新 从仿制到自主设计	新企业进入 制度与组织变革 文化观念重塑 变更技术轨道 走向自主创新	自主创新 科技自立自强 转型升级 产业链自主可控 高质量发展

必须指出的是，任何历史分期都不可能与真实的历史演化阶段严丝合缝，而作为一项在演化框架下进行专题分析的纵横交叉的研究，本书在描画历史的细部与分析某些具体问题时，必然会打破章节形式上的时间划限，或进行历史追溯，或提前展示演化结果，以求对某些专题性的具体问

题能有完整的呈现与分析，不致因严守时段划分而机械地割裂历史。历史的演化是鲜活而生动的，对历史的书写与分析，只可能是一种尽量接近客观本体的主观模型。

机床工具工业是一个细分行业众多的大行业，单以金切机床来说，就又可细分为车床、刨床、钻床、铣床、磨床、重型机床、小型机床等小行业。事实上，虽然同样被称为机床，但上述不同种类的机床，有着不同的功能、技术特性、制造工艺及市场特性。例如，重型机床工艺复杂，制造周期长，用户有限，而某些小型机床结构简单，能够迅速大量应市，这两者所包含的技术与市场知识显然是极不相同的。在计划经济体制下，中国企业严守"专业"，通过细分行业来进行研究，有其合理性。然而，即使在计划经济体制下，跨专业的中国机床工具企业亦不鲜见。随着行业演化，在市场经济条件下，中国企业对专业藩篱的打破已成惯例。实际上，类似加工中心这种融合了不同种类机床的新产品的出现，也说明了通过细分行业来进行研究，不符合历史演化的实态。因此，本书会关注并描画细分行业的差异，但总体上仍将中国机床工具工业视为一个整体进行分析。

企业是市场经济的主体，也是工业创新的主体。部门与行业是由众多企业构成的。对部门与行业演化的深入研究，必须落实于对企业史的描画与分析。但部门与行业视角下的企业史研究不是对单一企业的深描，而必须将一定数量的企业置于同一演化框架下分析，比较其异同，并不断在整体与个案、一般与特殊之间移动视角，如此方能既不被个案遮蔽主流，又不因寻常而忽略创新。事实上，大多数行业的发展，都是由进行常规生产的绝大多数企业和实现重大创新的极少数企业共同织成的演化图景，完整的历史认知应同时关注到这两种类型的企业。本书在对中国机床工具工业演化史进行的整体刻画中，将突出沈阳机床集团、沈阳集团昆明机床股份有限公司、上海机床厂有限公司、济南二机床、浙江杭机股份有限公司、四川普什宁江机床有限公司、武汉重型机床集团有限公司（以下简称武重集团）、哈尔滨量具刃具集团有限责任公司、广州数控设备有限公司（以下简称广州数控）、武汉华中数控股份有限公司（以下简称华中数控）、浙江海德曼智能装备股份有限公司、大连光洋等企业在不同历史阶段的发展情况。以上企业既有社会普遍关心的"十八罗汉"和"156"项工程老企业，又有充满红色情怀的三线建设企业，还有改革开放后崛起的新兴民营企业；既有机床主机企业，又有非主机企业，涵盖面广，具有完备的代表性。

本书的研究建立于档案、企业史志、企业内部报刊、回忆录、口述访谈、行业报刊等史料的基础上。本书以企业史志等反映历史脉络的史料搭建骨架与塑造外形，而以口述访谈等反映人们具体行为的史料充实血肉与注入精神，期望能复原与呈现鲜活的行业生命史。但是，本书并非一部单纯记录史事的工具书式行业史志，而是以一个行业作为案例展开的对部门创新问题的研究，书中的历史叙事始终是为理论分析服务的。本书想要继承的是经济学的历史学派传统，试图在历史学与经济学之间找到理解经济演化的连接点，推动中国演化经济学的本土探索。本书在方法论上服膺演化经济学的"鉴赏式理论"，以构建文字模型进行推导为主，重在剖析演化与创新的机制，并将运用"工业文化"（industrial culture）这一新理论对历史进行分析与解释。[①]本书将把相关理论分析嵌入至史实叙事中，使行文尽可能地流畅。

行业史包罗万象，从理论研究的角度说，一次只讲一个故事能更好地挖掘历史的镜鉴价值，况且这也并非易事。因此，本书将紧紧围绕后发展国家的资本品与部门创新问题这条主线来讲述历史故事，并以此标准取舍材料。中国机床工具工业史上某些可以单独成书的专题，如三线建设、国企改革等，也将是笔者后续进一步深入研究的课题。至于某些细分行业，如木工机床、铸造机械等行业的历史，本书或着墨不多，亦留待相关史志或研究论著去呈现。本书讲述了一个过去少有学者关注的行业史故事，基本描画出了 70 年间中国机床工具行业发展的历史画卷，也尝试着进行了经济学理论的研究，但无论从历史还是理论两方面说，本书都只能算作一个起点。

[①] 此处的工业文化指的是对制造业或工业发展持肯定态度并因此与现代工业相匹配的思想与观念体系，在微观层面渗透至企业文化，包含企业家精神、创新精神等。关于工业文化的界定与学术脉络详见严鹏：《工业文化的学理基础：对经济学史的分析》，《华中师范大学学报（人文社会科学版）》2022 年第 6 期。

第一章　打造部门创新体系：中国机床工具工业的奠基（1949—1957）

亚当·斯密（Adam Smith）曾将近代欧洲的制造业兴起视为一个非自然进程[①]，实际上，对不少国家来说，其工业化的启动并不全靠经济动因的刺激。换言之，一些国家的部门创新体系的形成，不是市场经济自然演化的产物，而是具有强烈的政府人为干预色彩。中国资本品部门的演化即属此类。中国的工业化是军事压力的产物，造端于19世纪60年代洋务运动创办的军工厂。为了仿制西式武器以"制夷"，中国开始引入西方的现代机床与工具，并逐渐仿制，形成了自己的资本品部门。然而，近代中国的资本品部门规模有限，技术能力弱，机床工具行业在其中更缺乏地位。中国的资本品部门要到1949年后，才由崭新的国家力量创建起来，而机床工具工业亦在国家工业化进程中成为独立的行业。[②]中国资本品部门的创新体系并非市场经济自然演化的产物，而是由国家以计划经济的方式一手打造的。这种方式学习了苏联模式，也符合当时的人们对马克思主义政治经济学的理解。1959年冬至1960年春，毛泽东在读苏联《政治经济学教科书》时，发表了许多谈话，指出："生产资料优先增长的规律，是一切社会扩大再生产的共同规律。资本主义社会如果不是生产资料优先增长，它的社会生产也不能不断增长。斯大林把这个规律具体化为优先发展重工业。"[③]这清楚地表明了1949年后中国逆市场比较优势来建设资本品部门的理论来源。正是在这种理论所催生的政策扶持下，中国机床工具工业得以聚合各种创新要素，在"一五"计划期间奠定了行业体系与创新能力的基础。中华人民共和国成立后选择社会主义工业化道路，为的是在严峻的国际环境下迅速改变"一穷二白"的落后面貌。[④]在此历史大势下由

[①] Smith A. *The Wealth of Nations*. New York: Bantam Dell, 2003: 486-487.
[②] 本书主要研究中国大陆的资本品部门创新问题与机床工具工业演化史，对中国台湾地区的机床工具工业亦会提及。盖中国台湾地区的机床工具工业是影响中国大陆地区机床工具工业演化的重要因素，但研究的主体以及行文主要指的是中国大陆。
[③] 中共中央文献研究室编：《毛泽东文集》第八卷，北京，人民出版社，1999年，第121页。
[④] 武力、李扬：《新中国经济成就的制度因素及其演进逻辑》，《历史研究》2020年第3期。

国家打造的资本品部门创新体系，具有加速追赶发达国家和巩固国防基础的强烈的战略性。中国机床工具工业"从无到有"地出现并成为自成体系的独立行业与专业部门，本身就是一种国家工业的创新。

第一节　历史遗产：中国机床工具制造的起源与基础

中国的机床工具工业在1949年后才成为一个独立的行业，但这并不意味着它是凭空建立起来的。自中国开始工业化之日起，就离不开现代机床与工具。近代中国工业所需的机床与工具主要靠进口，在使用机床与工具的过程中，新的知识开始积累，并导向了本土制造这一经济学意义上的创新行为。然而，近代中国的市场具有不平等条约所带来的片面开放性，本土资本品生产与进口资本品相比不具备比较优势，故近代中国的资本品部门长期被锁定在低度创新的轨道上。但这一有限的资本品部门还是留下了人才、厂房、基本技术等有用的历史遗产。

一、奇器东渐：中国对西方机床的引进与仿制

中国古代只存在原始的机床。对中国古代科学技术发展水平高度肯定的英国学者李约瑟（Joseph Needham）指出，应当"慎重地赞同"杆式脚踏车床"没有在中国发展"的说法。不过他并没有否认中国存在车床，相反，他指出脚踏车床的简单形式——"盘车"在中国工匠中是经常使用的。[①]至于机床工作的基本运动形式，如钻孔、锯断、刨平、剪切、车削、镟镗等，在中国古代手工业的作业中均已存在。[②]不过，在近代早期的欧洲，机床已被广泛应用于科学仪器、钟表等精密机械的制造。[③]明朝末年，欧洲机械钟表传入中国，催生了中国本土的钟表修造业，但中国的机床工具制造行业未同步发展起来。明末清初，随着西方火炮传入中国并大规模地运用于战争，一些制造火炮用的机床也传入中国。但是，中国未能发展出与欧洲相似的机床工具制造行业。不过，欧洲的机床工具工业直到19世纪中期前，亦非独立行业。在率先爆发工业革命的英国，机械工业的各行业原本专业界限模糊，企业生产各式各样的机械产品是常态，直

[①]〔英〕李约瑟：《中国科学技术史》第4卷第2分册，鲍国宝等译，北京，科学出版社，1999年，第56页。

[②]陆敬严、华觉明分卷主编：《中国科学技术史：机械卷》，北京，科学出版社，2000年，第195—198页。

[③]〔英〕查尔斯·辛格等主编：《技术史》第4卷《工业革命》，辛元欧、刘兵主译，北京，中国工人出版社，2020年。

到19世纪中期以后，机械工业的发展日趋专业化，机床工具工业才逐渐具有独立性。①这可以说是一种在市场经济中产业自发演化的过程。

第二次鸦片战争以后，清政府的洋务派开始推动中国的工业化，机床随之进入他们的视野。为了发展现代工业，中国的"留学生之父"容闳曾建议曾国藩开办"机器母厂"，生产"制器之器"。所谓"制器之器"，就是指机床，在近代中国也被称为"母机"、"工作母机"或"工具机"，可见容闳等已经认识到了机床是制造其他各类机器的根本。由于财力有限，曾国藩、李鸿章等没有创办"机器母厂"，而是直接创办了生产武器装备的江南制造局等军工企业，但这些企业也自己制造机床等生产设备。从1865年开办到1904年，江南制造局自己生产的设备计45种600多台，包括车床138台、刨床47台、钻床55台，其中一部分设备还调拨至天津，供创建天津机器局使用。②因此，中国的机床制造最早是为了满足军工生产的需求，与国防安全有密切关系，但并未作为独立行业诞生，而是由机床的用户自行制造。对后发展国家而言，发展工业首先着眼于生产迫切所需的武器或直接面向市场的消费品；用来生产武器与消费品的资本品，可以靠技术引进或产品进口来满足需求；在工业发展的早期阶段，往往并非本土制造的首选，也不易形成独立的部门。曾国藩、李鸿章等不办"机器母厂"，符合这一通例。

随着中国工业化从军工部门向民用部门扩展，市场需求催生了本土资本品生产这一创新行为。在市场需求最为集中的工业中心上海，资本品部门创新亦最为集中。与英国工业革命早期的情形相似的是，上海的一些机械厂为满足生产的需要，开始自己造机床。根据20世纪50年代的调查，上海机械厂商长期制造机床，不过限于自己生产需要，直到20世纪30年代，才有机械厂专门从事制造切削母机。③这一调查与史实不符。实际上，早在第一次世界大战期间，上海就兴起了独立的机床制造商。由宁波人孙荣泉创立于1913年的荣锠泰机器厂起初专营修配，只有1名学徒和2台4呎（1呎=0.3048米）英国旧脚踏车床。第一次世界大战爆发后，上海的五金工厂向国外订购车床遇到困难，荣锠泰机器厂遂于1915年以自家的车床为样本，进行仿制。荣锠泰机器厂在仿制过程中，木模制作、坯

---

① Floud R. *The British Machine-Tool Industry, 1850-1914*. Cambridge: Cambridge University Press, 1976: 5.
② 江南造船厂志编纂委员会编：《江南造船厂志（1865—1995）》，上海，上海人民出版社，1999年，第60—61页。
③ 上海市机器工业同业公会：《上海市机器工业专业调查与改造方案（切削母机组）》，1955年6月，上海市档案馆藏，档案号：S1-3-3。

件浇铸、齿轮铣制,均委托上海其他厂家完成,自己仅负责车削加工。开始时,该厂每月只能造 1 台车床,后陆续增加到每月能造 5—8 台。除供应本地五金工厂外,产品还曾销往北京、天津、杭州、温州等地,每台售价 120 元,约有 20%的利润。荣鋜泰机器厂带动了上海机床制造行业的产生。该厂车床销路甚旺,业务应接不暇,便委托曾在外资船厂当车工的姚享福代造,姚享福就备了一只老虎钳,租了一个亭子间,进行车床装配。经过一段时间的积累,姚享福自己置备了车床和铣床,逐渐成为独立的车床制造商。1918 年,上海英资瑞镕船厂开始用万能铣床加工齿轮,提高了加工精度,该厂车床间领班王生岳在空闲时将该铣床画成图纸,仿造了 3 台,然后辞去船厂工作,自己开办了王岳记机器厂,专营铣齿业务。[①] 上海早期机床厂商的诞生,是进口机床所包含的新知识在中国本土化的产物,而这一本土化,既离不开上海的市场需求,又得益于相关厂商发挥企业家精神去把知识转化为满足需求的新产品。值得注意的是,上海的早期机床厂商构成了一个彼此协作的网络,而新知识在该网络中的流传,是新企业创立的重要动力机制。

明精机器厂的创办人章锦林 15 岁到专为商务印书馆修印刷机器的上海李涌昌机器厂当学徒,满师后转到商务印书馆当机修工人,逐步升为副领班。1915 年,章锦林开设明精机器厂,为新闻报馆修印刷机器,同时自制手摇印刷机。1922 年,明精机器厂已有 100 名工人,其所用车床多为进口货,也有少数自制。[②] 1936 年,该厂开始生产 6 呎、8 呎皮带车床并投放市场,由于车床质量好、价格适中,迅速打开了销路。[③] 明精机器厂进入机床制造与销售领域的例子表明,全面抗战爆发前的上海机械工业,就和工业革命早期的英国机械工业一样,专业界限模糊。事实上,机械制造企业自行制造设备供自己使用,是机械工业重要的特征。在市场经济中,当机械制造企业自制设备的能力积累到一定程度后,就有可能将这种内部制造能力转化为对外营业,由此实现创新。而当选择这种创新路径的机械制造企业数量增多后,专门从事设备制造与销售的机床工具工业就诞生了。科斯(Ronald Coase)尝谓:"建立企业是有利可图的主要原因似

[①] 上海市工商行政管理局、上海市第一机电工业局机器工业史料组编:《上海民族机器工业》上册,北京,中华书局,1966 年,第 203—208 页。

[②] 上海市工商行政管理局、上海市第一机电工业局机器工业史料组编:《上海民族机器工业》上册,北京,中华书局,1966 年,第 238—239 页。

[③] 上海市机床总公司编:《上海机床行业志》,1993 年,第 86 页。

乎是利用价格机制是有成本的。"①实际上，机械企业自用或出售其所造机床的选择，也取决于对成本与收益的计算，由此会导致新业务部门、新企业乃至新行业的出现。然而，直到1937年，以上海为中心的中国机械工业尚未发展到此种分工程度，专业化的机床制造商数量极其有限。表1-1试图用部门创新理论来展示近代上海机械企业进出机床行业的机制。

表1-1 近代上海机械企业进出机床行业的机制

专业化	进入行业诱因		退出行业诱因	非专业化
	市场需求：景气		市场需求：不景气	
	知识：简单→易于学习新产品	← 机械企业的弹性 →	知识：简单→多元化产品	
	网络：协作→降低难度		网络：企业多→加剧竞争	
	组织：规模小→灵活		组织：规模小→灵活	

近代上海的机械企业，尤其是那些进入机床制造行业的企业，通常都是一些小型企业甚至微型企业，这使它们具有高度的弹性。当市场需求景气时，它们通过学习知识简单的新产品，进入到新行业，而由同类企业构成的网络，通过协作，进一步降低了制造新产品的难度。然而，一旦市场需求不景气，众多同类企业实际上会加剧竞争，这些企业就会灵活地转向别的行业，而近代中国市场上的机械产品普遍技术含量不高，使这种多元化产品策略成为可能。但这种多元化产品策略，自然就导向了企业的非专业化。产业经济学在创立伊始就提出过"自由进入"的概念，通常指新厂商进入行业没有障碍的情形，其原因在于在位厂商相对于新厂商没有任何优势，或在位厂商不能持续地让价格超出竞争性的最低成本水平之上任意幅度。②近代上海的机床制造行业虽然谈不上是自由进入的格局，但在抗日战争全面爆发前，其进入壁垒较低，则是显而易见的。如此之低的进入壁垒亦未催生专业化厂商，又足以说明该行业无利可图，对新厂商缺乏吸引力。

二、战争刺激：近代中国机床工具制造的提升

抗日战争全面爆发后，由于正常的进口渠道被切断，后方军工生产与经济建设对机床又有较大需求，更多中国本土机械制造企业开始尝试生产机床。1936年，国民政府资源委员会在湖南湘潭筹办机器厂，本意是要制

---

① 〔美〕奥利弗·E.威廉姆森、西德尼·G.温特编：《企业的性质——起源、演变和发展》，姚海鑫、邢源源译，北京，商务印书馆，2010年，第25页。
② 〔美〕乔·贝恩：《新竞争者的壁垒》，徐国兴等译，北京，人民出版社，2012年，第10—11页。

造航空发动机,后发展成为一家综合性的大型装备制造企业。日本全面侵华后,该厂内迁云南昆明,1939年8月7日定名为资源委员会中央机器厂,9月9日正式成立。中央机器厂从1939年起开始制造机床,出售给后方买不起好机床的工厂。当年4月,机器厂还处在筹备阶段时,就已经研究制造齿轮铣刀,以及如何增进精确程度。①1942年后,昆明的一家兵工厂要制造望远镜和光学仪器,由于所用的Shaublin精密小铣床数量少,就要求中央机器厂仿造这种铣床。中央机器厂使用专用机床和研磨机制造铣床上的螺旋伞齿轮,自行设计制造了刀具并制定了齿轮的加工工艺。第一批40台精密铣床制造出来后,精度和质量达到了原来产品的水平,兵工厂很满意。战争后期,该厂所造机床大都为齿轮式。在零部件方面,机床上的滑动轴承和滚动轴承,曾使用进口货,后来中央机器厂自行制造了推力滚珠轴承,但滚珠亦靠进口,仅自制内外圈。②据统计,中央机器厂在战时共制造各类机床757部,售出570部。除中央机器厂外,国统区其他机械企业也尝试过制造机床。例如,成立于1936年的官商合办企业中国汽车制造公司,抗战全面爆发后从上海迁往内地,在桂林和重庆均设有分厂,其重庆分厂被称为华西分厂,产品以制特种工具设备及工作母机等为主,而以汽车配件及普通金工器具为辅。③1943年,国民政府的一份报告肯定了国统区机床制造的进步:"如车床过去制造多为单杆,而长度仅及10呎,今则多为双杆,而长度可达12呎。龙门刨床亦由8呎增大至16呎,而200厘米插床、1吨蒸汽锤及精密牙齿箱式车床均已能开始制造。"④据统计,战争期间国统区机床的产量总体上呈增长态势,1938年为332部,1944年达到1392部。⑤战时需求对于中国机床制造与创新能力提升的刺激较为明显。

全面抗战期间,除了国统区外,在日本占据的沦陷区,也有一些企业

---

① 《机器制造厂筹备委员会工作月报》,1939年4月,云南省档案馆藏,档案号:48-1-238。

② 王守泰等口述,张柏春访问整理:《民国时期机电技术》,长沙,湖南教育出版社,2009年,第21—22、47—48、58—59页。

③ 中国汽车制造公司:《中国汽车制造公司华西、桂林分厂概况》,1941年,重庆市档案馆藏,档案号:0212-1-0021。

④ 《经济部关于1942年下半年至1943年上半年工作报告》,见中国第二历史档案馆编:《中华民国史档案资料汇编》第5辑第2编《财政经济》(五),南京,凤凰出版社,1997年,第336页。

⑤ 谭熙鸿主编:《十年来之中国经济(1936—1945)》上册,见沈云龙主编:《近代中国史料丛刊续编》第9辑第83册,台北,文海出版社有限公司,1974年,第282—283页。

生产机床与工具。在中国东北，一些日本人开办的企业也从事机床和工具的生产。例如，东北军阀杨宇霆原在沈阳办有大亨铁工厂，1934年被野村财阀系统的根本富士雄收购，改名满洲工厂，以150万元资本制造车辆、桥梁、矿山机械等。1935年，满洲工厂曾增建工厂7处。经过不断改组，该厂与池贝铁工所共同出资，于1939年成立了满洲工作机械株式会社，资本2000万元，以满足伪满对机床的需求。同年，满洲工作机械株式会社派员赴美国采购机器，与HERDEY工作母机制造公司订立技术交流合同，由美国公司派遣技师4人来厂试造车床、铣床、牛头刨床，这些技师直到1941年10月才回国。为了扶植机床制造，1942年，伪满政府将机床列为五年计划重要产品之一，制定种种补贴红利，并规定生产机床的企业免于缴纳购置机械设备的进口税，这使满洲工作机械株式会社得到了扶持。太平洋战争后，因物资来源断绝，1942年，满洲工作机械株式会社与日本东洋机械会社订立合同，从日本聘请了50名技师到中国东北指导生产。当时，该厂主要为满洲飞机制造株式会社和满洲自动车株式会社修造机床。同年10月，该厂尽全力制造TNDEX型24号单轴自动车床，制订了月产50台的计划。该型车床极适于制造各种大批量生产的小零件如螺丝等。1939年该厂制造车床160台，1940年制造230台，1941年制造240台，此后该厂年均制造180台车床。除车床外，满洲工作机械株式会社还造有铣床等其他类型的机床，但年产量亦不高。1944年，该厂有工人910人，技术员34人。[①]1939年，关东军专程向日本国内要求于中国东北建立砂轮厂，以满足伪满兵工厂及飞机制造厂之需要，同年日本吴制砥所遂派专家至苏家屯勘察选址，并于次年建成满洲吴制砥所。该厂采用费时费料的泥浆浇注法即搅拌法，故生产范围狭小，产品品种单一，只能生产直径小于600毫米的砂轮，产量亦不高。然而，该厂产品供不应求，遂于1942年扩建，彼时最高月产25吨。[②]

抗战全面爆发后，上海利用机器厂老板沈鸿积极内迁，到达武汉后，经新华日报社介绍，沈鸿与八路军办事处取得联系，以迁往西安为掩护，将工厂搬到离延安70里的安塞县。后来，该厂并入中共的陕甘宁边区机器厂。沈鸿带到中国共产党抗日根据地的机床等设备对于根据地的生产与

---

① 《东北机械工业资料选编》编辑部编：《东北机械工业资料选编（1945—1954）》，沈阳，沈阳市机电工业局，1985年，第4—6页；沈阳市人民政府地方志纂办公室：《沈阳地区工厂沿革史料》，1985年，第20—21页。

② 《东北机械工业资料选编》编辑部编：《东北机械工业资料选编（1945—1954）》，沈阳，沈阳市机电工业局，1985年，第24页；第一砂轮厂志编辑委员会编：《一砂厂志》，1986年，第5页。

抗战起了很大的作用。1944年5月,《解放日报》报道沈鸿称:"他带来的十部机器都是'母机',是制造机器的机器。于是以这十部机器为基础,开始制造出一些适合边区条件的、易于搬运的新母机,陆续又制造了各种机器,配备了许多工厂,帮助了边区工业的发展。"①机床与工具的重要性可见一斑。值得一提的是,尽管中国共产党在抗日战争期间缺乏大规模建设工业的条件,但工业化是中国共产党的既定目标。1944年5月,毛泽东在讲话中表扬了沈鸿,并明确提出:"要打倒日本帝国主义,必需有工业;要中国的民族独立有巩固的保障,就必需工业化。我们共产党是要努力于中国的工业化的。"②这已经预示了1949年后中国的命运。

机床工具是用来生产武器装备和军需物资的最基本的资本品,在战争的生死存亡的较量中,机床工具的制造受到战时需求刺激而有较大发展,是一种普遍现象。然而,战争期间中国机床工具制造的发展与创新,与机床进口的渠道被切断有直接关系。战争结束后,中国恢复为一个自由开放的市场经济体,甚至因1946年《中美友好通商航海条约》的签订而强化了市场的开放性,从事机床制造的本土厂商遂受到进口产品的严重挤压。③实际上,美国作为所谓"民主的兵工厂",在战时积累了庞大的机床生产能力,战争结束后,这种过剩产能便以自由贸易的名义在中国市场上进行消化。然而,对中国幼稚的资本品部门和尚未成形的机床工具工业来说,美国产品的大量进口具有摧毁性,严重挤压了中国企业的市场空间,进而抑制了中国资本品部门的创新。后发展国家的工业创新需要从先进国家引进新知识,资本品的进口是必不可少的途径,然而,过量进口所带来的比较优势分工,又会阻碍后发展国家自己的资本品部门创新。中国共产党对这种矛盾性是有清醒认识的。一方面,1945年9月,毛泽东在接受路透社记者提问时,指出中国共产党的建设纲领包括实行土地改革与工业化,以及"在平等互利的原则下欢迎外人投资与发展国际贸易"。这表明中国共产党认识到了开放市场与国际贸易有利于落后国家的创新追赶。但另一方面,1946年12月,毛泽东在接受西方记者采访时,亦抨击了国民政府与美国签订的《中美友好通商航海条约》,其原因则在于其不平等性,即该条约"准许美国人在中国随便购置房屋、地产,建工厂,开

---

① 《模范工程师沈鸿同志》,《解放日报》1944年5月10日,第1版。
② 中共中央文献研究室编:《毛泽东文集》第三卷,北京,人民出版社,1999年,第146页。
③ 上海市工商行政管理局、上海市第一机电工业局机器工业史料组编:《上海民族机器工业》下册,北京,中华书局,1966年,第762—764页。

商店，美国船只可以到中国内河航行"，但"再过多少年，等中国有了资本，有了船舶才可以去外国，现在还不可能"。①后发展国家的创新追赶需要积累，而积累需要时间，不对等的自由贸易挤压的就是后发展国家用来积累的时间。

三、崭新起点：中国机床工具制造能力的恢复

中华人民共和国成立后，中国的机床工具制造能力伴随国民经济一起得到恢复，并有了新的提升。在一个具有充分资源调动能力的新政权的领导下，中国工业的演化进入到历史性的新阶段。尽管1949年前中国部分机械企业具有机床与工具的制造能力，但尚未形成独立的行业。不过，一些制造能力较强的机械厂，构成了国家培育机床工具工业的最初的基础。近代中国的创新要素积累，为中国机床工具工业成为独立行业提供了基本的知识、资本、人才与组织。

上海虬江机器厂原为国民政府创办于1946年的中国农业机械股份有限公司虬江厂，1949年5月上海解放后被军管会接管，11月改名为华东工业部虬江机器厂，并决定改产工具机（当时对机床的称呼）。原国民政府中央机器厂的工程师雷天觉被调到虬江机器厂帮助工作，经研究决定，首先制造最急需的磨床。当时厂中正好有1台勃朗夏普（Brown & Sharpe）13型万能及工具磨床，便将其作为样机，进行测绘设计。1950年2月，华东工业部机械工业处正式任命雷天觉担任总工程师，实施试制工具机计划，1950年9月试制成功虬13式万能及工具磨床，在国庆节参加了上海的国庆游行。②沈阳第一机床厂原为始建于1935年的日企满洲三菱机器株式会社，1946年被国民政府接收，1948年11月沈阳解放，被沈阳特别市军事管制委员会经济处委派军代表接管，1949年1月改名沈阳第一机器厂，其第一分厂和9个私营工厂协作生产皮带车床，到6月份装配成4台6呎皮带车床。当年6月，第一分厂独立，更名沈阳第一机器厂，下半年调进百余台苏联机床，继续生产6呎皮带车床，全年共生产106台。1950年初工厂开始生产结构复杂的111A型全齿轮车床，全年完成149台。1951年该厂试制生产了736型650毫米牛头刨床，全年完成45台。1952年4月该厂根据上级主管部门要求试制 $\Phi 630$ 毫米 1Д63A 型

---

① 中共中央文献研究室编：《毛泽东文集》第四卷，北京，人民出版社，1999年，第205页。
② 上海机床厂厂史编写组：《上海机床厂厂史（1946—1996年）》（初稿），上海机床厂，1996年，第19页。

普通车床，年底成功造出 2 台样机。①抗战胜利后，国民政府资源委员会在上海筹建中央机器有限公司，昆明的中央机器厂被降格为昆明机器厂，1950 年，工厂通过机构调整和人员整编，迅速恢复生产，并先后更名为云南机器厂和西南工业部二〇三厂。该厂除继续制造原中央机器厂所生产的 6 呎车床、8 呎车床、牛头刨床、精密台钻和装配完 $\varPhi$75 卧式镗床外，还以测绘仿制方式增加了 C62 全齿轮车床、130 毫米×910 毫米工具磨床、IAU 万能铣床、IAE 卧式铣床和 OFV 立式铣床等 5 种机床产品。②这 3 家工厂是比较典型的由新政权接收的旧国有企业。

1949 年前，中国没有独立的工具工业，仅有一些小作坊及附属于机械厂的工具车间，生产一些较简单的车刀、锯条等工具。1949 年中国生产的工艺简单的普通刀具产量仅 255 800 件，产值 252 600 元，1952 年才开始生产量具。中华人民共和国成立后，在国民经济恢复时期，经过整顿、改革，把一些维修厂、小型手工作坊合并，到 1952 年形成了上海工具厂、东北机械总厂第十机械厂（哈尔滨第一工具厂前身）这两个骨干厂和上海刃具厂、沈阳量具刃具厂、天津工具厂等三个小型工具厂。为使骨干厂能初具规模，国家投资 643 万元，用于扩建和改造，使工具生产不断增加，到 1952 年底累计产量达 3 060 000 件、累计产值 8 270 000 元。中华人民共和国成立前，磨料磨具行业仅沈阳苏家屯有一个年产能力 200 吨磨具的小砂轮厂，使用的磨料依靠进口，还一直处于停产或半停产状态。在国民经济恢复时期，国家重视发展磨料磨具工业，1949 年和 1951 年黑碳化硅、绿碳化硅和棕刚玉三种基本磨料先后在苏家屯砂轮厂试制成功并投入生产。③

1949—1952 年，中国机床产量为 24 500 台，共 30 个品种。这时期进口机床 11 115 台，相当于全国产量的 45.4%。④与中华人民共和国成立初期相比，国民经济恢复时期的中国，已经演化出了初步的机床工具生产能力，这为行业体系的建立打下了基础。需要指出的是，中华人民共和国成立后在机床工具制造上所能够利用的近代遗产，主要是接收的原国民政府

---

① 沈阳第一机床厂志编纂委员会编：《沈阳第一机床厂志（1935—1985）》，沈阳第一机床厂，1987 年，第 4—7 页。
② 昆明机床厂志编纂委员会编：《昆明机床厂志（1936—1989）》，昆明机床厂，1989 年，第 144 页。
③ 机械工业部机床工具工业局：《中国机床与工具工业（1949—1981）》第 3 分册，机械工业部机床工具工业局，1982 年，第 2、12、310 页。
④ 机械工业部机床工具工业局：《中国机床与工具工业（1949—1981）》第 1 分册，机械工业部机床工具工业局，1982 年，第 11 页。

的国营大厂，因为这些国营厂的技术实力比上海那些弹性化的非专业化小厂强。这也预示着，中华人民共和国成立后在利用近代遗产培育专业化的机床工具工业时，国家资本从一开始就占据重要地位。

第二节　行业体系形成：中国机床工具工业成为独立行业

工业化需要资本品部门供给创新要素，但后发展国家既不具备也很难建立资本品部门，所以后发展国家要么无法进入工业化的轨道，要么只能进入资本品依赖进口的低度工业化轨道。苏联的重工业优先发展模式，试图打破这一僵局，通过人为将资源倾斜给资本品部门，来建立一个自我供给创新要素的国家工业创新体系。毫无疑问，这一模式除了经济考虑外，还包含浓厚的备战色彩。因为一个战时能自给的军事工业部门，必然要求一个尽可能独立的资本品部门。中华人民共和国成立后，一方面在意识形态上具有学习苏联经验的必然逻辑，另一方面又承受着台海问题和朝鲜战争等现实的军事压力，故以苏联模式来建设资本品部门，实为大势所趋。于是，中国政府一方面通过计划经济体制将资源倾斜至资本品部门，另一方面又通过与苏联的合作获取资本品部门所必需的创新要素，实现了以建立新产业为内涵的资本品部门创新。中国的机床工具工业正是在这一模式下形成的新产业。

"一五"初期，中国的机床工具工业形成了以中央直属企业为骨干，以地方企业为辅助的二元格局。一机部成立后，部分地方国营企业首先被收归该部直接管理，此后，该部又陆续接收了一部分地方国营和公私合营企业，定点生产机床工具产品，包括北京机器总厂的广安门分厂、山东电极厂、湖南机械厂、武汉机器厂、武汉五金厂、公私合营无锡开源机器厂、公私合营天津示范机器厂。此外，一部分规模较小的私营或公私合营企业，如上海明精机器厂、上海大同铁工厂、上海铁华铁工厂、上海象昌铁工厂、沈阳建兴铁工厂、营口建筑铁工厂等，则由所在省市的机械工业厅（局）直接管理。根据国家规划的分工，中央直属企业负责生产大部分主要机床、工具、磨料磨具和机床附件等产品及发展品种，地方企业则承担了大部分或全部铸锻机械、木工机床、机床电器和其他机床配套件的生产和品种发展任务，同时也生产一部分通用机床工具产品。[①]正是在这种管理体制下，中国机床工具工业出现了以"十八罗汉"骨干机

[①] 《当代中国》丛书编辑部编：《当代中国的机械工业》（上），北京，中国社会科学出版社，1990年，第121—122页。

床厂为中心的行业体系，该行业体系也是部门创新的主体。

一、"十八罗汉"：国家打造中国骨干机床厂体系

中国的机床工具工业体系是由国家规划建立并一手打造的。1952年5月，中央重工业部召开了全国工具机会议，决定变"万能修配厂"为"专能机床厂"，在全国范围内则令专能的机床厂集中为万能的机床行业。会议对现有工厂的产品发展方向和生产范围做了初步规划。[①]1952年9月，一机部成立，同年12月设立第二机器工业管理局（以下简称二局），由刘淇生任局长，统一领导管理全国的机床工具工业。[②]二局的建立，有力地推动了中国机床工具工业的发展。在中国的工业管理体制中，中央与地方各有一套国有工业体系，这是包括资本品部门在内的中国工业部门创新体系的重要特征。毋庸置疑，中央直属的工业体系得到了更多资源倾斜，是被寄予厚望的工业创新的主体。然而，随着政策不断变动，企业归属也不断变化，长期来看，最初设计的体系并未能按预定轨道演化。但央地两套体系所形成的二元格局，是中国工业持续存在的结构。

对中国机床工具工业成为一个独立的工业部门来说，"十八罗汉"体系的建立至关重要。1953年，一机部根据苏联专家的建议，按照全国一盘棋的精神，挑选了18个机床厂，确定其专业分工与发展方向，这18家企业就被俗称为中国机床工业的"十八罗汉"。从历史的演化脉络看，"十八罗汉"机床厂基本上都源于近代中国机械工业的基础，但经过了专业化的改造。表1-2为"十八罗汉"机床厂概况。

表1-2　中国机床工业的"十八罗汉"

厂名	创始年份	历史渊源	专业分工
沈阳第一机床厂	1935	原为日本人创办的满洲机器股份有限公司，1941年改名满洲三菱机器株式会社，1946年由国民政府接管，改名经济部沈阳第四机器厂，1946年改名资源委员会中央机器股份公司沈阳机器厂，1948年沈阳解放后1949年1月改名沈阳第一机器厂，1953年改名沈阳第一机床厂	卧式车床、专用车床

[①] 李健、黄开亮主编：《中国机械工业技术发展史》，北京，机械工业出版社，2001年，第668页。

[②] 《当代中国》丛书编辑部编：《当代中国的机械工业》（上），北京，中国社会科学出版社，1990年，第121页。

续表

厂名	创始年份	历史渊源	专业分工
沈阳第二机床厂（中捷人民友谊厂）	1938	日伪时期为满洲工作机械株式会社，1945年被国民政府重组为东北保安司令部战车修配厂，1947年改称联勤总部第五〇四汽车修配厂，沈阳解放后改名军工十四厂，1949年改名东北第五机器厂，1953年改名沈阳第二机床厂，1960年国务院命名为中捷友谊厂，1966年改名为中捷人民友谊厂	钻床、镗床
沈阳第三机床厂	1933	原为日本人创办的前田铁工所，1946年国民政府接收，1949年改称沈阳第三机器厂，1953年定名为沈阳第三机床厂	六角车床、自动车床
大连机床厂	1948	前身为大连广和机械厂，1948年由19个小厂合并组成，后改名为东北第十八机械厂，1953年起称大连机床厂	卧式车床、组合机床
齐齐哈尔第一机床厂	1950	1950年末由沈阳第一机器厂分出部分职工及设备迁到齐齐哈尔建立东北机械局第十一机器厂，1952年改名齐齐哈尔第一机床厂	立式车床
齐齐哈尔第二机床厂	1950	1950年冬由沈阳第五机器厂分迁至齐齐哈尔建厂，当时厂名为东北第十五机械厂，1953年改名齐齐哈尔第二机床厂	铣床
北京第一机床厂	1949	最早可追溯至美国长老会教徒于1921年创办的铁工厂。1949年成立北平机器总厂，后改称北京机器总厂，厂址设在北京方家胡同11号。1953年改称北京第一机床厂	铣床
北京第二机床厂	1949	1949年由3个枪支修械所合并组成北京机器厂广安门分厂，1953年改称北京第二机床厂	牛头刨床
天津第一机床厂	1951	1951年9月开始筹建，原名天津市公私合营示范机器厂，1956年更名为天津拖拉机制造分厂，不久转归一机部二局领导，改称天津第一机床厂	插齿机
上海机床厂	1946	原为国民政府创办的中国农业机械公司虬江厂，1953年改名为上海机床厂	外圆磨床、平面磨床
无锡机床厂	1948	前身为荣氏家族1948年创办的开源机器厂，1952年公私合营，1953年改名无锡机床厂	内圆磨床、无心磨床
南京机床厂	1948	原为国民政府创办的中国农业机械公司南京分公司，1949年改组为南京机器厂，1953年改称南京机床厂	六角车床、自动车床
济南第一机床厂	1944	原为日本人1944年组建的兵工厂昭和园工厂，1945年国民政府接收后改名山东机器工厂，1948年改名山东省政府机器工厂，1953年改名济南第一机床厂	卧式车床

续表

厂名	创始年份	历史渊源	专业分工
济南第二机床厂	1937	前身为日本人创立的北"支那"野战兵器厂济南分厂，1949年在四十四兵工厂的基础上成立济南工业局第二厂，1953年改称济南第二机床厂	龙门刨床、机械压力机
长沙机床厂	1912	前身为湖南省最早的机械修造厂，1949年后更名为湖南机械厂，1953年改称长沙机床厂	牛头刨床、拉床
武汉机床厂	1928	前身为创办于1928年的阮恒昌机器制造厂，1951年被武汉市人民政府接管，改名为武汉机器制造厂，1956年隶属一机部二局领导，更名为武汉机床厂	工具磨床
重庆机床厂	1936	原为中国汽车制造公司华西分厂，1949年重庆解放后改名为西南工业部第二〇一厂，1952年改称重庆机床厂	滚齿机
昆明机床厂	1936	原为国民政府资源委员会中央机器厂，1949—1950年称昆明机器厂，1951—1952年称西南工业部二〇三厂，1953年改称昆明机床厂	镗床、铣床

"十八罗汉"机床厂利用当时中国机械工业已有的基础，其中绝大部分是在中华人民共和国成立前已经具有一定机械制造能力的企业，在中华人民共和国成立后开始涉足机床制造。在国民经济恢复时期，沈阳第一机床厂、上海机床厂和昆明机床厂的前身企业已经形成了一定的机床制造能力，自然是极佳的利用对象。与之相似的还有重庆机床厂。重庆机床厂的前身中国汽车制造公司华西分厂，在抗日战争时期就能制造机床。1952年第二季度，西南工业部根据全国机床工业企业产品分工会议的决定，安排重庆机床厂生产齿轮加工机床，并立即按苏联图纸试制532型滚齿机。一机部二局成立后，规划重庆机床厂仍首先试制滚齿机，1953年3月，试制工作全面展开。该厂当时缺乏精密设备、精密量具和专用工具等，只能充分发挥老技术人员和老工人的骨干作用，自制土设备、简易量具，靠肩扛手抬，自力更生进行试制。例如，加工螺旋伞齿轮因缺乏专用设备，是试制过程中的一大难关。该厂一批试制人员遂跑遍沈阳、长春、天津等地，学习有关理论和经验，一批试制人员到綦江齿轮厂学习弧齿轮加工方法，还有一批技术人员则参阅苏联资料，自行设计出在普通铣床上加工螺旋伞齿轮的"特别铣具"和盘铣刀，由经验丰富的技师亲自操作，终于在普通铣床上加工出螺旋伞齿轮来。12月15日，532型滚齿机一次试制成功。[①]重庆机床厂由此正式进入齿轮加工机床行业。

[①] 重庆机床厂厂史编辑委员会：《重庆机床厂简史（1940—1994）》，1995年，第20—22页。

无锡机床厂进入机床工业的经历在"十八罗汉"机床厂中也具有一定的代表性。无锡机床厂的前身开源机器厂是近代中国"实业大王"荣德生创立的，本意是为了给自己家的面粉厂和纺织厂自造、自修设备。该厂建厂初期已有留学生五六人，工程师十多人，其中取得博士学位的有3人；设备则有各类机器总数105台，其中美国剩余物资46台、日本赔偿物资52台、自购物资7台。但该厂建成后，由于宏观环境动荡等原因，陷入了停工状态。无锡解放后，人民政府对开源机器厂给予了加工订货的扶持，使其获得生机，该厂到1949年底有职工203人，机械设备动力容量99千瓦。除了给予大量加工订货订单外，政府还及时给予该厂银行贷款先后达76万元。1950年第二季度，华东工业部给开源机器厂下达了2米立式车床的加工订货任务，该厂工程师刘谷之、陈新民等按照德国机械教科书和有关资料自行设计，于1951年试制成功1台26吨重的2米立式车床。1952年，由于滥接加工订货导致连年亏损，开源机器厂请求公私合营，年底被划归一机部二局领导，更名为公私合营无锡机床厂，公股占资本总额的85.13%。[①]1953年5月，一机部二局聂春荣副局长和苏联专家鲁斯吉林到厂考察，认为无锡机床厂具有一定的生产和技术能力，由一机部二局正式确定无锡机床厂向磨床产品方向发展。无锡机床厂开始根据苏联提供的图纸进入仿制磨床生产阶段，从制造简单M360型砂轮机开始，生产了各式规格的砂轮机，制造了工具磨床、矿井钻头磨床、锯片磨床以及其他各类铣刀磨床、锯条磨齿机等产品。至此，无锡机床厂从测绘试制普通车床到逐步走上能够制造属于精密加工机械的磨床生产道路。[②]无锡机床厂是进入机床行业公私合营企业的典型。

长沙机床厂始建于1912年，初名湘军工厂，是官办军械厂，1928年改名湖南民生工厂，转为民用机械生产。该厂1918年曾仿制铣床1台，1938—1944年小量生产过仿制的老式车、刨、钻床，年产量最高的1943年亦不过58台。1953年，该厂厂名由湖南机械厂改为长沙机床厂，专门从事插、拉、牛头刨和锯床的生产。[③]起初，长沙机床厂生产的机床一概为皮带传动，1953年后所产始为全齿轮传动。1955年，该厂试制成功首

[①] 无锡机床厂：《奋进之路——无锡机床厂四十年大事记（1948—1988）》，1989年，第4、8—11、14页。
[②] 无锡机床股份有限公司：《锡机•智造世界强音》，无锡机床股份有限公司，2018年，第5—11页。
[③] 赵家润主编：《长沙机床工具志》，长沙市冶金机械志编委会、机床工具行业协调小组编印，1990年，第106页。

台 L620 型卧式拉床。① 长沙机床厂也是有一定基础的老厂。

"十八罗汉"机床厂中的齐齐哈尔第一机床厂和齐齐哈尔第二机床厂属于中华人民共和国成立后机床工具工业最早的一批迁建厂。其中,齐齐哈尔第二机床厂原为沈阳第五机器厂,该厂工人马恒昌出身贫农,1949年2月经民主选举成为所在小组的组长。在马恒昌的带领下,他的小组保质保量地完成了制造高射炮闭锁机的任务。当年3月,马恒昌发动组员,定出了迎接红五月劳动竞赛的条件,并向全厂职工提议开展红五月劳动竞赛。竞赛评比时,马恒昌领导的车工一组获得优胜,4月28日该小组被授予"生产竞赛模范班"的红旗,并被命名为马恒昌小组。1950年10月,因朝鲜战争的关系,沈阳第五机器厂分出一部分人员和设备北迁,组建齐齐哈尔第二机床厂,马恒昌小组响应号召,第一批报名。1951年1月,马恒昌小组向全国职工发出开展爱国主义劳动竞赛的倡议,得到全国18 000多个班组的响应。在"一五"期间,马恒昌小组用5年的时间完成了14年的工作量。② 马恒昌小组的经验包括三人技术互助小组、每周例行生产检讨会等。③ 1950年,马恒昌小组的先进经验得到了政府的大力推广。

"十八罗汉"机床厂中从事锻压机械生产的代表性企业有济南第二机床厂。济南第二机床厂在中华人民共和国成立前一直以修理枪炮为主,1949年后先后试生产过农用水车、水泵、水泥搅拌机等多种民用产品。1953年4月,济南第二机床厂试制成功729型龙门刨床,该床可刨削最长为9米、宽1.75米、高1.25米的大型工件,整机重量为49吨。1951年,为了制造龙门刨床,济南第二机床厂原本在齐齐哈尔测绘1台捷克老式龙门刨床,在花了近一个月时间绘制了数千张图纸后,该厂接到重工业部通知,说手里有一份苏联724型龙门刨床的完整图纸,比捷克的刨床先进,于是该厂技术人员火速奔赴北京复制苏联图纸。济南第二机床厂原副总工程师王瑞华回忆:"我们5、6个人,在北京第一机械工业部一个大院里办公,测绘复制724型图纸,苏联的原装,拆开了照着画,我、叶人立等人刚开始学,也不大会画,机床局派来两个人和我们一起干。那时候苏联原图不能随便改,动一个螺丝都得报机床局。我们一边描图,厂里一边

---

① 长沙市冶金机械工业志编纂委员会编:《长沙冶金机械工业志》,1992年,第92—93页。
② 孙振英主编:《齐齐哈尔第二机床厂志(1950—1985)》,哈尔滨,黑龙江人民出版社,1992年,第486—489页。
③ 东北总工会生产部编:《推广马恒昌小组先进生产经验》,新华书店东北总分店,1950年,第12—15页。

开始准备，先干大件。"图纸绘好后，国家调动济南飞机场的俄语翻译到济南第二机床厂援助，又从上海紧急调拨一批技术人员和有经验的老工人到该厂。该厂当时新从农村招了一批工人，90%是文盲，遂组织上海技术人员和工人在业余时间给新工人上课，半年后，新工人基本看懂了图纸，掌握了相关技术要求。为了积累制造大型设备的经验，济南第二机床厂把从济南第四机器厂拿来的小车床图纸的尺寸放大，做成大型车床，用于实战练兵，提高工艺、计划和生产组织水平。在一年的时间里，该厂生产了100多台4米精密马达车床，为接下来生产龙门刨床做好了准备。1952年5月，全部工艺图纸绘制完毕，在设计上将原来的4米工作台改为9.35米，并把原来电控柜的3个大箱子和3个大马达改进为1个箱子和一大一小两个马达，使结构变得简单。由于铸造车间设备能力不足，该厂采取了合理规划工序并分梯队浇铸的方案。由于第一次浇铸出来的立柱出现了裂纹等问题，并多次失败，该厂遂从南京、博山等地采购材料，逐一调整试验，在耗费3048个工时后，终于浇铸成功。在加工毛坯时，济南第二机床厂依旧面临设备能力不足的问题，该厂遂决定加宽其最大的1台捷克机床的床身，同时将另一台机床的后半部分拆下来，架在捷克机床的后面，作为支架，加工完一段后把工件掉过头，再加工另一段。在加工方法上，则采取床身、工作台分3次接刀刨削的方法，两头、中间分3段加工，先粗加工，再精加工。1952年8月，14 000余种龙门刨床零件陆续完成，开始总装配，1953年2月，装配顺利结束。在对床身导轨加工精度测试时，缺乏测量仪器的济南第二机床厂又采取了土办法，首先沿导轨方向定位并拉上1根细钢丝作基准，做一个胎具，将显微镜先装在胎具上，再放入导轨槽，顺着导轨槽移动胎具，通过显微镜观察钢丝粗细和位置变化，发现钢丝有变化，就说明导轨出现偏差，立刻动手对那段导轨进行刮研整修。该厂边测边修，花了2个月时间，终于在1953年4月20日造出了中国第一台大型B729龙门刨床。[1]济南第二机床厂制造龙门刨床的过程，体现了中华人民共和国成立初期机床工业试制重要新产品的典型过程，其创新机制既包括国家引入新知识并调集资源来维持创新过程，又包括车间层面贴近实际条件尝试新的制造方法。1955年12月，济南第二机床厂又造出了中国第一台160吨的大型机械压力机。[2]这台压力机是仿苏联图纸

---

[1] 济南二机床集团有限公司：《JIER故事：庆祝济南二机床八十华诞职工征文》，济南二机床集团有限公司，2017年，第8—11页。
[2] 济南二机床集团有限公司：《迈向辉煌：济南二机床集团有限公司六十周年厂庆专辑》，济南二机床集团有限公司，1997年，第18页。

设计的，技术人员将苏联图纸翻译、转化成中国图纸，并接受驻厂苏联专家的技术指导。由于济南第二机床厂此前经历了制造大型龙门刨床的磨砺，而且1953年龙门刨床试制成功当年就生产了23台，此后每年生产数百台，等到生产160吨压力机时，无论在生产工艺还是制造技术上，对济南第二机床厂来说都相对容易一些了，该厂的压力机制造从着手到完成用了不到一年的时间。①可以说，济南第二机床厂试制两种具有开创性的新产品，体现了很明显的学习曲线。

从时间上看，"十八罗汉"机床厂大部分是在1953年前后改称"机床厂"的。武汉机床厂较为特殊。武汉机床厂的前身是创办于1928年的私营阮恒昌机器制造厂，起初名为阮恒昌五金机器店，当时的主要业务为加工一般五金工具和人力车零件。因资方有不法行为而被逮捕，武汉市人民政府于1951年接管了该厂，更换厂名为武汉机器制造厂，属地方国营性质。后该厂与乔兴发五金机器厂、大同机器制造厂合并重组，经1954年全国机械工作会议决定产品归口一机部第三机器工业管理局，生产皮带运输机、矿车、卷扬机等矿山机械。1956年1月，中央根据国民经济发展需要，决定工厂改变隶属关系，由地方国营划归一机部二局领导，于2月1日改名武汉机床厂，逐步将矿山机械产品转厂脱壳，专门生产工具刃具磨床，承担了全国工具刃具磨床急需的繁重任务。当年年底，该厂依照苏联图纸生产M3628型、M3625型车刀磨床和M3A64工具磨床共110台。②由此可见，"十八罗汉"机床厂体系的建立不是一蹴而就的，而是一个渐进的演化过程。

二、平行演化：地方机床工具工业体系的形成

在计划经济体制下，中国的机床工具工业实际上被人为地划分为了两部分，一部分是以"十八罗汉"机床厂为代表的中央直属企业体系，另一部分则是隶属各地方政府的地方企业体系。地方机床工具企业最初基本上都是1949年前即已存在的老企业，由于上海是近代中国机械工业的中心，因此，上海的地方机床工具行业在20世纪50年代亦最为典型。中华人民共和国成立前夕，上海的1000多家机械厂中，能够修造机床的只有42家，从业人员仅1830余人。到1952年底，上海已有专业机床厂70多

---

① 济南二机床集团有限公司：《JIER故事：庆祝济南二机床八十华诞职工征文》，济南二机床集团有限公司，2017年，第12页。
② 武汉机床厂厂志编委会：《武汉机床厂厂志（1928—1981）》，武汉机床厂，1983年，第6—19页。

家，兼造厂360家。①上海的老机械工厂转向机床制造与新体制有密切关系，是适应国家需求的行为。例如，1953年7月，一机部华东销售办事处召集上海机械工业熟悉机械制造技术的人员，洽商机器制造技术改进问题。上海市机器工业同业公会根据销售处的要求，于7月28日组织了机械技术合作委员会，按照销售处的指示和向客户征求的意见，修正或重新绘制机器图纸，其中就包括车床、刨床、铣床、滚齿机等。该委员会的决策包括"为适应高速用齿轮制造，决将杨复兴机器厂现存旧日造仿美Pratt & Whitney式磨齿机交厂修理，并抄绘图样以便仿制"，以及"12"龙刨综合各方反映意见，原设计缺点过多，五大件均要修正，乃决定以国营二机捷克式HO-1000式为主，再仿美Gnay式设计改为单臂"等。②这体现了在国家需求的引导下，通过地方行业协会的组织协调，上海机械工业的机床制造技术不断改进。1954年，明精机器厂作为典型之一，首批实行公私合营，后于1960年改名上海第二机床厂。1956年全行业公私合营后，上海成立了上海市第一机床公司和第二机床公司，开始有计划有步骤地对全市机床工具企业按产业分类进行较大规模的改组。除直属一机部领导的上海机床厂和上海工具厂外，归口于上海市第一、第二机床公司管辖的企业共567家，职工12 696人。1958年，两个机床公司合并为上海市机床制造公司，将所属的522家工厂改组为176家。③因此，上海的机床工具工业实际上存在着中央直属企业与地方企业两个系统，这种二元结构也是计划经济体制下中国机床工具工业的一般性特征。

在旧工业中心上海之外，"一五"期间，其他地区的一些企业也以各种方式进入机床行业。例如，南京第二机床厂原为创办于1896年的江南铸造银元制钱总局，在民国时代主要制造度量衡标准器，中华人民共和国成立后成为南京地方国营企业，1955年与9家私营企业合并合营，1956年称南京第一机械厂。合营后，该厂经南京市委决定，并经一机部批准，试制苏联1617型普通车床，由国家投资138万元，添置了64台金切机床，改、扩建了1500平方米厂房，顺利完成了试制任务，为进入机床行业打下了基础。④1939年，八路军山东人民抗日游击第三支队十团在广饶县建立了自己的革命印钞厂，该厂迭经演变，成为德州的建华铁工厂，

---

① 上海市机床总公司编：《上海机床行业志》，1993年，第41页。
② 《机械技术合作委员会组织经过及工作报告》，1954年，上海市档案馆藏，档案号：S1-4-41。
③ 上海市机床总公司编：《上海机床行业志》，1993年，第41—42页。
④ 南京第二机床厂志编纂委员会：《南京第二机床厂志（1896—1996）》，南京第二机床厂，1996年，第6—7页。

1950—1952 年共生产机床 61 台，完成工业总产值 178.56 万元。1954 年，该厂改名山东德州铁工厂，建立了基本的规范化管理制度，并学习南京机床厂经验，推行了作业计划，整顿了原始记录，当年生产机床 90 台，但因任务不足而亏损 6 万元。除机床外，该厂还生产新式农具。1956 年，上级确定该厂以生产机床为今后的专业发展方向，该厂派出 4 批人员赴大连机床厂学习，并开始试制 C620 车床，1957 年试制成功。1958 年，该厂改名为德州机床厂。① 湖南机床厂原为 1934 年建成的湖南第一监狱的附设工厂，1949 年监狱由人民政府接收，1950 年湖南省公安厅成立执行处，接管监狱，开办了新生修配厂，有红炉 4 座、虎钳 4 台，购置旧 6 呎车床 1 部。该厂规模不断扩大，1955 年改名为湖南省地方国营新生机械厂。1956 年 1 月，全国机电工业生产方向规划会议决定，该厂归口一机部二局，定点生产切割机床，并经公安部批准投资 90 万元，迁厂新建。1957 年 1 月，根据国家经济委员会关于各劳改机械厂归口管理的协议，该厂的专业方向、任务安排、技术改造规划、材料供应、产品销售、设备申请等由一机部负责，行政、组织、财务、劳改等业务领导由公安部负责。当年，该厂改名为湖南新生机械厂，派技术人员去天津、上海、武汉学习机床设计和工艺管理，并派技工去长沙机床厂实习，年底正式生产出第一批 G607 圆锯床 25 台。② 这些企业与"十八罗汉"一起构成了中国的机床工具工业最初的主体，它们与"十八罗汉"平行演化，又相互联系，密切互动。

在非机床主机企业中，烟台机床附件厂的创立具有代表性。该厂前身为胶东兵工厂，系中国共产党于 1938 年在胶东抗日根据地建立的工厂，最初只有几个工人和一担"箍炉挑"，后来随着抗日部队来到黄县而发展壮大到几百人，并分化为 6 个兵工厂，主要任务是修理枪械和制造手榴弹、地雷、子弹等。抗战胜利后，兵工厂继续为人民军队制造军用产品。1949 年，兵工厂接上级指示，由军品生产转为民品生产，从农村迁至烟台，成立烟台机械厂。烟台机械厂由 2 个厂合并而成，初建时有生产设备 77 台，职工 344 人，1950 年 1 月正式投产，主要任务是制造和修理矿山机械。除完成矿山任务外，该厂承制了中央水利部的 30 台 8 马力柴油机与 200 辆 1.5 吨矿车，支援了淮河治理。该厂还承制了济南工业局的 38

---

① 德州机床厂史志编纂委员会编：《德州机床厂发展简史（1939 年 2 月—1995 年 6 月）》，内部资料，1995 年，第 12—15 页。

② 文思安编述，苏宗礼协修：《湖南机床厂志》，厂志编委会监修，1984 年，第 7—13 页。

台 5 呎马达车床和 5 台自销产品 2#平铣床。由于胶东矿产不多，矿山机械任务不足，烟台机械厂一度经济极为困难，连职工工资都无力开支。直到 1951 年，该厂还没有固定生产任务，故除了精减人员和厉行节约之外，决定自找门路，开始试制三爪卡盘。由于销路有限，三爪卡盘未大批量生产，该厂又生产 8 呎马达车床，将制造卡盘的工具全部转给别厂。此时该厂厂名改为烟台机器厂。1953 年，在国家统一规划下，烟台机器厂被定为生产机床附件的专业厂，厂名亦改为烟台机床厂，直属一机部二局领导，由此又开始生产三爪卡盘和部分平口钳产品。1955 年，该厂试制成功 135 型万能分度头。1956 年，该厂按产品类型划分了车间，成立了中央试验室、计量室和合理化建议室并进行技术改造，扩大了生产面积。当年该厂又被上级改名为烟台机床附件厂，主要生产三爪卡盘和万能机械分度头。[①]烟台机床附件厂早期不断转换产品的过程，是很典型的企业搜寻信息和知识的过程，具有市场主体的特性。实际上，在中国的计划经济体制下，当政府给予的任务不足而企业必须生存时，这种类似市场主体搜寻信息的行为就会出现。

在非"十八罗汉"机床厂中，杭州机床厂的兴起颇具典型性。该厂原为创建于 1921 年的杭州大冶铁工厂，为杭州丝绸业提供纡子车、并丝车等简单机械产品。1951 年，杭州市人民政府用 4.5 亿元旧币买下了该厂，定名为公营杭州铁工厂，并先后投资 20 余万元为该厂添置设备，而该厂起初以承接修配杂活为主。国家出资购买该厂时，该厂只有 24 名职工，16 台皮带机床和 10 匹马力的电动机。[②]1953 年，杭州铁工厂承接了生产 8 吋和 12 吋电动锯床的任务，这是该厂进入机床制造的开始。这批产品的图纸用的是上海资本家留下的残缺老图纸，尽管如此，制造这批锯床的技术要求仍然很高，导轨面上不允许有任何砂眼和气孔。为了确保床身导轨的质量，杭州铁工厂领导毅然决定全部报废导轨面上有微小砂眼、气孔的铸件，在当时劳动生产率低下的情况下，做此决定需要很大的勇气。据老职工回忆："此举震动了全厂职工，特别是铸工老工人。开始时他们不理解，认为是浪费，很多人为此还痛心流泪。"[③]该厂到浙江大学请王启东等教授来厂指导，帮助制定生产工艺，从技术组织措施着手，改进三节

---

① 该书编撰小组：《烟台环球机床附件集团有限公司史志（1949—2007）》，烟台环球机床附件集团有限公司，2007 年，第 3—5 页。
② 郑阳生、朱浩然主编：《建厂四十周年征文集（1951—1991）》，杭州机床厂，1991 年，第 2 页。
③ 郑阳生、朱浩然主编：《建厂四十周年征文集（1951—1991）》，杭州机床厂，1991 年，第 15 页。

炉、加大进风量，还采取改变型砂配比，采用先进浇冒口系统和推行工艺规程等一系列措施，终于攻克了难题，工厂的铸造水平也大大提高。为了掌握刮工技术，该厂多次派装配工人到上海机床厂、无锡机床厂学习。为了改变落后的修配旧习气，该厂规定不许动锉刀和用硬质金属敲打，改用木榔头和软质金属工具等工艺纪律，确保了机床的装配质量。为确保产品质量，该厂宁愿推迟交货接受罚款也决不含糊。这批铡床的生产为该厂进入机床行业奠定了基础。1954年，杭州铁工厂根据一机部二局的通知，按照苏联CH-12A台钻图纸进行仿制，于1955年试制成功Z512-1型台式钻床，当年底遂被一机部二局定为产品归口企业单位，确定今后的发展方向为钻镗床产品。为了从作坊式地方小厂转变为正规机床生产厂，该厂在全国全面学习苏联的氛围中，以苏联图纸为蓝本，要求职工尽快学习和掌握好图纸、技术文件和技术标准；此外还举办各类技术、文化、俄语等学习班，帮助文化程度普遍不高的职工看懂图纸、使用公差配合，消化理解技术标准。在生产台钻过程中，杭州铁工厂为保证质量，从白手起家制定工艺、设计工装，由老工人口述、专业技术人员记录，逐步积累了正规的加工工艺，彻底改变了"一个师傅一个令"的无序状态，同时组建了检验科，在生产的每个环节都建立质量检验控制岗位。为了适应台钻的大批量生产，该厂投资增添了捷克磨床、车床、滚齿机、插齿机、立铣等关键设备，在技术上逐步掌握外圆精磨、变位齿轮滚齿、齿条花键铣削等工艺技术，使台钻在批量生产中实现了零件预选互换，走上了正规机床制造的轨道。"一五"期间，杭州铁工厂共生产各类机床工具产品4276台，到1957年已初具规模，当年11月，经上级批准更名为杭州机床厂。[①]在新体制下，杭州机床厂通过制造新产品而掌握新技术，进而实现管理与组织变革，从作坊小厂转变为正规机床厂，是中国机床工具工业非"十八罗汉"机床厂早期演化与创新路径的代表。这种转变在不同历史时期还将反复发生于机床工具工业新兴企业的身上，是行业更新发展与部门创新的重要机制。

三、技术转移："156"项工程中的机床工具工业项目

在建立"十八罗汉"机床厂体系的过程中，苏联专家起了很大的作用。"一五"期间，中国工业发展的重要特点就是苏联与东欧国家大规模

[①] 郑阳生口述，姚峻、卢曙火整理：《记杭州机床厂的崛起与发展历程》，见杭州市政协文史资料委员会编：《新中国杭州工业发展史料》，杭州，杭州出版社，2010年，第117—128页。

的对华技术转移，机床工具工业也受其影响。苏联对中国工业最大的帮助是援建"156"项工程，即156个重点建设项目，其中机床工具工业占了3项，包括沈阳第一机床厂的改建、新建武汉重型机床厂和哈尔滨量具刃具厂。实际上，从产品技术的援助看，苏联的援建尚包括齐齐哈尔第一机床厂的立车、沈阳第二机床厂的立钻与镗床、上海机床厂的磨床、无锡机床厂的磨床、北京第一机床厂的铣床、济南第二机床厂的龙门刨、南京机床厂的六角车床等。此外，民主德国帮助设计了第二砂轮厂。[①]苏联等国的援助既是中国机床工具工业在形成时期重要的知识来源，也是中国资本品部门创新体系的基础。

中华人民共和国刚成立时，中国领导人曾设想建立一个开放的经济体。1949年12月22日，毛泽东曾指示有关方面："你们在准备对苏贸易条约时应从统筹全局的观点出发，苏联当然是第一位，但同时要准备和波、捷、德、英、日、美等国做生意，其范围和数量要有一个大概的计算。"[②]然而，美国采取了对华遏制与封锁的战略，使中国被迫隔离于世界市场，其追赶所需的创新要素在相当长时间里只能从社会主义阵营获取。在冷战的地缘政治格局下，中苏之间结成友好同盟，苏联对中国展开了援助，帮助中国从事经济建设。中国"一五"计划期间的国家工业化，便是以苏联援建项目为中心展开的。和不断调整的计划一样，苏联的援建项目也不断修改，到1954年底确定为156个重点建设项目，亦即"156"项工程。尽管此后项目数量又有调整，但在公开宣传中就将"156"项作为一个标志给固定下来了。

1955年12月14日，国家计划委员会党组关于一机部追加新建北京铣床厂项目问题的报告，可以反映"156"项目的计划制定情形。该报告首先指出铣床"是一种大量需要的金属切削机床，约占全部机床需要总数的百分之十四左右（根据今年一五六项设备分交的不完整统计，铣床约占全部机床的百分之十三强）"，然后通过对4家专业生产厂产量的估计，预测"今后需要量不断上涨，生产量将更感不足"。报告分析了当时各生产厂与潜在生产单位的生产能力都无法满足铣床的需求量，如"齐齐哈尔第一机床厂的专业方向是立式车床和中重型特殊车床，此类机床的需要量近来亦增加很快，该厂不可能长期兼做铣床"，而"昆明机床厂在交通情况

[①] 陈夕主编：《奠基：苏联援华156项工程始末》（Ⅰ），成都，天地出版社，2020年，第75—76页。

[②] 中共中央文献研究室编：《毛泽东文集》第六卷，北京，人民出版社，1999年，第35页。

未改善以前，生产大量需要的品种亦是不合宜的"，至于"地方工厂（主要是上海）"则"目前虽有少数工厂兼做铣床，但规模很小，不宜生产大量需要的铣床"。因此，报告认为现有厂家无法满足不断上涨的铣床需求量，同意一机部的建议，即"恢复在第一个五年计划中被削减的北京新铣床厂项目（由于当时对需要量估计不足和投资不够分配，且因近沿海地区而削减），规模为 2480 台，11 740 吨。建厂所需投资共约 4500 万元，在第一个五年计划内拟请追加投资 3800 万元"。报告认为，"铣床厂比较精密，可与北京的科学技术机关配合，如果遇战时也可以迁移"。报告还建议"批准提请苏方供给有关高尔基铣床厂的典型工厂设计资料及有关生产的工艺资料"。不过，对一机部提出准备于 1959 年起北京第一机床厂不再生产铣床的建议，报告认为"应当慎重考虑"，并指出："目前该厂（北京第一机床厂）厂房确为简陋，但在新厂未建成前，该厂仍须担负不少任务，即使新厂建成并投入生产，该厂仍应生产小型铣床，使新厂产品品种不致过于复杂。同时，在编制新厂的设计时，应当考虑新厂的铸工车间除供应本厂所需铸件外，应当统一供应北京第一、第二两个机床厂所需的铸件，以便充分发挥这两个厂的生产能力。"[①]从后来的发展看，北京第一机床厂仍然是专业生产铣床的骨干厂，进行了投资改造。国家计划委员会的这份报告，反映了"一五"期间中央政府的工业管理部门制定与调整项目计划的思路及流程，其核心在于对工业产品需求数量与工厂供给能力的评估。报告从一个侧面反映了政府评估无法契合不断变动的形势，这也是计划经济体制下中国工业创新体系的弱点之一。但不管怎么说，铣床需求量的不断增加，反映了机床工具工业此时逐渐成为中国"工业的心脏"，对经济建设起着日益增长的作用。

在"156"项工程的机床工具工业项目中，老企业沈阳第一机床厂于 1953 年 5 月至 1955 年 12 月进行了全面改建，1955 年 12 月 28 日经国家验收委员会验收合格，正式投产。1950 年，该厂尚被称为沈阳第一机器厂，生产小型车床及铁路运输用板弹簧及卷弹簧，其原有基础被认为不适合专业化生产："按现有建筑物及构筑物之特点可判定此厂为生产小型及中型机器所修建者。生产建筑物之配置及其相互关系表明在过去此厂未曾进行专业生产。"这成为改建的重要理由。至于将该厂改建为机床厂，则是因为成本不高，主要工程为更换设备："若将该厂改建为机床制造厂则

[①] 陈夕主编：《奠基：苏联援华 156 项工程始末》（Ⅱ），成都，天地出版社，2020 年，第 360—361 页。

可以最少量之投资完成之。投资方向主要为添置设备。现有厂内设备，除由苏联购置者外，余均须撤换之。除为隔离火险及有害健康之生产，并在厂内设备（置）保健场所及办公室，须将现有厂房略加改造及装设外，则完全不需建新厂房。"整个改建工程得到了苏联政府的援助和苏联专家的指导，由苏联提供全套技术资料和主要机器设备，按照苏联莫斯科红色无产者机床制造厂模式进行设计，主要生产 $\Phi 400—\Phi 1000$ 毫米普通车床，并生产部分特殊车床，年产量为 2800 台。全部改建工程国家总投资 6113 万元。在改建过程中，工厂建立健全了生产组织、管理机构和各项规章制度。该厂的《基本建设工程验收鉴定书》指出："改建工程系在尽可能利用原有基础的原则下进行的。"国家验收委员会对沈阳第一机床厂寄予厚望："沈阳第一机床厂为我国第一座新型的工作母机制造厂，它的建成将促进我国机床制造工业技术水平的迅速提高……1A62 车床的生产工艺和组织设计是苏联机床工业技术和管理工作数十年经验的结晶，对我国机床工业具有普遍的指导意义，希望教育职工切实执行。反对任意变更工艺规程，不按工艺规程操作及一切违反组织设计的现象。"[①]沈阳第一机床厂的案例表明，近代中国的遗产并没有原封不动地被新中国继承。在旧基础上，新的技术轨道与管理体系通过国家投资建立起来了。

武汉重型机床厂是"156"项工程中唯一一个新建的机床厂。1953 年 5 月，一机部二局成立了中南重机床厂筹备处，8 月，厂名更换为中南重型工具机厂筹备处，9 月，一机部将长沙的中南车床厂筹备处并入中南重型工具机厂筹备处，1956 年 5 月，一机部正式批准厂名为武汉重型机床厂，并通知取消"筹备处"字样。该厂选址从 1953 年 5 月至 1954 年 7 月，历时 14 个月。筹备处成立时，工作人员只有 58 人，1954 年从广东省调配干部 157 人，在此前后，一机部又从沈阳、齐齐哈尔、上海、南京、重庆、济南等地 20 多个部属工厂中抽调 800 多人进行支援。1954 年 11 月 20 日中苏双方正式签订了《武汉重型工具机厂设计工作合同》，苏方承担的任务是编制扩初设计总说明书，提供主要生产厂房及主要动力设施项目的设计施工图，1955 年 3 月 17 日起苏方开始陆续交付扩初设计文件。1954 年筹备处决心以"边建厂、边试制产品"的"两条腿走路"方针加快工厂建设，早日建成投产。筹备处计划在济南第二机床厂试制 7242A、7242B 型龙门刨床，在齐齐哈尔第一机床厂试制 1556 型立式车

[①] 沈阳第一机床厂志编纂委员会编：《沈阳第一机床厂志（1935—1985）》，沈阳第一机床厂，1987 年，第 461—462、469、471 页。

床，在沈阳第二机床厂试制 2630 型卧式镗床，在本厂自行试制 6642 型龙门刨床。到 1957 年底，上述 3 个品种 4 种型号的试制任务顺利完成。1956 年初毛泽东在武汉听取武汉重型机床厂的汇报后，高兴地对武汉重型机床厂的领导说："你们在工厂建成以前，就在厂外试制了新产品，这个做法很好。"1956 年 4 月，武汉重型机床厂的筹备工作历时 3 年基本完成，正式投入兴建。① 武汉重型机床厂原定于 1956—1959 年分两期建成，第一期于 1957 年建成并投产，第二期于 1958—1959 年建成，其工程内容为第二机械加工装配厂房。1955 年底，一机部在审查设计和具体安排建厂总进度时，考虑到配合"二五"计划期间机床工业的发展，感到有必要将武汉重型机床厂由两期并为一期于 1958 年建成。一机部的考虑是，一次建成可以缩短建厂期限，减轻"二五"计划初期的建设任务，减少因二次施工形成的浪费，还可以于 1958—1959 年在武汉重型机床厂进行试造以掌握中型锻压机械的生产，加速解决锻压机械的薄弱局面。一机部的建议得到了国家计划委员会的批准。② 从武汉重型机床厂建设计划的调整看，当时的工业管理部门是希望加快机床工具工业发展的。

哈尔滨量具刃具厂是"156"项工程中唯一一个制造工量具产品的企业。哈尔滨量具刃具厂于 1950 年经国家批准建厂，1952 年 8 月破土动工兴建。据负责筹建该厂的丁金鹏回忆，1950 年 7 月初，时任沈阳工具厂厂长的他突然接到东北机械局领导的通知，说苏联专家要来帮助建一个工具厂，几天后，苏联专家组就到沈阳工具厂参观。在选厂址的过程中，丁金鹏逐渐发现他和苏联专家对建厂的想法有很大差别："我认为专家是帮助建一个生产量具和刃具的工具厂，而专家则仅是要帮建一个量具厂。"经过反复沟通，苏联专家确认了按中苏协议只是要援建一个量具厂，丁金鹏则认为这不仅影响沈阳工具厂的发展，而且丝毫没有解决急需刃具的问题。他将自己的意见上报东北机械局，在取得支持后，又向苏联专家申述自己的意见，苏联专家态度松动，同意向苏联驻沈阳的商务代表处转达意见。在将近 40 天后，苏方同意采纳丁金鹏的意见，而由于新建刃具厂需要重新选择厂址，最终改在哈尔滨建厂。③ 由此可见，在苏联技术转移的过程中，中国方面并非被动接受，而会根据自身需求对计划提出修改意

---

① 武汉重型机床厂厂志办公室编：《武汉重型机床厂厂志（1953—1985）》，1988 年，第 2—4 页。
② 陈夕主编：《奠基：苏联援华 156 项工程始末》（Ⅱ），成都，天地出版社，2020 年，第 362—363 页。
③ 哈量集团编：《坚实的足迹——哈量人建业六十载纪事》，哈量集团，2012 年，第 8—14 页。

见。哈尔滨量具刃具厂建厂伊始明确坚持了土建、安装、生产准备协调进行的方针，并在生产准备工作上紧抓人员培训、技术准备、设备管理和确定产品计划等重要环节。1953年12月，该厂工具与机修车间投入生产。1954年4—8月，刃具厂房和量具厂房先后竣工，投入使用。1955年1月，经过试生产过程，具备正式生产条件后，经国家验收委员会验收批准建厂竣工、试生产阶段结束，哈尔滨量具刃具厂宣布正式开工生产。该厂遵循由易到难、循序渐进的原则，在生产线上采取由点到线、由线到面波浪式发展的方针，从每种产品的同一组距中选择具有代表性的大、中、小3种规格，分批递增地投入生产，进行掌握，使刃具133种、量具99种共232种规格产品均比原定计划约提前3个月完成掌握新生产的任务。在此基础上，该厂以不断加大数量的办法，稳步地转入成批生产。1956年，哈尔滨量具刃具厂开始派遣成套人员支援成都量具刃具厂建设。[①]从哈尔滨量具刃具厂刚建成就支援建立新企业看，中国政府实际上是将已建成项目当成产业与创新要素扩散的工具的。前述齐齐哈尔第一机床厂、济南第二机床厂、沈阳第二机床厂等企业协助武汉重型机床厂试制产品，也遵循同样的逻辑。这种国内企业间的援建以及老厂帮扶新厂，是计划经济体制下中国工业扩散与创新的重要机制。

"一五"期间中国机床工具工业除苏联援建的3个"156"项工程项目外，还有由民主德国援建的郑州第二砂轮厂。该厂设计规模为年产磨料2.2万吨、磨具1.2万吨、涂附磨具1200吨和部分研磨膏，1956年动工，1960年基本建成投入试生产。[②]起初，郑州第二砂轮厂名为中南砂轮厂，筹备处于1953年5月在武汉成立，后因刚玉的主要原料铝矾土在河南省巩县，为使工厂靠近主要原料产地，当年9月筹备处迁至郑州，12月改名郑州砂轮厂。1955年9月该厂改名四〇二厂，10月，中国与民主德国签订了《四〇二厂初步设计审批议定书》。在建设过程中，德方的国营卡尔·马克思城中央发展和金属结构设计院、国营马德堡强电设备制造厂、国营柏林冶金工业中央结构设计院等27个单位为郑州第二砂轮厂做工厂设计，并提供了2000多台设备，有67位德方专家来华指导，中方也派出了49名实习人员到民主德国的9个工厂学习。[③]郑州第二砂轮厂也体现

---

① 哈尔滨量具刃具集团有限责任公司：《哈量集团建企60周年资料汇编（1952—2012）》，哈尔滨量具刃具集团有限责任公司，2012年，第1—3页。
② 《当代中国》丛书编辑部编：《当代中国的机械工业》（上），北京，中国社会科学出版社，1990年，第123页。
③ 第二砂轮厂厂志编辑室编：《二砂厂志（1953—1985）》，1986年，第3—5页。

了"一五"期间中国机床工具工业从社会主义阵营国家获得了技术来源。

"156"项工程是"一五"期间中国最重要的工业建设项目,既是世界工业史上罕见的大规模的技术转移,又是中国吸收外来要素建立自己的工业创新体系的过程。资本品部门在这一技术转移的过程中,既是最主要的吸收创新要素的部门,又通过自身的加快建设而为国民经济整体供给着创新要素。沈阳第一机床厂、武汉重型机床厂和哈尔滨量具刃具厂在苏联的援助下,朝着成为中国机床工具工业骨干企业的目标而兴建,与"十八罗汉"机床厂共同构成改革开放前中国机床工具工业最重要的创新主体。表1-3为中国机床工具工业早期主体类型。

表1-3 中国机床工具工业早期主体类型

主体级别	主体类型	主要起源	主要技术来源	主要职责
中央	"十八罗汉"机床厂	近代企业	自主探索/苏联援助	创新主体
	"156"项工程工厂	苏联援建/改建	苏联转移	
地方	地方工厂	近代企业	自主探索/苏联援助	配套协助

在某种意义上,中国机床工具工业自成为独立行业之初,就形成了明显的二元格局,拥有两条演化路径。但不管是哪一条演化路径,都受到苏联技术的影响。而这恰好体现了吸收新知识等外来要素,对于后发展国家资本品部门创新体系建设的重要意义。此外,必须指出的是,中国机床工具工业内部的主体主要是国营企业,无论其直属中央,还是由地方管理。该行业强烈的国有经济色彩,与近代中国缺乏专业化的民营机床厂有直接关系,事实上,中国机床工具工业作为一个专业部门,就是国家意志打造的产物。

四、奠定基础:"一五"期间中国机床工具工业的发展

任何部门创新体系都建立在行业生产能力的基础上,在后发展国家工业化的起步阶段,工业行业的形成与部门创新体系的创建往往是同一个过程。对后发展国家来说,一个新的独立行业的形成,就是一种巨大的创新。"一五"期间,依靠国家战略性地倾斜资源,中国机床工具工业真正成为一个独立的工业行业,在产量、产品品种和技术等方面均获得了发展,并形成了一批骨干企业。这既是中国机床工具工业行业体系的形成,又是中国资本品部门创新体系的奠基。

为了进行纵向比较,兹选择1949—1957年一机部定点厂的金切机床产量来说明中国机床工具工业在"一五"期间的发展。金切机床是机床的主体，而部门管理体制导致计划经济时代的行业统计具有选择性等原因，目前只能找到一机部定点厂的翔实生产数据。不过，由于中央部门定点厂代表了行业的骨干力量和主体力量，其产量还是能反映行业的整体情况。表1-4的数据显示，1949—1957年一机部定点厂的金切机床产量从整体来看是不断增长的。

表1-4 一机部定点厂金切机床产量（1949—1957年） 单位：台

年份	合计	车床	钻床	镗床	磨床	齿轮加工机床	铣床	刨插床	拉床	电加工机床	切断机床	其他机床	组合机床
1949	718	662	30				20	6					
1950	1 188	969	12		21		174	12					
1951	1 239	1 021	23	26	97		45	27					
1952	3 526	2 339	665	79	190		70	141			42		
1953	5 958	3 683	885	141	450		369	372			58		
1954	6 318	3 051	875	108	541	42	682	758			261		
1955	7 029	2 713	1 525	47	1 116	45	673	569	10		330	1	
1956	16 864	7 437	2 361	132	2 779	261	2 205	1 345	22		325		
1957	20 710	9 860	2 634	273	2 896	270	2 392	1 897	73		415		3

资料来源：机械工业部机床工具工业局：《中国机床与工具工业（1949—1981）》第1分册，机械工业部机床工具工业局，1982年，第60—61页

真正具有部门创新意义的是，"一五"期间中国机床工具工业开始大规模生产近代中国机械工业无法制造的技术复杂产品。从1953年起，一机部定点厂开始生产重型机床，次年起开始生产仪表机床。1953—1957年一机部定点厂生产的重型机床逐年分别为109台、143台、59台、148台、388台。1954—1957年一机部定点厂生产的仪表机床逐年分别为23台、14台、97台、305台。①这自然离不开苏联等国对华技术转移。

"一五"期间中国的锻压机械产量也有增长。据统计，整个国民经济恢复时期全国共生产锻压机械2766台，而"一五"时期共生产12 800台。在"一五"时期生产的锻压机械中，大型锻压机械占1%，机械压力机占42%，液压机占11%，锤占11%，剪切机占8%，弯曲校正机占3%。②

机床附件行业也是"一五"期间真正发展起来的新行业。国民经济恢复时期，中国仅在烟台、沈阳有2个工厂兼产卡盘与钻夹头，品种规格单一，这一时期全国机床附件产量仅7637件。"一五"期间，则发展到了6

---

① 机械工业部机床工具工业局：《中国机床与工具工业（1949—1981）》第1分册，机械工业部机床工具工业局，1982年，第60页。

② 机械工业部机床工具工业局：《中国机床与工具工业（1949—1981）》第2分册，机械工业部机床工具工业局，1982年，第74—75页。

个厂生产机床附件。中国机床附件的生产逐渐专业化，其产品多以仿制为主，尤其是仿苏产品比重较大。①烟台机床附件厂自成为专业厂后，继续进行技术改造，调整工艺路线和生产组织，将热处理土炉全部改造成电炉。1957年，该厂产值较1956年增长68.9%，产品质量稳中有升，铸件废品率由1956年的平均17.5%降低到4.3%，三爪卡盘、分度头成品精度均达到了苏联标准要求。②

在工具行业方面，"一五"期间国家投资1.03亿元，1955年和1957年对哈尔滨第一工具厂进行了两次较大规模的技术改造，使其形成一个以生产复杂刀具为主的多品种综合性金属切削刀具制造厂，同期对上海工具厂也进行了相应的技术改造，使其成为以生产齿轮刃具和通用刃具为主的专业刃具生产厂。哈尔滨量具刃具厂和成都量具刃具厂分别于1955年和1957年投产后，就开始承担机械工业广泛应用的量具、标准通用刃具和机械式测量仪器等大类产品的生产。工具工业在"一五"计划期末累计产值达1.1亿元，累计产量4000万件。"一五"期间，磨料磨具行业也形成了一个独立的行业，产品品种增加到75个，基本品种可立足国内。③

中华人民共和国成立时，没有一家生产机床电器元件的企业，在20世纪50年代初期全国仅有沈阳开关厂、华通开关厂这两个兼业生产厂，这使得机床电器的产量、品种远远不能满足迅速发展的机床工业的需要。为此，一机部二局于1956年组建了上海机床电器厂。④上海机床电器厂的前身华成电器制造厂1931年创建于上海市南翔镇，日产1—10匹电动机15台，1945年在上海周家咀路买下新厂，1954年接受社会主义改造，成为上海第一批实行公私合营的企业之一。1956年7月，该厂的上海厂使用华成电器厂厂名，主要生产电动机，南翔厂使用上海机床电器厂厂名，专业生产机床电器，成为两个独立的企业。上海机床电器厂1956年开始生产的仿苏产品交流接触器，是苏联20世纪30年代的产品，体积大，结构陈旧，耗料多，性能指标落后，1958年后逐步淘汰。⑤这一案例

---

① 机械工业部机床工具工业局：《中国机床与工具工业（1949—1981）》第1分册，机械工业部机床工具工业局，1982年，第1003页。
② 该书编撰小组：《烟台环球机床附件集团有限公司史志（1949—2007）》，2007年，第5—6页。
③ 机械工业部机床工具工业局：《中国机床与工具工业（1949—1981）》第3分册，机械工业部机床工具工业局，1982年，第13、311页。
④ 机械工业部机床工具工业局：《中国机床与工具工业（1949—1981）》第3分册，机械工业部机床工具工业局，1982年，第533页。
⑤ 上海机床电器厂：《上海机床电器厂厂志（1931—1991）》，上海机床电器厂，1991年，第1、18—19页。

表明，尽管苏联转移给中国的技术，对当时的中国来说属于新技术，但随着中国自身工业的迅速发展，一些苏联的技术迅速落伍，而这就给中国的资本品部门创新提出了更高的要求。

在产量提升的同时，中国机床工具工业的制造技术与生产工艺也获得了初步发展。"一五"期间，与整个国家工业化战略相一致的是，中国机床工具工业的技术发展接受了苏联全方位的指导，进入到苏联的技术轨道。"一五"期间，中国机床工具工业发展通用机床品种204个，其中78.5%是仿制的，而仿制产品中有71.2%的产品是仿制苏联的。[①] 苏联专家对中国机床工具工业的技术指导是全面的。例如，1954年7月，一机部二局在对沈阳第二机床厂进行质量检查时，发现较严重的产品质量问题，遂邀请在沈阳第一机床厂和哈尔滨量具刃具厂指导工作的十几位苏联专家协助，对沈阳第二机床厂进行技术改造。专家到厂后，提出了分别以"2A125立钻"和"2121立钻"为对象的技术补课和产品返修计划。这两项计划顺利完成后，1955年5月，一机部二局又组织了一个以7位苏联专家为首的综合工作组，协助该厂进一步全面改进生产技术，最终解决了该厂的产品质量问题。在这一过程中，苏联专家还帮该厂改进工艺规程，解决了齿轮噪声等技术难题。[②] 苏联专家将非常细节性的知识传授给了中国机床工具工业。

实际上，中国机床工具工业的技术发展并非一蹴而就的，在技术进步的过程中存在着试错的环节。例如，重庆机床厂1955年5月试制出了第一台514型插齿机，但一机部二局派员鉴定认为，试制未获成功，存在的主要问题包括插齿精度达不到要求；机床振动大，刚性不强；部分关键件如齿条、花键孔等精度差等。尽管该厂制造齿轮加工机床才刚刚起步，试制失败对于新产品开发来说很正常，但该厂职工却因此在思想上和精神上承受了很大压力。总结教训后，重庆机床厂首先在全厂普遍开展了一次严格工艺纪律、提高产品质量的教育，使全厂职工树立了质量第一的观念，然后重新审查图纸、工艺、工装及加工、装配等各个环节，订出新的工艺、质量保证措施和试制工作准备计划，立即组织力量投入第二次试制。在这次试制过程中，一机部二局派出数名苏联专家来厂指导，经试制人员努力，较好地解决了一些重大技术关键。譬如，在加工大蜗轮时，技术人

[①] 机械工业部机床工具工业局：《中国机床与工具工业（1949—1981）》第1分册，机械工业部机床工具工业局，1982年，第11页。

[②] 机械工业杂志编辑部编：《沈阳第二机床厂技术改造工作的经验》，北京，机械工业出版社，1956年，第5—6、199—206页。

员韩克章和滚齿工肖永仁等在普通机床上，用分段移位进刀、用考表一个齿一个齿地定值测试，终于加工出合格的蜗轮。经过近4个月的日夜奋战，1955年9月，中国第一台514型（Y54型）插齿机在重庆机床厂试制成功。[1]重庆机床厂试制514型插齿机的曲折经过，反映了中国机床工具工业奠基之初技术提升之不易。这也是后发展国家资本品部门创新的常态。

在部门创新体系建设方面，"一五"期间中国机床工具工业还建立了本行业的专业研究机构。1956年9月，一机部以二局设计处为基础，仿照苏联机床研究院，成立了北京金属切削机床研究所，以适应此时中国的机床厂开展产品自行设计和试验研究工作的需要。该所成立初期职工不到百人，所内设置5个业务科：标准科、定型科、设计科、工艺科、技术情报科。除继续从事设计处继承下来的苏联标准及技术资料的翻译出版工作外，该所还协助各机床厂筹建设计科和试验室，并在方家胡同建立了工艺试验室。1957年该所筹建了机械加工车间。该所设计科按机床大类分设了若干设计组，如车床组、磨床组等。该所还仿照苏联筹备了技术委员会。[2]1956年4月，一机部以苏联专家马丁诺夫和中国专家严普强的意见为蓝本，在北京成立了工具科学研究院，下设切削处、工艺处、金相热处理处等部门。1957年11月该院又分为计量科学院和工具研究所两个单位，计量科学院后与国家计量局合并，工具研究所划归一机部二局管理，迁往哈尔滨。[3]在苏联的计划经济工业创新体系中，生产与科研是分开的，分别由工厂和科研院所承担，中国移植了这一体制。然而，制造业中的部分知识存在着不可分割性，这就意味着分别掌握不同类型知识的工厂与科研院所，若不能紧密合作，将阻碍部门创新。不过，计划经济体制下各单位之间不存在太多技术保密问题，使得知识在部门与行业内部的流动一般来说并无阻力。例如，杭州机床厂的老职工在回忆该厂试制平面磨床时，就由衷感谢上海机床厂毫无保留的技术转让："那时上海机床厂真正发扬共产主义风格，把平磨全部预制件和图纸资料都交给了我们，并派了技术人员具体指导。"[4]在计划经济体制中，各单位由国家保障生存，彼

---

[1] 重庆机床厂厂史编辑委员会：《重庆机床厂简史（1940—1994）》，1995年，第24—25页。

[2] 机械工业部机床工具工业局：《中国机床与工具工业（1949—1981）》第1分册，机械工业部机床工具工业局，1982年，第983页。

[3] 成都工具研究所：《创新历程：成都工具研究所50周年所庆文集》，成都工具研究所，2006年，第3页。

[4] 郑阳生、朱浩然主编：《建厂四十周年征文集（1951—1991）》，杭州机床厂，1991年，第7页。

此之间不存在你死我活的市场竞争，也就不存在垄断或封锁知识的强烈动机。

据统计，1957年，一机部直属的企业与20多个地方厂在内的中国机床工具工业职工总数达到8万人，在产品发展与生产方面，共有金切机床204种、产量2.8万台，锻压机械26种、产量2900台，铸造机械24种、产量1193台，木工机床27种、产量1482台，工具产量1183万件，磨料产量8000吨，磨具产量7000吨，机床附件6种、产量8.8万多件，机床电器47种、产量99万多件。一机部直属企业在机床、工具、磨料磨具和机床附件方面的产品产量，都占全国的90%以上，体现了骨干企业尤其是"十八罗汉"机床厂的优势地位。各类机床工具产品产量的国内自给率达80%左右。①中国的机床工具工业已演化为独立的工业行业，成功地奠定了此后继续发展的基础。在国家直接控制经济的体制下，中国靠逆市场比较优势的政府投资，建立了近代所缺乏的资本品部门创新体系。对当时落后的中国工业来说，建立一个新部门，形成一种新行业，本身就是最大的创新。"一五"期间，毛泽东在不同场合反复告诫领导干部要谦逊地认识中国的国力，踏实地从事工业建设，例如，他曾经说："中国是一个庞然大国，但工业不如荷兰、比利时，汽车制造不如丹麦。有一句俗话，叫做'夹起尾巴做人'，做人就是做人，为什么还不能翘尾巴呢？道理很简单，我们现在坦克、汽车、大口径的大炮、拖拉机都不能造，还是把尾巴夹起的好。"②这一判断，虽然所举案例并非机床工具工业，但从侧面反映了中国领导人对于本国资本品部门创新体系实际能力与水平的认识。

第三节 小结：战略倾斜下的部门创新体系建立

后发展国家与地区的"后发展"体现在诸多方面，技术落后是一条公认的通则。③而在现代经济体系中，资本品部门最集中体现了区别先进国家与落后国家的技术变量。最先进行工业革命的一批国家，如英国、美国与德国等，其资本品部门与资本品用户部门之间存在着自然的协同演化，故能在市场经济中实现整个经济体系的创新与发展。尽管如此，率先完成

---

① 《当代中国》丛书编辑部编：《当代中国的机械工业》（上），北京，中国社会科学出版社，1990年，第125页。
② 中共中央文献研究室编：《毛泽东文集》第六卷，北京，人民出版社，1999年，第358页。
③ 〔美〕安士敦、瞿宛文：《超越后进发展：台湾的产业升级策略》，朱道凯译，北京，北京大学出版社，2016年，第3页。

工业化的国家也广泛地采取过保护国内资本品部门的产业政策。例如，美国 19 世纪后期的高关税就阻碍了包括机床工具在内的英国资本品对美国出口。[①]近代中国缺乏此种保护性机制，其幼稚的资本品部门在开放性的国内市场上，自然难以与先进国家的产品竞争。如此一来，市场需求虽然促使近代中国的若干厂商从事机床制造，但这种需求的狭小规模又未能使近代中国产生独立的机床工具工业。另外，机床在军工生产上的重要性，使国家往往需要保障此种资本品的国内供给。近代中国的机床工具制造，与战争有着密不可分的关系，并在全面抗战中提升了制造能力。中华人民共和国成立后，国家极为关切资本品部门的战略性，并通过计划经济体制使资源强行流入缺乏市场吸引力的资本品部门，由此初步打造了一个资本品部门创新体系，在该体系中，机床工具工业成长为一个独立的行业。因此，以机床工具工业行业体系为代表的中国资本品部门创新体系的建立，是国家战略倾斜的产物，并由国家投资所驱动。对一个农业国来说，资本品部门的形成本身就是一种经济层面的创新。但这一部门创新体系能否持续成长，亦有待于后续之创新与发展。

[①] Floud R. *The British Machine-Tool Industry, 1850-1914*. Cambridge: Cambridge University Press, 1976: 99.

第二章 部门创新要素积累：中国机床工具工业的成长（1958—1976）

中国的资本品部门在政府的战略倾斜下建立起来后，又在相当长的时间里继续享受政策性的资源倾斜。尽管毛泽东等中央领导人从"一五"计划期间就开始考虑平衡发展的问题，但资本品部门即重工业的优先性，在改革开放前始终是占主导地位的。正是在这种条件下，资本品部门的创新要素如知识、技能、人才、资本、组织等得以积累，机床工具工业因之持续成长。在计划指令之下，中国政府通过动员行业发动"战役"来集中资源，以发达国家技术与产品为目标，实现追赶式创新。而在受到西方阵营技术封锁的地缘政治格局下，中国无法顺畅地进口先进的机床工具等资本品，这反而给了本国的资本品部门与资本品用户部门协同演化的机会，推动了资本品部门积累创新所不可或缺的经验。可以说，中国机床工具工业的创新，也曾经受到某种形式的"举国体制"的推动。然而，1958—1976年中国宏观环境的波动性，又使机床工具工业的发展随之波动，不时受到冲击。而且这一时期的部门创新的成就，仍然体现了浓烈的后发展性，即虽然对于后发展的起点来说是一种进步，却仍须缩小与发达国家的差距。但无论如何，中国机床工具工业的规模得以壮大，创新要素得以积累，并未成为夭折的幼稚产业。1958—1976年的中国机床工具工业作为一个专业部门，开始在"从小变大"的轨道上演化，但在具体的产品与技术层面，仍在进行"从无到有"的创新。追赶是中国资本品部门创新体系最基本的特征之一。

第一节 波动发展：政策主导下的机床工具工业演化

社会主义改造基本完成以后，中国共产党领导全国各族人民开始转入全面的、大规模的社会主义建设。[1]1958—1976年，中国机床工具工业也展开了大规模建设，在受封锁的条件下，立足于国内追求机床自给，在国家组织下开展了高精度精密机床战役，进行了三线建设，为第二汽车制造

---

[1] 《中国共产党中央委员会关于建国以来党的若干历史问题的决议》，北京，人民出版社，2009年，第17页。

厂（以下简称二汽）提供了成套设备，大力发展了大型、重型和超重型机床。这些成绩的取得，从后发展与追赶的角度说，都称得上是部门创新。中国机床工具工业不仅继续实现着"从无到有"的变化，也开始"从小变大"地成长。然而，这个时期，中国机床工具工业都是在国家政策主导下演化的，政策的波动也导致了行业发展的波动。

一、跨越与受阻：中国机床工具工业的"大跃进"

1958—1965 年，中国机床工具工业有了初步发展，这一发展离不开国家领导人的重视。1958 年 9 月 8 日，毛泽东在最高国务会议讲话时说："机械里头有个工作母机，什么矿山、什么炼油、什么电力、什么化学、什么建筑、什么农业、什么交通运输，这些机器都要有个工作母机，无非是车、铣、镗、刨、钻之类，这些东西是根本的。"[①]同日，毛泽东针对当时的金门局势说："工业要抓紧，主要是抓一个钢铁和一个机械，有了这两门，万事大吉。如果明年能搞三十万台工作母机，后年再搞五十万台，连原有的二十六万台就是一百多万台。那个时候，我们跟美国人谈判就神气一点。"[②]国家领导人看到了机床工具工业在国家安全上的重要战略地位。根据毛泽东的要求，1958 年和 1960 年曾两次在中南海瀛台举办机床工具汇报展。1958 年 7 月 2 日，毛泽东详细观看了机床操作表演。1960 年 4 月 24 日，毛泽东用了 3 个小时观看机床操作表演，了解各种机床的性能。表演结束后毛泽东在休息室与有关人员亲切交谈，当一机部部长赵尔陆讲到当年计划生产机床 13 万台时，毛泽东说："今年搞 13 万台，10 年就是 130 万台，当然以后几年还不止此数，这样几十年就达到几千万台，总不会要这么多吧！"赵尔陆回答："可以发展新产品。"毛泽东说："对，可以做新的，修旧的，你们不会失业。"毛泽东问到品种情况时，赵尔陆答："前苏联现有机床 900 种，1965 年达到 1500 种，我们到今年底达到 670 种。"毛泽东说："明年可以多些吧！"当一机部副部长汪道涵讲到机床品种中有通用型和专用型时，毛泽东说："要有专用的，也要有通用的。"[③]由上可

[①] 《建国以来毛泽东文稿》第七册，北京，中央文献出版社，1992 年，第 399 页。
[②] 中共中央文献研究室编：《毛泽东年谱（1949—1976）》第 3 卷，北京，中央文献出版社，2013 年，第 443 页。
[③] 李健、黄开亮主编：《中国机械工业技术发展史》，北京，机械工业出版社，2001 年，第 675 页。所引资料称 1960 年的机床展为 4 月 27 日，但据权威史料，此次一机部在中南海瀛台举办的新机器展览，应在 1960 年 4 月 24 日，毛泽东于当日下午参观了展览。4 月 27 日毛泽东的活动仅为在中南海菊香书屋召开会议。见中共中央文献研究室编：《毛泽东年谱（1949—1976）》第 4 卷，北京，中央文献出版社，2013 年，第 380 页。

见，国家领导人的重视在那个年代给了机床工具工业极大的鼓舞。实际上，在特殊的政治经济体制下，领导人对行业与企业的重视，是一种巨大的激励机制。

（一）机床工具工业在"大跃进"中的混乱

"一五"期间中国机床工具工业的一些建设项目，直到1958年后才正式建成，其最具代表性的项目为武汉重型机床厂。1958年6月，武汉重型机床厂建成，比原计划1959年底完工提前了一年半。武汉重型机床厂建厂计划总投资原为1.5亿元，实际用资1.31亿元。1958年9月，该厂经国家验收合格并批准全面投产。① 武汉重型机床厂1959年自行设计制造了C681加工Φ2米×10米的重型卧式车床，由此开始扭转中国重型机床主要依靠进口的局面。② "一五"期间的部门创新得到延续并产生成果。

不过，中国机床工具工业很快就受到了政策波动的冲击。1958年6月，根据中央指示，一机部直属的机床工具工厂全部下放给所在地方管理，这实际上削弱了骨干机床厂和工具厂所能获得的资源注入，对新兴部门来说，多少有些不利。1958—1960年，受宏观大局的影响，机床工具工业也经历了"大跃进"，企业的生产秩序受到冲击，各企业在产量翻番的压力下，单纯追求产量和产值，产品质量迅速下降。③ 例如，沈阳第一机床厂1958年原计划生产4728台机床，"大跃进"期间计划改为8000台，实际完成6900台，1958—1960年累计完成17 000台。由于片面追求产量而忽视质量，出现了以小代大、以次充好的现象，仅1960年5—10月就有1264台不合格机床入库。在技术上，则出现了以大搞"技术革命"之名打乱工艺规程、随意更改设计的现象，甚至去掉了必不可少的机床零部件。该厂"大跃进"时期生产的113台土设备，大部分不能使用，生产的7000多个强化器，没有一个能在生产上使用。在企业管理上，该厂废除了"一长制"，将原有的26个科室精简为7个，将管理干部下放劳动，取消工段一级组织。厂部将企业管理的12项主要权力下放到车间或小组，将原有的700多项规章制度废除640多项，工厂行政指挥失灵，职

---

① 武汉重型机床厂厂志办公室编：《武汉重型机床厂厂志（1953—1985）》，1988年，第5页。
② 李健、黄开亮主编：《中国机械工业技术发展史》，北京，机械工业出版社，2001年，第669页。
③ 《当代中国》丛书编辑部编：《当代中国的机械工业》（上），北京，中国社会科学出版社，1990年，第130页。

能部门瘫痪，生产秩序混乱。在分配制度上，则搞所谓"向共产主义过渡"，取消了计件工资，取消了奖金和加班费，严重挫伤了工人的生产积极性。到1960年冬工厂已难以继续正常生产。①该厂老领导刘绍五回忆："为了实现翻三番的计划，我们干部和工人一道加班加点，没黑没白地在车间里干活，为了凑数量，也为了降低成本，有的机床的铁腿竟用水泥代替，为了产量，只能丢掉质量……拆东墙补西墙，总算凑够了数目，机床一厂的厂长王候山也得了个'王万台'的雅号。"②沈阳第一机床厂作为"十八罗汉"之一，其在"大跃进"中的盲目跃进，反映了骨干机床厂的生产失序。

杭州机床厂1957年底全厂仅565人，1958年由于"大跃进"人数猛增到2884人，最高时达到3000多人，其中很大一部分是学徒工和来自其他行业的文化程度较低的普工或熟练工。当时企业管理跟不上，计划指标定得很高，片面追求产值、产量，造成产品质量不断下降。③该厂一位老职工回忆："在'一天等于二十年'，干劲一鼓再鼓，精神力量无穷的口号下，科学管理成为阻力，以定额为依据的计划编制，都被贬为见物不见人。主张坚持科学管理的人被斥为'算账派'。造成企业生产无计划、产品无检验、消耗无定额、操作无规程、经济无核算、安全无保证的混乱局面。"④这些现象在"大跃进"时期的中国机床工具工业中普遍存在。

同时，"大跃进"期间，在全国大办机械工业的号召下，许多省、自治区、直辖市发展了一大批简陋的小型机床工具厂，使全国机床年产量从1957年的2.8万台剧增到1960年的15.35万台。⑤据统计，在"二五"计划期间，11个省、直辖市自筹资金组建或改建了13个中小型机床厂，18个省、直辖市把农机、修配、学校、劳改企业的38个厂于1959年前后迅速改为机床生产厂，其中有1个台钻专业生产厂。此时，由于机床工具工业片面强调简化结构，以降低"不必要的性能"来换取

---

① 沈阳第一机床厂志编纂委员会编：《沈阳第一机床厂志（1935—1985）》，沈阳第一机床厂志，1987年，第8—9页。

② 刘绍五：《难忘岁月——刘绍五回忆录》，沈阳，沈阳出版社，1998年，第76—77页。

③ 郑阳生口述，姚峻、卢曙火整理：《记杭州机床厂的崛起与发展历程》，见杭州市政协文史资料委员会编：《新中国杭州工业发展史料》，杭州，杭州出版社，2010年，第138页。

④ 郑阳生、朱浩然主编：《建厂四十周年征文集（1951—1991）》，杭州机床厂，1991年，第21页。

⑤ 《当代中国》丛书编辑部编：《当代中国的机械工业》（上），北京，中国社会科学出版社，1990年，第130—131页。

高产，出现了质量下降的现象，一度破坏了正常的生产秩序。[1] "大跃进"浪费了机床工具工业的大量资源。此外，由于"大跃进"和"反右倾"的错误，加上当时的自然灾害和苏联政府背信弃义地撕毁合同，中国的国民经济在1959—1961年出现了严重困难，国家和人民遭受了重大损失[2]，机床工具工业也遭遇了严重困难。杭州机床厂的老职工郑增兴回忆，1960年该厂职工人数从3000多人一下子精减到900多人。当时，他是一名刨工，但车间领导让他改做立铣。他回忆道："车间主任找我谈话时没有讲大道理，只是开门见山地告诉我，在香港，一台台钻可换回100公斤大米，厂里决定要多生产台钻，要我在三天以后马上就到立铣上岗顶班。在当时，每人都处在口粮严重不足的情况下，一台台钻可换回100公斤大米，该有多大的说服力！我没有理由不服从调度，按时去立铣上顶班生产台钻的本体和底板。虽说几十公斤重的零件，每班上百次的上下搬动，人确实很累。但一想到多生产一台台钻，可多换回100公斤大米，也就感到'累得其所'了。"[3]这段回忆生动地再现了"大跃进"之后中国机床工具企业面临经济困难形势的情景。

（二）工业文化与部门创新的机制

前述杭州机床厂的老职工郑增兴回忆了"大跃进"时期的混乱，但他也指出杭州机床厂在困难时期依然拥有良好的企业文化和风气。例如，由于电力供应严重不足，该厂做中班几乎每天都要停电，少则停一个多小时，多则停几个小时。机床因停电不能运转时，职工就聚在一起闲聊，等电来了，大家又都自觉地回岗位生产，无须值班人员催促，绝没有人趁停电中途回家，相反，职工还会通过自觉加班来弥补耽误的生产任务。郑增兴称："那时人们只有一种想法：'好好干，生产搞好了，才能渡过困难。'"[4]特定历史时期人们特殊的精神风貌是不应忽视的。杭州机床厂职工的精神风貌在当时的中国机床工具工业中较为普遍，官方也通过树立和宣传模范与榜样来营造为国家奋斗的文化氛围。例如，1960年的《云南日报》宣传了昆明机床厂的工程师阮诚，称他向着"红透专深"的道路前

---

[1] 机械工业部机床工具工业局：《中国机床与工具工业（1949—1981）》第1分册，机械工业部机床工具工业局，1982年，第12页。
[2] 《中国共产党中央委员会关于建国以来党的若干历史问题的决议》，北京，人民出版社，2009年，第21页。
[3] 郑阳生、朱浩然主编：《建厂四十周年征文集（1951—1991）》，杭州机床厂，1991年，第68—69页。
[4] 郑阳生、朱浩然主编：《建厂四十周年征文集（1951—1991）》，杭州机床厂，1991年，第69页。

进。阮诚是高小毕业生，于 1951 年进厂工作，是昆明机床厂设计科的技术工作者。由于学历低，担当复杂的机床设计任务有很大困难，阮诚就为自己制订了文化学习和技术理论基本知识的进修计划。他一方面坚持参加厂内举办的学习班，一方面抽空自修，坚持学完了高中数理和高等学校一部分专业课程。据他自述："学习时遇到不懂的问题，就虚心向老一辈的工程技术人员请教，晚上学得夜深了太想春瞌睡，自己就暗暗责备自己，为什么连古人的'孜孜不倦'的好学精神都没有呢？自己是个青年团员，应当努力学习，更好地服务于社会主义的集体事业，为什么还不能坚持呢？于是用冷水擦擦脸，又学习起来。"[1]部门创新作为一种体系，不可忽视的是影响体系中的人的价值观。创新是知识生产的过程，知识生产的基础是学习，学习需要动机与意志去维持不断投入的过程，而动机与意志可以通过文化和教育来培养。演化与创新经济学提出的企业家精神等理论即在于揭示文化对于创新和经济发展的重要性。心理学在分析学习这一行为时，亦指出学习是个体与环境互动的过程。[2]毛泽东对精神的力量素来看重，他曾说："提高劳动生产率，一靠物质技术，二靠文化教育，三靠政治思想工作。后两者都是精神作用。"[3]因此，在毛泽东时代，中国政府试图通过营造一种正面激励个体学习的工业文化氛围，来推进工业创新，而文化亦成为部门创新体系中不可或缺的要素。

1958 年，哈尔滨量具刃具厂成立了仪器车间，厂里立即安排了几个人转向光学量仪设计。后来曾任该厂副总工程师的孙颂权回忆："我们这些人当时都是搞量刃具的，要求立刻转向光学量仪，面临的困难是可想而知的。领导上先派李立人去接受不到一年的光学设计培训，回厂后立即埋头于光学设计，还抽调裘冠男配合他计算。当时设计计算装备就是一台手摇计算机和另一台不久才增加的电动计算机，很多场合还用对数表来帮助计算。"[4]该厂在国家的指令下，开始学习新知识，进入新领域。厂里给仪器车间配备了坐标镗床等较好的设备，但离加工精密机械件的要求差距还很大，于是车间就自己想办法制造设备。例如，万能工具显微镜需要

---

[1] 沈机集团昆明机床股份有限公司编著：《昆明机床群英谱——暨昆机史料和文学作品选编》，昆明，云南科技出版社，2016 年，第 25—26 页。

[2] 〔丹〕伊列雷斯：《我们如何学习：全视角学习理论》（第二版），孙玫璐译，北京，教育科学出版社，2014 年，第 23 页。

[3] 中共中央文献研究室编：《毛泽东文集》第八卷，北京，人民出版社，1999 年，第 124—125 页。

[4] 哈量集团编：《坚实的足迹——哈量人建业六十载纪事》，哈量集团，2012 年，第 141 页。

0.5 微米的精密滚珠轴承，当时国内轴承厂精度最高的产品也只达到 2—3 微米，哈尔滨量具刃具厂职工跑遍全国也没有一家轴承厂能承接任务。该厂仪器车间遂自行研制，把立钻改装成钢球研磨机，并配上相应的工装，解决了超零级钢球的制造问题。该车间还自行加工出加厚的外圈和内圈，经过不断试验、总结、提高，终于生产出合乎要求的精密滚珠轴承。再如，该厂的玻璃研磨机是按照从长春取回的图纸安排机修车间制造的；为了解决玻璃样板半径的精密测量问题，该厂职工设计出球经仪；为了解决棱镜角度测量问题，该厂职工制成了自准仪的测角装置。[1]这种自力更生，实际上就是一种纵向一体化的创新机制，在后发展式创新乃至原创性创新的"从无到有"阶段极为重要。美国的得州仪器（Texas Instruments）公司最初进入半导体行业时，就不得不自己制造生产设备。例如，在试制硅晶体管时，该公司一开始使用的温度调节器无法满足要求，遂请制造商重新造一个合适的，但该制造商用"走开别浪费我的时间"回绝了，于是得州仪器公司决定："好吧，我们会自己来造的。"最终，得州仪器公司自己的工程师解决了温度调节难题。[2]因此，自己生产资本品供自己使用，在资本品部门创新体系中是一条通则，而自制资本品的活动一旦规模化，就会在资本品部门内部形成新的企业乃至产业。计划经济体制下中国的自力更生工业文化，实际上就是以一种特殊的方式，在资源极度稀缺的条件下诱导资本品部门实现自我供给，这是中国资本品部门创新体系的重要机制。

必须指出的是，在机床工具工业等机械工业中，车间层面的增量创新极为重要，而这类增量创新通常可由技术工人在实践中积累的经验获得。以大规模生产著称的美国福特汽车公司，实施了尊重一线工人主体性与创造性的建议制度，这一制度被赴美参观的日本丰田汽车公司的丰田英二、斋藤尚一学习后，变成丰田汽车公司于 1951 年开始推行的动脑筋创新建议制度。[3]事实上，中国企业的合理化建议等重视基层工人创造性的"群众路线"，与之在逻辑机理上是一致的，被日本学者丸山伸郎称为"现场改良主义"。[4]哈尔滨量具刃具厂仪器车间初建时，装配工人试制乌式干

---

[1] 哈量集团编：《坚实的足迹——哈量人建业六十载纪事》，哈量集团，2012 年，第 142—144 页。

[2] Pirtle Ⅲ C. *Engineering the World: Stories from the First 75 Years of Texas Instruments*. Dallas: Southern Methodist University Press, 2005: 65-67.

[3] 〔日〕山本直：《丰田四十年的历程》，周宝廉、傅春寰译，天津，天津人民出版社，1981 年，第 157—158 页。

[4] 〔日〕丸山伸郎：《中国工业化与产业技术进步》，高志前、梁策、王志清译，北京，中国人民大学出版社，1992 年，第 81—82 页。

涉仪，先是很长时间调不出白光干涉带，后来花了一个多星期的时间把干涉带调了出来，用肉眼能看见，但装机后又看不见了，最终发现，干涉仪物镜是按当时物理教科书上叙述的干涉带产生于分光面处来设计的，而实践证明干涉带产生于参考镜和测杆反射镜的空间相交处。该厂遂按照实践修改了物距，使乌式干涉仪很快完成试制并投入生产。[1]这充分说明了制造业包含大量实践中的知识，只有通过制造才能掌握，而一线工人正是制造活动的主体，车间层面的增量创新必须设法发挥工人的主体性。昆明机床厂的技术人员阮诚举出了该厂走"群众路线"实现增量创新的实例："譬如工具铣床的长齿轮，既费材料，加工也困难，能不能用别的结构来代替呢？我下到车间找装配工人和使用机床的工人们一齐研究，提出了改进的初步方案，经过科里讨论后，在试造中，又根据工人的意见再补充修改，就这样反复地征求工人意见，和工人们一齐研究，终于在设计中取消了长齿轮，还保证了机床性能。"[2]1958年，无锡机床厂开始根据上级党委的指示贯彻"两参一改三结合"。"两参"指工人参加管理、干部参加劳动；"一改"指改革不合理的规章制度；"三结合"指领导干部、工人、技术人员的结合。这一社会主义管理制度的实施是为了充分调动广大职工群众的主人翁的积极性和创造性。[3]无锡机床厂采取边学习、边贯彻、边提高的方法，首先在锻热车间试点"两参一改三结合"，取得初步经验后再在全厂范围内推广。在这一过程中，许多中层以上干部、技术人员自觉参加劳动，并积极解决生产中出现的问题，如工程师王之玮通过劳动实践，发现电工工艺存在错误之处，就主动与工人一起商量研究、修改，既保证了安全生产，又提高了工作效率。[4]"两参一改三结合"进一步将增量创新机制制度化，并被吸纳至1960年推广的"鞍钢宪法"中，构成毛泽东时代中国工业国家创新体系的重要制度。由于机床工具工业的技术与工艺特性非常契合增量创新，故相关制度的推行也促进了毛泽东时代中国资本品部门创新要素的积累。

创新是由人来实施的，无论何种创新体系，最终都必须落实到人这一

---

[1] 哈量集团编：《坚实的足迹——哈量人建业六十载纪事》，哈量集团，2012年，第145页。

[2] 沈机集团昆明机床股份有限公司编著：《昆明机床群英谱——暨昆机史料和文学作品选编》，昆明，云南科技出版社，2016年，第26页。

[3] 中共中央文献研究室编：《建国以来重要文献选编》第13册，北京，中央文献出版社，2011年，第552页。

[4] 无锡机床厂：《奋进之路——无锡机床厂四十年大事记（1948—1988）》，1989年，第37—38页。

要素上。中国机床工具工业在20世纪50年代也形成了自己的人力资源积累机制。曾在上海第二机床厂担任一车间主任的洪安生，于1958年进厂工作。据他回忆，进厂之后，"经验丰富的老师傅把他们来之不易的精湛技术毫不保留地传授给我们，使我们掌握了大件平面加工的基本知识。那时样样都要学着做，从划线、龙刨、铣床、钳工到辅助工，哪里需要就在哪里学"。根据洪安生的回忆，上海第二机床厂彼时的青年工人技能培养，保留了传统学徒制的特点："我有一次加工新产品大拖板沉割槽四十五度角倒到二条筋大小不一致，就给师傅训了一顿。'是哪一个师傅带出来的'，生活在厂里形成了如果老师傅未带好徒弟连师傅一起受辱的风气。这种严字当头地传授技术，给厂里发展新产品以及在技术上质量上的精益求精打下了扎实的基础。"① 上海第二机床厂毕竟是近代就创立了的明精机器厂。除了这种传统机械企业中盛行的学徒制式培养方式外，新的变化也出现了。一方面，国家给予工人比近代更好的福利如建设工人新村等，工厂还形成了"干部点心送进车间，工人吃好干部收碗筷"等更加平等的文化氛围，对于老工人下班后还留在车间搞技术革新产生了激励，这又激励了青年工人"跟着一起干"；另一方面，工厂从1958年进厂的青年工人中抽了各工种的人员去上海交通大学实习工场进行培训，还派他们到大连、沈阳、济南的机床厂学习培训，以"博采众长"，这些学员回厂后提高了生产效率，改进了固有工艺。② 这两种新变化，从价值观和知识两个层面塑造了不同于传统学徒的新青年工人。而通过职工的外部培训，企业也得以吸收新知识，实现创新。部门创新体系的这种演化，从20世纪50年代初就开始了，到了20世纪50年代末，基本成型，并构成长期延续的基本模式。表2-1对毛泽东时代机床工具工业的部门创新机制进行了展示。

表2-1　毛泽东时代机床工具工业的部门创新分析

新知识来源	新知识载体	知识转移	企业内部：知识积累→新知识生产	
苏联等（"156"项工程等）	平台：产品 轨道：工艺	学习、模仿	领导：信息传递与资源组织	工业文化激励
			技术员：重新设计	
			工人：车间增量创新	

---

① 上海第二机床厂党委宣传科编：《上海第二机床厂建厂七十周年纪念征文集》，1986年，第72—73页。

② 上海第二机床厂党委宣传科编：《上海第二机床厂建厂七十周年纪念征文集》，1986年，第73页。

（三）机床工具工业的成长与扩散

从整体看，"大跃进"是中国工业一次失败的创新追赶，在宏观层面，跨越的雄心遭遇挫折。1961年1月13日，毛泽东在中共中央工作会议上已经承认："现在看来，搞社会主义建设不要那么十分急。十分急了办不成事，越急就越办不成，不如缓一点，波浪式地向前发展。"他还说："今天看了一条消息，说西德去年搞了三千四百万吨钢，英国去年钢产量是两千四百万吨，法国前年搞了一千六百万吨，去年是一千七百万吨。他们都是搞了很多年才达到的。我看我们搞几年慢腾腾的，然后再说。"[①]但是，"大跃进"期间中国的机床工具工业也不是毫无实质性发展，部分企业在部分领域内甚至也实现了某种跨越。

仍以沈阳第一机床厂为例，"大跃进"期间，该厂在企业管理上贯彻"鞍钢宪法"，试行"两参一改三结合"，开展民主管理，进行了一些探索。该厂研制了立式多轴车床、管子加工机床、曲轴车床和精密丝杠车床等70多种产品，成功试制了中国第一条4#、5#电机轴自动线。[②]再以昆明机床厂为例，该厂的机床制造技术水平在"大跃进"期间有了一个新的历史性的飞跃。1958年，在缺乏加工关键零件的特殊设备以及缺乏装配调试所需的恒温车间的条件下，该厂凭借自力更生的精神，成功造出中国第一台T428型精密单柱坐标镗床。该机床采用电感应丝杠定位，坐标定位精度要求不超过9微米，其精度之高为国内机床工具工业所罕见。由于缺乏恒温车间，厂领导就腾出自己的办公室来做临时的装配场地，利用昆明自然气候在夏季温差不大的有利条件，辅助以电炉、木炭火等土办法来使室内温度稳定于规定范围之内。1959年，昆明机床厂又连续试造成功了技术条件要求更高、采用镜面轴定位加光学目镜读数的T4163型单柱坐标镗床和T4240（当时又称T440）双柱坐标镗床，还试制成功Q4110精密长刻线机和Q4030精密圆刻线机。除技术发展外，昆明机床厂的生产规模、生产能力也有了很大的增长。例如，该厂增加了一条精密机床生产线，通过新建2万多平方米的大联合车间和精密车间，以及扩建铸造车间，使工厂的生产建筑面积由6万多平方米增加到11万多平方米；该厂通过针对大件和齿轮加工等薄弱环节自制和购买了一批设备，使全厂金切机床的拥有量从442台增加到561台，还建立起了铸造小件机器

---

① 中共中央文献研究室编：《毛泽东文集》第八卷，北京，人民出版社，1999年，第236页。
② 沈阳第一机床厂志编纂委员会编：《沈阳第一机床厂志（1935—1985）》，沈阳第一机床厂，1987年，第8页。

造型、浇注流水线和大件型砂处理等一批机械化生产设施。不过，由于"大跃进"所固有的问题，大型联合车间在后来的年代里不得不耗资 300 多万元进行加固。昆明机床厂在"大跃进"期间除负责筹建云南重机厂外，共生产非系列产品 11 种 924 台，其中包括在当时极为紧缺的大型轧辊车床、大型摇臂钻床、大型单臂刨床、大型立车以及滚齿机、插齿机等，基本上都是根据云南省委下达的特殊任务而生产的，这些设备及时有力地支援了云南各地方工厂的建设和发展。[1]杭州机床厂在"大跃进"中扩大了规模，地方政府给该厂投资 849.24 万元，使该厂建起了现代化的大厂房，真正摆脱了街巷作坊的状态。该厂还于 1958 年成为平面磨床专业制造厂。当时，全国只有上海机床厂生产少量平面磨床，且 1957 年年产量仅 600 多台，远远不能满足需要。在一机部的安排下，上海机床厂将 M7130 平面磨床全套技术资料、工装设备、精密量具以及机床的大件毛坯无偿提供给杭州机床厂，并派出技术人员和熟练工人指导生产。在反复试制之后，杭州机床厂取得了成功，掌握了液压部件、工作台长油缸及磨头体等零部件制造技术，实现了从造普通车床到造较精密的平面磨床的技术飞跃。1959 年，杭州机床厂的平面磨床投入批量生产。[2]该厂一位老领导回忆："'大跃进'三年也是我厂生产品种最多的三年。多品种生产从企业生产效率上讲，当然不如按专业方向生产好，但也锻炼和提高了企业适应多品种生产的能力和制造水平。"[3]由上可见，"大跃进"期间，中国的机床工具工业尽管受到极大的冲击，但部分企业确实从非常低的起点上实现了跨越性的产品或组织创新。

此外，"大跃进"期间中国机床工具工业出现了一次扩散，一些企业得以创立，一些非机床企业进入该行业并存活了下来。例如，1958 年，上海市委批准建设一个重型机床制造厂，选定以恒新机器厂常德路车间为基础，在闵行工业区选择新厂址，这就是上海重型机床厂。上海重型机床厂第一期工程投资 990 万元，征地 600 余亩，新建厂房及办公楼 2 万平方米，后因国家遭受困难，基建下马，建设规模比原计划缩小 3/4。该厂初

---

[1] 昆明机床厂志编纂委员会编：《昆明机床厂志（1936—1989）》，昆明机床厂，1989 年，第 20 页。

[2] 郑阳生口述，姚峻、卢曙火整理：《记杭州机床厂的崛起与发展历程》，见杭州市政协文史资料委员会编：《新中国杭州工业发展史料》，杭州，杭州出版社，2010 年，第 135—136 页；郑阳生、朱浩然主编：《建厂四十周年征文集（1951—1991）》，杭州机床厂，1991 年，第 49—50 页。

[3] 郑阳生、朱浩然主编：《建厂四十周年征文集（1951—1991）》，杭州机床厂，1991 年，第 21 页。

创时期正值"大跃进",在总路线的鼓舞下,1959年,为早日造出国家急需的大型机床,全厂职工采取"蚂蚁啃骨头"的方法,在47天内造出了国内第一台直径4.5米的大型立式车床。老企业上海明精机器厂的厂房面积由1949年的2149平方米,扩展到1959年底的18 892平方米,职工由1949年的近80人增至762人,并于1960年5月正式定名为上海第二机床厂。①湖州机床厂原为创办于1921年的瑞昌铁工厂,1955年与另一家机械厂合并,更名为地方国营湖州铁工厂,主要业务为维修机器,兼有小件制造。1958年6月,在吴兴县委的大力支持下,该厂经过38天的艰苦努力,试制成功第一台东风牌6尺皮带车床,当年产出42台。同年7月,该厂又试制成功东风牌钻床,8月1日,该厂更名为地方国营湖州通用机器厂。②尽管这时该厂还不是专业的机床厂,但已经进入到了机床行业。太原第一机床厂原为1948年创立的太原铁工厂,自1956年开始,主要生产农业排灌设备锅驮机,1958年5月改名为山西省太原市地方国营农业机械厂,同年10月,因转向机床生产,改名太原第一机床厂,当时只是仿制了一些简易车床,如皮带龙门刨、牛头刨等。③陕西机床厂原为创办于1933年的红二军团兵工厂,中华人民共和国成立后仍从事兵工生产,1958年8月移交地方,开始定厂名为陕西省机器厂,1960年11月确定定向生产磨床,改厂名为陕西省机床厂,1966年改名陕西机床厂。④新乡机床厂原为创立于1947年的私营维新铁工厂,中华人民共和国成立后除进行零星修配外,还生产过铁锅、水车、锅炉、矿车等产品,1959年开始仿制C512立式车床,逐步转向金切机床生产,当年1月厂名改为河南省新乡市大型机床厂。⑤江东机床厂的前身为1950年创建于朝鲜平安南道江东郡的中国人民志愿军后方勤务司令部江东军械修理厂,1958年6月奉命回国,7月抵达江西南昌。回国之初,该厂一边基建,一边借用其他企业的厂房组织生产,仅有41台小型设备,只能生产农用水泵、皮带车床等简单产品。当年年底,该厂招收了第一批500余名学徒工。1959年,根据上级指示,江西火力发电设备制造厂并入江东机床厂,引进工程

---

① 上海市机床总公司编:《上海机床行业志》,1993年,第78、87页。
② 杨建强主编:《湖州机床厂五十年(1954—2004年)》,湖州机床厂,2004年,第4—5页。
③ 太原第一机床厂志编纂组:《太原第一机床厂志》第1卷,太原第一机床厂,2008年,第2—3页。
④ 陕西机床厂志编辑委员会:《陕西机床厂志(1933—1994)》,陕西机床厂,1995年,第8—9页。
⑤ 新乡机床厂志编辑组:《新乡机床厂志(1947—1982)》,新乡机床厂,1983年,第4、8页。

技术人员、管理人员、工人共计 440 名,增加各种设备 22 台,1960—1963 年又陆续由江西省机械厅调入各类机床设备 200 余台,其中进口设备 40 余台,大型精密、关键设备 14 台。至 1963 年底,江东机床厂设备总数增至 243 台,主要生产车间陆续建成投产,生产逐步走上正轨。从 1959 年下半年至 1965 年,江东机床厂的产品开发取得重大进展,成功试制出 X62W 万能铣床、X1532 平面铣床等,成为一机部铣床制造重点企业之一。[1]这些具有代表性的例子表明,"大跃进"期间存在一大批新企业进入机床工具行业,其中能够存活下来的企业壮大了中国机床工具工业的规模。

二、调整充实:中国机床工具工业的整顿

超越了国力的"大跃进"难以为继,受政策支配的中国工业经济体系也从扩张转为收缩。1960 年冬,党中央决定对国民经济实行"调整、巩固、充实、提高"的方针,制定和执行了一系列正确的政策和果断的措施,使国民经济从 1962 年到 1966 年得到了比较顺利的恢复和发展。[2]根据上述八字方针,1961 年,一机部把下放的机床工具工业骨干企业陆续上收,进行整顿,同时会同省、自治区、直辖市的机械厅(局)对地方企业进行调整。

(一)对机床企业的调查与整顿

为了找到整顿企业工作的妥善办法,1961 年初,由国务院副总理李富春提议并直接领导、组织了一个调查组,在北京第一机床厂开展了为期 6 个月的调研工作,其形成的调查报告不仅反映了"大跃进"期间机床工具企业的某些共性问题,而且呈现了计划经济体制下机床工具企业发展的一般性特点。

据调查,在"大跃进"期间,北京第一机床厂实现了规模扩张,从方家胡同搬迁到了建国门外的新厂址,增建了重型加工车间,技术工人从 1957 年的 838 人增加到 1960 年的 4227 人,技术装备增加了 360 台,主要产品铣床的产量 1958 年为 1151 台,1959 年增至 1440 台,1960 年提升至 2131 台,产品种类则由只能生产中型铣床发展到能够生产 33 种重型和大型产品。"大跃进"期间,北京第一机床厂总共为国家各经济部门提供

---

[1] 江东机床厂厂史编撰小组:《江东机床厂简史》,2008 年,第 1—3 页。
[2] 《中国共产党中央委员会关于建国以来党的若干历史问题的决议》,北京,人民出版社,2009 年,第 21 页。

了4749台现代化设备，其中亦包括装备自身的设备。此外，该厂还向18个省市的87家企业输送了422名技术工人和233名管理干部，有力地支援了国家建设。但是，该厂在扩张中也存在各种问题。例如，全厂的金切机床主要是1958年以后新增的，占设备总数的55%，由于机修力量的增长跟不上设备的增长，加上设备管理和检修制度的松弛，设备事故多，利用率低。成批车间大件工段生产组长就向调查组反映："我认为设备维护高于一切。现在设备问题很多，润滑油老不清理，棉丝也不够。任务紧，星期天老加班，设备没有时间检修。不是从预防着手，出了问题去'堵'，'堵'的时间花得多。二工段最多一下子停十六七台（共有58台床子），吊车更严重，一停就几班。检修备件没有，机油不够，但机床漏油的情况很严重，到处流油，好像油矿。修理质量不高，工人也多是1958年进厂的，会拆会卸，就是不懂得各个零件的作用。机器能动就算修好。"①再如，该厂基本建设规模越来越大，投资越来越多，但企业平面布置不合理，辅助部门和服务部门能力不足。调查组发现，按照1956年的建设规模，辅助部门和服务部门的能力大体是够的，但由于中型铣床的生产规模扩大，特别是扩建重型加工车间后，电力、热力、蒸汽、压缩空气和水量的供应以及仓库容量均感不足。此外，北京第一机床厂的急速扩张还打破了整个工业系统的计划安排。该厂设计任务书规定，在生产水平达到2510台时，应当有外售铸件4000吨，外售锻件300吨，但该厂增加了重型机床的生产，这些外售铸件和外售锻件的义务就不能完全承担了，从而改变了计划体制下企业之间既定的协作关系，造成别的企业供应上出现困难。②"大跃进"期间企业的规模扩张带来了诸多问题，而在计划经济体制的投资驱动动机支配下，这种与规模扩张相伴的能力脱节问题会在很多企业反复发生。

与很多企业一样，北京第一机床厂在"大跃进"期间主要依靠群众运动进行技术创新，对一些工作量较大、技术比较复杂的产品，采取"集中优势兵力打歼灭战"的办法。例如，该厂试制国内第一台螺旋伞齿轮铣床时，集中了有经验的生产工人组织成由领导干部、技术人员、老工人结合在一起的"包制组"，从设计、施工到装配、试车，全部包干。试制过程中，该厂在生产准备工作上采取高度的平行交叉作业，在群众中广泛建立

---

① 北京第一机床厂调查组：《北京第一机床厂调查》，北京，中国社会科学出版社，1980年，第12—13、17、292页。

② 北京第一机床厂调查组：《北京第一机床厂调查》，北京，中国社会科学出版社，1980年，第21—22页。

"监督岗",在调度工作上采取"元帅升帐,一切让路"的办法,结果只用了 57 天的时间就试制出来了。不过,这种方法的缺点是在工作中不可避免地会产生一些比较粗糙的现象,如图纸质量不高、工艺差错多、工卡具设计有漏项等,产品质量也得不到保证,而且这种办法是在生产任务不足的条件下实施的,如果产品发展任务和生产任务加重,也很难高度集中人力、物力。在设计产品时,北京第一机床厂当时存在没有经过认真讨论就直接把产品设计方案交给设计人员去设计的情况。由于指导思想不明确,设计过程中容易产生片面追求高、大、精、尖,脱离实际和方向不明等现象,如 250 铣镗床的设计方案先是按镗床结构设计,后来发现方向不对,又改为铣镗床结构;X212 龙门铣床,开始设计时求大、求洋,结构过于复杂,后来虽得到纠正,但在人力、物力和时间上已造成浪费。此外,该厂还普遍存在有的样品没有经过鉴定就投入生产或进行小批生产的情况,个别产品如梅花头铣床甚至未经过鉴定就作为商品出售。成批车间大件工段总工长则对调查组说:"有些加工件的质量还是差的,如眼大、不光等。主要原因是对质量没有严格的要求。在宣传上只讲数量,不讲质量,质量不好,无人过问⋯⋯检验也不如以前严格,过去每道工序都验,现在是抽验。质量检验的权力由厂部下放,检验员由车间领导以后,把得不那么严格了。"[①]这些现象反映的是正常生产制度与秩序的破坏,在"大跃进"时期并非个案,而在此后外部政治环境出现波动时,又会对企业造成同样的冲击。

尤为重要的是,调查组揭示了计划经济体制下企业生产的非计划性,但这种非计划性并不仅仅只存在于"大跃进"时期。调查显示,北京第一机床厂在编制计划和执行计划中的不正常现象以"多点比少点好""计划只能看看而已,不能指导生产""怎样也完不成计划,怎样也能完成计划""月初到处碰壁,月末扬眉吐气"等言论反映出来。厂级给车间的作业计划指标,是把年度产品计划分成 12 节,每月"照方吃药",车间则是照搬厂部计划,至于工段往下布置,便五花八门了。齿轮工段计划员反映:"几年来安排计划没有算过账,摸摸装配的底,根据当月出产商品数,赶短线(薄弱环节),短线指导生产。"成批车间计划员则反映:"去年厂部下达了几本账,有的有文字通知,有的是会议决定。究竟以哪本账考核车间,连我计划员也不知道。我们从来没有完成过四本、五本账,但

[①] 北京第一机床厂调查组:《北京第一机床厂调查》,北京,中国社会科学出版社,1980 年,第 40—41、270—271 页。

一本账、二本账还能完成，完不成厂部就修改。总之是怎样也完不成计划，怎样也能完成计划。"计划经常修改的一个例子是，成批车间 1961 年第一季度共修改过 14 次计划，第一季度原计划完成 X62W 万能铣床 240 台，实际完成 165 台，3 月 20 日，厂部根据车间预计完成情况，修改为 165 台，算成批车间完成了任务。由于计划指标不严肃，影响到了工人的生产态度，一位工人指出："过去完不成任务，领导上（指段长）一动员，工人真吃劲干。现在摸着规律了，他无论怎么说，工人也不着忙，反正到月末准能完成。"①1961 年 3 月 16 日，调查组对升降台生产流水线进行了一个班次的现场观察，该生产线共 17 名工人、12 台机床，负责升降台 15 道工序的加工。据调查组观察，前 3 道工序当时停工待料，第 4 道工序上的皮带龙门刨因效率低而积压了 24 个活件，由此导致第 5—9 道工序出现停工，第 11 道工序的组合镗床因故障停车而积压了 20 多个活件，只有第 10、12、13、14 和 15 道工序因赶上批活的交库而未停工。当天出勤的 14 名工人，只有 8 人干活，有 6 人无事，有的找点劳务活干。至于工序不衔接的原因，是毛坯供应不足且不均衡。②

　　北京第一机床厂的毛坯供应不足问题，牵涉整个计划经济体制在资源分配上存在结构性问题。该厂 1957 年以前由国家分配的材料基本上能满足需要，但 1958 年后的需要总量不能满足，缺口很大，例如，1960 年所需钢材，上级主管部门分配的只相当于消耗量的 68%，配套的电动机实际到货为需要量的 31%。在钢材品种上，此前不管是优质钢还是圆、扁、方、六角等各种规格的钢材基本上都能订到，较特殊的钢材也能订到，但 1958 年以后订到的品种相对减少了。例如，生产铣床的主要材料碳素结构钢、合金结构钢、易切钢 3 个品种共 17 个规格，1961 年第一季度按商品计划需要 130 吨，而上级仅分配了 2 个品种、3 个规格共 9 吨，仅满足需要量的 7%左右。由于材料品种规格不能按生产要求分配，该厂只能采取以大代小、用圆钢铣成方钢等办法解决，既浪费工时，又浪费材料，如 1961 年第一季度即浪费钢材 5 吨左右，浪费工时 1500 小时左右。该厂当年 3 月末钢材库存量 556 吨，其中能合用的品种规格只有 100 吨左右。除原料外，工具的供给同样存在问题。北京第一机床厂从前的工具来源主要是合同订货，市场采购的五金工具亦较充裕，1958 年后，工具订货由北

---

① 北京第一机床厂调查组：《北京第一机床厂调查》，北京，中国社会科学出版社，1980 年，第 140—142 页。

② 北京第一机床厂调查组：《北京第一机床厂调查》，北京，中国社会科学出版社，1980 年，第 143 页。

京一级站分配，直接与工具生产厂签订的合同只能满足需要的20%左右，原属市场供应的工具也很紧张。据采购员称，自1960年下半年起，工具的供应分配有新变化，原属市场采购的物品如机锯条等本地缺货而东北地区货多，但因有地区控制，只能委托当地工厂在市场代购，却又不准托运出境，像"走私"一样，只好派人去背。计划经济体制下资源分配的缺乏效率及其对企业生产的妨碍由此可见一斑。"大跃进"无疑使情况更加恶化。1958年以前，计划编制比较早，变化也少，一般在八九月上级就下达下一年度的生产指标，经企业讨论决定后，在10月或11月就根据生产指标，编制物资申请供应计划，上报一机部二局，其根据国家所分配的资源进行综合平衡分配，下达下年第一季度所需各种材料的指标以及全年度物资供应的控制数。然而，1958年以后，计划订得迟，变化多，生产指标层层加码，导致企业出现一、二、三本账，材料供应计划也就跟着接二连三地变化。北京第一机床厂1958年第一本账铣床的产量是671台，第二本账是786台，第三本账是1115台，结果工厂的生产是按1300台投料的，上级主管部门却按第一本账分配材料。[1]混乱由此产生。总而言之，在各种因素作用下，"大跃进"期间，计划经济体制暴露了极度的非计划性，但可以认为，某些问题是计划经济体制固有的缺陷所致，迟早会显露。因此，《北京第一机床厂调查》于改革开放后的1980年重印并公开出版，可谓富有深意。中国机床工具工业为中国的工业调整以及工业改革提供了典型案例。

对北京第一机床厂的调查为国家制定工业调整政策提供了依据。在调整时期，除从生产管理上入手进行整顿外，一机部还针对各厂冷、热加工工艺中的共性问题，采取攻关或互相观摩、学习、鉴别的方法，解决了一些工艺技术上的薄弱环节。例如，机床齿轮攻关组在有关研究所和工厂配合下，把齿轮制造工艺从"滚—剃"工艺发展成"滚—剃—珩"工艺，提高了齿轮精度及光洁度。在抓基础技术工作的同时，机床工具工业还发展了一批新产品，如1963—1965年机床行业共发展219个通用机床新品种。[2]调整是取得了成效的。

在调整过程中，1963年，一机部组织工作组对全国6个大区的地方机床工具企业进行调查，统筹规划，进行裁、并、转、缩，明确定点分

---

[1] 北京第一机床厂调查组：《北京第一机床厂调查》，北京，中国社会科学出版社，1980年，第44、55—56页。
[2] 机械工业部机床工具工业局：《中国机床与工具工业（1949—1981）》第1分册，机械工业部机床工具工业局，1982年，第12页。

工。对一批条件较好的地方机床厂,则由骨干机床厂对口帮助进行技术改造,如沈阳第一机床厂帮助河南安阳机床厂、沈阳中捷友谊厂帮助合肥锻压机床厂、济南第二机床厂和济南铸锻机械研究所帮助上海锻压机床厂和四川内江锻压机床厂、重庆机床厂帮助南京第二机床厂等。一机部同时指定了17个地方工具厂为定点厂,对其中一些较好的厂如广州工具厂、太原工具厂、北京量具刃具厂等,由骨干厂对口帮助进行技术改造。这些地方企业经过技术改造,逐步提高了生产技术和管理水平,大都发展成为重点企业。[①]例如,太原第一机床厂原来生产的简易机床由于型号陈旧、批量小、质量差,不可能纳入国家计划,因此在1959年太原市的整顿中虽未关闭、合并,但职工由1600多人减少到400来人,生产规模也随之大幅度下降。1963年开始,遵照一机部二局的指示,在济南第二机床厂的帮助下,太原第一机床厂成功地设计、试制了轻型系列龙门刨床,经国家鉴定,准许纳入国家计划,投入批量生产和出口援外,该厂的机床生产这才步入正轨。[②]1961年,陕西机床厂生产急剧下降,总产值降至92万元,陕西省机械局按照党中央工业要退够的精神,曾一度想让该厂下马。当年12月到任的赵孝达厂长,一方面精减部分人员回农村,减轻企业负担,另一方面组织生产农用架子车底盘,1962年8—12月共生产3.5万辆,使当年该厂总产值回升至149万元,保住了工厂。1963年春,陕西省机械局投资250万元扩建该厂厂房,并下达了试制M131外圆磨床的任务,该厂派出部分骨干到上海机床厂培训,上海机床厂也派出部分技术人员到该厂协助试制,于当年9月试制成功。1964年春,赵孝达厂长亲自带领31名技术人员和工人,再次去上海机床厂学习,当年陕西机床厂磨床产量达到50台。1965年,该厂试制成功M131W万能外圆磨床,使磨床成为该厂主导产品,年产量达202台,工业总产值达360万元。[③]在计划经济体制下,中国机床工具企业之间存在着无私的技术转移机制,这对于整个行业的壮大起到了重要作用。

经过调整,中国机床工具工业得到了恢复。到1964年,一机部生产机床工具的定点厂共有169个(包括26个直属工厂),其中机床厂76个,铸造机械厂7个,锻压机械厂26个,木工机床厂4个,工具厂18

[①] 《当代中国》丛书编辑部编:《当代中国的机械工业》(上),北京,中国社会科学出版社,1990年,第131页。

[②] 太原第一机床厂志编纂组:《太原第一机床厂志》第1卷,太原第一机床厂,2008年,第3页。

[③] 陕西机床厂志编辑委员会:《陕西机床厂志(1933—1994)》,陕西机床厂,1995年,第9页。

个，磨料磨具厂15个，机床附件厂12个，机床电器厂5个，其他机床配套件厂6个。[1]总体来看，中国机床工具工业随着宏观环境的波动而出现起伏，对此，杭州机床厂高级经济师林青源早有认识："企业的发展道路与'大气候'密切相关，是波浪式前进的。建厂初期和'一五'时期，企业稳步而较快地发展，57年有个小波折，三年'大跃进'时期企业也是大跃进式高速发展，五年调整时期回到低谷，然后走上正常轨道逐渐回升。"[2]这就非常朴素地指出了机床工具工业是一个周期性行业。尽管在改革开放前，影响中国机床工具工业周期变动的环境因素，不纯然是经济的。

（二）机床工具工业1958—1965年的发展实绩

尽管遭遇了"大跃进"的波折，1958—1965年的中国机床工具工业还是有所发展的。表2-2显示了该时期中国机床工业一机部定点厂的金切机床产量。

表2-2 一机部定点厂的金切机床产量（1958—1965年） 单位：台

年份	合计	车床	钻床	镗床	磨床	齿轮加工机床	铣床	刨插床	拉床	电加工机床	切断机床	其他机床	组合机床
1958	46 487	27 454	4 693	466	4 785	606	3 731	3 660	30		1 060	2	6
1959	42 342	21 393	3 752	569	5 973	1 574	4 010	4 198	58		708	107	9
1960	62 695	29 680	6 236	920	9 169	3 327	5 531	6 893	58	68	738	75	61
1961	21 809	8 393	1 349	716	5 090	1 377	2 418	2 205	44	38	177	2	41
1962	13 581	5 790	998	359	2 845	473	1 948	1 023	61	2	76	6	47
1963	16 224	7 140	1 085	573	3 542	575	2 050	1 070	72	8	98	11	40
1964	22 041	10 340	1 483	1 029	3 997	850	2 583	1 473	72	42	156	16	21
1965	31 958	14 137	2 947	1 498	5 795	1 185	3 809	2 012	101	109	355	10	38

资料来源：机械工业部机床工具工业局：《中国机床与工具工业（1949—1981）》第1分册，机械工业部机床工具工业局，1982年，第60—61页

注：原表组合机床未计入合计中

1958—1960年受"大跃进"影响，一机部定点厂金切机床产量的猛增是有特殊原因的，也是非正常的，因此，从1961年开始的产量大滑坡反倒是一种回归基本生产能力的正常现象。而经过恢复性调整之后，一机部定点厂金切机床产量从1963年起开始回升，证明调整是有成效的。在

---

[1] 《当代中国》丛书编辑部编：《当代中国的机械工业》（上），北京，中国社会科学出版社，1990年，第131页。

[2] 郑阳生、朱浩然主编：《建厂四十周年征文集（1951—1991）》，杭州机床厂，1991年，第22页。

该时期内，一机部定点厂共生产仪表机床 12 406 台，生产重型机床 6433 台。①"一五"期间一机部定点厂仅生产重型机床 847 台，重型机床产量的扩大，是中国机床工业技术能力提升的体现。

"二五"期间，机床附件行业随着机床行业产量的提高而发展起来。该时期附件生产厂已达 11 个，生产 15 个品种，5 年总产量为 147.24 万件。1958 年，行业开始生产仿苏光学分度头。这一时期行业的生产技术力量增强，产品多以自行设计为主，并注意了标准化问题，生产同类产品的几个厂开始制定企业联合标准，开展技术交流活动。为了提高生产效率，保证产品质量，骨干厂开始制造机床附件专用机床。1963—1965 年，机床附件行业开始生产机用虎钳、顶尖、铣头、吸盘等产品，机床附件厂增加到 15 个，生产 39 个品种。②山东机床附件厂是该时期发展起来的企业。该厂原为 1949 年成立于烟台的私营新盛铁工厂，1955 年与私营荣华铁工厂合并，更名为新华铁工厂，后又改为公私合营，生产 M6—M12 精制螺帽及自行车和手推车零件。1957 年，该厂测绘了美国在 20 世纪 30 年代制造的钻夹头，进行试制，取得成功，定为 A13K 型，迅速投入批量生产。1958 年，该厂试制成功并生产了皮带车床，次年又试制成功滚齿机。1960 年，工厂改为地方国营，厂名为山东烟台机床厂，同年生产了 X62W 万能铣床。1962 年，该厂在调整中精减下放职工，机床产品亦下马。1963 年，因任务不足，政府将烟台量具刃具厂并入该厂，厂名更改为山东烟台轴承仪器厂，1964 年复一分为二，成立了专门生产钻夹头的山东烟台卡具厂，有职工 184 人，设备 73 台，其中皮带车床 56 台。1964 年 5 月，该厂列席参加了在烟台市召开的全国机床附件产品质量评比会，其生产的"象牌"钻夹头经鉴定，质量名列第一，引起了全国同行业厂家的震惊和一机部领导的重视，遂被一机部列为生产机床附件的定点厂。1965 年春，一机部二局给该厂拨了 15.6 万元技措费用于技术改造，当年第二季度，该厂生产了 A20 型钻夹头，为牡丹江木工机械厂的木工机械配套出口。1979 年该厂更名为山东机床附件厂。③同在烟台而起步更早的烟台机床附件厂该时期也有较大发展。1959 年，烟台机床附件厂试制成功 1 台 300 毫米光学回转工作台，经过切削试验和技术鉴定，达

---

① 机械工业部机床工具工业局：《中国机床与工具工业（1949—1981）》第 1 分册，机械工业部机床工具工业局，1982 年，第 60 页。
② 机械工业部机床工具工业局：《中国机床与工具工业（1949—1981）》第 1 分册，机械工业部机床工具工业局，1982 年，第 1003 页。
③ 山东机床附件厂志编写领导小组：《山东机床附件厂志（1949—1989）》，山东机床附件厂，1990 年，第 4—7、10 页。

到了允许累计误差为 10 秒的要求，这种回转工作台是坐标镗床的一种精密附件。该厂还试制成功 500 毫米三爪卡盘，因为规格大，加工不了，就采用了蚂蚁啃骨头的办法。1960 年，该厂试制成功 130 毫米光学分度头。1962 年，为满足军工生产需要，该厂试制了 80 毫米和 500 毫米两极规格的三爪卡盘。[1]在这些企业的努力下，中国机床附件行业稳步发展着。

1958—1965 年，中国机床工具工业的锻压机械分支有较大发展，到 1964 年，共有一机部定点厂 26 个，初步建立了锻压机械行业，并对产品生产进行了专业分工。除济南第二机床厂、齐齐哈尔第二机床厂和贵州险峰机床厂（原名贵州重型机床锻压设备厂）是部局直属企业外，其他全部为地方中小型工厂，生产技术条件较差。尽管如此，到 1965 年，一机部定点厂锻压机械产量达到 5381 台，品种累计发展到 177 种，分别为 1957 年的 2.86 倍和 5.9 倍。[2]

"二五"期间，工具行业开展了进一步扩大品种、提高产品精度等级的各项技术工作，先后试制和投产新品种 88 种，其中刀具 55 种、量具 17 种、量仪 16 种。为满足机械制造对计量仪器的进一步需要，1958 年哈尔滨量具刃具厂增建了仪器车间，开始试制并陆续批量生产光学、电动和齿轮测量仪器。1959 年，一机部工具研究所和哈尔滨量具刃具厂合作，完成了 M4—M6 手用丝锥生产自动线的研究、设计和制造，这是中国第一条刀具生产自动线，年产丝锥 60 万件。在"二五"计划期内，工具累计产量为 2.5 亿件，产值 7.76 亿，国家给工具行业投资 3450 万元，行业为国家提供利润 5.5 亿元，相当于投资的 16.06 倍。在调整时期，工具行业对一机部直属工具企业进行了一次全面整顿及技术验收工作，逐步恢复了正常的生产秩序，贯彻了质量标准，进一步加强了行业组织协调，确定了行业内部的专业分工，明确了各厂的主攻方向，并采取了一系列提升行业技术水平的措施。1964 年末，中国从日本东京精密（株）引进了气动、电动量仪的成套技术，于 1966 年建成了中原量仪厂。在调整时期，国家为工具行业投资 1300 万元，仅相当于"二五"时期的 38%，工具行业为国家上缴利润 1.56 亿元，相当于同期投资的 11.86 倍。该时期工具行业累计产量 7400 万件，产值 2.8 亿元。[3]

---

[1] 烟台机床附件厂史编纂领导小组：《烟台机床附件厂史（1949—1983）》，烟台机床附件厂，1983 年，第 8—11 页。
[2] 机械工业部机床工具工业局：《中国机床与工具工业（1949—1981）》第 2 分册，机械工业部机床工具工业局，1982 年，第 10 页。
[3] 机械工业部机床工具工业局：《中国机床与工具工业（1949—1981）》第 3 分册，机械工业部机床工具工业局，1982 年，第 14—15 页。

磨料磨具行业在"二五"期间的产量、产品品种、规格和质量进一步扩大和提高，磨料生产已有较丰富的经验，磨具的生产已有自己的工艺和配方系统，并已能根据各行业的需要，研制和发展新产品，如碳硅硼、高速砂轮等。在国民经济调整时期，磨料磨具行业对企业进行了一次全面整顿和技术验收工作，各厂的工艺配方系统得到了完善，关键的工艺装备有了革新，如磨具烧成炉窑向隧道化发展，磨料冶炼炉的功率增大，同时提高装料和出炉的机械化程度，磨具加工设备也向专门化发展，从而稳定和提高了产品质量，节约了能耗。①在此期间，第二砂轮厂正式建成投产，成为中国规模最大的砂轮厂。第二砂轮厂从1958年10月就开始试生产橡胶磨具，同年11月，陶瓷磨具、树脂磨具成型，加工部分投入试生产。1959年10月该厂用民主德国的设备试炼出了第一炉刚玉，刚玉制粒部分则于1960年6月开始试生产。通过试生产，刚玉冶炼、磨具精加工的除尘风机等部分的原设计或工艺装备暴露出了不少问题。刚玉磨料生产系统通过停产改建，1964年7月开炉负荷试车，磨具精加工车间在停产改建后，于同年9月再次开始试生产。在临时生产和试生产期间，第二砂轮厂共生产金刚砂18 658吨，生产磨具12 294吨，生产砂布砂纸15万平方米，工业总产值6558万元，上缴国家税金312.7万元，上缴国家利润502.96万元。1964年12月29日，国家验收委员会对第二砂轮厂验收合格，该厂自此进入正式生产阶段。②

　　南京工艺装备制造厂前身为1952年成立的南京市劳动局技工学校，1957年初因毕业生分配困难，学校改为工厂，1958年试制成功306轴承，自制轴承专用设备20余台，于1959年更名为南京轴承厂，1964年又更名为南京工艺装备制造厂，生产组合夹具、粉末冶金、高压紧固件并试制铣床升降滚珠丝杆和机床丝杆等。1965年4月，该厂制订了滚珠丝杠试制方案，8月中旬投料试制，9月装配成功第一套滚珠丝杠副，为北京第一机床厂生产的XF5032铣床配套。③由此，南京工艺装备制造厂进入到机床工具行业。南京工艺装备制造厂的产品被管理部门归类为机床配套件，不过，直到20世纪80年代以后，管理部门才认为机床配套件正式

---

① 机械工业部机床工具工业局：《中国机床与工具工业（1949—1981）》第3分册，机械工业部机床工具工业局，1982年，第311页。
② 第二砂轮厂厂志编辑室编：《二砂厂志（1953—1985）》，1986年，第95—96页。
③ 南京工艺装备制造厂简志编纂办公室：《南京工艺装备制造厂简志（1952—2002）》，南京工艺装备制造厂，2002年，第19页。

成为一个新行业。①南京工艺装备制造厂是较早兴起的机床配套件企业的一个典型。

"一五"中后期,中国机床工具工业已经开始建立行业研究机构,"二五"期间,行业研究机构作为计划经济体制下的重要部门创新主体,得到了进一步发展。1954年上海机床厂首先建立了机床和工艺试验室。1956年主管部门在沈阳设立了第一专业设计处,1959年迁到大连,1960年改名大连组合机床研究所。1956年10月,济南成立了锻压机械设计研究处,1957年6月,北京成立了铸造机械设计室,1961年铸造机械研究室迁往济南,与锻压机械研究处合并,成立了济南铸造锻压机械研究所。1958年成立了苏州市电加工研究所,1963年划归北京机床研究所领导,为一机部机床研究所苏州电加工研究室。1964年在北京机床研究所第六研究室的基础上筹建了机床电器研究所,1965年迁到四川,正式成立机床电器研究所。1957年11月成立了工具研究所。1958年成立了郑州磨料磨具磨削研究所筹备处,1962年正式成立郑州磨料磨具磨削研究所。此外,一机部二局的机床工具工厂设计处于1961年迁往郑州,定名第六设计研究院,从事机床工具工厂基本建设和技术改造工程的规划设计工作。从"二五"开始,机床工具工业一些骨干企业逐渐成为某类专业产品技术的主导单位,为了更好地规划、协调和组织各类专业产品技术的发展,从1959年起,一机部决定以这些骨干企业的设计科和试验室为基础,建立专业产品研究所。②所有这些研究机构,都为中国机床工具工业此后的技术进步和整个中国的资本品部门创新提供了强大的支撑。

1958年,中国工业技术参观团赴瑞士、联邦德国、比利时考察机械工业,回国后撰写了报告,认为西欧某些国家机床造得精密,在于"慢工出细活",其优势"在于工人工龄长经验丰富",而中国应设法"更快地积累经验"。③尽管在"大跃进"的氛围下,报告对于追赶西欧机床工业的难度有所低估,但其对于西欧机床工业的增量创新优势还是能客观评价。此外,报告提出要学习西欧机床工业重视关键工序和零部件加工,要"多花工夫",尤为重要的是:"我国机床厂绿化及文明生产程度必须大大提高,绿化不光种树还应种草。防止灰尘,对工厂设备保养,提高机床寿

---

① 国家机械委机床工具局:《中国机床与工具工业(1981—1985)》,国家机械委机床工具局,1987年,第960页。
② 李健、黄开亮主编:《中国机械工业技术发展史》,北京,机械工业出版社,2001年,第669—670页。
③ 中华人民共和国国家技术委员编:《瑞士、西德、比利时机械工业概况》,1958年,第19页。

命，大有好处。瑞士，西德许许多多另（零）件都是靠机床设备本身的精度来保证，他们机床保养好，工艺上就简单了，产品质量自然稳定，同时，产品装配保证清洁，对产品使用寿命影响很大。"这一认识，对于机床制造来说，具有非常重要的意义。工业是一种体系，对工业的学习也应该是系统性的，而不应局限于具体的产品和技术。报告实际上承认了中国机床工业与西欧的差距，提出要创造机会派人出国学习："今后应多与用户、外贸部门配合，乘用户订购国外设备时，派人出国验收，在厂里呆上几个月，很多技术问题都可以得到解决。而一般地派人参观工厂走马观花好处不大。"此外，在冷战的特殊形势下，报告还建议："可设法用学会名义，向瑞士、西德等欧洲国家工业大学或名教授收集研究论文材料。"[1]这份报告表明，计划经济时代的中国资本品部门创新体系并非封闭的，而是会积极利用一切机会从国外包括西方世界吸收新知识。只不过，在中美关系改善前，向西方世界的学习难以成为中国资本品部门新知识来源的主流渠道。例如，工具研究所技术情报室在20世纪60年代初确定了"广泛收集，系统积累"的文献工作原则，千方百计地收集各种资料。在西方国家禁止向中国出口期刊的情况下，通过关系从驻香港的瑞士书商处转手订阅了90多种西文和日文原版期刊，还通过旧书店将国外工具专业的几种主要期刊从创刊号起全部补齐，从而保持了全刊检索的连续性。不过，从1970年起，连70%的苏联期刊也停止向中国出口。[2]在冷战最激烈的时代，流入中国资本品部门的外部新知识，确如涓涓细流般有限。

总而言之，1958—1965年，中国机床工具工业的发展遇到了较大的波折，但整体上，作为一个行业体系，中国机床工具工业更加壮大，创新力量得到了增强，这也是中国资本品部门的一个缩影。

三、三线建设：战略主导下的机床工具工业再布局

三线建设开始于"文化大革命"前，是影响中国工业化的重大战略决策。三线建设是指，从1964年到1980年，中国在内地的十几个省、自治区开展的一场以战备为中心、以工业交通和国防科技工业为基础的大规模基本建设。1964年5月27日，毛泽东在中南海主持召开中共中央政治局常委会议时说："第一线是沿海，包钢到兰州这一条线是第二线，西南是

---

[1] 中华人民共和国国家技术委员会编：《瑞士、西德、比利时机械工业概况》，1958年，第19—20页。
[2] 成都工具研究所：《创新历程：成都工具研究所50周年所庆文集》，成都工具研究所，2006年，第87—88页。

第三线。攀枝花铁矿下决心要搞，把我们的薪水都拿去搞。在原子弹时期，没有后方不行的。要准备上山，上山总还要有个地方。"①这对于三线的含义以及三线建设的意义进行了简明的概括。除了西南、西北的"大三线"外，在东部地区的山区腹地还有"小三线"。1964年，一机部二局根据中央关于三线建设的部署，着手组织沿海地区的骨干机床工具厂，采取由老厂分迁和对口包建的办法，陆续在内地选址建新厂。这就是中国机床工具工业的三线建设。中国机床工具工业的三线建设系在国家战略主导下对行业实现了地理上的再布局，使行业进一步扩散。

（一）机床工具工业三线建设概况

1964—1974年，机床工具工业沿海地区的骨干厂和部分研究所，按照老厂分迁包建的方法，在川、黔、陕、甘、宁、青、豫西、鄂西等地先后建设了33个工厂，其中机床厂17个、铸造机械厂1个、工具厂5个、磨料磨具厂3个、机床附件厂1个、机床电器厂2个，在青海、汉中和银川还建立了4个专业化的铸、锻件厂。②表2-3为机械工业部统计的机床工具工业三线建设企业。

表2-3 机床工具工业的三线建设企业

地区	厂名	专业方向	对口包建单位
陕西省	秦川机床厂	磨齿机、机床铸件、液压件	上海机床厂
	汉江机床厂	螺纹磨床	上海机床厂
	汉川机床厂	坐标镗床	北京第二机床厂
	汉江工具厂	刀具	哈尔滨第一工具厂
	汉江机床铸锻件厂	机床铸件、锻件	上海机床厂
	第五砂轮厂（原临潼东风电热元件厂）	硅碳棒	第四砂轮厂
四川省（含重庆市）	宁江机床厂	仪表机床、组合机床	南京机床厂
	内江机床电器厂和研究所	机床电器	上海机床电器厂 北京机床研究所
	重庆工具厂	刀具	上海工具厂
	长征机床厂	铣床	北京第一机床厂
	内江机床厂	锥齿轮刨齿机	上海第一机床厂

① 毛泽东：《要把攀枝花和联系到攀枝花的交通、煤、电建设搞起来（1964年5月27日）》，见陈夕主编：《中国共产党与三线建设》，北京，中共党史出版社，2014年，第43页。

② 《当代中国》丛书编辑部编：《当代中国的机械工业》（上），北京，中国社会科学出版社，1990年，第126页。

续表

地区	厂名	专业方向	对口包建单位
甘肃省	星火机床厂	车床	沈阳第一机床厂
	天水213机床电器厂	机床电器	沈阳213机床电器厂
贵州省	险峰机床厂	无心磨床	无锡机床厂
	东方机床厂	龙门刨床	济南第二机床厂
	第六砂轮厂	人造金刚石及其制品	第二砂轮厂
	第七砂轮厂	刚玉磨料	第四砂轮厂
青海省	青海第一机床厂	铣床	齐齐哈尔第二机床厂
	青海第二机床厂	花键铣床、滚刀铲磨床	济南第一机床厂
	青海重型机床厂	重型机床、铁路专用机床	齐齐哈尔第一机床厂
	山川机床铸造厂	机床铸件	济南第一机床厂 齐齐哈尔第一机床厂
	青海机床锻造厂	机床锻件	济南第一机床厂 齐齐哈尔第一机床厂
	青海量具刃具厂	量具、刀具	哈尔滨量具刃具厂
宁夏回族自治区	长城机床厂	车床、组合机床	大连机床厂
	长城机床铸造厂	机床铸件	中捷友谊厂 大连机床厂
	大河机床厂	钻床、珩磨机、组合机床	中捷友谊厂
河南省	豫西机床厂	转塔车床	沈阳第三机床厂
	漯河铸造机械厂	铸造机械	青岛铸造机械厂
内蒙古自治区	呼和浩特机床附件厂	机床附件	烟台机床附件厂
	呼和浩特机床厂	车床	天津市机床厂
广西壮族自治区	桂林量具刃具厂	量具、刀具	哈尔滨量具刃具厂
湖北省	长江机床厂	插齿机	天津第一机床厂

资料来源：《当代中国》丛书编辑部编：《当代中国的机械工业》（上），北京，中国社会科学出版社，1990年，第127—128页

1964年12月4日，一机部西北工作组根据中央关于"调整沿海工业、支援内地建设"的指示，在西安召开工作会议，确定上海机床厂一分为二，以上海机床厂三车间的全部及其他车间、科室有关人员、设备进行搬迁建厂，在陕西省宝鸡地区建立精密磨床基地，并由上海机床厂负责一包到底，力求在1965年第四季度投入生产。当时的《分厂原则》指出："内地厂要掌握上机厂生产品种的基本工艺，特别是关键工艺。在必要时，可以代替上机厂。上机厂与内地厂平时生产的品种，原则上不重复，符合专业化生产，并有利于加速品种的发展。"并强调："内迁人员需根据中央有关规定，经过严格审查，选派优秀的管理干部、技术人员和生产工

人,配备成套,班子整齐,以保证新厂及时投产。"①1965年1月,国家正式批准将上海机床厂的部分设备和人员迁往陕西宝鸡,利用宝鸡电焊机厂下马工程,生产精密磨床,开始建设秦川机床厂。当年8月,秦川机床厂的齿轮磨床部分正式投产。秦川机床厂的首批产品为Y7131齿轮磨床,精度较高、零件较多、结构比较复杂,制造其中的一些关键零件要求必须具有温度控制,并要求加工场地要保证清洁,不能有灰尘等。在条件不完全具备的情况下,秦川机床厂边搬迁、边基建、边生产,全厂职工克服了初到内地时生活上的不习惯,在既无车间大门及恒温车间,又无足够的生产面积和辅助面积,且场地不清洁的条件下进行了试生产。该厂职工想办法自己安装设备,把已有的厂房隔成一间一间的小间,用塑料布将四周密封起来,在冷冻机上加装电热丝作为调温设备,形成了极为简陋的临时的空调室,使场地基本保证了一般的清洁条件,建起了先土后洋、土法上马的恒温装配和精密加工厂房,克服了困难,在极短时间内生产了Y7131齿轮磨床。②

上海机床厂为了支援三线建设,1965年7月共向秦川机床厂运送了139台设备,内含金切机床88台、检测计量仪器仪表15台(套),其中重要的有进口机床35台、大型设备12台、进口仪器仪表8台。这些设备中不乏上海机床厂进行精密加工的关键设备,如ST037电磁分度盘母机,主要用于磨削精密磨齿机的关键零件高精度分度盘以及母分度盘,被称为上海机床厂的"五宝"之一。可以说,上海机床厂为三线建设做了巨大的牺牲。随着发展的需要,秦川机床厂从1970年开始自制高精度、高效率或能满足特殊加工要求的专用机床,以开发新产品。1970年,该厂自制成功液压砥磨机1台,解决了液压阀特殊规格小孔的加工精度问题。该砥磨机是利用Z525型立钻重新设计、改装而成。1971年,该厂自行设计试制了2台高精度分度盘磨床,代替旧式手摇分度盘磨床,投入使用后,改善了该厂分度盘产品的供应无法满足需求量的局面。1976年,改型磨床的改型产品试制成功,共生产4台。1971年,该厂自行设计试制成功QC005定子磨床2台,为4—200公升/63公斤油泵定子内孔曲线的仿形磨削提供了新的加工手段,投入使用后,效果良好,此后还应用户要求作为商品投放市场,至1978年共生产88台。在1970年以后的十余年

---

① 《足迹·心路——秦川40年记》,秦川机床集团有限公司、陕西秦川机械发展股份有限公司编印,2005年,第1页。
② 《足迹·心路——秦川40年记》,秦川机床集团有限公司、陕西秦川机械发展股份有限公司编印,2005年,第11页。

间，秦川机床厂先后自行设计试制成功 6 种高规格的高精度专用磨床及导轨磨、燕尾磨、线切割机等 40 个品种 79 台专用机床，其中有 3 种专机作为商品投放市场，共计 224 台。①秦川机床厂自制设备并将设备转化为商品，体现了这家三线建设机床企业的创新能力。

南京机床厂接到"一分为二"的通知后，1964 年 10 月选定在原都江机械厂、灌县农机厂旧址上建设新厂，1965 年 5 月正式破土动工，兴建三江机床厂。1965 年 11 月 7 日，第一批职工 610 人到厂，工厂更名为灌县第一机床厂，11 月 25 日正式开工生产，实现了"当年基建，当年搬迁，当年投产"的目标。1966 年 5 月，该厂经一机部批准定名为宁江机床厂。同年 9 月，第 5 批内迁职工到厂，至此内迁工作结束。宁江机床厂的内迁建厂前后经历了一年多时间，共计内迁职工 1493 人，搬迁设备近 200 台，除铸工车间外，全部工程完工并投产。②在宁江机床厂开始基建后，一机部迁川的西南工作组曾到厂参加工作，该部工厂设计处协助了工厂设计工作，一机部副部长白坚也到厂视察，提出意见，要求加快工程速度。为了使工厂提前投入生产，该厂将原老金工厂房进行了加固，缩短了基建时间。③宁江机床厂的建厂过程，反映了一机部作为中国机床工具工业的主管部门，直接介入了行业的三线建设。

甘肃天水的星火机床厂是沈阳第一机床厂的分迁厂，始建于 1970 年 5 月，设计年生产量为：大型普通车床 CW61100A 300 台，立式多轴半自动车床 20 台，储备 10 吨以上管子机床的生产能力。1970 年，该厂按 CW61100 转产生产，并在 CW61100 基础上改进为 CW61100A，其主传动系统应用液压离合器、液压刹车，进给操纵应用超越式结构，5 米以上的丝杠、光杠应用机动托架。1971 年，该厂设计、生产 Φ630 毫米×4000 毫米轧辊车床，当时定型为 TX-001 型。1973 年，该厂设计、生产 TX-002 型凸轮轴仿型车床和 TX-003 型凸轮轴开档车床。1974 年，该厂对 TX-001 型轧辊车床进行改进设计，采用机械式操纵，定型型号为 C8463。1976 年，该厂设计、制造 TX-005 型长轴车床，规格有两种。④据星火机床厂内部资料，该厂 1970—1976 年主要经济技术指标如表 2-4 所示。

---

① 《厂志》编辑委员会：《秦川机床厂厂志（1965—1985）》，秦川机床厂，1987 年，第 14、19—21 页。
② 宁江机床厂档案馆编：《宁江三十年》，宁江机床厂，1995 年，第 A1—A2 页。
③ 该书编写小组：《宁江机床厂厂史》，宁江机床厂，1984 年，第 2 页。
④ 机械工业部机床工具工业局：《中国机床与工具工业（1949—1981）》第 1 分册，机械工业部机床工具工业局，1982 年，第 929 页。

表 2-4　星火机床厂主要经济技术指标（1970—1976 年）

年份	大型车床产量/台	工业总产值/万元	百元产值总成本/元	利润总额/万元	流动资金周转天数/天
1970	2	8.80	—	—	—
1971	20	88.50	149.85	−54.30	—
1972	30	162.36	126.55	−52.40	362
1973	37	168.40	123.38	−52.80	248
1974	52	272.30	104.26	−39.30	540
1975	77	412.00	89.69	9.10	589
1976	87	545.00	89.10	34.50	523

从数据可知，星火机床厂的建设与发展存在一条明显的学习曲线，即一开始产量低、成本高，企业处于亏损状态，随着时间的推移，在产量上升与成本下降的同时，该厂开始盈利。不过，这一过程持续了 5 年，耗时不短，由此亦可推知三线建设之不易。三线建设是为了改善中国的工业布局，在西部地区建设机床厂，也是为了提高西部地区的机床等资本品的供给能力，就近满足西部工业发展的需求。目前尚无三线建设机床工具企业对西部地区产品供应量的准确数据，但星火机床厂保留了 1971—1990 年的产品国内销售统计情况，从中可一窥三线建设机床企业与西部地区经济发展的关系。星火机床厂的数据如图 2-1 所示。

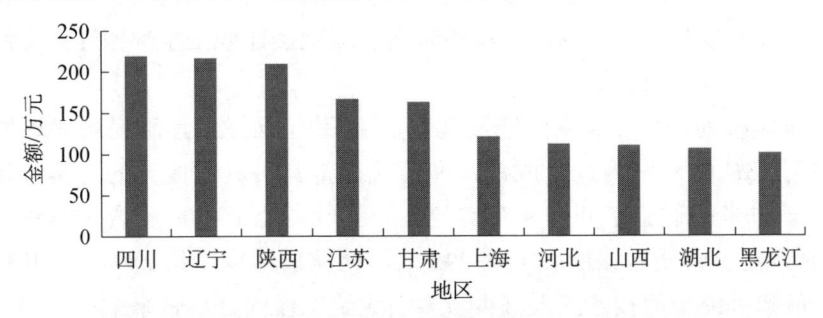

图 2-1　星火机床厂产品国内销售情况（1971—1990 年）

从 1971 年到 1990 年，星火机床厂产品销量破百的省（直辖市）共 10 个，其中，三线建设所覆盖的西部地区有 3 个，即四川、陕西与甘肃，分别位列销量的第 1 位、第 3 位与第 5 位。此外，排第 8 位的山西和第 9 位的湖北也有部分区域在地理上可列入西部。如此看来，星火机床厂对于西部地区的资本品供给还是发挥了相当的作用，这对于西部地区的开发与建设自然是有正面效应的。因此，至少星火机床厂这一三线建设机床企业，在一定程度上改善了中国机床工业的布局，有利于西部地区的发展。

青海第一机床厂虽然是三线建设企业，但其历史可以追溯至"大跃进"时期。1958年，青海省决定发展地方工业，在西宁市西川地区建设工业区，筹建青海综合机床厂、综合电机厂、冶金矿山机械厂。1959年，由于缩减基本建设投资，政府将这3个厂合并为西川机械厂，但当年12月又在该厂基础上新建青海综合机床厂。至1960年，该厂基本建设除仅建成一座混凝土结构6640平方米的联合厂房外，一无所有。1961年，工厂人员从1500人减到150人，生产方向转向制造架子车轴等小商品。1963年，该厂上交一机部二局接管，改称西宁机床厂，生产方向定为铣床和附件，当年就生产了少量附件，试制了刻模铣。1964年，一机部决定齐齐哈尔第二机床厂动迁部分设备和人员与西宁机床厂合并，1965年，齐齐哈尔第二机床厂搬迁设备49台、人员600人至西宁机床厂，该厂改称青海第一机床厂。[①]

哈尔滨量具刃具厂是三线建设中支援力度较大的老厂，该厂除援建表2-3所载青海量具刃具厂和桂林量具刃具厂外，还援建了位于陕西凤翔县城的关中工具厂。由于关中和桂林的地理环境吸引力较大，哈尔滨量具刃具厂在搬迁援建时采取了先青海，再关中，最后桂林的原则，以求平衡。不过，当时的青海是十一类工资地区，搬迁职工都能比在哈尔滨多拿30%多的工资，住房条件也比哈尔滨好，加上子女不用下乡，报名去青海的职工实际上非常踊跃，甚至一度出现报不上名而走后门的现象。因此，1970年，哈尔滨量具刃具厂只用半年的时间，就把援建职工全部搬迁到青海，建起了青海量具刃具厂。[②]

同样未列在表2-3中的三线建设企业还有成都工具研究所。该所于1965年底从哈尔滨内迁至成都，利用成都量具刃具厂废弃的危房改建了7080平方米的试验车间和9个实验室，新所占地15 000平方米，总投资276.5万元。内迁后该所职工共295人，比从前减少了约28%，尤其是科研人员和有经验的技术工人减少较多，这给工作的开展带来了很大困难。后来，该所人员持续流失约15%。1971年，一机部将该所下放地方，交由四川省机械厅领导，但主要研究方向和承担的行业工作不变。尽管面临很多困难，该所还是发挥了行业骨干研究机构的创新引领作用。例如，1975年，成都工具研究所承担了机械部和兵器部下达的为122弹体自动线研制刀具的任务，直接在沈阳724厂进行刀具切试。该所尹洁华和赵炳

---

① 青海第一机床厂厂史编写组：《青海第一机床厂厂史（1958—1983）》，青海第一机床厂，1984年，第8—10页。

② 哈量集团编：《坚实的足迹——哈量人建业六十载纪事》，哈量集团，2012年，第63页。

桢等科研人员参加了该项目，通过用圆刀片取代方刀片的新方案，使试切成功。后来他们又重新改进和完善了刀具设计，制造了刀片压模，成功解决了 122 弹体加工自动线的刀具问题。再如，1972 年，国内刀具材料生产厂、科研单位和高校专家会聚成都工具研究所，研究解决镍钛合金及高强度合金钢管断续冲击切削加工难题，在两个星期的试验后仍无结果，该所科研人员陈德才就从刃具厂借了一瓶冰冻处理用的液态二氧化碳，在一把普通高速钢车刀的刀头上安装了一根胶管，加工时喷出低温二氧化碳进行冷却，用这样简单的办法解决了难题。陈德才后来总结经验时说："遇到疑难技术问题时首先找原因，分析难点，然后运用简单的逻辑推理加以解决，切忌将问题复杂化、理论化。实际上解决加工难题与炒菜有些相似，咸了就加点水或糖，淡了则加点盐或酱油，就是这样简单。"[1]这是对于工业创新思维的生动诠释。

由于采取老厂拆分建新厂的模式，机床工具工业一些骨干企业自身的发展在三线建设中受到较大影响。从 1967 年到 1974 年，齐齐哈尔第一机床厂共迁往青海 964 人，其中青海重型机床厂 821 人，山川铸造厂 107 人，锻造厂 36 人。迁往青海的各种设备计 116 台，其中机床 87 台。支援三线建设将齐齐哈尔第一机床厂原已形成的卧式机床生产能力抽空，部分立式机床与卧式机床共用的关键或单一设备迁走，造成该厂一度只能生产立车，原生产卧车的厂房闲置，而三线厂又未及时投产，造成分工生产的卧式机床供应断档，该厂强调国家被迫进口本来能够自制的卧式机床。1970 年，齐齐哈尔第一机床厂根据黑龙江省建设"小三线"的部署，在加格达奇建立了"小三线"厂，固定资产总值 119.8 万元，银行存款 39.9 万元，建筑面积 7398 平方米，设备 38 台，其中金切机床 18 台。该分厂投资花费 181.3 万元，其中黑龙江省投资 85 万元，齐齐哈尔第一机床厂投资 96.3 万元。1972 年 4 月，加格达奇分厂停建并转交地方。[2]不过，1971 年时，由齐齐哈尔第一机床厂迁建的青海重型机床厂对老厂亦喷有烦言，甚至向主管部门反映问题，认为老厂以种种借口"片面强调生产任务重，天气冷"，导致当年的搬迁"全部落了空"，态度十分激烈，措辞极为严厉。[3]历史的恩怨是非已随风而逝，此处须指出的是，在计划经济体

---

[1] 成都工具研究所：《创新历程：成都工具研究所 50 周年所庆文集》，成都工具研究所，2006 年，第 5、38—39、60—61 页。
[2] 齐齐哈尔第一机床厂志办编：《一机床厂志（1950—1985）》，内部发行，1989 年，第 9—10 页。
[3] 《青重革委（71—050）号》，1971 年 12 月 3 日，青海青重机床制造有限责任公司所藏档案。

制下，部门与行业内各企业也并非完全开放无间，各主体虽然不存在市场竞争，但对任务、材料、资金、人员等资源分配的竞争，仍然是存在的。这也导致计划经济体制作为一种创新体系，其知识与资源的内部流动，并非毫无障碍。

通过三线建设，中国机床工具工业改善了地区布局，扩大了骨干企业的队伍，内地的机床工具骨干企业由原来的 3 个增加到 19 个，机床年生产能力由 1600 台增加到近万台。原来不生产或很少生产机床工具产品的三线地区，建立了一批能够生产关键机床工具产品的现代化企业。然而，部分三线企业的厂址，当时片面强调了备战的需要，选在远离城市和铁路的偏僻地区，造成交通运输、生产协作和信息传递等诸多不便，增加了生产成本，给这些企业的经营管理造成了困难。[1]

除了三线建设企业外，当时还存在着一些其他的支援内地企业，吉安机床厂是其中的代表。1960 年 7 月，上海机床公司属下的裕泰康铁工厂的 100 余名职工，支援老区建设，内迁江西省吉安市铜锣井，筹建吉安重型机床厂。他们以"蚂蚁啃骨头"的精神，当年就在简易工棚里生产了 12 台车床、9 台钻床。1962 年该厂改名吉安机械厂，转产农业机械和轻工机械。1968 年，江西省机械厅决定恢复该厂的机床生产。1969 年该厂迁至吉安市南郊，当年试制出第一台 M120W 万能外圆磨床。1973 年该厂改名吉安机床厂，产品方向为内、外圆磨床，无心磨床和曲轴磨床及配件。该厂得到了上海机床厂、上海磨床研究所等单位的支持，1975 年能批量生产 M131 万能外圆磨床 60 台。[2] 此外，各地根据三线建设的精神，也新建了一些机床工具企业。例如，1965 年 10 月，中共广西壮族自治区委员会、自治区人民委员会根据中央有关指示，为加强广西的三线建设，决定从自治区内的几个骨干机械企业中，抽调部分技术力量和设备，在远离城市的地方建立适应战备需要的新的机械厂。1966 年，柳州机械厂调出 198 人在田阳县组建了田阳机械厂，1967 年该厂更名为广西第一机床厂，1969 年因田阳厂区交通闭塞而迁至宜山县。1966 年，自治区经委和机械厅选定上海第三技工学校生产的 C620-JX 普通车床作为该厂试制的第一种产品，因该型车床制造容易，成本低，是一种经济型的中型车床，适合当时机床工业不发达的广西。广西第一机床厂共生产 1390 台该型车

---

[1]《当代中国》丛书编辑部编：《当代中国的机械工业》（上），北京，中国社会科学出版社，1990 年，第 126—128 页。

[2]《江西省机械工业志》编纂委员会编：《江西省机械工业志》，合肥，黄山书社，1999 年，第 234 页。

床。1974 年，该厂接受大连机床厂转产的 C620 普通车床的生产任务，1975 年试制出 5 台样机。①总而言之，以三线建设为主，中国机床工具工业又实现了一次扩散，行业体量规模得到壮大，主体数量增多。而行动主体的数量，对于部门创新体系来说，是一种直接起作用的变量。

（二）青海重型机床厂：一个典型三线建设企业的建厂

青海重型机床厂是机床工具工业三线建设的一个典型，档案揭示了其建设过程。1966 年 6 月 24 日，一机部向国家计划委员会报送了青海重型机床厂及西宁机床铸造厂扩建重型铸造车间的设计任务书，内称："根据第三个五年计划的安排，并经青海省同意，利用青海省大通县青海新生石灰厂厂址建设重型机床厂，由齐齐哈尔第一机床厂一分为二迁建，生产重型车床、冶金铁道专用车床、深孔钻床等关键短线产品。规模定为 120 台。拟于今年下半年开始筹建，1967 年建设。该厂所需铸件，由西宁机床铸造厂扩建重型铸造车间解决。"②根据设计任务书，青海重型机床厂所选择的厂址厂区三面环山，地势隐蔽，符合备战要求，紧邻厂区东边是通往西宁的公路，西边是通往西宁的铁路，当时已有窄轨路基，可修成宽轨通车，由专用线与该厂连接，南边约 2000 米为发电厂，北边为市区，并距大通煤矿 5000 米。该厂厂区面积比较平坦，在小石山南坡有新生石灰厂自垦荒地六七十亩。青海重型机床厂的生产纲领如表 2-5 所示。

表 2-5　青海重型机床厂的生产纲领

产品名称	规格/毫米	单重/吨	年产量 台数/台	年产量 重量/吨
重型车床	$\Phi 1250 \times 6000$	30	20	600
重型车床	$\Phi 1600 \times 8000$	45	15	675
重型车床	$\Phi 2000 \times 8000$	80	3	240
车轮车床	$\Phi 1200 \times 2416$	30	5	150
车轮轴颈车床	$\Phi 320 \times 2500$	9	5	45
动轮车床	$\Phi 2100 \times 2500$	32	5	160
动轮轴颈车床	$\Phi 315 \times 2500$	19	3	57
曲拐肖（削）车床	$\Phi 400 \times 2850$	15	6	90
车轴车床	$\Phi 400 \times 2600$	23	3	69

---

① 广西第一机床厂：《广西第一机床厂志（1966—1988）》，广西第一机床厂，1989 年，第 2、71—75 页。
② 《(66) 机二字 666 号》，1966 年 6 月 24 日，青海青重机床制造有限责任公司所藏档案。

续表

产品名称	规格/毫米	单重/吨	年产量 台数/台	年产量 重量/吨
轧辊车床	Φ1000×7000	22	20	440
轧辊车床	Φ1250×7000	40	10	400
轧辊车床	Φ1600×7000	60	5	300
钢锭车床	Φ500×2500	10	5	50
深孔钻床	Φ85/150×5000/10000	85	3	255
深孔钻床	Φ500/1000×10000/14000	120	2	240
其他专用机床		40	10	400
合计			120	4171

资料来源：《青海重型机床厂设计任务书》，1966 年 3 月，青海青重机床制造有限责任公司所藏档案

根据设计任务书，青海重型机床厂的铸铁件及有色铸件由西宁机床铸造厂供应，铸钢件由规划中的青海压缩机械总厂的铸钢分厂供应，锻件 1 吨锤以下由规划中的青海锻造厂供应，1 吨锤以上在一机部统一安排下由兰州、太原、德阳供应，齐齐哈尔第一机床厂要迁来 62 台机床。总投资估算 2500 万元，其中搬迁费 140 万元，生活福利设施费 218.8 万元，建筑费 377.1 万元，工艺设备费 1144 万元，运输设备费 34.2 万元。[①]由设计可知，三线建设往往是在西部某个地区打造一个新的由不同企业互相协作的工业区。不过，在实际建设过程中，有可能出现脱节的现象。例如，1971 年 6 月，青海省机械工业局上报一机部，指出青海重型机床厂所需铸件由山川铸造厂供应，但山川铸造厂的第二期工程土建尚未竣工，其正式投产估计要到 1973 年，而青海重型机床厂当年被计划安排出产 14 台商品，山川铸造厂无法满足其所需铸件，故青海省机械工业局报请由一机部协助该局在齐齐哈尔第一机床厂、富拉尔基重型机器厂、济南第二机床厂和武汉重型机床厂落实青海重型机床厂所需铸件。[②]青海省机械工业局上报的情况，反映了计划经济体制下，企业所需物资要靠政府指令安排，而物资供求各环节间的脱节，亦须通过政府协调解决。1971 年 2 月，青海重型机床厂致函一机部，称该厂已逐步投入生产，但设备尚不配套，其中生产 C6031 落地车床需要宽龙门刨床 B229，因为 C6031 车床基座平板宽 2830 毫米，只能用 B229 宽龙门刨床加工。青海重型机床厂称已与济南第

[①] 《青海重型机床厂设计任务书》，1966 年 3 月，青海青重机床制造有限责任公司所藏档案。

[②] 青海省机械工业局：《有关青海重型机床厂所需铸件生产的报告》，1971 年 6 月 21 日，青海青重机床制造有限责任公司所藏档案。

二机床厂商谈订货，济南第二机床厂的意见是1971年计划已经满了，不能安排，如果一机部同意，可以列入1972年生产计划之内。于是，青海重型机床厂写信给一机部，请该部将B229宽龙门刨床列入计划。①青海重型机床厂请一机部安排解决设备供应，体现了计划经济体制下资本品部门以及机床工具工业内部各企业获取资本品的基本路径。在企业向主管部门提出申请前，会自行联系资本品供应单位。1971年4月，青海重型机床厂还曾向一机部反映情况，称由于该厂机床设计在3月份才出图，所以与机床配套的刀片在上半年未能订上货，该厂联系了刀片生产厂家数次，也未能得到解决，只好报告给一机部请求协助解决。②在这一案例中，也存在企业无法自行解决问题后再向政府主管部门求援的情况。

在资金方面，1971年5月，青海重型机床厂向银行提交了申请第二季度贷款的报告："由于我厂生产的品种都是批量小、品种多、吨位重，生产缺少实际经验，隐藏的问题不易提前防预。因此在生产周期上来说是比较长的……我厂除派专人参加国家订货会议外，在计划会议前早就派出专人到老厂（齐齐哈尔第一机床厂）、东北、上海、成都等全国各地求援，而目前材料工具等亦还在逐渐进厂，根据四月末的预计数资金占用为610.2万元，其中材料340万元，工具96.1万元，外购铸锻件10万元，生产资金169.1万元。预计到二季度将占用920.3万元……但目前实有资金仅610万元，到四月末已有44万元托收未能付出……因此资金问题已成了燃眉之急的问题，而流动资金暂时尚不能解决，因此请求你们根据我厂情况，希给予信贷支援，以利完成今明年国家任务。"③6月，青海重型机床厂又向青海省机械工业局请求速拨1971年流动资金，称："目前由于今年订货已在逐步进厂，而资金情况已经是入不敷出，即使日常开资（支），亦仅依靠信贷渡（度）日。目前银行同意的信贷指标150万元，亦即将满额。因此希望局能大力协助，从速下拨流动资金，以利完成今明年国家任务。"④在计划经济体制中，工业企业的运转依旧需要资金，而资本品部门生产周期长的特点实际上隐藏着较大的资金压力。

---

① 《青重革委（71）010号》，1971年2月11日，青海青重机床制造有限责任公司所藏档案。
② 《青重革委（71）021号》，1971年4月28日，青海青重机床制造有限责任公司所藏档案。
③ 《青重生财（71）008号》，1971年5月3日，青海青重机床制造有限责任公司所藏档案。
④ 《青重革委（71）016号》，1971年6月2日，青海青重机床制造有限责任公司所藏档案。

1970年，青海重型机床厂边基建、边搬迁、边生产，以"临战的姿态"完成了青海省安排的8台37高炮试制任务，以"自力更生，土法上马"的精神由工具车间制成了200正旋尺、比较仪工作台等，设计人员用3个月时间"拿下了"两种出国产品的全部技术资料，"创造了老厂（齐齐哈尔第一机床厂）卧式产品设计史上的新纪录"。①两种出国产品指的是，当青海重型机床厂尚处在试生产阶段时，被安排制造了2种4台援助坦赞铁路用的C8011A车轮车床和C8310轴颈车床。1971年，由于青海重型机床厂的搬迁任务未结束，铸锻件供应亦存在问题，该厂认为完成原定任务"有些不现实"，就与青海省机械工业局再三研究，将当年生产安排改为只生产4台援外产品，其他任务推迟到明后年，至于订货已基本配套的产品则作为储备处理。②1971年5月，青海重型机床厂生产指挥部要求4台援外产品"机加5月份开始投料，9月末成套，10月份装配，12月份完成"，专机及非标准设备制造要"确保出国产品急需专机和非标准设备制造"。③5月26日，该厂向上级提出申请合金刀头临时供货："1971年国家已下达投产计划，特别是安排了出国援外任务，并要求我们确保完成。但是由于我们在建厂时期，生产技术准备不充分加之基础差，因此给生产上带来一定困难，在刀具方面突出表现为硬质合金刀头规格极缺，数量极少，特别是YT材质刀头缺货更为严重，造成不少龙门刨床和车床经常处于半停产状态……为完成今年国家计划指标，确保出国援外任务，为中国和世界革命贡献力量，希望上级有关业务部门帮助解决为盼。"④1971年11月，青海重型机床厂尚缺14台设备，只能催促齐齐哈尔第一机床厂尽快搬迁，或与别厂调换。在当月下发的生产作业计划中，青海重型机床厂生产指挥部要求"大战四十天，确保出国援外任务，四种专机，储备四台，完成协作任务"。生产指挥部强调："跨车间协作任务，仍按出国任务生产，定点生产，轴车间的插床工序任务，原则确定轮车间承担，轮车间小立车工序任务仍然请由中件车间立车给予协助承担，轴车间C8011B主轴钻孔仍请由中件给予协助。总之，要求各单位继续发扬顾大局

---

① 《（71）青重生综字第004号》，1971年4月3日，青海青重机床制造有限责任公司所藏档案。
② 《青重革委（71）016号》，1971年6月2日，青海青重机床制造有限责任公司所藏档案。
③ 青海重型机床厂生产指挥部：《1971年生产作业计划大纲》，1971年5月10日，青海青重机床制造有限责任公司所藏档案。
④ 《（71）青重生字015号》，1971年5月26日，青海青重机床制造有限责任公司所藏档案。

识整体共产主义的大协作精神。"①11月23日，青海重型机床厂在给青海省机械工业局的函中称，援外产品"基本投入了装配，即将成形"。但是，该厂指出，两种出国产品的结构性能与产品品质均按出国产品标准要求制造，如零件是选的，并增加了镀锌等表面装饰，为适应非洲地区气候采用了额外的防护措施，这些导致"该两产品制造过程中所花活劳动与物化劳动是高的，制造成本超过厂提报售价的近3倍"，故请求"主机仍然按国内同类型的老产品的比价水平确定之，特殊要求部分单独加价"。具体报价为C8011A车轮车床27吨25万元、C8310车轮轴颈车磨床12.5吨15万元。该厂还特别提到"物资地区差价"也是导致成本比过去高的原因。②总而言之，青海重型机床厂利用齐齐哈尔第一机床厂所积累的制造能力，在搬迁与基本建设过程中，完成了援外产品的制造，并在设计上有所创新。1971年12月中旬，青海重型机床厂向一机部提出要求增加立车产品系列的报告，其理由是原来的建厂设计存在产量提不高、生产能力不平衡、装配面积不足等问题，增加新产品可以充分挖掘设备潜力并满足西北地区战备和地区配套需要。③这一请求的背后，反映了新建成的三线建设企业对于国家任务不足的担心。12月27日，两种援外机床通过了鉴定。至此，青海重型机床厂以制造两种援外机床为中心的建厂试生产工作亦告一段落。

青海重型机床厂是在非常困难的条件下制造C8011A车床与C8310车床的，两种产品能够在短期内合格地完成，"无爬行现象"，实属不易。C8011A是加工轨距为1067毫米的各种客、货、机车轮对踏面的专用车床。C8310是加工轨距为1067毫米的各种客、货、机车轴颈的车（磨）床。不过，《C8011A车轮车床鉴定书》和《C8310轴颈车（磨）床鉴定书》还是指出了两种产品存在一些不影响使用的瑕疵。例如，C8011A车床"铸钢件砂眼较多"且"技术资料不完整，如主要铸件合格证没有等"，该产品"对刀时制动离合器不能自动脱开，须把总电门关闭才行"，其"断削器不起作用"。C8310车床"床身铸件密度不好，针孔较多，牙条面有砂眼"，其"电气线路较乱"，而"床头箱顶尖预紧力

---

① 青海重型机床厂生产指挥部：《1971年11、12月份生产作业计划》，1971年11月18日，青海青重机床制造有限责任公司所藏档案。

② 《青重革委（71—048）号》，1971年11月23日，青海青重机床制造有限责任公司所藏档案。

③ 《青重革委（71—054）号》，1971年12月11日，青海青重机床制造有限责任公司所藏档案。

太大（工件被顶动了），未能达到设计要求（不影响使用）"。[①]公允地说，这些问题不完全是青海重型机床厂自身的问题。例如，该厂铸件是由青海山川机床铸造厂供应的，铸件从7月份起开始陆续到达青海重型机床厂，几个月后，青海重型机床厂方面就发现铸件问题严重，其中有一些"经研究废料不能出国"。因此，青海重型机床厂希望供应单位"铸件出厂前一定要进行严格的质量检验"。不过，青海重型机床厂也勇于指出部分铸件的问题是该厂自己工人"加工不精心"或"操作上的大意"所致。[②]质量问题是中国机床工具工业在发展的任何阶段都必须重视的问题。对于机床工具工业这种加工制造业来说，创新所需要的知识往往包含或蕴藏在生产过程中，因此，生产过程中的产品质量控制，对创新的要素积累同样有影响。

四、曲折前进：中国机床工具工业的创新要素积累

1966年5月至1976年10月的"文化大革命"，使党、国家和人民遭到严重挫折和损失。但是，这期间，国民经济仍然取得了进展，工业交通、基本建设和科学技术方面取得了一批重要成就。[③]在"文化大革命"期间，中国机床工具工业的发展虽遭遇了挫折，但仍然积累了一定的创新要素。"文化大革命"的十年，涵盖了"三五"计划和"四五"计划，在这十年中，中国的机床工具工业再一次受到政治环境波动的冲击，但仍然取得了发展，行业规模更加壮大。

（一）骨干机床厂在"文化大革命"中波动发展

与"大跃进"相似的是，"文化大革命"中又出现了一次工业下放。1969年，一机部撤销了二局，1970年，所有直属企业和综合性研究所全部下放地方。此外，地方机床工具工业的规模扩大也与"大跃进"时期相似。以金切机床为例，1965年国内各部门提出的需求数量为70 000台，而1965年计划安排35 400台，只能满足约51%。又由于当时中国金切机床拥有量仅65万台，而美国1963年拥有254万台，苏联1965年拥有276万台，因此编制"三五"计划的指导思想就是设法扩大机床的生产能

[①] 《C8011A车轮车床鉴定书》，1971年12月27日，青海青重机床制造有限责任公司所藏档案；《C8310轴颈车（磨）床鉴定书》，1971年12月27日，青海青重机床制造有限责任公司所藏档案。
[②] 《(71)青重生字第40号》，1971年10月26日，青海青重机床制造有限责任公司所藏档案。
[③] 《中国共产党中央委员会关于建国以来党的若干历史问题的决议》，北京，人民出版社，2009年，第24、32—33页。

力，计划到1970年金切机床拥有量能达到100万台。这时正值"文化大革命"开始，全国计划失控，在宏观上又强调地区成套、发挥两个积极性、1980年实现农业机械化等，一时之间，机床供不应求，于是各地纷纷发展机床厂。金切机床产量到1970年猛增至13.89万台，同年金切机床拥有量达到106.5万台。不过，据后来分析，该时期生产的机床质量好的充其量不过1/3。[①]因此，片面追求数量而忽视质量，是"文化大革命"期间中国机床工具工业与"大跃进"时期又一相似的发展特征。1977年，中国机床产量达19.87万台，锻压机械产量近5万台，其中约2/3的机床和4/5的锻压机械是地方厂和其他非专业厂在国家计划外生产的，多数质量很差。[②]

图2-2选取了沈阳第一机床厂、昆明机床厂、上海机床厂和武汉重型机床厂作为机床工具工业的代表性企业，展示其在"文化大革命"期间的产量变动趋势。

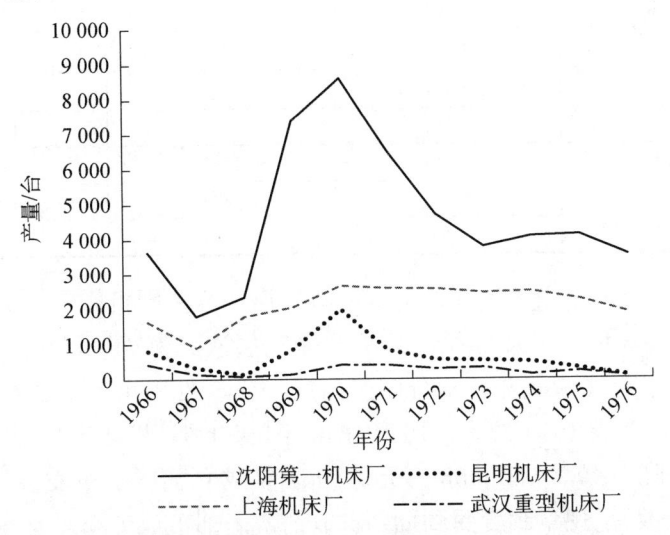

图 2-2 代表性机床厂主要产品的产量（1966—1976年）

资料来源：沈阳第一机床厂志编纂委员会编：《沈阳第一机床厂志（1935—1985）》，沈阳第一机床厂，1987年，第52页；昆明机床厂志编纂委员会编：《昆明机床厂志（1936—1989）》，昆明机床厂，1989年，第58页；上海机床厂厂史编写组：《上海机床厂厂史（1946—1996年）》（初稿），上海机床厂，1996年，第283—284页；武汉重型机床厂厂志办公室编：《武汉重型机床厂厂志（1953—1985）》，1988年，第45—47页

注：沈阳第一机床厂的产品为其数量最多的Φ400毫米车床；昆明机床厂的产品为机床；上海机床厂的产品为包括机床在内的主要产品；武汉重型机床厂的产品为机床

---

① 李健、黄开亮主编：《中国机械工业技术发展史》，北京，机械工业出版社，2001年，第670页。

② 《当代中国》丛书编辑部编：《当代中国的机械工业》（上），北京，中国社会科学出版社，1990年，第132页。

沈阳第一机床厂、昆明机床厂、上海机床厂和武汉重型机床厂的主要产品分属不同类型的机床，本不具备严格意义上的可比性，但这4家企业的产量变动趋势在1966—1976年呈现某种相似的节律，如均在1967年开始跌入谷底，均在1968年以后有短暂的大幅回升，并在1970年达到巅峰，此后又出现滑坡与波动，但变动幅度不那么剧烈。这种产量变动趋势呈现出的节奏的一致性，主要与"文化大革命"期间外部的宏观环境和政治形势有直接关系。表2-6为北京第一机床厂所提供的该厂1967—1976年的主要经营数据，亦呈现起伏波动。

表2-6　北京第一机床厂的经营数据（1967—1976年）

年份	总产值/亿元	产品数量/台	上缴利润/万元
1967	0.281	1188	—
1968	0.288	1552	—
1969	0.470	2454	—
1970	1.004	5007	2301.5
1971	1.450	6210	—
1972	1.054	5275	—
1973	1.110	5800	4481.0
1974	1.130	5182	4410.0
1975	1.180	4828	4359.0
1976	1.200	3887	4480.0

在"文化大革命"期间，特殊的政治形势给中国机床工具工业造成了不利的宏观环境，并传导至工厂这一微观层次。例如，沈阳第一机床厂1967年下半年发生武斗，部分职工离厂，生产处于半停产状态，当年工业总产值只完成1574万元，比1966年下降71%，机床产量2017台，比1966年下降50%，亏损408万元。1968年成立了厂"革委会"，开展了"斗、批、改"，规章制度受到批判被取消，干部下放劳动，业务科室被撤销，在此期间，机床产量有所增加，但产品质量问题十分严重，仅用户反映有质量问题就多达1021台。该厂为二汽生产的26台立式多轴车床，由于质量问题全部报废，给国家造成670万元的损失。1971年该厂对主导产品 Φ400毫米普通车床进行换型，由于没有经过生产考验，盲目投入成批生产，投产后发现了严重的质量问题，不得不予以淘汰。[①]昆明机床厂情形相似。1969—1971年，该厂"革委会"曾组织过突击生产500台支

[①] 沈阳第一机床厂志编纂委员会编：《沈阳第一机床厂志（1935—1985）》，沈阳第一机床厂，1987年，第9页。

农车床和 150 台 T618A 卧式镗床的生产大会战，但由于企业生产技术管理工作被破坏，均以失败告终。例如，"革委会"主要负责人要求支农车床的生产要越简易越好，竟提出连传动齿轮也不必淬火，并声称"质量差点问题不大，有总比没有好"，当技术人员和老工人提出意见后，就以"注意阶级斗争新动向""警惕资产阶级技术权威的干扰"等为名加以压制。到装配时，又采取"人海战术"，连理发员、炊事员也被叫到车间装配机床，装配完工之后连试车切削也不进行。结果，机床出厂后到云南省内各地州县工厂仅使用几天，齿轮就很快被"抹光"，用户纷纷找上门来要求更换零件。[①]机床工具工业的其他企业在"文化大革命"中的经历与此类似。

当然，这些骨干机床厂在 1966—1976 年并非在技术上、生产上毫无发展。在车间层面，增量创新广泛存在。例如，沈阳第一机床厂精铸车间于 1975 年 3 月建成焙烧、浇铸流水线。此前，该车间砂箱的进窑和出窑全为手工操作，不仅劳动强度大，而且由于工序不衔接，模壳损坏十分严重，翻箱事故多次出现。新建的流水线全线由浇铸传送带、液压推杆装置、连续式液压推杆模壳焙烧油炉和拉箱机构所组成，基本上实现了砂箱在各工序间的连续传送，降低了劳动强度，改善了劳动条件，提高了效率与质量。在对这条流水线进行技术总结时，该车间撰写的材料引用的毛泽东语录为"人类总得不断地总结经验，有所发现，有所发明，有所创造，有所前进"，并将"发扬了敢于创新的革命精神"作为成功建设流水线的原因。[②]这反映了以革命话语来鼓励创新的工业文化是毛泽东时代部门创新体系重要的激励机制。

（二）地方机床工具企业在"文化大革命"中的演化

地方机床工具企业在"文化大革命"期间发展较好者可以牡丹江第一机床厂为代表。该厂始建于 1946 年，最初为私营衡器修理所，1948 年，牡丹江市政府工商科对该厂进行投资，该厂变为公私合营，1949 年又转为地方国营企业。1956 年，该厂改名地方国营牡丹江农具机械厂，生产玉米脱粒机、小型脱谷机等农业机械。1958 年该厂改为发电设备制造厂，1959 年又改为铸锻协作厂。1962 年，铸锻协作厂与牡丹江公私合营工厂利民机械厂合并，成立公私合营利民机械修配厂，为了能在调整中生

---

① 昆明机床厂志编纂委员会编：《昆明机床厂志（1936—1989）》，昆明机床厂，1989 年，第 27 页。
② 沈阳第一机床厂精铸车间：《焙烧、浇铸流水线》，1975 年 11 月 28 日，第 1 页。

存下去，提出"向林业、农业、石油进军"的口号，生产台车、道钉、东方红拖拉机后桥箱、玉米脱粒机、方钻挺、采油树等。该厂为了自我武装，争做黑龙江省车床生产基地，决心试制 C620-1 型普通车床，厂长带人到沈阳第一机床厂、沈阳第三机床厂和大连第五机床厂考察，1966 年 1 月正式开始试制。该厂试制用的图纸是由沈阳的机床厂提供的，当年生产了 10 台车床，经鉴定合格后，其产品被黑龙江省机械局列入国家计划，厂名亦改为牡丹江机床厂。从 1967 年到 1969 年，该厂车床产量分别为 36 台、57 台和 90 台。1970 年，该厂原计划生产车床 137 台，但地区和省机械局指令生产 500 台车床和 5 台龙门刨床。工厂接受任务后，开展了"五〇五"会战，自制 250 台专用设备、600 多套工装，并从一机部要到 1 台济南产 6 米龙门刨床，解决了刨床身的关键。经车间工人三班倒、连轴转奋战一年，该厂完成了 501 台车床和 5 台 3 米龙门刨床。在发展过程中，大庆油田和黑龙江省机械局均对该厂进行了投资，使该厂得以购入 1 台日本产 10 米龙门刨床、1 台瑞士产无心磨床、1 台意大利产外圆磨床、1 台捷克产 18 米龙门刨床等设备，提升了制造能力。会战结束后，该厂制作了大量工装和专用量、卡、检具，组织老工人用土办法解决落地车主轴钻孔、淬火等关键工序，建立了龙门刨床和落地车床生产线，从 1971 年到 1977 年，共生产 B2010A 龙门刨床 81 台、B2016A 龙门刨床 27 台、C6016 落地车床 14 台、C6020 落地车床 3 台。此外，该厂还于 1970 年组建了军工生产线，制造 40 毫米火箭破甲弹。[①]牡丹江第一机床厂取得的成绩离不开骨干机床工具企业的技术扩散、地方政府的投资以及该厂自身的艰苦奋斗。

　　湖州机床厂在 1966 年还叫湖州通用机器厂，并非专门生产机床的企业。该厂 1963 年从安阳机床厂买了一台 C630 车床，使用后较为满意。1966 年，浙江省机械厅有关领导考察湖州通用机器厂后，向该厂领导班子指出，湖州已有一家农机厂，湖州通用机器厂作为浙江的一家老机械厂，应该从农机产品领域逐步退出来，将产品升级换代，并建议上马生产 C630 车床。根据省机械厅的指示，湖州通用机器厂开始着手试制 C630 车床和油压机，并成立两个攻关试制组。当时，湖州通用机器厂根本不具备生产 C630 车床的设备条件，唯一具备的就是全厂上下干部职工"有条件要上，没有条件创造条件也要上"的决心。1967 年，该厂从安阳买来苏

[①]《牡丹江第一机床厂厂志》编纂领导小组：《牡丹江第一机床厂厂志（1946—1983）》，牡丹江第一机床厂，1984 年，第 3—11 页。

联版的 C630 车床图纸,又派人专程去沈阳看了 C630 车床的生产过程,回来后就开始试制。该厂造出的第一台 C630 车床的车头箱等关键部件是由上海重型机床厂提供的,所需的各类车床齿轮是在上海齿轮机床厂加工的,机床电器则从上海电器市场上采购,整台机器 80%的零部件都是买来和代加工的。由于这台 C630 车床填补了浙江省的空白,省机械厅即将其列为省控产品,并调拨 3 米龙门刨床、齿轮高频设备、磨齿机、精密丝杠车床、意大利 3 米磨床等设备给湖州通用机器厂。值得一提的是,在试制第一台 C630 车床时,湖州通用机器厂木模车间老师傅打破了传统的木模整体造型工艺方法,在全国同行中较早推出了金属劈模法,荣获全国先进,该厂生产车床床身采用 MTP25 高磷耐磨铸铁在当时也是独门技术。至 1969 年末,湖州通用机器厂生产的 C630 车床已经能够全部在自己厂内加工生产完成,当年产量为 40 台。1970 年,该厂退出农机产品领域,1977 年更名为浙江湖州机床厂。1966 年,湖州通用机器厂从天津锻压机床厂引进全套图纸,1967 年春制造出了第一台手动 100 吨液压机,完全是天津锻压机床厂产品的翻版,但受加工条件限制,径向泵在最初的翻砂过程中出现成批报废,主缸则硬是用人工拉模研配的土办法来达到精度。1974 年,湖州通用机器厂对该型液压机的主机部分进行了重新设计,从而使主机外观有了较大改进,笨重感和制造成本都有明显改善,动力机构也由径向泵改选为轴向柱塞泵,同时改进了液压系统设计,采用差动回路,提高了空行速度。总而言之,湖州通用机器厂转型为湖州机床厂的过程,体现了"文化大革命"期间中国机床工具工业的扩散,其动因在很大程度上出自地方政府对本地机床工具工业的培育,其机制则依赖新兴企业以自力更生的方式消化从老企业获取的技术。尚需指出的是,由于条件欠缺,湖州机床厂在早期发展过程中不得不自制设备来自我武装,这种行为既为该厂渡过困难时期和解决设备短缺问题提供了有力保障,又为该厂培养了一批批能工巧匠。据统计,该厂 2004 年尚在使用的 1962—1978 年自制的设备仍有 15 种。[①] 自制设备可以说是机床工具企业自力更生的集中体现。

上海机床工具工业在地方机床工具工业中颇具规模,经过调整,1965年底,上海市机床制造公司共有 66 家企业,生产成台机床的工厂有 21 家,零配件专业协作厂有 15 家,工具附件专业生产厂有 18 家,工艺协作

---

① 杨建强主编:《湖州机床厂五十年(1954—2004 年)》,湖州机床厂,2004 年,第 34—39、95、124 页。

厂有12家。20世纪60年代中期，由于对大型、精密、仪表机床的需求与日俱增，上海机床工业进行了产品结构调整，先后开发了T4145型坐标镗床、C61100大型车床、4000吨超重型压力机等十多种大型精密机床，数控机床也由研制向应用阶段发展。①上海机床制造公司拥有一批特色鲜明的企业，形成了一个相对完整的体系。例如，上海第三机床厂前身系创办于1944年的协兴铁工厂，1959年开始仿制苏式镗床，1966年走上自行设计的道路，1969年试制成功了T4145型光学坐标镗床，其定位精度为3微米，同年又试制成功以光栅作检测元件的TK4145型数控坐标镗床，填补了国家空白。上海机床铸造厂开设于1951年，抗美援朝战争期间曾成功试制出钢性铸铁，20世纪70年代，该厂花了6年时间，自力更生地造出了水力清砂系统、旧砂回用系统、新砂入库输送线等100多台设备，使铸造工艺实现了机械化和半自动化。上海机床锻造厂系由两家创立于全面抗战时期的企业合并而成，1965年试制了1台1000吨摩擦压力机设备，1974年正式投入使用，使企业生产由手工操作改为机械化和半机械化。上海热处理厂前身为立生铁工厂，1956年与大同铁工厂三车间合并为上海机械厂，生产螺钉、螺帽和为机床配套的锻件、热处理件，1959年成为专业热处理工艺协作厂，1966年正式定名为上海热处理厂。1962年，该厂土法上马，攻克了H0223辊矫正机上的细长轧辊高难度的热处理，1964年为军用单位协作成功重达5吨油缸的淬火，解决了超大型热处理零件的技术难关。②在地方机床工具工业中，上海的机床工具工业体系较完整，技术实力较强，与上海机床厂等中央直属企业相得益彰。

（三）"文化大革命"期间机床工具工业的人力资本积累

整体来看，"文化大革命"期间中国机床工具工业的部门创新机制，延续了20世纪50年代末形成的要素积累模式，但在人力资源形成等方面又有新的发展。1968年7月22日，《人民日报》刊登了《从上海机床厂看培养工程技术人员的道路》，在编者按语中引述了毛泽东7月21日的指示："大学还是要办的，我这里主要说的是理工科大学还要办，但学制要缩短，教育要革命，要无产阶级政治挂帅，走上海机床厂从工人中培养技术人员的道路。要从有实践经验的工人农民中间选拔学生，到学校学几年以后，又回到生产实践中去。"这段话后来被称为"七·二一"指示。"七·二一"指示肯定了上海机床厂此前从工人中培养技术人员的成功探

---

① 上海市机床总公司编：《上海机床行业志》，1993年，第42页。
② 上海市机床总公司编：《上海机床行业志》，1993年，第59—60、150、162、168页。

索。根据该指示，上海机床厂创办了"上海机床厂七·二一工人大学"，于1968年9月28日正式开学。学校开学后，几经变革，最终确定为全脱产读书，学制定为2—3年，开设了毛泽东思想、劳动、学军和专业4门课程。专业课包括制图、数学、力学、液压、电器、齿轮、磨床设计制造、外语等8门课，要求学员在毕业后就能担负各类磨床的总体设计和制造任务。上海机床厂"七·二一"工人大学从1968年9月到1977年7月共招收3期学员，共259名，这些学员毕业后绝大多数成为企业的技术骨干。上海机床厂"七·二一"工人大学开办后，各地相继效仿，至鼎盛时期，全国共办了33 374所"七·二一"大学，在校学生达148.5万人。[①]例如，重庆机床厂于1970年7月在重庆大学的帮助下，开办了重庆机床厂"七·二一"大学，设滚齿机制造专业，学制3年，招收学员31名，到1973年夏季结业后停办。这批学员后来大多走上了技术工作岗位，不少人成为技师、工程师，对工厂的生产发展作出了一定的贡献。[②]"七·二一"工人大学是中国机床工具工业在"文化大革命"时期的特殊环境下进行人力资本积累的一种探索。从部门创新体系的角度说，"文化大革命"时期，中国的资本品部门难以从高校吸收人才，而只能在部门内部自己培育，但这种人才培育方式更有利于增量创新而非依赖正规理论的基本创新。

在计划经济体制下，工业部门的创新主体被人为划分为工厂和行业科研院所，实际上，部门创新体系真正的技术力量都集中于行业科研院所，而这些科研院所本身亦类似于不从事规模化生产的技术型工厂，与侧重基础研究的高校和科学院有所不同。在特殊的年代里，行业科研院所更难以吸纳高校培养的人才，也只能对中等学历职工进行内部培养。北京机床研究所就是机床工具工业里技术力量最强的行业科研院所，1970年，该所从北京5所中学招了400多名初中毕业生。这些毕业生在半军事化的学员训练营里生活了3个月后，被分配到不同的岗位。一名女职工回忆，16岁的她被分到铸造车间，"以工代干，打字，广播，做办公室秘书，同时还兼管着车间的'大印'（图章）"，两年后，她以高分通过了精密铸造的考核，正式出师，月薪16元。不久，车间推荐她上了研究所办的"七·二一"大学，老师都是研究所的精英。她在"七·二一"大学里如

---

① 上海机床厂厂史编写组：《上海机床厂厂史（1946—1996年）》（初稿），上海机床厂，1996年，第55—56页。
② 重庆机床厂厂史编辑委员会：《重庆机床厂简史（1940—1994）》，1995年，第80—81页。

饥似渴地吸收知识，做的第一个设计是滚珠丝杠回珠器。她回忆道："从理论到实践，经历了设计图纸、零件加工、总机装配、精度调试的全部过程。在庆祝项目完成达标的那天，我突然体会到人类'开拓'和'创造'的真实意义，也感受着艰苦的付出和成功的喜悦。"一名男职工回忆在研究所的学习经历时说："在那个年代中，一切专业知识都是公开的，没有任何的秘密。我们的专业老师，对我们的要求是严格的，细致的。他们不甘心以书本上的教材为基础，自己编写教材，加入了非常多的专业知识和经验教授我们。哪怕就像材料力学，理论力学，液压控制这些枯燥的，需要大量计算的课程，他们都由浅入深不厌其烦地解释给我们听。"[1]当然，并非所有的入所毕业生都能得到理论学习的机会，有些职工就和工厂里的工人一样，以类似学徒制的方式在车间一边生产一边学艺。一名被分到热处理车间的职工回忆自己就是被称为"学徒工"，车间的技术员和师傅将热处理过程中各种金属的看不见的变化和涉及的理论教授给他。一名被分到精密铸造车间的职工回忆，由于该车间是新上马的，故只有1个师傅，这个30多岁的师傅每天上班前要先给学徒讲一段相关的理论知识和技术要领并叮嘱安全，再带着他们一步步操作。学徒很快进入角色，买来专业书自学。北京机床研究所的本部在密云，但在北京的方家胡同有一个传统的铸造车间，被分到该车间大炉班的职工回忆，他从一个"文弱书生"转变为"一个整天不是光着膀子抢大锤，就是在四五十度高温炉桶里换砖的'苦力'"。不过，他也指出，大炉工"虽然上班干活累，但是工作小时并不多，每天最多五六个小时就能把一天的活干完了"，工余时间他便私自听《美国之音》，自学英语，打下了后来赴美留学的语言基础。[2]总之，在北京机床研究所内部，不同的工种有着不同的人才培养方式，而由于该所老职工由高级知识分子构成，其传授的知识显然更具理论性。

（四）机床工具工业在"文化大革命"期间的发展实绩

1966—1976年，尽管中国机床工具工业受到"文化大革命"的干扰，但仍然延续了此前的发展趋势，在曲折探索中进一步壮大。据国家统计局数据，中国金切机床的产量，在1949年为0.16万台，1976年增至

---

[1] 北京机床研究所70届（71届）入职50周年纪念活动组委会：《青春落脚的地方：纪念活动文集（1970—2020）》，2020年，第55—57、210页。

[2] 北京机床研究所70届（71届）入职50周年纪念活动组委会：《青春落脚的地方：纪念活动文集（1970—2020）》，2020年，第51、204—207、214—215页。

15.70万台。①1949—1976年中国金切机床的产量变化轨迹如图2-3所示。

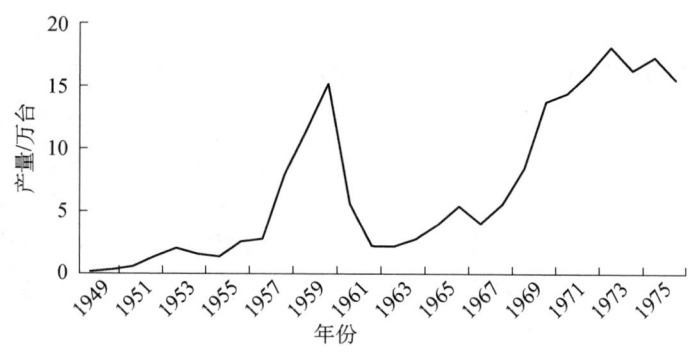

图2-3　中国金切机床产量（1949—1976年）

资料来源：整理自国家统计局工业交通物资统计司编：《中国工业经济统计资料（1949—1984）》，北京，中国统计出版社，1985年，第56页

很明显，1949—1976年中国金切机床产量的波动与宏观环境尤其是政治形势有直接的对应性，而1966—1976年的机床产能总体是扩大的，这意味着有更多的机床供给于国民经济各部门。除产量增长外，机床的品种也有扩大。"四五"期间，中国机床工业可以生产125个高精度机床品种，年产1400—1900台投放国内市场。1975年，全国大型机床的产量高达7269台。此外，数控机床也开始发展，至1975年共有49个品种型号，然而，由于配套元件质量较差，影响了主机性能的发挥及数控技术的发展。②值得一提的是，这一时期中国机床工具工业已能大量供给一些应用面广的金切机床品种，其产品技术也扩散于不同的厂家。例如，1971年初，青海重型机床厂自制了一批C620200×1000普通车床，除供自用外，青海省还调出了几台。虽然青海重型机床厂没有意图将这种车床作为外销品，但在要求结算的信函中还是对其进行了说明，从中可见该型车床具有很强的经济性："C620200×1000普通车床原系沈阳第一机床厂的主导产品，年产量几千台以上，制造过程中机械化、自动化程度很高，同时批量大，专用工装每台分摊寥寥无几，成本水平较低，也比较稳定。据此，一机部、物委订了统一价格每台为6800元。"③中国机床工具工业作为资本品部门的中心，经过1949年后数十年的发展，到20世纪70年代

---

① 国家统计局工业交通物资统计司编：《中国工业经济统计资料（1949—1984）》，北京，中国统计出版社，1985年，第56页。
② 机械工业部机床工具工业局：《中国机床与工具工业（1949—1981）》第1分册，机械工业部机床工具工业局，1982年，第13页。
③ 《（71）青重生字026号》，1971年8月23日，青海青重机床制造有限责任公司所藏档案。

已经能够供给国民经济建设所需的一般机床，其后发展意义上的产业开辟创新已经完成。

　　锻压机械行业在该时期具备了向机械工业提供自行设计的先进通用产品、专用产品和生产线的创新能力，这一点通过为二汽提供成套设备得到了体现。"四五"期间，为了缓和锻压机械的供需矛盾，国家投资扩建了济南第二机床厂、齐齐哈尔第二机床厂、辽阳锻压机床厂、北京锻压机床厂、长治锻压机床厂、青岛锻压机械厂、天津锻压机床厂与合肥锻压机床厂这8家企业，并对西安锻压机床厂、天水锻压机床厂、沈阳锻压机床厂拨给技措费用，填平补齐，提高了锻压机械行业对大、重型锻压设备的制造能力。到1975年，除了6个重型机器厂兼产部分重型锻压机械产品外，锻压机械行业约有49个生产厂，其中专业生产厂37个，机床或机械兼业厂12个，职工总数有25 600人，其中1000人以上的生产厂有7个，一般都在300—500人。行业共有金切机床3300台，有8个工厂的装配车间拥有30吨以上的起重能力。到1975年底，一机部定点厂的锻压机械产量达到11 672台，品种发展到334种。①以济南第二机床厂为例，该厂1971年工业总产值达6851万元，上缴利润750万元，全员劳动生产率达17 222元。1972年，该厂工业总产值完成4468.14万元，产量完成19种496台，新产品试制完成6种47台，上缴利润1218.5万元，实现技术革新215项，全员劳动生产率11 990元。当年底，一机部批准了济南第二机床厂扩建重型机械压力机车间，生产纲领为40台、16 460吨，新增厂区建筑面积27 105平方米，宿舍区建筑面积6000平方米，新增各种设备9台，扩建总投资为1460万元。②济南第二机床厂是能够兼造金切机床与锻压机械的"十八罗汉"骨干厂，其生产能力扩张对行业具有较大意义。然而，由于建设起点低，锻压机械行业仍然满足不了国家重点建设项目的需求，据统计，1969—1975年中国进口锻压设备602台，花费外汇7709万美元，折合人民币2.16亿元，为该时期中国锻压机械行业总产值的20.9%。③这表明部门创新体系内部的不平衡性，即部分领域开始快速"从小变大"时，部分领域依然面临着大量"从无到有"的问题。

　　由于需求旺盛，锻压机械行业里涌现了一批新企业。1939年，湖北

---

① 机械工业部机床工具工业局：《中国机床与工具工业（1949—1981）》第2分册，机械工业部机床工具工业局，1982年，第11页。

② 济南第二机床厂史志办公室编：《中共济南第二机床厂党史大事记（1947—1988）》，内部资料，1988年，第44—48页。

③ 机械工业部机床工具工业局：《中国机床与工具工业（1949—1981）》第2分册，机械工业部机床工具工业局，1982年，第11页。

浠水县开办了一家陈理仁记炉坊经营生铁制品业，1951年改组为荣浠农具厂，主要生产农机具，1965年开始承担湖北省工业厅下达的生产简易工具磨床任务，1966年8月，试制成功引进的J23系列30吨机械压力机，由此被确定为湖北省生产锻压机床的定点厂。1970年，该厂同时被称为浠水机械厂和浠水机床厂。1973年，湖北省机械工业局和地、县主管机关及有关部门为该厂提供技术服务，使该厂增强了设备能力，在华中工学院的帮助下，该厂于1974年试制成功J31-400型机械压力机。该厂1966年仅制造1台压力机，1970年生产了135台，此后直到1978年，其压力机年产量均在百台以上。[①]1951年，浙江嵊县成立了公营嵊县新建机械修理厂，起初仅2台破旧机床和2名工人，1953年开始改建和扩建，1958年改名地方国营嵊县通用机械厂，生产饲料粉碎机、单人打稻机、水泵等农用机械，1959年试制成功25吨压力机和15吨压力机，1960年压力机产量达141台。但该厂当年为支援采掘工业，为当地煤矿、铜矿等制造了各种矿山设备1200多件，产品种类较杂。调整时期，该厂减少了压力机生产，加强了小型农机具的制造和修理。1966年7月，浙江省重工业厅下达关于压力机转厂生产的通知，将钱江机械厂35吨压力机的工艺装备移交嵊县通用机械厂。尽管当年嵊县通用机械厂的产品仍以水轮泵为主，但到了年底，该厂便更名为嵊县锻压机床厂，成为压力机专业厂。[②]由于没有新产品试制费，该厂投产初期成本较高，每当一种新产品完成后，就及时要求适当提高售价。例如，该厂1968年底试制完工的JB23-63压力机，国家定价每台1万元，该厂1969年初上报核定临时出厂价为每台1.2万元，不如此就会发生亏损。1970年，浙江省对该厂基建投资达到95万元，企业面貌开始有所改变，当年该厂生产除修配收入23.86万元外，完成4种压力机86台，总产值130.81万元，但利润总额仅7.54万元。由于设备条件差，该厂1973年试制新产品B2016A双柱龙门刨床时，为了消除应力，保证质量，将产品远送上海锅炉厂回火，往返运输及加工费等共计0.79万元，而该厂加工九头蜗杆等零件因无专用设备，不得不向济南第二机床厂等企业求援。如此一来，等该产品试制完成时，生产成本过高，发生亏损达6.9万元。[③]"文化大革命"期间地方小

---

① 该书编纂委员会：《湖北锻压机床厂志》，湖北锻压机床厂，1989年，第17—19、82页。
② 浙江锻压机床厂编：《浙锻四十年（1951—1991）》，浙江锻压机床厂，1991年，第1、18、22—23、26、37页。
③ 浙江锻压机床厂编：《浙锻四十年（1951—1991）》，浙江锻压机床厂，1991年，第40—43、47—48页。

型锻压机械企业的发展实态即如此。蚌埠锻压机床厂原为建于1952年的蚌埠西市区第一铁器合作社，主要生产斧头、扇刀等，至1966年开始生产保险柜、档案柜等成本低、利润高的五金产品。1974年底，为了有利于生产的需要，该企业更名为蚌埠锻压机床厂，针对当时全国大搞电子元件的浪潮，试制了5吨冲床并成批投产，销路甚佳。尽管该厂属于二轻系统，但由于产品适销对路，直到1980年，其生产发展起伏跌宕不大。①蚌埠锻压机床厂是锻压机械行业扩散的一个典型。

工具行业到1970年末已形成遍地开花的局面，一机部系统有大、中、小型工具厂72个，新建厂占60%，"三五"期间累计产量达3.1亿件，为前一时期的4.2倍。由于先进刀具的推广，"三五"期间硬质合金刀具得到了大发展。除可转位硬质合金刀片生产大增外，还生产了整体硬质合金机铰刀、硬质合金浮动镗刀、硬质合金立铣刀、镶硬质合金齿冠铰刀、硬质合金T型槽铣刀、整体硬质合金摆线滚刀等品种。该时期工具行业已掌握生产了工艺难度大的0级块规、12—36多面棱体、6米内径千分尺、1—3米外径千分尺等。中国的刃、量具生产基本满足了国内机械工业发展的要求，并且已有余力面向外援和出口。"四五"期间，工具行业的生产能力进一步提高，到1975年为止，五年累计产量达6.9亿件，累计产值18亿元，相当于前期的2.25倍和1.95倍。该时期是精密机床和汽车生产大发展的时期，为满足机床和汽车齿轮测试的需要，工具行业以抓齿轮测量技术及测量仪器为重点开展了多方面的工作。工具行业成立了以成都工具研究所为主的验收小组，对引进的齿轮测量仪器样机进行验收、测试和消化，又组织哈尔滨量具刃具厂、成都量具刃具厂、上海机床厂、中原量仪厂等单位测绘和仿制。之后，成都工具研究所还组织了30多个单位在上海、北京、沈阳设立试验点，对磁栅式、光栅式、磁分度式及机械式等多种类型的齿轮单面啮合检查仪进行了现场对比试验，历时两年，在试验过程中评定出光栅式为最佳结构，定点在北京量具刃具厂和上海量具刃具厂生产。根据试验数据积累和现象分析，创造出了齿轮全误差测量新技术，并据其设计和生产了齿轮全误差单面啮合检查仪。同一时期，还在量仪制造中开始采用光电及计算机技术，使量仪产品发展到一个新的阶段。②上海量具刃具厂最初系于1961年开始试造齿轮量仪，其产品为仿苏型，但由于仿苏产品在实际使用中有的精度很低，有的原理存在问题，

---

① 蚌埠锻压机床厂编：《锻压机床厂厂志》，蚌埠锻压机床厂，1985年，第10、14页。
② 机械工业部机床工具工业局：《中国机床与工具工业（1949—1981）》第3分册，机械工业部机床工具工业局，1982年，第15—16页。

有的标准齿条制造困难，故均未正式投产。此后该厂又转向仿制德国蜗杆齿轮两用齿距仪，虽试制成功，但经测试后发现测力太大，制造工艺又太复杂，还是无法投产。仿制过程中的经验教训促使上海量具刃具厂走上自行设计具有中国特色量仪产品的道路。1965年后，该厂先后设计试制成功小模数齿轮渐开线检查仪、双面啮合仪、光栅式单面啮合仪等，均配有电子自动记录装置。[1]

"三五"期间，通过三线建设，磨料磨具行业扩大了产能。"四五"期间行业产量稳步上升，技术水平不断提高，不仅为国内提供越来越多的产品，而且出口也有所增长，还援建了罗马尼亚卡博兴砂轮厂的磨料部分。该时期中国生产刚玉和碳化硅磨料产品的技术能力已具有世界水平，并能提供生产磨料的成套设备。[2]第二砂轮厂作为行业骨干企业，发展了不少替代进口货的新产品。1965年，该厂试制成功直径1400毫米的大砂轮，此前，这种磨削加工大型柴油机曲轴用的砂轮须从苏联进口，后来苏联中断出口，为满足国家急需，第二砂轮厂克服重重困难，终于试制成功，其产品磨削工件无划伤痕纹，几何精度符合要求。1969年，第二砂轮厂试制成功超薄片橡胶砂轮，该产品厚度为0.15毫米，用于钢笔尖开缝。此前中国从日本进口1台开缝机，随机带砂轮20片，价值人民币10 000多元，砂轮不单卖。后来中国的钢笔厂自制开缝机，每台只需人民币数百元，但缺配套砂轮。第二砂轮厂制造的超薄片橡胶砂轮每片可开钢笔尖缝3000个，使用效率比美国产品高1/3，比日本产品高两倍半，解决了上海、北京等地工厂的急需，且为国家节约了大量外汇。[3]

机床液压元件行业是中华人民共和国成立后兴起的机床工具工业细分行业，也颇具后发展国家产业初辟的创新性。1951—1953年，上海、沈阳等地的机床厂在生产液压传动机床如外圆磨床、内圆磨床及弓形锯床等时，就开始生产配套用的液压元件。1953—1955年，上海机床厂和沈阳第一机床厂等先后在厂内设置了液压车间，成批生产为本厂产品配套、维修用以及部分外供的液压元件，如齿轮泵、叶片泵、径向柱塞泵、操纵箱和辅件等。据1963年调查，机床行业已有13家机床厂设有液压车间、工段或小组，另在上海、天津及阜新等地设有3家专业液压件厂生产元件，

---

[1] 上海量具刃具厂厂志编写小组：《上海量具刃具厂厂志》，上海量具刃具厂，1989年，第11—12页。
[2] 机械工业部机床工具工业局：《中国机床与工具工业（1949—1981）》第3分册，机械工业部机床工具工业局，1982年，第311—312页。
[3] 第二砂轮厂厂志编辑室编：《二砂厂志（1953—1985）》，1986年，第179—181页。

其中有 5 家机床厂可以成批生产元件。"二五"期间机床行业液压元件年产量 38 300 套,生产的元件品种规格达 439 种,拥有机床 408 台,职工 908 人。这一时期专业液压件厂生产的元件数为 3644 件,只占总产量的 9.5%。到"三五"期间,二汽的建设也拉动了机床液压元件的发展,生产液压元件的专业厂增加到 16 个,拥有机床 677 台,职工 4180 人,液压化机床产量在全部机床产量中的构成比为 25%。"四五"期间,机床液压元件行业拥有机床 1709 台,职工 7848 人,液压化机床在机床产量中的构成比为 31%。①

总体来看,1966—1976 年这十年间,中国机床工具工业尽管受到"文化大革命"的冲击,但还是取得了长足的发展,形成了较为合理的布局和较为完整的体系,基本能够自主装备国内的机械工业,供给国民经济建设所需的基本资本品,为社会主义工业体系的建立与完善作出了重要贡献。《中国共产党中央委员会关于建国以来党的若干历史问题的决议》指出,尽管"文化大革命"期间中国的国民经济取得了一批重要成就,但"这一切决不是'文化大革命'的成果,如果没有'文化大革命',我们的事业会取得大得多的成就"②。中国机床工具工业在 1966—1976 年取得的成就,亦当作如是观。济南第二机床厂的老员工回忆:"当年人们经常用'灯火通明'来形容晚上的技术科室……晚饭后,车间里的机器轰鸣起来,上二班的工人开始工作了。就在这时,一部分技术人员不约而同地来到办公室,有看书的,有绘图的,有用手拉计算尺计算的,还有的聚在一起七嘴八舌地商讨着技术上的疑难问题……这种完全自愿的平凡而有趣的'业余生活',日复一日,年复一年,不知不觉中大家形成了习惯。这种习惯,即使在最困难的三年自然灾害以及'文化大革命'的十年里,也很少间断过。"③这段回忆表明济南第二机床厂形成了强韧的重视技术学习的组织文化,而这是企业能够持续创新的重要基础。杭州机床厂的老员工回忆了该厂于 1967 年成立的"五·七"车间:"它人数不多,却是一个除大件加工外的封闭车间。设计、工艺、加工、装配、检验一竿子到底,是一个工作效率很高的生产车间。它在 1970 年、1971 年试制成功了 8 个品种 11 台双端面磨床。这是我厂生产双端面磨床系列产品一个良好的开端,

---

① 机械工业部机床工具工业局:《中国机床与工具工业(1949—1981)》第 3 分册,机械工业部机床工具工业局,1982 年,第 612—615 页。

② 《中国共产党中央委员会关于建国以来党的若干历史问题的决议》,北京,人民出版社,2009 年,第 33 页。

③ 济南二机床集团有限公司:《JIER 故事:庆祝济南二机床八十华诞职工征文》,济南二机床集团有限公司,2017 年,第 271 页。

为汽车轴承行业提供了高效装备，为我国自力更生建设第二汽车制造厂立过功劳。这个车间的职工有一个共同的观点：坚决反对停工停产、坚决反对武斗，坚持当时的'抓革命、促生产'。这使全车间职工团结得很好，一度成为厂里的'世外桃源'，生产正常运转，没有夺权，也没有发生群众斗群众。"[①]从后续的回忆文字看，这个"世外桃源"也并不完美，但正是这些间断性的"世外桃源"时刻，才让中国的资本品部门创新以及机床工具工业的发展在那个动荡的年代里得以持续。

第二节　行业战役：计划经济体制下的资本品部门创新

机床及其附属工具是核心资本品，是军工生产的基础，具有军民两用的战略性。因此，在冷战时代，美国组织西方阵营对中国实施技术封锁，阻止凝聚了先进技术的核心资本品乃至一般资本品流入中国，试图以此切断中国工业创新体系所必不可少的新知识吸收渠道。故而，中国的资本品部门创新体系不得不依靠计划体制聚合全国资源，实现资本品供给上的突破，以满足经济发展与国防建设的需求。在计划经济体制下，中国工业部门的创新系由政府牵头组织，通常聚合部门与行业的资源，集中力量就某一具体目标展开"攻关"，其过程从修辞上被称为"战役"或"会战"，以达成激励士气和强化纪律的工业文化效果。中国机床工具工业的高精度精密机床战役和二汽战役，是计划经济体制下中国资本品部门创新的两大经典案例，体现了国家调动部门及跨部门资源推动产业创新的特色。

一、封锁之下：中国立足国内实现机床自给

必须指出的是，中国机床工具工业两大战役的背景皆在于美国组织西方阵营对中国进行技术封锁，禁止战略物资以及具有战略性的资本品流入中国。因此，中国不得不立足于国内实现机床尤其是高档机床的自给。

1940 年，美国通过了对日禁运的第 703 号公法，禁止向日本出口机床等战略性资本品。此后，该法令迭经延长，直到 1949 年，美国国会决定将战时特别权力永久扩展，于是正式制定了美国第一部出口管制法《1949 年出口管制法》（*Export Control Act of 1949*）。该法规定继续对出口实行管制，主要目的是控制一些具有军事用途的产品和技术出口给苏联和其他社会主义国家。该法执行 20 年后，美国国会通过了《1969 年出口管

[①] 郑阳生、朱浩然主编：《建厂四十周年征文集（1951—1991）》，杭州机床厂，1991 年，第 85 页。

理法》(*Export Administration Act of 1969*)。1949 年，资本主义国家成立了针对社会主义阵营的输出管制统筹委员会，因总部设在巴黎，简称"巴统"。巴统是一个颇具神秘色彩的非正式组织，在资本主义阵营内部被认为是为了防止最尖端技术流向社会主义国家而达成的资本主义各国之间的君子协定。巴统的出口管制通过制定禁运清单来实现，其项目随着技术演化和国际形势变化而动态调整。机床作为核心资本品，实际上也是被管制的战略物资，而 1988 年开始被列入禁运清单的机器人，与数控机床在控制器、软件、专用设备等方面均有密切关联。①

"东芝事件"可谓巴统限制机床出口的最为著名的案例。1983 年，日本企业东芝机械向苏联出口了 4 台九轴螺旋桨加工机床，1984 年又向苏联出口了 4 台五轴螺旋桨加工机床，这被认为违反了巴统的规定。据事后调查，这 4 台机床中的 2 台安装在列宁格勒的造船厂中，另外 2 台则安装在苏联海军基地附近生产 S 级和 V 级潜艇的船坞中。1986 年美国的秘密评估报告认为，由于获取了这些机床，苏联提高了潜艇推进器的加工精度，大大减少了噪声，从而使西方难以追踪，美国如想抵消苏联的受益，需要在今后 15—20 年的时间里，在反潜技术开发方面花费 250 亿—1300 亿美元。②在巨大的政治压力下，1988 年 4 月，东京地方裁判所判处东芝机械 200 万日元的罚款，该公司的两名干部虽因过了法律规定的起诉期而免受刑事处罚，但不得不引咎辞职。③这就是所谓的"东芝事件"。

"东芝事件"表明，在冷战的地缘政治格局下，包括中国在内的社会主义国家，想要获得资本主义发达国家的高档机床，几乎是不可能的，即使资本主义国家的部分企业愿意进行相关贸易，也会在政治上受到严厉惩罚。在"东芝事件"中，美国所担心的，正是西方阵营先进的高档机床流入社会主义国家后，会提升社会主义国家的军工生产能力。然而，中国作为一个独立主权国家，不可能不拥有先进的国防工业，因此，在被封锁的条件下，中国只能立足国内实现机床的自给。这是中国政府组织发动机床工具工业的创新战役的直接原因。图 2-4 为 1949—1976 年中国金切机床的产量与进口量，很明显，在封锁之下，中国的机床供给确实主要依靠自给。

---

① 黄志平编著：《美国、巴统是怎样进行出口管制的》，北京，中国对外经济贸易出版社，1992 年，第 7—8、67—70 页。
② 黄志平编著：《美国、巴统是怎样进行出口管制的》，北京，中国对外经济贸易出版社，1992 年，第 36 页。
③ 通商産業政策史編撰委員会編：『通商産業政策史（1980—2000）』第 7 巻，東京，財団法人経済産業調査会，2013 年，第 248 頁。

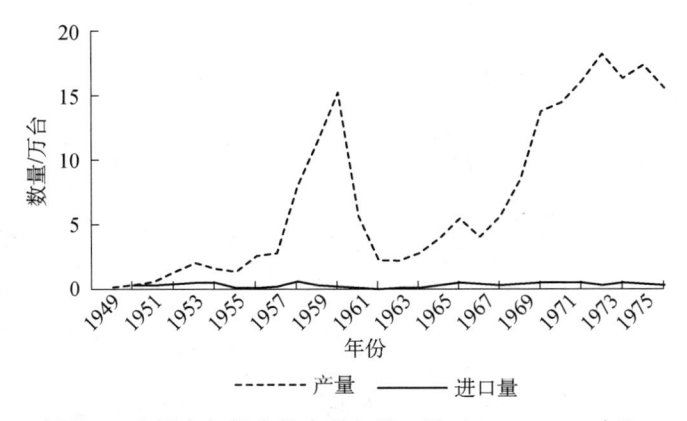

图 2-4　中国金切机床的产量与进口量（1949—1976 年）

资料来源：整理自国家统计局工业交通物资统计司编：《中国工业经济统计资料（1949—1984）》，北京，中国统计出版社，1985 年，第 56 页；海关总署综合统计司：《改革开放三十年中国对外贸易监测报告》，北京，中国海关出版社，2009 年，第 717 页

不过，在冷战时代，中国并非完全断绝了与西方发达国家的资本品贸易。即使是对中国封锁最严厉的美国，在 20 世纪 70 年代中美关系缓和后，也放松了资本品部门相关技术与产品的对华转移。1975 年 11 月 17—28 日，NMTBA 组成金属加工技术交流及贸易代表团，由协会常务副总裁詹姆斯·格雷（James Gray）率领，到中国访问，进行了技术座谈，并参观了工厂，美国商务部东西贸易局中华人民共和国事务部主任威廉·克拉克（William Clark）陪同访问。该代表团成员主要为美国机床工具企业的总裁与高级管理人员，他们与中方有关技术人员进行了 3 次座谈，介绍了机床工具的技术知识。相关座谈情况如表 2-7 所示。

表 2-7　美国机床工具工业代表团 1975 年来华座谈情况

企业	企业概况	座谈主题
辛辛那提·米拉克隆公司	成立于 1884 年，当时叫辛辛那提铣床公司，在 7 个国家设有 32 座工厂，其中 8 座机床厂，1971 年机床类产品占总产值 63.5%，设有机床产品研究发展部，公司从总产值中提取 1.5% 作为研发费用；有员工 1 万人，系美国最大的机床公司之一	机床研究与发展
莫尔公司	位于康涅狄格州布里茨港，创立于 1924 年，以生产模具为主，1932 年生产了自用的第一台坐标镗床，1940 年生产了世界上第一台坐标磨床，20 世纪 50 年代中期开始造万能测量机和圆转台；有员工 380 人，年产机床 200 台左右，其中一半出口	检查与计量学
埃克赛罗公司	1919 年成立于底特律，1974 年有员工 11 730 人，为飞机、柴油机及汽车工业提供精密零件及机床、工具；研发费占总产值 1.8%，电气方面委托通用电气和本迪克斯公司研发；20 世纪 50 年代开始参与燃气轮机制造	透平叶片加工工艺和机床

续表

企业	企业概况	座谈主题
兰迪斯工具公司	设在宾夕法尼亚州威恩斯波罗市,专门生产外圆磨床,1910年生产了世界上第一台凸轮轴磨床;有员工2800多人;月产磨床50—70台,还生产数控机床中的部分电子、液压元件	磨床
费洛斯公司	建立于1895年,1898年生产出第一台插齿机,于1969年在蒙特州斯普林菲尔德市建立新厂;有员工745人,年产值约3000万美元	齿轮加工机床、刀具和测试仪器
吉丁斯·路易斯公司	创立于1859年,1950年与麻省理工学院合作研制数控机床;有员工3500人;数控机床与数控系统年产值达1.5亿美元,数控机床年产量200—300台,数控系统累计生产2000—3000套;出口产品占总产值15%—20%,1960年数控机床占销售总额16%,1970年超过80%	数控机床
本迪克斯公司	成立于1875年,为综合性大企业,1955年生产了第一套供出售的电子管数控系统,1960年生产了第一台第二代晶体管数控系统,1967年生产了第一台第三代集成线路控制系统,1970年生产了第一台第四代System4计算机数控系统,其数控系统有4个系列	数字控制技术的现状和展望
卡尼·特雷克公司	创建于1898年,位于威斯康星州密尔沃基城,有员工1700人,是美国最早从事加工中心研究的企业;1975年普通铣床产量700台,加工中心月产MM00型16台、MODU LINE型4台;1974年总产值8000万美元	加工中心和生产系统
霍戴利工业公司通用工程部	有员工300人;1974年以前的总投资为500万美元,制造用于各种机床上的快换刀具;1975年产值1000万美元,出口额占总产值5%—10%	数控机床和自动线用的刀具系统
格雷公司	创立于1881年,1969年成为沃纳·司韦西公司的子公司;有员工350人,年产机床30—40台	重型机床的制造和应用
金斯伯里机床公司	创立于1893年,前身为玩具公司,1916年开始生产机床;有800名员工	多工位组合机床及其应用
克罗斯公司	成立于1898年,1914年开始制造机床,专门从事组合机床及其自动线的研制	组合机床及其自动线
阿诺卡特公司	创建于1954年,开始研制电解磨床,1957年生产了世界上第一台电解加工机床;有员工55人;年产电解加工机床12—15台	电化学加工技术
莫格公司	创建于1951年,主要生产用于飞机、导弹的电液伺服阀,还生产数控机床、过滤器、工程机械用的比例阀和相应的控制器;有员工1800人;年产值3500万美元	液压伺服系统在机床中的应用
丹利机械公司	位于芝加哥,1923年建立,1946年开始制造压力机,1955年成为世界上较大的压力机制造厂	金属成形机床
国民机器制造公司	1874年建于克利夫兰,1882年迁至提芬城;有员工2000余人,为美国生产冷锻设备的最大企业	锻造机械

资料来源:整理自第一机械工业部技术情报所编:《一九七五年美国来华技术座谈机床资料汇编》,内部资料,1977年

从成员构成看，代表团集中了美国机床工具工业的领军企业。中国技术人员从他们自己的理解与需求出发，从座谈会中摄取了不同层面的关于机床工具工业的新知识。例如，针对吉丁斯·路易斯公司的讲座，中国技术人员得出了可以发展简易型数控系统的结论："根据加工对象的复杂程度和批量，可以采用手动、拨码输入、半自动或自动几种方式。不一定每种机床配备的数控系统越复杂越好，要考虑到经济性、可靠性、维修难易程度和编程的效率、工人操作和掌握的程度。据介绍，瑞典生产透平机的阿鲍公司最近新建成一个车间，其设备除少量数控机床采用普通数控系统和数控机床系统外，大部分数控机床采用手动拨码输入控制，既简单又可靠，容易掌握。这说明大型数控机床也可以用比较简单的数控系统，技术应用要根据加工时的实际需要来确定，要考虑机能与价格之比。"当时的中国事实上缺乏大规模发展复杂数控系统的基础与条件，自然倾向于从外部新知中选择与自身国情契合度更高的技术信息。此外，当时的中国技术人员并不盲信外国企业，对新获得的信息进行了客观分析。例如，对格雷公司的讲座，中国技术人员指出："美国不生产太大的重型机床，其水平也很难从格雷公司来作出评价。"但对于讲座中提到的行业发展趋势，中国技术人员是重视的："格雷公司和其他国家的一些工厂为提高刨床的生产都曾作了不少努力，收到了一些成效，但终究无法和铣削相比，因此渐趋于消亡。"在计划经济体制下，从国外传入的新知识也给了中国技术人员进行产业规划的对比参考依据，如在了解了金斯伯里机床公司的情况后，中国技术人员指出："金斯伯里机床公司在美国的工厂平均每年生产约200台中等规模的组合机床及自动线，设计制造周期约10—12个月，比较简单的机床制造周期约6—7个月……（中国）生产多工位组合机床较多的常州机床厂年产约为50台，济南第一机床厂刚刚开始从事这方面的工作。因此，对比起来我们在组织生产上还有不少差距，体制尚不够完善。"[①]总而言之，类似的技术信息搜集与分析，是中国资本品部门创新体系重要的创新要素积累机制。在被严密封锁的时代里，中国技术人员想尽一切办法从铁幕的缝隙中抓住流出的新知识，而这些新知识即使只是吉光片羽的灵感，在斗志昂扬的中国技术人员与工人那里，也能用于部门创新活动之中。

---

① 第一机械工业部技术情报所编：《一九七五年美国来华技术座谈机床资料汇编》，内部资料，1977年，第91、129、138—139页。

二、初战告捷：高精度精密机床战役

所谓的高精度精密机床战役，本质上是计划经济时代中国资本品部门从供给侧发起的技术追赶创新，体现了中国机床工具工业的全行业努力，其成果不仅惠及用户部门，对行业本身也起到了正面回馈。这次战役，是国家直接引导资本品部门朝向确定目标进行攻关的"从无到有"式创新。

在"二五"初期，国内各用户部门向机床工具工业提出的高精度机床订货量高达 2000 多台，但当时的机床工具工业缺乏生产能力。因此，1960 年，在国务院副总理李富春的领导下，成立了由国家科学技术委员会、国家计划委员会、国家基本建设委员会、对外贸易部、二机部（第二机械工业部）和一机部有关领导参加的高精度精密机床规划领导小组，具体领导发展高精度精密机床"战役"。[①]1960—1962 年，在李富春、薄一波等六人小组的集中领导、指挥下，曾召开两次高精度机床会议，在全国性调查基础上编制了 56 个高精机床品种发展规划，制订了从样机试验到工艺攻关以至电机、轴承等配套件和原材料供应的成套措施，进口了一批高精度机床及测试仪器，武装了有关研究所及骨干厂。这就是中国机床工具工业发展史上的高精度精密机床战役。[②]

上海机床厂是参与高精度精密机床战役的重要企业之一。该厂在条件尚不具备的情况下，从 1957 年下半年开始到 1958 年上半年，在仿制苏联高精度精密机床方面打响一个前哨战，花了一年左右的时间仿造设计，成功制造了 Y7125 高精度插齿刀磨床。该厂充分运用土法上马的办法克服缺乏专用设备和恒温条件等困难，如该厂改装了 1 台旧的 CK371 平面磨床，用电炉控制室温，设计制造一套磨夹具，采取自校法进行磨削，经过 3 个月左右时间的试验，逐渐掌握了磨削规律，使误差越来越小，终于磨出了达到设计精度要求的 60 牙、120 牙的分度板。仿制工作为高精度精密机床战役打下了基础。上海机床厂成功试制了 3 种高精度精密机床，受到了一机部的极大重视，一机部同意了该厂建造精密车间的报告，计划由部投资 1486 万元建造一个 15 000 平方米的精密车间，其中恒温为 3900 平方米。该车间由一机部第二设计院参照苏联莫斯科内圆磨床厂的设计方案和其他国外的报道资料进行创造性设计，1960 年 3 月开工，1961 年 5 月基本完成土建工程，1962 年部分投入生产。精密车间建造了恒温室

[①] 李健、黄开亮主编：《中国机械工业技术发展史》，北京，机械工业出版社，2001 年，第 675 页。

[②] 机械工业部机床工具工业局：《中国机床与工具工业（1949—1981）》第 1 分册，机械工业部机床工具工业局，1982 年，第 11 页。

后，有了调温和防震措施，消除了温度不稳定和地基受振影响，减少了误差，有利于精密加工的稳定性，不仅提高了精密加工的质量，也提高了加工效率。例如，丝杆精密磨削的时间从 2 个星期压缩到 8 小时。[1]恒温车间的建立是上海机床厂乃至中国机床工具工业发展高精度精密机床的重要举措。

20 世纪 50 年代初期，瑞士首创了"镜面磨削"这种高精度零件以磨代研的新工艺，为了挡住进口，上海机床厂决定自行设计、自行制造"镜面磨削"机床。从 1960 年 4 月到 1961 年 5 月，上海机床厂在一台改装的普通磨床上先进行 5 次改进，包括选用合适的金刚钻，降低修整速度，改用瑞士#600 碳化矽、氧化铝和石墨混合砂轮，提高砂轮主轴回转精度（1 微米），修括床身精度，改用叶片泵，使磨削表面光洁度磨到瑞士司都特（Studer）水平，经过 3000 多次试验，掌握"镜面磨削"规律，为设计提供了大量资料和数据。从 1961 年 4 月起，设计人员一方面搜集、查阅国外的技术杂志和名牌样本，另一方面通过访问用户，掌握了用户对设计"镜面磨削"机床的要求。为把握设计"镜面磨削"的主要关键点，设计人员参照试验中摸索的数据，又带着一般精密磨床上存在的弱点到车间去请教操作磨床和搞装配的老师傅，经过反复讨论才把设计方案定下来。1964 年初开始了部件装配。当试制机床的关键部件横进刀机构时，发现用手摇动时很重、进刀不准等问题，立即召开"三结合"会议，找原因、想办法，最后用增加静压导轨减少摩擦力的办法提高了进给灵敏度，用放大丝杆螺距的办法减轻了手轮移动重量，又用精粗进给从一个传动链上分离的办法，消除了动作干扰，终于使进刀量达到 1 微米的精度要求。通过"三结合"的办法，上海机床厂的试制人员把原来的图纸修改了 50%，解决了 140 多个重大关键。1965 年 9 月，上海机床厂经过 4 年多努力，造出了中国首台"镜面磨削"机床 MBG1432 高精度万能外圆磨床，并赶上和部分超过瑞士的最高水平。[2] "镜面磨削"机床的试制成功，为中国机电、轴承、仪器仪表、精密机械、航空和尖端科学技术的发展，提供了新的物质技术条件。

在发展高精度精密机床的过程中，需要加工精密零件的母机，无法从国外市场上买到，上海机床厂从 1959 年底开始到 1961 年，设计了 5 种母

---

[1] 上海机床厂厂史编写组：《上海机床厂厂史（1946—1996 年）》（初稿），上海机床厂，1996 年，第 34、37 页。

[2] 上海机床厂厂史编写组：《上海机床厂厂史（1946—1996 年）》（初稿），上海机床厂，1996 年，第 36 页。

机，又经过 4 年的努力造出了 5 种特殊母机，即丝杠母机（SG7430）、分度板母机（ST037）、蜗轮母机（ST018）、渐开线凸轮母机（ST052）和精密螺帽母机（ST036），这 5 台母机试制成功后都被列为部管设备，被称为上海机床厂"五宝"。①为了发展高精度精密机床，上海机床厂付出了种种努力，不断进步。该厂生产的 Y7131 型齿轮磨床过去只能磨六级齿轮，到 1964 年已经可以磨五级齿轮。该厂的恒温车间投资 1070 万元，自 1962 年即开始试生产，到 1964 年 6 月底，共生产高精度精密机床 380 台，实现利润 1322 万元，投资已全部收回。②可以说，上海机床厂打好了高精度精密机床战役。

昆明机床厂也是承担高精度精密机床战役的重要企业。1960 年，一机部成立精密机床战役指挥部后，昆明机床厂按规划被定点为中大型精密机床的生产基地，在品种上发展大型坐标镗床、高精度刻线机及比长仪。同年，为使分工更加合理，避免技术力量重复使用，一机部二局将原拟由中捷人民友谊厂和昆明机床厂同时试制的 T42100 大型光学坐标镗床改由昆明机床厂单独试制和生产。③1958 年，昆明机床厂试制电动靠模铣时，全套图纸由苏联供给，其电器部分最为复杂，厂内有技术人员认为国内很难生产出来，但在上海、湘潭和昆明的电机厂的协作下，昆明机床厂造出了全套电器设备。与此同时，该厂还试制了高精度测量仪器光学分度头。昆明机床厂制造了该分度头的机械部分后，其光学刻度盘刻线，经与云南光学仪器厂共同努力了半年，才达到精度要求，完成了整个产品的试制。由此可见，昆明机床厂最初研制高精度精密机床，在制造过程中通过协作，吸收了机械之外的电学与光学知识。另外要指出的是，直到 1958 年，苏联专家给予了中国机床工具工业巨大的帮助。在昆明机床厂试制坐标镗床时，苏联专家吉莫非也夫不仅指导该厂调整圆转台的分度精度，还将从苏联带来的一根镜面轴借给该厂使用。④在 1958 年、1959 年试造成功 3 种坐标镗床后，昆明机床厂就认为坐标镗床产品要赶超世界先进水平，必须超越苏式产品而直接以代表世界先进水平的瑞士产品为瞄准目

---

① 上海机床厂厂史编写组：《上海机床厂厂史（1946—1996 年）》（初稿），上海机床厂，1996 年，第 38—39 页。
② 上海机床厂厂史编写组：《上海机床厂厂史（1946—1996 年）》（初稿），上海机床厂，1996 年，第 35 页。
③ 昆明机床厂志编纂委员会编：《昆明机床厂志（1936—1989）》，昆明机床厂，1989 年，第 146 页。
④ 沈机集团昆明机床股份有限公司编著：《昆明机床群英谱——暨昆机史料和文学作品选编》，昆明，云南科技出版社，2016 年，第 400—402 页。

标。1962年，昆明机床厂对比瑞士的2P型试制成功了T4132单柱坐标镗床。1965年，该厂又对比8P样机试造出了T42100大型双柱坐标镗床。这种大型双柱坐标镗床重17吨，整机零件4843项18887件，台面宽1020毫米，坐标定位精度5微米，是当时世界上规格最大、精度最高、技术最复杂的一种机床。在试制过程中，为保证质量、性能和精度达到世界第一流技术水平，昆明机床厂针对88项关键零件的制造制订了7项措施，并落实到人，一抓到底。同时加强科研试验工作，开展坐标镗床刚性、振动和热变形等基础理论及材料性能、机械磨损等各个方面的试验研究，并对国外样机与自制产品进行试验与分析比较，大大加快了研制步伐。为解决关键设备和测试手段缺乏的问题，该厂先后自制或改装成功21台（套）专用设备和测试仪器，除由国家增加一套恒温设备扩大装配面积外，其余全部自己解决。试制中该厂先后完成14项科研课题，为试制提出的主要措施和试验项目，连同工艺、计量在内共达34项。机床试制成功后经国家鉴定，其纵横及垂直三坐标定位精度分别为4.5微米、4.8微米和4.5微米，光学圆转台分度精度3秒，达到了国外王牌厂家同规格产品的世界先进水平。[①]昆明机床厂在研制坐标镗床关键部件镜面轴时，对轴的磨削、抛光、刻线直至刻线刀的制造都分别采取措施，反复试验，直到解决困难。例如，为了攻刻线关，昆明机床厂自制螺纹刻线机，老工人纳德正从理发师光剃刀及珠宝店磨珠宝的办法中得到启示，经过反复试验，找到磨金刚钻刻线刀的诀窍，攻下了刃磨技术，完成了镜面轴的刻线。[②]增量创新的积累对于整体性的产品创新至为关键。

　　创新是积累性的能力延伸，企业掌握一种知识后，能够向邻近的知识拓展与迁移，从而掌握新的知识。昆明机床厂参与高精度高精密机床战役，使其掌握了精密仪器制造技术，这种能力继续演化。20世纪60年代，国际上开始用光电光波比长仪来确定标准米。中国国家标准局原本每年要派人带着本国的长度原器，到莫斯科去，以国际权度局传递到那里的标准米来校验。由于中苏关系恶化，这个纯技术领域的正常交往也遇到麻烦。1963年，昆明机床厂承担了国家任务，研制中国自己的光电光波比长仪。这又是一次典型的社会主义协作攻关，研制组以昆明机床厂总工程师陈邦本为首，还包括了二九八厂和国家标准局的专家。为了寻找有关资

[①] 昆明机床厂志编纂委员会编：《昆明机床厂志（1936—1989）》，昆明机床厂，1989年，第24、146—147页。
[②] 沈机集团昆明机床股份有限公司编著：《昆明机床群英谱——暨昆机史料和文学作品选编》，昆明，云南科技出版社，2016年，第246页。

料，研制人员走遍全国，用一年的时间进行设计。他们采用的测量原理与方法是以波长为 6328 微米的氦氖同位素气体激光器作光源，通过光的干涉直接计数，直到测量 1 米长度，同时用动态光电显微镜瞄准线纹逐条自动鉴定，再用辅助干涉仪综合测定环境因素对测量结果的修正值。"文化大革命"期间，研制工作曾一度停下来，局势稍安后，原来下放到各车间、单位的人员都调回来继续奋战。然而，研制结果却是失败的。失败原因在于，中国的电子工业太落后，还在使用笨且体积大的二极管、三极管，产品质量又差，有些计数元件本身就是干扰源，随时都在发射有害的电磁波，再加上地面脉动大，产生干扰，在这样的条件下难以完成研制任务。但研制组没有气馁。针对失败的原因，研制组换掉了质量有问题的元件，又在地下挖坑 10 米，埋下巨大的弹簧，再将 75 吨重的钢筋地基整个托在弹簧上，解决了地面脉动大的难题。1969 年，光电光波比长仪研制成功，中国有了自己的长度基准。①昆明机床厂研制光电光波比长仪，是由国家布置追赶任务，相关单位集体协作，利用已有技术基础，完成的一次后发展式"从无到有"的创新。必须要指出的是，昆明机床厂对高精度精密机床的研制，打下了精密制造能力的基础。

昆明机床厂的能力继续延伸与拓展。光电光波比长仪的研制成功，使昆明机床厂基本掌握了激光干涉作为定位系统的技术。在此基础上，该厂又接受国家任务，于 1972 年研制激光动态光刻装置。研制组利用研制光电光波比长仪剩下的零部件，在恒温室内自己建成一台激光定位动态光刻装置，反复进行试验。在光刻工艺上，研制组遇到不少困难。金属反射光栅尺的光刻，要求具有极高的感光速度的光刻胶，而当时中国的光刻胶大概要差 2—3 个数量级，这给动态投影光刻产生了极大的困难。研制组反复试验，采用了大能量重复曝光的方法，用了 300 焦耳即扩大了 300 倍的能量，每条线重复曝光 25 次，基本满足了要求。但这样也使整个曝光系统大大地复杂化了，此外，大能量产生大量辐射热，直接影响周围温度的变化，对提高精度不利。为此，研制组对国产多种光刻胶进行试验，最后决定采用北京化工厂的 1 号光刻胶，基本上能满足光栅尺的光刻要求。由于昆明机床厂的吊胶室缺乏恒温与恒湿设备，研制组在涂胶时只能用电炉加温和降低湿度。1974 年，昆明机床厂用自己研制的激光动态光刻装置造出了光栅尺。光栅尺是数控机床的核心部件。1975 年，昆明机床厂用

---

① 沈机集团昆明机床股份有限公司编著：《昆明机床群英谱——暨昆机史料和文学作品选编》，昆明，云南科技出版社，2016 年，第 247 页。

该装置制造出线纹精度为 3.3 微米的 1 米长金属反射光栅尺，成功用于自己制造的数控机床上。①因此，昆明机床厂研制光电光波比长仪所积累的能力，又回馈于机床的创新研制中。

在高精度精密机床战役中还兴建了武汉重型机床厂的精密滚齿机车间（即 84 恒温车间）。该车间于 1960 年 9 月开始兴建，1965 年建成投产。车间建筑总面积为 4911.59 平方米，其中全部恒温的生产面积为 4614.89 平方米，变电配电室 90 平方米，泵房 62.15 平方米，2 座凉水塔 128.7 平方米，是当时国内机床厂中恒温面积最大的生产车间，总投资额为 1200 万元。该车间建成后成为武汉重型机床厂精密滚齿机系列产品的生产基地，可生产精密立式滚齿机和卧式滚齿机，年产量 30 台以上，还生产国防尖端产品。②

重庆机床厂在高精度精密机床战役中被列为生产精密滚齿机的厂家之一。1964 年，一机部二局将从国外引进的日本不二越型、英国 NOIO 型、联邦德国 P630 型等 3 台结构复杂、性能先进的滚齿机作为样机，交给重庆机床厂进行试验和测绘。测绘小组对 3 台样机分别进行试验、观察，经过认真分析、比较，确认 P630 型滚齿机的精度高、性能好，自动化程度也高，于是集中力量对 P630 型滚齿机进行精心测绘。1964 年底，重庆机床厂设计出在当时中国机床行业中处于领先地位的 Y3150A 型半自动精密滚齿机，并于次年 12 月试制成功。此后，直至 1966 年，在不满两年的时间内，该厂先后完成设计（含改进设计）并投入试制的相关产品包括大型、高精度、半自动滚齿机，共有 11 个新品种。③

此外，高精度精密机床战役期间，还在北京机床研究所实验工厂的基础上组建了精密零件厂，集中生产一部分高精度精密机床的关键零部件和维修备件。该厂与北京精密机床修理总站相配合，开展对高精度精密机床的维修服务。④

当然，创新追赶的过程不可能一帆风顺。高档机床是凝结了发达国家长期积累的知识的核心资本品，后发展国家要掌握同等程度的知识，极为

---

① 沈机集团昆明机床股份有限公司编著：《昆明机床群英谱——暨昆机史料和文学作品选编》，昆明，云南科技出版社，2016 年，第 252 页。
② 武汉重型机床厂厂志办公室编：《武汉重型机床厂厂志（1953—1985）》，1988 年，第 37 页。
③ 重庆机床厂厂史编辑委员会：《重庆机床厂简史（1940—1994）》，1995 年，第 60—61 页。
④ 《当代中国》丛书编辑部编：《当代中国的机械工业》（上），北京，中国社会科学出版社，1990 年，第 151 页。

不易。1960 年，主管航空工业的第三机械工业部（以下简称三机部）提出要让"精密磨床立足于国内"，于是，一机部二局给杭州机床厂下达了试制高精度平面磨床的任务。此处可见，在计划经济体制下，行业主管部门取代了供应商和市场用户，发挥着两者的职能，从而使创新活动在供给与需求紧密结合的机制下进行。此前，杭州机床厂的产品大多是到别的机床厂索取图纸后进行制造，这是该厂第一次正式自行设计复杂产品，即从搜集资料编制技术任务书开始，按程序进行设计。编制技术任务书主要是收集国内外同类型机床的各种资料加以分析和比对，提出设计的总体布局、主要参数和主要部件的结构方案。当时该厂刚刚生产了一种 M7130 卧轴矩台平面磨床。为了通过对比值测定其精度，该厂调研了拥有进口平面磨床的三机部的飞机厂以及上海汽轮机厂等部分拥有同类磨床的民用工厂。这些工厂对杭州机床厂表示欢迎，使杭州机床厂的技术人员先后对几台进口机床进行了精度测试和试磨。从测试结果看，M7139 磨床的磨削精度和光洁度同进口磨床接近，但机床几何精度按中国所用的苏联 GC18—60 标准来检验则相差甚大。GC18—60 标准中的工作台纵向和横向移动时的倾斜精度，在西方各国标准中都不做要求，但当时中国设计机床却必须达到，这实际上给杭州机床厂试制高精度平面磨床增加了难度。[①]由此可见，部门创新作为一个体系，牵涉从产品到工艺再到标准的方方面面，而"一五"期间中国机床工具工业进入的苏联技术轨道，并非最优选择。中国资本品部门在发展自己的产品与技术时，也要制定适合国情的标准。

上海机床厂和上海磨床研究所建议杭州机床厂在 M7139 的基础上进行改进，这就有了 MG7132 磨床的技术任务书，该型机床的设计基本上采用了进口机床上的成熟机构。1961 年 7 月，一机部委托上海磨床研究所，三机部委托 331 厂，召集其他一些单位，在杭州召开了审定会议，通过了该技术任务书。此后，杭州机床厂按程序进行设计，1962 年初开始供铸件图纸，到第二季度全部设计完成，1963 年第三季度加工基本成套后，该厂成立机床试验室，对样机进行装配、试车和改进。1963 年底，样机装配完成，试磨精度和光洁度基本达到用户要求，但几何精度有几项仍达不到 GC18—60 标准的要求，该厂决定在试验室进行改进。在考虑了横向导轨、横进给机构和变量泵之后，该厂先从导轨着手。技术人员郭毅

---

① 郑阳生、朱浩然主编：《建厂四十周年征文集（1951—1991）》，杭州机床厂，1991 年，第 221—222 页。

从一本美国杂志上看到一种坐标镗床的结构照片，其横向导轨是 4 条固定不调整的导轨，又在苏联杂志上看到滚动导轨的设计计算方法，其中有镶钢滚柱导轨和铸铁滚柱导轨，于是设想出两 V 两平 4 条固定的铸铁滚柱导轨结构，工艺人员和试验室师傅认为可以用配刮的方法保证 4 条铸铁导轨的精度，而不必调整。用滚柱导轨的设计就解决了横向太重问题，也给横进给机构设计创造了良好的条件。新的结构设计保证了几何精度稳定达到 GC18—60 的要求。此处可以看到的是，中国技术人员通过各种渠道去搜寻来自外部世界的新知识，再转化为创造性的灵感。国外杂志作为新知识的来源，不可或缺。与此同时，一线工人所擅长的增量创新再次发挥了作用。由于横向滚柱导轨方案的采用，横进给机构就得改用进口机床的交流电机-丝杆螺母机构，虽不理想，但在当时并无更好的结构可以选择。变量叶片泵因为工字形叶片工艺性不好，技术人员就提出使用一般的平叶片，结果发现情况良好，原来的问题基本解决了。这里体现的仍然是创新的试错性。就这样，1964 年底，杭州机床厂制造的样机按 GC18—60 标准和通用技术条件等有关标准通过了厂级鉴定。1965 年，杭州机床厂全面整顿图纸，重新投产制造样机。当年底，样机正式通过了国家级鉴定，型号改为 MM7132。次年，杭州机床厂试验室的工人师傅在 MM7132 样机的横进给机构上加了一套低速装置，可以精修砂轮和小进给磨削，首次实现了平面镜磨削。在技术能力与制造能力提升的基础上，该厂于 1968—1970 年先后设计和试制了两种大型十字工作台平面磨床，填补了国内空白。1969 年，杭州机床厂与上海机床厂等单位，联合制定了新的高精度平面磨床标准，取代了苏联的旧标准。从 1960 年到 1969 年，杭州机床厂"从无到有"的创新研制持续了近十年。这是后发展国家在核心资本品部门发起追赶的实态。即使如此，杭州机床厂的工程师郭毅在 20 世纪 80 年代末仍指出："我厂在各种展览会展出和表演了镜面磨削，在磨削精度和光洁度方面超过了国外同类型机床，这也是事实。但我们始终没有满足三机部 60 年提出的其它要求，当时提出的高精度平磨主要是用于磨长拉刀的，精度和光洁度要求并不高（当然比 M7130 要高），关键是要求纵向滚动导轨，操作灵活方便。我们为了精度稳定和降低波纹度采用纵向滑动导轨开始，双方因目的不同分道扬镳了。"[①]这表明杭州机床厂的成功是有局限的，而这种局限性，是固守苏联标准以及并未真正去满足用户

---

① 郑阳生、朱浩然主编：《建厂四十周年征文集（1951—1991）》，杭州机床厂，1991 年，第 223—227、229—230 页。

应用需求所导致的，也体现了计划经济体制下的生产单位与用户的一体化机制存在限度。

总体而言，通过组织高精度精密机床战役，中国的精密机床制造上了一个台阶，形成了上海机床厂、昆明机床厂等高精度机床制造基地，中国机床工具工业取得了突破性的发展。到 1965 年，中国机床工业累计掌握的高精度精密机床品种已有 5 类 26 种，年产能力约 500 台，产品的技术水平有了明显提高，满足了当时重点建设项目的大部分需要。在高精度精密机床战役的实施过程中，中国机床工业加深了对高精度加工技术规律性的认识。战役的工艺攻关的成果，带动了机床工业的工艺水平普遍提高，如车削丝杠可达 1 级精度，磨削丝杠可达 0 级精度，滚齿机加装误差校正装置加工蜗轮可达 0 级精度，线纹尺刻线精度可达每 1000 毫米长度误差范围 2 微米，等等。还掌握了磷铜钛耐磨铸铁的铸造工艺和铸件人工时效工艺，提高了铸件精度稳定性和导轨耐磨性。工艺水平的提高，带动了机床制造精度和质量的提高，从而导致机床使用部门工艺设备的改善和产品质量的提高，影响深远。不过，此后由于"文化大革命"的干扰，高精度机床的规划目标到 20 世纪 70 年代中期才基本实现。[①]总体来看，高精度精密机床战役是成功的，而这也表明，在计划经济体制下，对于行业的一些重大关键技术，采取组织"战役"的方法去集中力量攻关是有效的。这种方法，是计划经济时代中国资本品部门创新的重要机制，就机床工具工业这一小行业而言，堪称一种缩小版与简化版的"举国体制"创新模式。换言之，这种创新模式既符合计划经济体制的战略倾斜特性，又依赖计划经济体制去聚合资源与要素，再将资源与要素投入于对特定技术目标的追赶中，从而制造出过去无法制造的新产品，提升产业等级。值得注意的是，在战役实施过程中，自制设备等车间层次的增量创新广泛存在，并对整体追赶发挥了正面作用。

三、协同演化：为二汽提供成套设备

位于湖北省十堰的二汽是三线建设的重要项目之一，为二汽提供成套设备是中国机床工具工业继高精度精密机床战役之后实施的又一个全行业性的大"战役"。与高精度精密机床战役不同的是，二汽战役并非资本品部门单向度的技术攻关，而是与资本品用户部门在互动过程中实现的协同

[①] 《当代中国》丛书编辑部编：《当代中国的机械工业》（上），北京，中国社会科学出版社，1990 年，第 152—153 页。

演化，用户的反馈成为对生产单位有用的新知识，促进其提升能力。不过，这场战役虽然总体成功，但也暴露了不少问题，而且由于生产单位与用户并非基于市场关系产生互动，这也削弱了演化的协同性。

与由苏联援建的第一汽车制造厂（以下简称一汽）不同，二汽的建设，采用了"聚宝"和包建的办法，即在一机部的组织下，将国内各方面成熟的新技术、新工艺、新材料和新设备，集中地移植到二汽来。二汽进口的设备仅占二汽设备总台数的2%，占设备总投资的12%。二汽对工艺设计和设备选型工作抓得比较早，1965年就开始了该项工作，1966年在长春召开新工艺试验动员大会，全国22个省市140多家工厂、科研、设计单位和院校为二汽提供了"四新"成果。二汽共采用新工艺53项，新材料14项，新设备1400多种4000多台，自动化生产线117条。[①]负责为二汽提供主要设备的正是中国自己的机床工具工业。

1966年初，一机部二局建立了装备二汽"战役"办公室，开始调查研究，搜集资料，制定各种规划，安排配套件和自动化元件的定点生产供应等，并开始组织设备的设计和制造。为了保证设备的先进性而采取的"聚宝"方法，就是在产品中应用了国内一切有关的先进技术和科研成果。参加该项工作的有一机部全部直属机床工具企业和科研单位、部分地方企业和高等学校等共138个单位。当时"文化大革命"已经开始，"战役"办公室的人员几经更换，仍坚持工作，各单位也在干扰中曲折前进。经过艰苦努力，从1971年到1975年，机床工具工业陆续向二汽提供了具有较高水平的7664台机床，其中包括通用机床364种，专用机床291种，组合机床440种、468台，组合机床自动线34条（含单机214台），回转体自动线6条，重型机床15种、29台等，满足了二汽所需机床设备的98%以上。[②]

机床工具工业为二汽提供的设备部分具有先进水平，而正是二汽的需求推动相关企业去实现创新。例如，济南第二机床厂设计制造的卧式自动拉床，采用镶有1784个硬质合金刀片的拉刀，总拉力45吨，在72秒钟内能把一台发动机汽缸体的5个平面一次加工完成。[③]这台拉床就是J2-035型气缸体平面拉床。当济南第二机床厂接到承担汽车缸体加工设备的研制

[①] 《第二汽车制造厂志（1969—1983）》，东风汽车公司史志办公室编印，2001年，第72、539页。

[②] 《当代中国》丛书编辑部编：《当代中国的机械工业》（上），北京，中国社会科学出版社，1990年，第153页。

[③] 《当代中国》丛书编辑部编：《当代中国的机械工业》（上），北京，中国社会科学出版社，1990年，第154页。

任务后，非常重视。以往的汽车缸体 6 个面的加工，需要多台机床、几次装夹，不仅加工时间长、效率低，而且质量难以保证。为了研制出更高水平的缸体加工设备，技术人员四处寻找资料，在翻阅手头为数不多的国外图书时，意外地在一本日本机床杂志上，发现了一篇介绍汽车缸体加工设备的文章，有几页文字介绍，还配有五六张图片，包括机床的外观与不同的部位。济南第二机床厂的技术人员如获至宝，受到文章和图片的启发，大胆想象，反复测算、修改，终于设计出图纸，并顺利完成了制作。该厂原副总工程师苏士铭回忆：ّ"所谓自主研发，全是凭脑袋、靠智慧看照片，一点点想出来的。我设计的两个夹具也是个关键部件，整整一个多星期，我对着照片反复看，终于把来龙去脉搞清楚，画出了装配图、原理图和大件图。"1971 年，该拉床研制成功。①另据二汽工艺处主任工程师陈纫秋回忆："二汽有台 1000 多刀片的大拉床，一汽有台转鼓铣床，都是发动机缸体在上面，这么哗哗转动，铁屑甩得满屋子都是，搞得乌烟瘴气。我们从图片上看到国外用的拉床，就让济南（第二）机床厂照着生产，但济南从来没有生产过，只能自己摸索。当时确实很大胆，俞云焕（二汽副厂长）拍板说，就用这玩意儿，就这么干。"由此可见，济南第二机床厂研制大拉床的创新，是作为用户的二汽直接推动的。曾任二汽副厂长的李子政回忆："我记得济南（第二）机床厂做的大拉床，一分多钟能把发动机缸体四个面加工完。当时世界上都没有这种设备，外国人来参观，要求订购，但国家不让。"②这表明济南第二机床厂在二汽战役中的创新已经超出一般意义上的后发展性质的模仿式创新了。表 2-8 为当时国内外生产的大型侧面拉床的主要参数。

表 2-8　世界主要大型侧面拉床参数（20 世纪 70 年代初）

国别	中国	日本	联邦德国	意大利	美国	
生产商	济南第二机床厂	不二越公司	卡尔·格林公司	瓦里内利机械公司	莱普茵特机床公司	
型号	J2-035	NSL-35-D54	RAW-63	BEM-50		
额定拉力（吨）	45	35	63	50	120	15
最大行程（毫米）	9500	5400	5000	7000	6000	6000
切削速度（米/分）	5—25	30—50	1—7	1—60	0.8—8	6.4—64

---

① 济南二机床集团有限公司：《JIER 故事：庆祝济南二机床八十华诞职工征文》，济南二机床集团有限公司，2017 年，第 18—19 页。
② 葛帮宁撰写：《东风》，北京，中国工人出版社，2017 年，第 72、396 页。

续表

国别	中国	日本	联邦德国	意大利	美国	
返回速度（米/分）			7—25		13	64
主溜板尺寸（长×宽×高，毫米）		6700×1145×1470	宽630		宽600	宽600
主传动马达功率（千瓦）	263.8	5×37	53.5		166.5	166.5
辅助马达功率（千瓦）	71.6	26			111	111
传动方式	机械	液压	液压		机械	机械
机床重量（吨）	230	100	36			
备注	往复式	往复式	单道式	往复式	单道式	单道式

资料来源：长沙机床厂：《技术简报》1973年第1期

其他机床厂也在二汽战役中进行了创新。1971年，昆明机床厂设计和制造的22种36台专用金刚石镗床，保证了二汽建设的"紧急出车大会战"顺利进行。[①]杭州机床厂于1969年接受一机部指令性计划，为二汽设计制造MB7650双端面磨床。在缺少国外技术资料的情况下，该厂技术人员仅依据参观英国制造的一台机床进行设计，经过一道道技术攻关，在短短几年内共生产出9个品种。[②]此外，上海第五机床厂与华中工学院等单位协作研制的连杆称重去重自动线，由上料、称重、去重、倒角、检查、分类打印等6个工位组成，生产节拍10秒，去重公差±8克，效率比过去提高60多倍。宁夏长城机床厂与北京机床研究所共同研制的花键轴车加工自动线，由3台液压仿形车床、料道和机械手组成，全线长13米，投产以后工作可靠、性能稳定。[③]上海第十机床厂为二汽设计制造的传动轴叉子耳孔加工自动线，可同时加工不同形状的7种传动轴叉子，属国内首创。[④]长沙机床厂研制的5吨连续式拉床，每小时生产率500件，节拍时间仅7.2秒。1964年，长沙机床厂曾为一汽试制过1台连续拉床，但由于链条质量不过关，拉削时振动严重，迟迟不能正式投

[①] 昆明机床厂志编纂委员会编：《昆明机床厂志（1936—1989）》，昆明机床厂，1989年，第29页。

[②] 郑阳生口述，姚峻、卢曙火整理：《记杭州机床厂的崛起与发展历程》，见杭州市政协文史资料委员会编：《新中国杭州工业发展史料》，杭州，杭州出版社，2010年，第143页。

[③] 《当代中国》丛书编辑部编：《当代中国的机械工业》（上），北京，中国社会科学出版社，1990年，第154页。

[④] 上海市机床总公司编：《上海机床行业志》，1993年，第100页。

入生产。①该厂在总结教训的基础上为二汽研制了2个品种6种规格的卧式连续拉床。因此，机床工具工业为二汽提供的成套设备，不仅仅是已有的产品，而是集成了当时中国最先进的技术，在某些方面与国外产品比较也具有一定的创新性。这既使二汽的技术和设备从建设伊始就达到了国内汽车工业所能达到的最高水平，也大大提升了中国机床工具工业的技术与制造能力。

然而，受"文化大革命"的影响，机床工具工业为二汽提供的各种机床，在安装使用初期，约有30%曾出现质量问题，有些还比较严重。②据统计，到1970年底，二汽进厂设备5500台，其中有1815台存在质量缺陷，不能正常生产。③当时，一些工厂的设计图纸不经审查甚至无人签字就投入生产，生产出来的设备不经试车就运入二汽，留下了隐患。同时，部分设备在中转过程中，在安装就位甚至保养过程中，由于受到日晒雨淋、灰尘的侵蚀，也发生了不同程度的损坏。因此，从1972年12月开始，一机部为二汽组织了设备攻关。到1979年11月，先后组织了5次，共完成1815台设备的攻关。④经过攻关、补课、返修、调试和改装，机床工具工业提供的大部分设备都能正常运转，这说明中国机床工具工业在当时已具有成套装备大、中型工程项目的能力了。⑤在设备攻关的过程中，二汽作为机床用户，发挥了巨大的作用。例如，就以济南第二机床厂制造的缸体大拉床来说，存在着一些突出问题，包括缸体平面平度达不到要求，排屑不畅容易导致划伤轨面，而且后序工序质量和油壳底结合面密封性能差。在攻关时，二汽工艺处工程师陈纫秋带领攻关小组来配合，在查找原因时，发现铁件4个定位基准点不在一个平面上，就决定增加一道磨平工序。磨平后，在调试中仍然达不到工艺要求，攻关小组就在定位点上镶硬质合金块后再磨平。但这个问题解决后，很快又发现，缸体加工后虽然平度符合工艺要求，但松开卡具卸下工件时，平度又不符合公差要求。攻关小组在反复探讨后，终于弄清楚了原因，即缸体是大的空心体，卡齿根夹紧时就会变形，加工时，底平面虽然达到了要求，但卸下来后又

---

① 长沙机床厂：《技术简报》1973年第1期。
② 《当代中国》丛书编辑部编：《当代中国的机械工业》（上），北京，中国社会科学出版社，1990年，第154页。
③ 葛帮宁撰写：《东风》，北京，中国工人出版社，2017年，第60页。
④ 《第二汽车制造厂志（1969—1983）》，东风汽车公司史志办公室编印，2001年，第243—244页。
⑤ 《当代中国》丛书编辑部编：《当代中国的机械工业》（上），北京，中国社会科学出版社，1990年，第154页。

恢复了原状，加工面随之而变。经过多次试验，攻关小组最后通过增加一道铣削工序，解决了问题。至于排屑不畅问题，则在济南第二机床厂攻关小组的配合下，顺利解决了。铣缸体端面的机床存在振动以及断裂问题，二汽攻关小组带队常树珊想起北京某机床厂的大立铣是从苏联引进的特制设备，从不振动，就通过查找订货渠道，认识进口机床的结构、组成和零件等，参考进口设备的技术参数，重新设计了主轴和附件，再让二汽设备制造厂和设备修理厂配合加工，改进设备，解决了问题。二汽的缸体自动线大部分由大连机床厂生产，二汽车间主任罗祥文带领小组攻关，10多天不回家，最终打通了车间各条生产线。[①]以上案例皆反映了二汽作为机床用户，本身掌握着较多的关于机床的知识，能够解决机床的问题，其改进方案也实现了创新。

在攻关过程中，二汽也会与机床厂深度合作。例如，连杆车间的活塞销倒角机床出现很多问题，二汽多次攻关都不能彻底解决。1975年3月，上海浦东机床厂技术人员、二汽发动机厂维修大队和老工人，组成"三结合"队伍，经过充分讨论，提出可以在设备原有基础上改造好的方案。然而，改造后很快就出现问题，一是连续加工时，磨屑和沙粒落在导轨和夹具上，缺乏有效的防护措施；二是链条传动时，夹具在导轨上滑动，经常把夹具抬起来，导致倒角不均匀。经反复研究，攻关小组认为，用链条带动滑车进行加工的方式不可能解决问题，遂改用新方案，让活塞销直接在刀口型轨道上滚动，轨道设在活塞销下方，零件上方用皮带传动，零件两侧用高硬度的刀口型挡块，限制活塞销的轴向窜动，轨道下方链条上装两个滚动轴承，限制零件倾斜。这样一来，经过浦东机床厂改制工作台和转动定位部件，该机床焕然一新，保证了加工质量。[②]可以认为，在联合攻关中，通过解决设备问题而产生的知识，对于机床厂改进同类设备，提升技术与制造能力，是一种最为直接的经验积累，具有诱导进一步创新的潜在可能性。因此，二汽战役对中国机床工具工业来说，是以用户为中心的创新，用户的需求激发了创新的动力，用户对产品改进的过程则积累了进一步创新的知识。但不可忽视的是，这一创新过程是由中国政府牵头组织的，并非二汽这一用户的自发选择，而选择国内厂家供应设备的重要前提是，在与苏联也产生对立的地缘政治格局下，中国已无法如20世纪50年代初那样以较低成本大规模进口资本品。表2-9为二汽战役

---

① 葛帮宁撰写：《东风》，北京，中国工人出版社，2017年，第64—65页。
② 葛帮宁撰写：《东风》，北京，中国工人出版社，2017年，第65页。

体现的资本品部门创新机制。

表 2-9 二汽战役中的资本品部门创新

外部条件	国家组织与协调		
资本品进口受阻	创新的发生（现实）	创新的积累（现实）	创新的扩展（预测）
	用户需求→资本品部门创新	用户改进产品→资本品部门获得新知识	资本品部门应用新知识创新→用户部门水平提升

1980 年 7 月 22 日上午，邓小平视察二汽，参观了济南第二机床厂生产的气缸体大拉床，据记载："邓副主席对大拉床很感兴趣。他指着厂标说：噢！济南第二机床厂造的。他把段君毅同志拉到跟前说：大拉床是我国自己造的，我们的机械工业能造这个，不错嘛。现在看，以我国自造设备为主，适当进口一些高精度设备，武装现代化工厂的道路的经验值得总结。"[①]为二汽提供成套设备，体现了中国机床工具工业的发展水平，也再一次体现了计划经济体制下以"战役"方式来推动部门创新和行业发展的有效性。不过，要指出的是，在后来二汽的回忆性历史叙事中，非常强调的是从资本主义阵营购买的少量先进设备。例如，邓小平视察二汽时，曾被带到从联邦德国引进的 12 000 吨热模锻压连续生产自动线参观，该设备系 1974 年进口，从欧洲通过散件运回国再安装。在二汽领导人的回忆中，对前往十堰帮忙调试设备的德国人给予了高度评价，也提到了德国生产商的热情："德国人很敬业，立即着手研究，夜以继日地干。他们还带来很多维修工具，有的我们从没见过，如电工用的仪表，是数字式的，我们感到很新奇。回国时他们把这些工具都留下送给了我们……为了使自动生产线能正常稳定生产，德国的制造商奥莫柯公司向二汽发出邀请：'你们来人到德国实习吧，费用我们出。'"[②]中国资本品用户对外国资本品制造商的好感，暗示着二汽战役所体现的中国资本品部门创新模式，是特殊历史条件下的产物，在持续演化方面存在着不确定性。

从部门管理角度看，在为二汽提供成套设备的过程中，中国机床工具工业暴露了一些不足，尤其是产品构成的不合理。例如，在九大类产品中，铸锻机械和基础配套件严重不足，反映了机床工具工业对产品技术的发展存在着重冷加工轻热加工、重主机轻配套的倾向。此外，在各类机床产品的构成中，也存在不少薄弱环节，如弧齿锥齿轮加工机床、多轴自动立式车床、大型机床、数控机床、专用机床和自动生产线，以及机床配套

---

① 《第二汽车制造厂志（1969—1983）》，东风汽车公司史志办公室编印，2001 年，第 554 页。

② 葛帮宁撰写：《东风》，北京，中国工人出版社，2017 年，第 138 页。

用的高效刀具和自动量仪等产品的品种和产量构成比例都比较落后。[①]但不管怎么说，中国机床工具工业能够装备一个现代化汽车厂，已经表明该行业真正发展成为具有"工业心脏"作用的资本品部门的中心。

第三节 小结：计划指令下的部门创新要素积累

1958—1976年中国机床工具工业的演化，在很大程度上只是"一五"期间该行业演化逻辑的自然延续，并未出现结构性的重大变化。在计划经济体制下，中国的工业经济主要依政府计划指令而运行，缺乏市场经济中的竞争机制，部门与行业中的行为主体很难产生利益驱动的创新动机。但这并不意味着这一阶段的中国资本品部门以及作为其代表的机床工具工业缺乏创新。事实上，由于机床是经济发展所需要的一种基础性资本品，而高精度高精密机床等高档机床对军工生产具有不可替代的作用，国家会从战略角度考虑投资机床工具工业，并激励机床工具工业去追赶世界先进。与此同时，国家所营造的追赶型工业文化，也成为替代利益驱动的创新激励与维持机制。这种追赶，从后发展国家新产业、新产品、新技术涌现的角度说，仍然是一种创新。在紧张的地缘政治形势下，中国进行了备战性的三线建设，机床工具工业亦参与其中，改变了该行业的地理布局，在西部地区培育了新的创新主体。不可忽视的是，在改革开放前，三线建设企业二汽的产品主要也是军车。因此，中国机床工具工业的二汽战役，并非如日本等国的经验那样体现为资本品部门与耐用消费品部门的协同演化，而仍然可归属于大军工体系演化的一部分。但不管怎么说，在资本品无法低成本进口的被封锁状态下，二汽战役体现了用户部门对资本品部门创新的强大推进作用。两个部门之间的互动如果持续下去，可以预测会出现一个不断累积的创新循环。但正如1958—1976年的中国资本品部门深受政策波动的影响那样，这种创新循环的前景亦取决于国家政策之变动与否。从演化的历史阶段性看，1958—1976年的中国机床工具工业延续了战略倾斜下的发展轨道，并由此继续积累部门创新要素。但是，这并不意味着在20世纪70年代后期，中国的资本品部门尤其是机床工具工业，已经具备了在全球市场中的比较优势。这一特点，将影响到此后部门创新体系的演化。

---

① 《当代中国》丛书编辑部编：《当代中国的机械工业》（上），北京，中国社会科学出版社，1990年，第154页。

第三章　部门创新体系重构：中国机床工具工业的转型（1977—2000）

改革开放以后，中国的国家创新体系出现巨变。1985年，邓小平曾这样阐释改革："我们的经济改革，概括一点说，就是对内搞活，对外开放。对内搞活，也是对内开放，通过开放调动全国人民的积极性。"[①]随着中国的经济融入全球市场，并更加顺应比较优势，持续了数十年的对资本品部门的战略倾斜亦随之结束，包括机床工具工业在内的众多资本品工业逐渐被暴露于一个开放性的竞争体系中。对外的开放，使中国资本品部门面临发达国家先进资本品的竞争；对内的"开放"，意味着不同所有制的新主体进入行业，同样也加剧了竞争。但这一过程是渐进的。对中国机床工具工业来说，在2000年前已感受到强烈的进口冲击，但行业主体大体保持稳定，与新增主体相比，原有主体的转型重构更为突出。所谓转型，指的是行业内的主体从执行政府指令的生产单位变成真正意义上的企业，创新不再只意味着新产品和新技术的涌现，而是直接关乎行为主体生死存亡的竞争手段。相应的是，对创新的检验，比起纵向的历史性的衡量来，横向的全球性的比较更加重要。机床与工具变为商品，创新的形式与内涵逐渐完整。于是，中国资本品部门创新体系开始重构。但这种变化并不意味着中国作为后发展国家放弃了对发达国家的追赶，改变的只是创新追赶的方式。1988年，邓小平强调："过去也好，今天也好，将来也好，中国必须发展自己的高科技，在世界高科技领域占有一席之地。"[②]尽管科技不等于工业，科技创新也只是国家创新体系的一部分，但在"科学技术是第一生产力"的命题之下，发展高科技显然也是为了实现工业上的创新追赶。然而，对中国的资本品部门尤其是规模不大的机床工具工业来说，转型之路并非坦途，原有行业体系的瓦解与重构不可避免。中国机床工具工业，一方面继续"从小变大"，一方面仍在"从无到有"。

---

① 邓小平：《邓小平文选》第三卷，北京，人民出版社，1993年，第135页。
② 邓小平：《邓小平文选》第三卷，北京，人民出版社，1993年，第279页。

第一节 行业体系渐变：中国机床工具工业的改革与开放

中国从计划经济转向社会主义市场经济的改革并非激进的突变，而是采取了渐进的策略，因此，中国机床工具工业的行业体系在改革开放进程中，也呈现渐变而非突变的特点。吴敬琏将1979—1993年的中国改革称为增量改革，指出该阶段的改革主要在国有部门以外的经济领域中推进，并以民营经济的成长壮大来支持和带动整个国民经济的发展。[①]按照这一判断，国企占优势的资本品部门在改革开放最初的十几年间尚未发生显著的结构性变革。但是，从创新的角度看，诸多行业已经开始出现变化。从某种意义上说，改革开放是整个中国国家创新体系的一次创新，资本品部门创新体系作为其中的一部分，也开始采取新模式，搜寻新要素。在改革开放的最初十年，中国机床工具工业实现了演化轨道的变更，将发展建立在新的知识与制度的基础之上。

一、破冰先锋：中国机床工具工业改革的启动

计划经济体制是一种通过政府指令进行资源调度与分配的经济管理体制，这种体制能有效地集中资源从事建设，在中国机床工具工业的演化史上也发挥过不可磨灭的积极作用。但是，随着时间的推移，计划经济体制的弊端日益显现，也就成为束缚机床工具工业发展而必须加以改革的对象了。

机床工具工业的产品作为资本品或生产资料，其计划与分配，从中华人民共和国成立初期到改革开放前，一直由国家统购统销。机床的计划与分配程序为，首先由物资部门和生产主管部门一起清理资源，查上一年度资源分配余缺，然后由物资部门代表用户提出国家重点建设项目的需要，最后由生产主管部门根据物资部门提出的需要数量，分品种下达生产计划，由企业组织生产，生产任务完成后，产品交物资部门，根据国家确定的项目，按国家下达的指标分配给最终用户。[②]在这一体制下，企业无权自主安排计划，即使超产，也无权分配产品，完全成为接收政府指令并执行指令的单纯的生产单位。"文化大革命"期间，由于强调地区成套，一

[①] 吴敬琏：《吴敬琏论改革基本问题Ⅲ：当代中国经济改革》，上海，上海三联书店，2021年，第51—52页。

[②] 恩宝贵：《情系中国机床》，内部资料，2007年，第13页。

批地方机床厂兴起，当时不承担国家计划的产品，其分配权属于地方。由于计划经济体制下的供求关系信号传达不灵敏，无论是生产单位还是用户，都时常不能得到满足，体制运行存在着低效的弊端。尽管这样的论述只是一种标准化的说明，是对历史的模型化，无法完全反映鲜活而生动的历史，但这种说明大体上是可以成立的，具有一般性与普遍性。改革正是为了解决计划经济体制低效化的弊端。

1979年初，一机部办公厅领导组织学习贯彻十一届三中全会精神的座谈，机床工具局反映了这样一件事：由宁江机床厂生产的纵切自动车床一方面国内有制造能力，另一方面又大量进口；一方面，宁江机床厂1978年专业生产了纵切自动车床510台，另一方面，由于用户拿不到分配指标，得不到这种机床，只有通过宁江机床厂的图纸同期自制了450台。座谈会后，一机部领导向党中央、国务院进行了反映物资分配体制必须改进的报告，但遭到国家物资总局的反驳。直到当年6月15日，国家物资总局机电设备一局仍然提出："用国家计划内的材料生产自销产品显然是不合适的。"一机部于1979年5月14日向国家计划委员会、国家经济委员会提交了《关于改进仪表机床计划、分配管理办法的请示报告》，提出计划调节和市场调节相结合的办法，并按这个意见，组织宁江机床厂于1979年6月25日在《人民日报》上刊登"承接国内外用户直接订货"的广告。[①]该广告写道："本厂各种精密、高效单轴自动车床专供钟表、仪器仪表、无线电元件、照相机、打火机、玩具等各种行业加工轴类零件时使用。具有高生产率、高精度和加工稳定、操作简便等特点……本厂还生产各类中小型精密机床、单柱坐标镗床、坐标磨床、卧式坐标镗床、高精度小模数滚齿机、精密插齿机、轴颈抛磨机、长、圆刻线机以及仪表组合机床等。有关详细性能规格，欢迎函询。"[②]广告刊登一个月后，宁江机床厂接到用户直接订货700多台，此后，国家物资总局也同意了一机部的改革意见，机床工具企业越来越多地在报纸上刊登广告。1982年10月8日至11月8日，中国机床总公司在武汉举办了机床工具商品交易会，参展企业400余家，展出金切机床219台、锻压机床58台等，实现了产需直接见面，将企业推向市场。[③]这一历史事实表明，中国工业系统的改革开放，始于严密控制该系统的政府选择变革。在被推向前台的宁江机床

[①] 恩宝贵文稿，2008年，底稿由中国机床工具工业协会（China Machine Tool & Tool Builders' Association，CMTBA）收藏。
[②] 《人民日报》1979年6月25日。
[③] 恩宝贵：《情系中国机床》，内部资料，2007年，第14页。

厂背后，一机部显然起着决定性的作用。在正式开始试点前，1979年初，宁江机床厂曾组织全厂职工学习十一届三中全会公报，反复进行工作重点转移的教育，为此后的扩权试点工作奠定了思想基础。①因此，宁江机床厂乃至整个中国资本品部门国营工业企业的改革，都是国家经济体制改革的一部分，受整个大系统的影响。

20 世纪 80 年代中期，中国机床的指令性计划约占机床全部产量的 30%，到 1990 年，指令性计划减少到 10%，到 20 世纪 90 年代中期，机床与工具产品全部敞开，由企业根据市场需求安排生产与销售。②只有当机床与工具成为市场上的商品后，生产机床与工具的相关厂家才能够成为在市场上自主经营的企业，资本品部门创新也才能建立在市场经济基础上，呈现出竞争性和不确定性的基本特征。改革开放初期，中国机床工具工业所经历的正是这样一种由体制改革所激发并被这一改革所限定的演化。出于历史的偶然，亦出于资本品重要性的必然，机床工具工业在中国的改革开放尤其是工业经济体制改革中扮演了破冰先锋的角色。

宁江机床厂的破冰，以及此后机床与工具变为由直接由市场决定其价值的商品，不仅对行业发展来说意义重大，从理论层面看，也意味着巨大的变革。在计划经济体制下，中国的部门创新体系作为国家创新体系的一部分，更重视发展新产品与新技术，因为国家作为最终用户，看重的是产品的实际使用价值。之所以如此，是因为在计划经济体制下，通过全面介入与控制经济，国家同时充当了产品的生产者与使用者，只不过生产与使用产品的具体单位不同，但这些单位都是国家的衍生机构，以不同的职能替国家实现不同的目标。计划经济并非没有商品，也并非没有市场以及竞争，但这些要素在计划经济中并不以完整的形式存在。马克思谓："一切商品对它们的占有者是非使用价值，对它们的非占有者是使用价值。因此，商品必须全面转手。这种转手就形成商品交换，而商品交换使商品彼此作为价值发生关系并作为价值来实现。"③在计划经济体制下，产品的"转手"，对国家而言，不过是从左手转到右手。这并不意味着生产单位不需要计算成本或者不用考虑产品去向，否则宁江机床厂就完全没有登广告的动机了，但生产单位在运行过程中，需要考虑的因素和必须处理的变量较少，亦是不争的事实。然而，一旦机床与工具作为产品逐渐商品化，生

---

① 该书编写小组：《宁江机床厂厂史》，宁江机床厂，1984 年，第 112 页。
② 恩宝贵：《情系中国机床》，内部资料，2007 年，第 15 页。
③ 〔德〕马克思：《资本论（纪念版）》第一卷，中共中央马克思恩格斯列宁斯大林著作编译局编译，北京，人民出版社，2018 年，第 104 页。

产该产品的单位的活动就随之复杂化了。从创新的角度说，在计划经济体制下，生产单位更看重的是以技术为中心的产品创新，但随着产品商品化，高效率地生产产品以及通过营销手段卖出产品，开始变得重要，这就要求生产单位必须进行生产技术、组织管理与市场开拓等全方位的变革与创新。换言之，"工厂"要真正变成"企业"。表 3-1 为中国改革开放与资本品部门创新演化的关系。

表 3-1　中国改革开放后资本品部门创新体系的演化

计划经济	确定性↓		竞争程度		不确定性↓		市场经济
	创新不完整　←				→　创新完整		
	主体行为	接受指定任务 接受指定技术 开发新产品 根据反馈改进	用户缺乏选择	用户充满选择	主体行为	自主寻找新用户 自主挑选新技术 开发新产品/主动销售 主动售后维护	

再次强调，表 3-1 只是一种抽象化的模型，是对复杂的历史进行的简化，以直观地展示类型的差异、抽象的逻辑以及起作用的变量。这既不表示计划经济体制下生产单位不会主动关心产品售后或主动寻找新技术，也不表示在市场经济中，企业一定具有完整的创新能力乃至经营职能。所谓模型，只是对普遍性的现象进行某种概括，但普遍性不代表完全性。

宁江机床厂在破冰之后，首先进行的是以计划经济为主、市场调节为辅的增量改革，开始以销定产，进行市场调查、预测、调节，按需生产，减少产品积压，加速资金周转。在开展市场调节后，为满足用户需求、适应产品结构变化、便于组织生产，宁江机床厂 1980 年将原来的两个封闭车间改造成专业化生产车间和两个装配车间，提高了生产效率。当年，该厂还成立了质量管理办公室，学习和积极推行全面质量管理经验，以维护企业信誉的方式增强市场竞争力。此外，从 1979 年到 1983 年，宁江机床厂发展了 36 种新产品，扩大了服务领域，新产品在 1983 年占企业产量的 46.7%、商品值的 52.4%、利润的 74.2%，主导了企业经济效益的提升。[①]具有市场化特征的破冰改革在短期内就使中国机床工具企业出现了熊彼特意义上的创新。

1982 年，中国进行了改革开放后的第一次工业管理体制改革，改革的主题是把企业放下去，把行业拿起来。所谓把企业放下去，就是对企业放权、让利；所谓把行业拿起来，就是工业调整要从行业搞起，按行业组织、按行业管理、按行业规划。在这次改革中，一机部和农业机械部合并

---

① 该书编写小组：《宁江机床厂厂史》，宁江机床厂，1984 年，第 14 页。

为了机械工业部。①此后,机械工业部曾改为国家机械工业委员会,又在1988年的机构改革中与电子工业部合并为机械电子工业部。到了1993年改革时,机械工业部与电子工业部又从机械电子工业部拆分独立。1984年10月,中共十二届三中全会作出了《中共中央关于经济体制改革的决定》,以城市为重点的改革全面展开。就在同年8月,国务院批转了机械工业部提出的《关于机械工业管理体制改革意见的报告》。该报告提出,机械工业管理体制改革的主要内容包括简政放权与企业扩权同步改革,逐步实现政企分开等。②报告批转后,机床工具工业所有的中央直属企业全部下放地方。这对于中国机床工具工业影响深远,因为该行业此后实际上在相当长的时间里不再被置于国家战略与政策的中心了,这就大大影响到部门的资源流入。1998年,中国实施了改革开放以后力度最大的一次机构改革,几乎所有的工业行业管理部门都被撤销,机械工业部等被改组为国家经贸委管理的国家局,随后,9个国家局除国家烟草专卖局外,全部撤销。至此,工业企业的市场主体地位基本确立,中国中央政府的工业管理职能从分钱、分物的微观管理转向规划、协调、服务、监督等宏观管理,管理手段由行政命令式的直接干预转向运用经济手段、法律手段间接调控。③因此,在改革开放进程中,中国机床工具工业经历了中央层级的行业主管部门逐渐弱化以至于消失的过程。这一宏观层面的管理体制改革,对行业演化有着直接的影响,事实上打破了毛泽东时代中国资本品部门创新体系的基本架构。唯其如此,中国的资本品部门创新体系才能够在改革开放进程中重构。

当政府主管机构自我削弱的同时,行业协会兴起了。1988年,中国机床工具工业协会成立,梁训瑄担任首任会长。早在1985年11月召开的"振兴机床工具工业座谈会"上,与会者就一致同意将筹建行业协会作为机床工具工业发展的一项战略措施。1986年,时任机床工具局局长的梁训瑄在讲话中指出:"回顾过去,我国对机床工具工业的管理,经历了三个阶段。第一阶段,成立了第一机械工业部第二机器工业管理局,简称'第二局'。这种管理局的形式延续了很长一段时间。当时局属企业的产、供、销、人、财、物均由管理局统一管理。第二阶段,是逐步实行企业全

---

① 《新时期中国工业的发展与管理》编委会编著:《新时期中国工业的发展与管理》,北京,电子工业出版社,2013年,第179页。
② 《当代中国》丛书编辑部编:《当代中国的机械工业》(上),北京,中国社会科学出版社,1990年,第89页。
③ 《新时期中国工业的发展与管理》编委会编著:《新时期中国工业的发展与管理》,北京,电子工业出版社,2013年,第182—183页。

部下放，只有行业性的综合院所等事业单位仍直属局管。机构名称为'机床工具工业局'，作为部内的专业局，仅行使制定机床工具工业的规划、长短期生产计划、技术改造、基建投资等职能。第三阶段，就是变成现在的政府部门——国家机械工业委员会下的一个行业职能局。它将更多地集中在宏观调节上。这样一来，很多以前由局里做的行业工作将移交给协会来办。"[1]中国机床工具工业协会的成立，是机床工具工业管理体制改革的重要内容，也将对行业演化产生直接影响。

因此，1985年前，中国机床工具工业在整个国家改革开放的大背景下，启动了自身的改革，甚至还充当了改革的先锋。这场改革从启动之初就呈现出两条明显的主线：一条是政府不断放权，自我削弱计划经济体制下对于行业的全面掌控；另一条则是企业不断扩权，开始蜕变为真正独立自主的市场主体。在这个过程中，中国机床工具工业一方面走向了市场，另一方面走向了开放。1984年2月4日，济南第二机床厂召开体制改革大会，厂长成子荣在讲话中提出其任职期间的主要设想和目标包括："一、努力发展生产，提高经济效益。二、狠抓技术进步，发展品种，提高质量，推进现代化管理。三、时刻不忘职工是企业的主人。竭尽全力在经济效益不断提高的同时，改善职工生活福利。"[2]这些设想和目标，以及话语措辞，既没有和几十年来形成的工厂传统割裂，又突出了追求经济效益的新气象。中国机床工具工业的增量改革开始了。

二、主体重构：中国机床工具工业走向市场

中国机床工具工业走向市场，在很大程度上系20世纪70年代末产品生产能力过剩的大环境使然。为了寻求出路，企业内部的改革变得极为必要。在国家与经济日益"脱钩"的大背景下，企业必须通过内部创新，改变原有组织及其功能，并培养新的能力，以应对新的环境。

（一）从生产到经营：企业组织的变革

在计划经济体制下，工业企业被改造成接收与执行国家指令的生产单位，因此，走向市场首先需要企业恢复其自主经营能力，而这就涉及企业自身的制度与管理改革。中国机床工具工业的企业在改革开放初期大都经

---

[1] 梁任编：《机床工业兴则国兴：梁训瑄其人其事》，北京，北京时代弄潮文化发展公司，2014年，第13页。
[2] 济南第二机床厂史志办公室编：《中共济南第二机床厂党史大事记（1947—1988）》，内部资料，1988年，第85页。

历了相似的内部改革。沈阳第一机床厂于1978年成立了计划科，1980年改称销售计划科，1982年又改为计划销售科。计划销售科编制计划的原则由"以产定销"转为"以销定产"，要求计划管理不仅要对厂内生产经营活动搞好协调平衡，更要及时掌握国内外市场供需变化，预测发展趋势，生产适销对路产品，研究竞争对手的动态，提高竞争能力，使企业从单纯生产型转为生产经营型。1980—1982年，沈阳第一机床厂根据市场情况提出经营决策，一是增加CA6140系列普通车床的生产，二是恢复生产CW61100、CW6180、CW6163普通车床，三是减少曲轴、凸轮轴、管子加工等专用机床和精密车床的生产，四是发展"B"系列普通车床和活塞环车床，五是做好立式多轴车床和数控车床的技术储备工作。这一决策的依据是，当时在全国车床市场上，普通车床仍然畅销，而曲轴车床和管子加工机床等则滞销。为了使企业向生产经营型转化，使管理工作适应由产品质量的"三包"服务转变为向用户提供"三保"服务，1983年10月，沈阳第一机床厂还将质量管理科设置的用户服务组划归计划销售科，工作人员由原来的9人增至19人。1984年该厂成立用户技术服务科，坚持每年定期由厂领导带队进行两次用户访问活动，在上海设立了服务网点，主动向用户提供咨询，介绍产品性能。该厂还开展了以预防为主的"预防跟踪服务"，对尚未反映质量问题的用户，主动登门拜访，帮助用户安装、调试机床，解决技术问题，到1985年共为全国18个省、41个市、102家用户、193台机床进行了预防跟踪服务。1985年外部故障户数比1984年下降了33%，服务台数下降了30.8%。[①]沈阳第一机床厂的变革具有典型性。

1979年11月，上海机床公司举办第一次产品展销会，此后，公司和下属各企业纷纷建立经营机构，企业由生产型向生产经营型转化。1984年，上海机床公司率先改革行政性管理体制，走向工贸一体、内外贸结合的集团型公司发展的道路，成为上海工业公司中第一家由行政性公司改革为企业性公司的单位。当年，上海机床公司根据上级规定，先后两次下放给企业10个方面32条权限，即扩大生产经营权；技改、技措项目审批权；留存外汇使用审批权；产品价格审批权；固定资产调拨和报废审批权；干部任免权；职工困难补助和奖惩审批权；部分产品自销权；劳动人事管理权；企业奖金、福利、后备基金、生产发展基金使用权等。1983

[①] 沈阳第一机床厂志编纂委员会编：《沈阳第一机床厂志（1935—1985）》，沈阳第一机床厂，1987年，第196、200页。

年，上海机床工具行业实行第一步利改税，对国营企业普遍征收所得税，对小型企业采用八级累进制征收所得税，税后则实行正常留利；然后除对小型企业免交调节税外，其余企业均按户核定调节税率，通过调节方法上缴财政。1984 年实行第二步利改税，将工商税分设成产品税、增值税、盐税（未开征）和营业税，按征税对象分别征收，将原来的所得税、调节税加以改进，从原来的税利并存发展到以税代利。实行第二步利改税后，企业留利有了明显增长，1985 年达到 3553 万元，比上年度增长两倍多。1988 年，行业分配制度的改革继续深化，全面实行承包经营责任制，通过上缴利润基数包干、超收分成和上缴利润定额包干的办法，将国家和企业间的利益分配固定了下来，大大增强了企业增产增收的动力和归还各种专项借款的能力。1984 年 11 月，上海机床公司实行以产品为主的事业部管理体制后，公司的生产管理逐步由计划型向调节型转变，到 1990 年，国家下达给公司的指令性计划任务的比重由 1980 年的 80%减少到 10%，原材料供应基本上靠公司自给。上海机床公司的体制改革与放权给下属企业，是上海地方机床工具企业转变为市场经营主体的过程。至 1990 年末，上海机床公司有全民所有制企业 40 家，集体所有制企业 4 家，另有 1 家机床研究所、1 所职工大学和 1 个运输车队。公司共有职工 29 615 人，固定资产原值 43 767 万元，固定资产净值 23 181 万元，主要生产设备 5735 台，产值、产量约占全市机床工具行业的 70%以上，出口创汇约占 80%以上。[①]上海的地方机床工具工业改革保留了上海机床公司这一实体，但公司性质与管理运营模式发生了转变，这是其改革的一大特点。

以上两家代表性的机床工具企业，均在改革初期出现了以适应市场经营为目标的内部组织变革。换言之，这些机床工具企业正开始由工厂向真正作为市场主体的企业转型，组织的变化反映的是新的功能需求。从熊彼特理论出发，此类组织变革自然也是一种创新。

（二）打破专业限制：行业主体的重构

在计划经济体制下，中国机床工具工业强调的是专业化的发展，重要的企业都被指定了专门的发展方向。但是，市场具有天然的不确定性因素，因此，走向市场的中国机床工具企业，也开始突破各种专业限制，更为灵活地自主发展。1980 年，无锡机床厂结束了国家统一包销产品的历史，在激烈的市场竞争中，该厂服务面窄、产品不对路的矛盾逐步暴露出来。为了求生存，无锡机床厂通过广泛开展市场调研和预测活动，大胆决

---

① 上海市机床总公司编：《上海机床行业志》，1993 年，第 42、77、179—180 页。

策，放下大厂架子，跳出狭小圈子，实现了三大突破：一是打破了以往只生产 3 个系列磨床的界限，不仅生产磨床，而且积极生产市场需要的各种机床；二是打破了以往只为重工业、基建提供装备的界限，不仅为重工业、基建服务，而且为各行各业服务，生产了为纺织行业服务的定杆磨床、自动细纱皮辊壳专用磨床等；三是打破了以往只做大生意、不做小生意的界限，大小生意一起接，积极承接来料加工等任务。[①] 企业自主求生存的努力，打破了固有的专业限制，进一步动摇了计划经济体制的微观基础。

除了打破机床工具产品生产的专业分工界限外，机床工具企业为了在市场上生存，还开始承揽非机床工具类产品。湖州机床厂 1977 年正式成为机床企业，但 1980 年就遇到大批车床退货合同，1981 年其主导产品 C630 车床产销量仅 106 台，1982 年更是降至 35 台。究其原因，当时全国制造 C630 车床的厂家已经较多，一些大的企业不仅在产销量上形成规模优势，而且在产品质量和外观造型上有了很大改观，湖州机床厂的产品却还保留着苏式式样。1985 年，该厂停止生产 C630 车床。而就在这一困难时期，1981 年，湖州机床厂了解到全国各省均对经编机有 200—300 台的需求量，就主动造访浙江省轻工业厅，提出准备上马 Z303 经编机。在获得同意后，该厂通过私人关系介绍，从石家庄的企业获得经编机图纸，完成技术文件的准备工作，最终赶在浙江省轻工业厅名下一家绍兴企业之前成功试制了经编机。1982 年，该厂又造出为经编机配套的整经机。到 1984 年停产时为止，湖州机床厂共生产经编机 73 台，整经机 19 台，销售收入合计 279.9 万元，并因此产品获得了浙江省机械厅下拨的新产品试制款项 14 万元。1984 年，一家常州企业以 48 万元认购了湖州机床厂经编机的技术图纸和相关工装模具及备件半成品。尽管持续时间不长，但制造经编机帮湖州机床厂渡过了难关。[②] 从生产机床转向生产纺织机械，最直观地反映了改革开放初期中国工业化路径的变轨。

新中国成立初期，为了迅速将幼稚的机床工具工业萌芽培育壮大成独立的行业，国家通过计划手段进行调节，将机械工业过去的万能厂变为专业厂，到了改革开放初期，面对市场压力，机床工具工业出现了去专业化的"倒退"趋势，各种由计划经济体制划定的界限随着体制本身的动摇而

---

① 无锡机床股份有限公司：《锡机·智造世界强音》，无锡机床股份有限公司，2018 年，第 19 页。

② 杨建强主编：《湖州机床厂五十年（1954—2004 年）》，湖州机床厂，2004 年，第 40—41、46—49 页。

被突破。表 3-2 分析了机床工具工业的主体重构过程。

表 3-2　机床工具工业的主体重构

计划经济→			改革→			演化结果
状态	环境	主体反应	状态	环境	主体反应	创新
资源：调拨 知识：简单	确定性	专业化 （单一化）	资源：自筹 知识：复杂	不确定性	灵活化 （多样化）	

创新具有不确定性，一如市场具有不确定性。事实上，创新的不确定性部分地由市场的不确定性决定，而市场的不确定性部分地又受创新的不确定性之影响。在计划经济体制下，国家会给行业主体设定某个明确的目标，主体的任务只在于去实现该目标，这是一种相当确定性的环境，因而主体容易实现专业化。改革之后，行业主体需要自筹资源并自主搜寻信息，其所处环境不再具有确定性，主体为了存活，就必须灵活应对，而不能固守专业化。主体反应的变化，使主体本身从职能单一的工厂转变为灵活经营的企业，而这个演化过程既有赖于主体的创新，也必然带来部门的创新。

三、合作与出口：中国机床工具工业走向开放

中国机床工具工业在走向市场的同时，也随着国家政策的变革而走向开放。实际上，市场本身就意味着一种开放的系统，因此，中国机床工具工业的走向市场与走向开放实际上又是合一的过程。对中国机床工具工业来说，走向开放在早期主要有两个方面：一是对外合作，二是进入国际市场。这两者都意味着企业必须搜寻新要素，也就自然而然会带来创新。从部门创新的角度看，开放的本质在于企业搜寻新要素的机会扩大了，并带来了潜在的更大的市场。对于中国机床工具企业来说，在能够开拓国外的新市场之前，吸收新知识并形成新能力，是更为重要的，因为只有这样，中国企业才能够减少在国外市场上的信息不对称性，使产品具有出口比较优势。因此，对外合作与引进技术，是中国机床工具工业早期走向开放的主要内容。

（一）搜寻新知识：机床工具工业的对外合作

1949 年之后中国政府倾斜资源打造的资本品部门创新体系，在中国对发达国家的追赶中承担着重要职能。然而，由于起点过低，加上长期受到封锁，到改革开放前夜，中国资本品部门虽实现了"从无到有"的创新跨越，但与发达国家仍然存在着巨大的鸿沟，也不能完全满足国内需求。

以重型机床这种具有战略意义的资本品为例，到20世纪70年代后期，发达国家的重型机床早已普遍采用数显装置和数控技术等，中国才开始着手生产和试用。在传动方面，国外重型机床已经能成熟采用各种直流伺服电机、大功率可控硅供电调速等，中国则尚处于研究试制或正在初步掌握阶段。[①]这种落差，使通过开放来加速新知识的流入成为必要，而中外企业间的合作则成为首选途径。

在对外合作方面，济南第一机床厂与日本山崎铁工所（即马扎克，MAZAK）的合作开机床行业对外合作之先河，具有典型性与代表性。1978年11月，日本兴和株式会社受山崎铁工所委托，先后两次致信中国机械设备进出口总公司，表示希望在中国找一家生产车床的工厂与山崎铁工所合作生产马扎克车床。经国家机械工业部和机械设备进出口总公司研究，确定济南第一机床厂承担此项任务。当时，山崎铁工所已转向生产数控车床和加工中心，准备把作为劳动密集型产品的普通车床全部转出去。这可以说是世界体系内基于知识与创新的产业分工，在纵向上体现了产业链技术含量的不同等级，在横向上则取决于不同国家与地区要素成本的相对差异。1979年7月24日至8月15日，中方技术考察组赴日进行了考察，8月9日，在日本名古屋，由山崎铁工所、中国机械设备进出口总公司和济南第一机床厂的三方代表，正式签订了5年期限的《普通车床产销协议书》。协议书规定：①日本山崎铁工所提供马扎克和MATE产品的全部技术图纸3套，并提供全部技术标准资料《旋盘检查基准书》1、2、3册。②产品商标使用山崎铁工所商标"MAZAK"，济南第一机床厂国内自销使用"J1-MAZAK"商标。③销售范围，山崎铁工所销售日本及其他世界各国；济南第一机床厂自销中国。④山崎铁工所根据济南第一机床厂的需要提供机床配套件，其品种和数量由济南第一机床厂制定购进计划，配套件种类有电机、轴承、滤油器、标牌、传动皮带、电器等十几种。⑤山崎铁工所与济南第一机床厂每年协商两次生产计划。⑥每批车床制造完成后，济南第一机床厂通知山崎铁工所派检验人员检验，检验合格签署合格证，然后由山崎铁工所开出付款的信用证书。⑦车床销售到世界各地区，用户服务工作由山崎铁工所承担，但是由于制造问题，不能修理时，所更换的零、部件由济南第一机床厂负责。⑧确定了各种产品价格。⑨签订协议后4个月，济南第一机床厂制造6台不同规格的样机，经

---

① 武汉重型机床研究所情报组：《我国重型机床行业概况》，《重型机床》试刊，1977年5月，第6页。

山崎铁工所鉴定合格后，正式投入批量生产。⑩双方本着相互信任、友好、诚实的精神贯彻执行协议，如有争议则友好洽商，尽快解决。①济南第一机床厂与山崎铁工所约定合作生产2个系列、3个品种、23个规格的产品。

协议签订后，济南第一机床厂成立了以厂长为首的15人的专业领导班子，抽调技术力量，对2000多张图纸和9套技术文件进行消化、翻译、复制，对样机的15项几何精度和3项工作精度等技术标准，逐项进行了分析验证。该厂先后编制了6种2000多份工艺文件，并设计制造了必要的工艺装备183种，其中夹具57种、刃具51种、量具75种，试制时的工装系数达到了0.114。对生产中出现的较大的技术问题，该厂随时组织攻关，先后组织了花键内径定心加工、碟形弹簧的热处理加工、薄壁零件的加工、低碳合金钢的渗碳整体淬火、大拖板燕尾磨削、ET30—54铸件的浇注等18个攻关小组。在不到3个月的时间里，济南第一机床厂完成了全部1600多种件号近10 000个零件的制造。由于日方提供的配套件没有按时到货，装配延期，到1980年1月，6台样机装配制成。在邀请国内相关单位对样机鉴定后，济南第一机床厂对样机进行了整修和完善，然后正式邀请山崎铁工所验收。1980年2月23日至3月1日，日方派人来华进行鉴定。日方对铸件材质很满意，对热处理淬火质量表示满意，认为装配质量基本上是好的，尽管有些刮研部位质量不够理想，但相信会按交换的意见去做。同时，通过鉴定发现，日方的产品图纸问题比较多，由于双方生产方式不一样，所以出现一些问题，日方表示今后提供的技术图纸尽量做到详细准确。鉴定结果，6台样机除1台床身精度不合格外，其他全部合格。由于当时济南第一机床厂没有周边导轨磨床，6台样机的床身均由日方有偿提供。日方对济南第一机床厂按时、按质、按量完成试制任务"表示钦佩"，双方先后签订了两批合作协议，执行生产849台。②

但是，济南第一机床厂转入批量生产时，遇到了各种不适应新产品特殊技术要求的困难。1981年4月，因产品质量问题，日方曾一度提出退货，后经4个月的停产整顿，产品质量才达到日方要求。当时日方突然退货55台车床，并寄给济南第一机床厂51张照片，提出233个质量问题，包括磕碰划伤、清洁度差、装配质量不高、喷漆外观欠佳等，日商称"中

---

① 济南第一机床厂志编辑委员会：《济南第一机床厂志（1944—1985）》，济南第一机床厂，1988年，第69—70页。

② 济南第一机床厂志编辑委员会：《济南第一机床厂志（1944—1985）》，济南第一机床厂，1988年，第71—72页。

国人把最难的活干得很好,却把最容易干的干得很糟"。退货引发济南第一机床厂全厂震动,该厂把存在各种毛病的实物和日方寄来的照片集中起来举办展览,并请日方品质保证部长来厂讲课,培养职工的质量责任心和荣誉感。[1]1982年,由于产品质量更加稳定,日本国家机械电子检查鉴定协会于同年10月正式批准,山崎铁工所与济南第一机床厂合作生产的马扎克车床免于去日本的商检,可以由济南第一机床厂直接发货至世界各地的用户。为了合作生产马扎克车床,济南第一机床厂把原来的8900平方米的组合机车间改造为生产马扎克车床的专用车间"八九车间",将停产下马的军工车间改为精密工段并入八九车间,先后抽调近400名工人、干部和工程技术人员,在八九车间建立了大件、小件、精密4个工段和1个直属班。从1980年到1984年3月,该厂先后投资719.6万元,增添设备140多台,另外,针对马扎克车床的一些特殊技术要求,先后自行设计制造了专用镗床5台、组合周边导轨磨床2台、燕尾周边磨床1台、高精度专用铣床1台、床身导轨淬火机1台、主轴头专用机床2台,以及刻字机、刻度机等21台专用设备。根据样机试制情形,济南第一机床厂对工艺进行了全面整顿,先后编制了2个系列、3个品种、23个规格,2114种件号,以及冷热工艺目录、工艺守则等14种工艺文件共3000多页。当时,马扎克车床采用的日本JIS、联邦德国DIN、美国ANSI等技术标准相当于ISO国际标准,普遍比中国的标准水平高,济南第一机床厂在消化这些标准的基础上,经补充、分类、细化,制定了各种质量验收技术要求530项、检验规范1302条作为自检标准,并一般比日方要求高。该厂围绕贯彻国际标准,组织职工进行学习,共举办13种类型的学习培训班51个,全厂50%以上的职工参加了学习。此外,济南第一机床厂还针对马扎克车床的一些特殊技术要求组织了铸件质量、床身导轨淬火、床身导轨磨削、齿轮噪声等技术攻关。例如,马扎克车床要求床身导轨必须用周边磨削法,且磨后床身导轨无波纹,而中国普遍采用端磨法。针对这一要求,济南第一机床厂设计制造了2台周边导轨磨床,采用了组合式周边磨削新工艺,使床身导轨磨削精度达到了日方要求。再如,日方对马扎克车床噪声要求在80分贝以内,而且要音质"悦耳"。济南第一机床厂增添了高精度的齿部加工设备,对齿轮加工采取了一系列先进的工艺措施,建立了磨齿齿轮跟踪档案,并在装配时采取了选配工艺,逐步解决了齿轮的噪声问

---

[1] 李伟:《来自济南第一机床厂的一组通讯》,《中国机床工具》总第33期,1991年6月5日,第2版。

题，达到了"悦耳"的要求。①

在济南第一机床厂的努力下，自 1980 年 3 月组织马扎克车床批量生产到 1985 年底，该厂共生产机床 1837 台，其中外销 933 台，国内自销 904 台。外销台数 1980 年为 14 台，1981 年 104 台，1982 年 165 台，1983 年 100 台，1984 年 220 台，1985 年 330 台。外销的机床大部分进入了日本和欧美市场，其中日本 411 台，美国 206 台，加拿大 21 台，澳大利亚 49 台，新加坡 24 台，新几内亚 17 台，欧洲国家 205 台。②

对外合作给济南第一机床厂带来了一系列变化。在合作生产前，济南第一机床厂的制造工艺基本上还沿用了 20 世纪 50 年代的工艺方法，通过合作生产，该厂的制造工艺水平有了很大的提升。在冷加工方面，该厂重点改进了齿轮、床身导轨和箱体三大件的加工工艺，使机床关键零件的精度得到提高和稳定。在热加工方面，该厂重点改进了 3 个关键工艺，即部分铸件采用树脂砂造型新工艺、应用微机处理控制冲天炉炉温，床身导轨和齿轮的热处理由过去的高频淬火改为超音频淬火，同时推广采用离子氮化、多元共渗等新技术，使基础件的寿命大为提高。在马扎克车床贯彻国际标准的基础上，济南第一机床厂自 1981—1983 年，对所有新老产品逐步贯彻了新标准。从 1982 年开始，该厂在对马扎克车床分析、试验、消化的基础上，自行设计出 J1 系列 3 个品种精密车床和一种马鞍车床，还通过学习借鉴马扎克车床的生产技术，解决了老产品 C616 和 C616A 车床的质量问题，并促使老产品更新换代。由于在返销的马扎克车床上注有"济南第一机床厂制造"的标记，济南第一机床厂在国际上扩大了影响，1983 年后与 20 多个国家的公司及厂商建立了联系，开始走向对外自主经营的道路。1984 年，济南第一机床厂与山崎铁工所合同期满后，双方续签了继续合作生产的 5 年产销协议。1985 年 12 月 13 日，双方还扩大合作领域，签订了引进、合作生产山崎产品 QT-10N 数控车床的协议。③1984 年，济南第一机床厂还与日本发那科（FANUC）公司进行合作。发那科派出专家对该厂进行了技术诊断，在此基础上，该厂研制成功了具有两轴联动、现场编程（MDI）和屏幕显示（CRT）的中档数控车床 J1FCNC I 型数控车床。该型机床于 1986 年通过省级鉴定，是济南第一机

---

① 济南第一机床厂志编辑委员会：《济南第一机床厂志（1944—1985）》，济南第一机床厂，1988 年，第 72—74 页。

② 济南第一机床厂志编辑委员会：《济南第一机床厂志（1944—1985）》，济南第一机床厂，1988 年，第 74 页。

③ 济南第一机床厂志编辑委员会：《济南第一机床厂志（1944—1985）》，济南第一机床厂，1988 年，第 74—75 页。

床厂F系列水平床身数控车床的基型机床,至1987年除销往联邦德国和美国各1台外,还与联邦德国客商签订了30台的订货合同。①因此,通过对外合作,济南第一机床厂实现了生产、技术、管理与经营等全方位的变革。换言之,济南第一机床厂吸收了新知识,并利用新知识促成要素变化,实现了创新。

依托马扎克车床等产品,济南第一机床厂成为出口导向型企业,在这个过程中,该厂为满足国际市场的需求持续变革。该厂厂长易炜里明确提出"谁砸企业的饭碗,就砸谁的饭碗,济南一机床与质量共存亡"。1990年底,主轴车间一名工人半精磨加工的9件主轴内孔,多磨了0.03毫米的余量,尽管未造成事故,但厂里仍给予警告处分,下降一级浮动工资,警示全厂职工。该厂在100多个关键部位设置质量控制点,每年投资25万元开展质量教育工作,分车间主任、班组长、职工3个层次进行质量轮训。对于引进的产品马扎克车床,济南第一机床厂也进行了优化设计。1989年7月开始,该厂科研设计处工程师刘福华大胆提出一份从5个方面修改日方图纸的合理化建议。刘福华围绕提高质量、降低成本和进口件国产化,反复研究,对上千个零件及日方标准件和进口配套件进行研究与试验。例如,为了替代主轴箱上用的日本产1/4B和1/2B磁性滤油器,他4次奔赴江苏,与无锡液压件厂共同研制生产2种磁性过滤器,实现了国产件替代进口件,并得到日方认可,为每台车床节约了96元。通过4个月的努力,刘福华共成功修改图纸350个件号,修改384种零件,通过减少零件,采用标准件、少切削无切削工艺及新材料代用,部分进口配套件国产化,提高加工工艺性,合理选用公差配合、形位公差和表面粗糙度,修改热处理工艺,减少刀具的种类及修整毛坯的工作量等,使每台车床降低成本291.21元,节约工时34小时,实际节约784.83元。至1989年,济南第一机床厂出口产品与技术先进产品占总产品的比重达80.6%,产值占总产值的91.3%,当年出口机床1432台,创汇1002万美元。1990年,济南第一机床厂更是创汇2096万美元。②这些数据显示,正是通过改革开放后的对外合作,济南第一机床厂实现了内部变革,走上了出口导向型企业的道路。

同处泉城的济南第二机床厂被机械部指定为对外合作企业。对该厂来

---

① 济南第一机床厂技术情报室:《机床通讯》1987年第1期。
② 李伟:《济南第一机床厂实现创汇一千万美元》,《中国机床工具》总第6期,1989年12月25日,第1版;李伟:《来自济南第一机床厂的一组通讯》,《中国机床工具》总第33期,1991年6月5日,第2版。

说，这在当时也是一个充满未知的冒险，曾任厂长的董庆明回忆："1979年（济南第二机床厂）南院建设已经结束。赶上改革开放，机械部机床局让我们对外合作，但厂里意见不一致。对外合作？原来没接触过，谁都吃不准，怕自己吃亏。后来商量着，决定谈谈看。"由此可见，中国资本品部门创新体系的开放重构，在计划经济体制下，是一个自上而下由政府推动的进程，对于基层的单位来说，是否愿意尝试开放合作，需要勇气，而这个过程本身是一个典型的熊彼特式创新，也是一个渐进探索的演化过程。在济南第二机床厂决定对外合作后，机械部邀请了美国、英国、日本、联邦德国等国专家来华交流，最后决定从美国维尔森（VERSON）和日本小松之间二选一。时任济南第二机床厂副厂长、总工程师的倪鹏南回忆："最后的谈判过程非常艰难。我们请这两家的专家来面对面交流。维尔森很重视，提出的方案是，几十种产品从设计图纸、工艺制造、工装装备等全部提供给我们。而且他们派专家来指导，我们派技术人员去学习，很有诚意，最后达成了协议。这时日本小松也红了眼，我们上午和美国谈，下午和日本谈，给日本说人家美国都让到这个程度了，他说我也让，这样两边压价。最后结果还不错，35 万美元谈成了，钱也不多，拿到的东西不少。"[①]在这场谈判中，中方争取到了最大利益。1980 年 7 月 24 日，济南第二机床厂与美国维尔森全钢机械压力机公司，在北京正式签订了为期 10 年的技术合作协议，引进压力机、多工位自动压力机和冷挤机等 8 个系列的产品技术。[②]协议中规定，合作过程中双方可以联合设计制造，又可按用户要求由中方自行开发，美方对合作产品技术质量总负责，中方对合作期间的技术发展新成果拥有永久使用权。签约 4 个月后，倪鹏南就与副总工程师于勤文等一行出国实地考察。

1981 年 5 月，济南第二机床厂第一批 17 人的技术团队前往美国，在维尔森接受了 2 个月的培训。工艺科长张聚森在日记中记录了培训情况：维尔森按不同技术专业为中方人员编订了全套讲义，配有立体图解，每人 1 册，除了设计、电器、标准化、加工、装配、焊接、质量检查等专业外，还有企业管理、生产计划方面的课程。后来，济南第二机床厂又派出两批技术人员赴美培训。路毓勤、顾松石和杨朝云是 1963 年、1964 年入厂的大学生，他们不仅赴美学习，后期还参与了维尔森的联合设计，在维

[①] 济南二机床集团有限公司：《JIER 故事：庆祝济南二机床八十华诞职工征文》，济南二机床集团有限公司，2017 年，第 20—21 页。

[②] 济南第二机床厂厂志办公室编：《中共济南第二机床厂党史大事记（1947—1988）》，内部资料，1988 年，第 66 页。

尔森的爱尔兰、英国等分公司工作了 100 多天,其经历颇有代表性。路毓勤回忆:"维尔森雇佣了爱尔兰的一家公司给他画图,派了几个美国工程师来,那时就不是培训和转换图纸了,而是进行联合设计,正儿八经画图。和维尔森合作最大的收获,是学习了一种设计思路和设计方法。"顾松石回忆:"维尔森的设计手册里,对设计从哪儿开始、怎么设计,参数怎样计算等等,讲得很彻底、很透明,这种思路和理念对我们很重要,是一场启发性的学习。"杨朝云回忆:"以前我们是拼凑,这儿看看、那儿看看。通过学习维尔森,我们知道了什么叫体系,提高了一大块。"[1]济南第二机床厂的设计人员通过走出国门,直接学习了新知识。而在制造环节,该厂职工通过试错摸索,逐渐掌握了与引进产品相适应的生产工艺。例如,济南第二机床厂从维尔森引进的机械压力机上的大模数主传动齿轮轴设计要求感应淬火或火焰淬火,偏心齿轮要求齿面火焰淬火。该厂就结合自身条件,利用中频淬火设备,对大模数齿轮进行单齿包齿感应加热淬火试验。因为感应加热与火焰加热相比,更能保证加热质量,所以该厂设想,利用中频淬火达到维尔森火焰淬火的要求,进而代替火焰淬火,是有可能的。在近两年的淬火试验中,济南第二机床厂对多种模数进行了试验,找出了适用的工艺参数,在试样淬火后,达到了维尔森的标准,并应用于压力机零部件的生产,从而验证了其设想。该厂探索出了新的生产工艺:"大直径偏心齿轮中频淬火后,采用中频感应回火代替炉内整体加热回火,是一种质量好成本低的有效手段。"[2]制造是设计与生产结合于一体的系统性的活动。济南第二机床厂与维尔森的合作,就是一个系统性的学习过程,既引进设计层面的新知识,又在生产实践中进行试验,掌握新的工艺,从而真正使技术引进成为创新的必要条件。1983 年 7 月 20 日,济南第二机床厂引进维尔森技术制造的第一批 4 台 S2-150 压力机返销美国,由天津新港起运,维尔森公司则付汇 53.126 万美元。[3]与维尔森的合作,开启了济南第二机床厂为汽车工业生产冲压生产线的新时代。"六五"期间,通过派出 9 名工程师赴美与维尔森展开联合设计,济南第二机床厂顺利完成为一汽制造 36 台机械压力机的任务。1986 年,两家又联合设计了 2 条大型压力机生产线,共 11 台产品,提供给起步阶段的上海大

---

[1] 济南二机床集团有限公司:《JIER 故事:庆祝济南二机床八十华诞职工征文》,济南二机床集团有限公司,2017 年,第 22—23 页。
[2] 马振坤执笔:《大模数齿轮中频包齿淬火在引进压力机产品上的应用》,济南第二机床厂,第 2、12 页。
[3] 济南第二机床厂史志办公室编:《中共济南第二机床厂党史大事记(1947—1988)》,内部资料,1988 年,第 77 页。

众公司。该两条生产线于1991年5月交付使用，为桑塔纳轿车年产突破3万辆发挥了重要作用。1991年，结束了与维尔森十年合作的济南第二机床厂，独立向一汽-大众奥迪轿车提供了5条冲压线，其中包括大吨位的J47-1250/2000吨双动拉伸压力机。[1]通过在对外合作中学习新知识并将知识内化为自身能力，济南第二机床厂实现了从联合设计到自主开发的创新追赶。

必须指出的是，济南第二机床厂在对外合作中，具有强烈的自主意识，并未盲信发达国家的专家。曾任该厂总工程师的刘永涛1985年被国家派往上海与德国人就汽车厂设备问题谈判，他回忆道："我们提出德方压力机台面太小，只适用于生产已定德方二汽车型（准备淘汰），不利于车型的发展。德方认为，你们中国人用10—20年能生产出合格的汽车就很不错了，你们现在生产的水平是小学水平，而我们是大学水平的。这句话对我刺激很大，难道我们中国人能力就那么差吗？后来的发展证明，我们的观点是正确的，压力机台面大了就是好。"刘永涛还回忆，1985—1986年，他被厂里派去准备生产标致轿车的广州汽车厂，参加与法国人的谈判，谈判中才得知外方专家是研究汽车工艺的，对压力机不太熟悉，提出了一些奇怪的要求。因为是首次谈判，刘永涛等不方便说什么，当晚勾勒出了外方所要求的压力机的轮廓。到第二天谈判时，济南第二机床厂的技术人员指出，按外方要求设计出的压力机是个"怪物"，此举惹恼了法国专家，但他也无力反驳。等到20多天后再度谈判时，外方一上来语气就软多了，认为上次提的要求要做一些修改，其修改内容就是中方技术人员提的要点。[2]改革开放后，西方发达国家的先进技术对不少中国工业管理人员与技术人员造成了巨大的心理冲击，但济南第二机床厂的工程师们还是保持着自力更生工业文化塑造的自主信念，对接触到的新知识进行了正确的辨别与判断，这就使该厂固有的创新机制没有因开放带来的冲击而瓦解。从后续的演化来看，正是由于这种自主创新的文化与机制的保留，济南第二机床厂能够与发达国家企业在全球市场同台竞技。

实际上，即使不与外商进行正式的合作，国门打开后，中国机床工具企业依然有不同的渠道从外部吸纳有益的新知识。例如，杭州机床厂成品

---

[1] 济南二机床集团有限公司：《JIER故事：庆祝济南二机床八十华诞职工征文》，济南二机床集团有限公司，2017年，第24页。

[2] 济南二机床集团有限公司：《JIER故事：庆祝济南二机床八十华诞职工征文》，济南二机床集团有限公司，2017年，第281—282页。

车间的油漆工吴金富 1986 年去日本参观了机床博览会，并带去一台 M7130 平面磨床参展。该厂产品在展会上受到冷遇，一位日本某涂装社的社长对吴金富说："杭州机床厂机床的涂装（即油漆装潢）在做功上是地道的，但在光泽上却失去了机床的神气。"这句中肯的批评使吴金富下决心解决油漆材料问题，从 1987 年秋开始，他和同事对出口机床的油漆选型做了大量的工作，凭借多年积累的经验，把多种优质油漆调配交联，抑制其不利的化学变化的一面，采取其有利的一面，反复试验以寻求理想材料，最后自行配比调合成功油漆新品，改进了出口产品的外观。这一案例充分表明，对企业创新有用的知识，不仅仅是显眼的可转让技术，也包括意外获知的微小信息，只要这种信息能够触发创新的灵感。开放的作用就在于给了中国企业以接触更多信息的机会，而这些信息中就不乏潜在的有用信息。此外，购买进口产品虽然不意味着必然会产生技术转移，但还是能为购买者带来一定的启发。仍以杭州机床厂为例，该厂购买了联邦德国瓦德里希（WALDRICH）的高精度导轨磨床，德方于 1986 年派专家到中国进行安装调试，其工程师给中方员工留下了深刻印象："到厂第一天，他马上脱下西装换上工作服，亲自丈量地基尺寸，一丝不苟地做好基础工作，甚至连搅拌水泥之类的粗活都亲自动手。在安装机床主件——横梁的过程中，他对我们的协助表示由衷的感谢，还特意买来'可乐'犒劳我们。"[1]这种私人印象无疑也是一种工业文化的价值观传递过程，而价值观在部门创新体系中是不可或缺的变量。当然，在这一案例中，可以看到的是改革开放初期，国外机床厂商对中国客户服务周到，这是发达国家机床工具企业开拓中国市场的有力手段。值得一提的是，德方工程师买可乐给中方员工这件事被认为是"特意"的而被记录下来，反映了那个年代中国社会的物质匮乏，而这也意味着外商在与中国企业打交道时，实际上掌握着更多可调度的资源，具有某种优势地位。

（二）开拓新市场：机床工具工业的出口尝试

在改革开放早期阶段，中国机床工具企业走向开放不是一帆风顺的。1980 年 5 月，经中国机械工业进出口公司广西分公司推荐，香港大同工业设备有限公司经理到广西第一机床厂商谈机床外销事宜。该经理根据美国市场上普通车床销售商情，介绍了一种 18 吋马鞍车床的主要设计参数，供广西第一机床厂参考。广西第一机床厂当时产品滞销，流动资金短

---

[1] 郑阳生、朱浩然主编：《建厂四十周年征文集（1951—1991）》，杭州机床厂，1991 年，第 132—134、255 页。

缺，感到港商提供的信息十分及时而可贵，当即成立 18 吋新车床设计组，按新车床各部件分为各设计小组，每个部件至少要提出两个不同方案以进行比较，供择优选用。广西壮族自治区机械厅等单位也派出工程技术人员参与设计工作。当年 8 月，设计图完成，年底，该厂造出了 3 台样机，后按国家标准定名为 C6146 高速车床和 C6246 马鞍车床。1982 年 2 月，港商带着两位英国博士到广西第一机床厂鉴定，对样机的评语是："样机在外观、油漆、性能结构、噪声等方面，都达到或超过我们预计的结果。"然而，由于当时的外汇体制导致出口外汇价偏低，生产厂家外汇留成太少，出口越多，亏本越多，兼以 C6146 和 C6246 车床制造难度大，故广西第一机床厂对该类 18 吋车床仅 1981 年生产 31 台，出口 26 台，1982 年生产 74 台，出口 27 台，1984 年即停产。但直到 20 世纪 80 年代末，外商仍和广西第一机床厂保持联系，希望该厂供货。在对外出口受挫的同时，广西第一机床厂对其主导产品 C620 普通车床进行了一系列改进，如车头箱体主轴结构采用双列短圆柱滚子轴承以实现大批量生产等，使其产品打入国内机械工业发达的华东和东北市场，并于 1986 年跨进年产千台中型车床的全国骨干机床企业行列。[①]可以说，基于经济效益考量，广西第一机床厂放弃了开拓国际市场。广西第一机床厂的例子说明改革开放初期存在着多种因素影响中国机床工具企业的出口战略，但企业作出的选择主要是由市场利益诱导的。

不过，部分机床工具企业并未顺应市场比较优势，而是选择了较为艰难的出口战略，其中的佼佼者为云南机床厂。云南机床厂于 1961 年由昆明的两家机械厂合并而成，初期并无主导产品，生产过猎枪、炒菜锅、汽车牙箱等杂项产品，直到 1979 年才正式确定以生产卧式普通车床为主导产品。该厂此前生产过 C6140 车床，该车床系苏联 1938 年设计定型的 C620 车床稍加改进后的产品，自 1979 年起，该厂改为生产自行研制成功的 CY6140 车床。随后，云南机床厂引进样机，生产了 L-1630 系列和 MO-1760 系列两种车床并返销国外。从 1981 年起，该厂产品批量出口。1980 年，云南机床厂仅出口 4 台车床，创汇 2.05 万美元，1986 年，该厂车床出口量突破百台，达到 187 台，创汇 127 万美元。1990 年，该厂出口车床 1169 台，创汇 837.6 万美元，1991 年出口量回落至 716 台，创汇 406 万美元，仍颇为可观。为了扩大产能规模，1984 年，以云南机床厂为

[①] 广西第一机床厂：《广西第一机床厂志（1966—1988）》，广西第一机床厂，1989 年，第 76—81 页。

依托企业，以 CY6140 车床为龙头，云南成立了 CY 车床生产联合体，1989 年 11 月，云南 CY 车床集团公司在昆明正式宣告成立，有 36 家企业首批加入集团公司，云南机床厂的产量亦由 1984 年的 851 台提高到 1991 年的 2262 台。生产能力的提升是出口扩大的基础，但企业是否出口取决于其战略决策。1988 年，云南机床厂的车床在国内市场正走俏时，该厂决策者居安思危，作出了扩大出口这一带有风险性的决策。当时，同样一台 CY6140 车床，销到国际市场要比在国内市场少赚 5000 元，而扩大出口还有可能失去国内部分用户。但是，该厂决策者认为，一个企业如果只敢在国内市场角逐，而不敢积极参与国际竞争，等于只有半个市场，半个天地，很难获得大的活力。一年后，当国内机床市场出现疲软时，云南机床厂的车床出口量占年产量的一半，在国际市场的支撑下，保持了增长。①云南机床厂对出口战略的选择洋溢着企业家精神。但有必要指出的是，该厂出口的产品并非技术含量复杂的高档机床，故而颇符合中国制造业在全球市场中的比较优势，而这也表明机床工具工业是一个复杂的产业，生产与销售不同档次产品的企业往往不具备太强的可比性。

不管企业如何制定战略，整体而言，对外开放扩大了中国机床工具工业的出口。不过，同一时期，机床的进口数量也在扩大，而且进出口金额存在明显差距，仅以加工金属或硬质合金用机床及附件、零件为例，如图 3-1 所示。

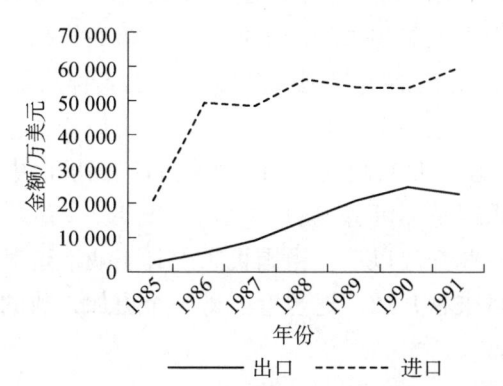

图 3-1 中国机床进出口额（1985—1991 年）
资料来源：整理自国家计划委员会机电司、国家统计局工业交通司主编：《中国机械电子工业统计信息资料汇编（1949—1991 年）》，北京，机械工业出版社，1993 年，第 IV、10—11 页

因此，对外开放一方面意味着中国机床工具工业能够向国际市场出

---

① 云南机床厂党委宣传部编：《从高原奔向大海——云南机床厂发展之路》，内部发行，1992 年，第 18—19、29、51、123、137—138 页。

口，但另一方面也意味着中国的机床工具产品市场对世界开放，这加剧了市场竞争。由于后发展国家比较优势的特性，中国资本品部门在近代面临过的市场格局有可能再度出现。

除机床行业外，工具行业、磨料磨具行业等也实现了出口的扩大。工具行业"六五"期间刀具产品出口量28 285.54万件，出口销售额达26 403.4万元，其中1985年刀具出口量6409.89万件，比1980年的2510.3万件增加155%。①"七五"期间工具行业产品出口幅度增长较快，1990年出口创汇6340万美元，约相当于1986年的2982万美元的2.13倍，年平均增长20.8%。其中，量仪在1988年之前，出口几乎是一片空白，到1988年开始有少量出口，到1990年外销已达482台（件），出口创汇659.8万美元。②磨料磨具行业"六五"期间出口额在7000万元左右，出口产品主要是磨料及涂附磨具。"七五"期间，磨料磨具产品出口平均每年增长24%，共创汇约3.1亿美元。③实际上，比起技术复杂度更高的主机来，工具与磨料磨具等更符合中国的出口比较优势。

在改革开放初期，中国工具的出口离不开中国机械进出口总公司的推动。该公司曾利用日本政府的日元贷款，为天津砂布砂纸厂从国外进口了一套自动化生产线，从而大大提高了该厂的生产效率和产品质量。1981年，中国机械进出口总公司派出了一个三人小组，对美国工具市场进行了长达56天的深入考察，制订了中国工具打入美国市场的具体方案。该公司把随车工具作为进入美国市场的主打产品，率先推出。由于美国是英制国家，故所有出口工具都用英制或公英制，工具样式尽量按美式设计生产。在对欧工具出口策略上，则先易后难，先出口普通家用工具，再出口专业工具。④在一般企业尚缺乏出口自主权的年代里，中国机械进出口总公司这类企业的作用是不可忽视的。

总而言之，改革开放以后，中国机床工具工业通过对外合作与产品出口，行业自身也越来越开放，这也意味着一个更加开放的中国机床工具产品市场逐渐形成。

---

① 国家机械委机床工具局：《中国机床与工具工业（1981—1985）》，国家机械委机床工具局，1987年，第633页。
② 机电部机床工具司：《中国机床与工具工业技术经济分册（1986—1990）》，机电部机床工具司，1992年，第604—605页。
③ 国家机械委机床工具局：《中国机床与工具工业（1981—1985）》，国家机械委机床工具局，1987年，第684、768页。
④ 王旭升主编：《中国机械进出口（集团）有限公司成立六十周年征文集》，2010年，第60—62页。

四、投资改造：中国机床工具工业对新要素的利用

资本品部门自身也是资本品的用户，需要依靠更新自身使用的资本品，来更新附着于资本品的知识与技术，从而得到生产能力与创新潜能上的提升。资本品部门的资本品更新也需要进行投资，而对资本品的投资，与技术改造是一个过程。技术改造的内涵是更新部门与企业的生产设备等，这种更新必须依赖投资来完成。改革开放前，中国企业的技术改造主要依靠国家投资。改革开放后，一方面企业通过改革获得了更多自主权，另一方面开放也为企业带来了接触更多新要素的机会，这些新要素就包括可用于技术改造的国外资金与技术等。在多方面因素的作用下，中国机床工具工业在改革开放初期抓住了机会，一批企业利用新要素实现了技术改造，提升了创新与竞争能力。

上海机床行业利用世界银行贷款技术改造项目，是改革开放初期中国机床工具工业利用新要素的成功案例与典型案例。该项目从政策上看可以追溯至 1984 年国家计划委员会对国务院提出的建议，具体实施是在 20 世纪 80 年代后期，涵盖上海不同类型的机床企业，既包括上海机床厂这样的"十八罗汉"骨干厂，又包括一批小厂。以上海机床厂来说，其技术改造项目起始于 1987 年 12 月，到 1992 年 7 月结束，项目资金来源为世界银行贷款 3600 万美元、财政部贷款 500 万美元、国内银行贷款 7499 万元、自筹 1501 万元。项目固定资产总投资 21 010 万元，其中外汇 3245 万美元，人民币投资 9000 万元，项目软件总投资 820 万美元。该厂技术改造目标是："通过利用世界银行贷款，引进国外先进技术，调整产品结构，提高产品技术水平，使产品朝着精密、高效、数控方向发展，增强出口创汇能力。主要产品达到七十年代末八十年代初的先进水平，部分产品达到或接近当时国际先进水平。到 1993 年产品品种发展到 69 种，其中新产品开发 52 种，产量达到 2312 台。"主要改造的内容则包括引进国际先进的制造技术（外圆磨床、磨床数控、三坐标测量机）加快产品的更新换代、引进优质孕育铸铁熔炼技术以提高铸件产品质量水平、引进国外先进管理技术、改建与新建生产车间、增添和更新关键设备和仪器等。到 1992 年项目预验收时，该厂总投资完成 17 591.9 万元，新建 3 项建筑工程，竣工面积 29 050 平方米，进口设备仪器执行 104 台套，其中有 1 台套未签约，有 3 台套未到货，国内设备执行 925 台，其中 13 台待到货，12 台正在实施安装。该项目共有 5 项技术引进，均已签约实施，其中 1 项完成试制，形成批量生产。为了执行技术改造项目，上海机床厂进行了

一些生产技术准备工作，如将原来2个主要封闭式车间调整为5个专业化生产车间，又增加组建了一个新产品车间。①表3-3为上海机床厂世界银行贷款项目用款情况。

表3-3 上海机床厂世界银行贷款项目用款情况 单位：万美元

年份	年度计划 合计	其中 硬件	其中 软件	实际完成用款 合计	其中 硬件	其中 软件
1988	68.3	63.4	4.9	68.3	63.4	4.9
1989	98.7	97.7	1.0	98.7	97.7	1.0
1990	676.8	586.9	89.9	676.8	586.9	89.9
1991	855.4	780.5	74.9	855.4	780.5	74.9
1992	1907.5	1061.5	846.0	1907.5	1061.5	846.0
1993	258.4	160.0	98.4	258.4	160.0	98.4
总计	3865.1	2750.0	1115.1	3865.1	2750.0	1115.1

资料来源：上海机床厂：《上海机床行业利用世界银行贷款技术改造项目 上海机床厂项目竣工预验收报告》，1992年，第4页

总体来看，上海机床厂的世界银行贷款项目实施较好。不过，由于设备和原材料价格上涨，以及技术进步和市场情况发生变化等原因，该厂对项目投资及部分内容也进行了调整。1990年7月，国家计划委员会批准项目增加外汇500万美元，以及增加内汇配套人民币3524万元。1992年3月，该厂经与机电部第六设计研究院共同研究，对项目初步设计的部分内容做了调整，当年7月得到上海市经委的批准。上海机床厂的这次技改，由于引进了一批国外先进设备，该厂的关键基础件的加工制造达到了国际上20世纪80年代的先进水平。例如，齿轮加工由于引进了蜗杆砂轮磨齿机，使齿轮精度从改造前的5—8级提高到3—4级，磨齿比例则从仅5%左右提升至50%—60%。②因此，上海机床厂的世界银行贷款技术改造项目，既利用了外部资金，又在资金利用过程中吸收了新知识，实现了技术与组织变革，可以说是充分利用了开放所带来的新要素。

上海机床公司作为将上海老地方机床工具企业整合于一体的平台，隶属上海市机电工业管理局，20世纪80年代后期共有40家全民所有制企业、5家集体所有制企业、1家机床研究所和1家职工大学，职工总人数为29 561名，其中工程技术人员2507名，固定资产净值2.66亿元，拥有

---

① 上海机床厂：《上海机床行业利用世界银行贷款技术改造项目 上海机床厂项目竣工预验收报告》，1992年，第2、4—5页。

② 上海机床厂：《上海机床行业利用世界银行贷款技术改造项目 上海机床厂项目竣工预验收报告》，1992年，第2、7页。

主要生产设备 5681 台。尽管该公司产品门类品种较齐全、内部协作配套较好，但存在所属企业老化的问题，需要进行技术改造。该公司利用世界银行贷款进行技术改造的目标主要为调整产品结构，提高产品技术水平，改造内容包括按专业化生产原则进行生产合理化调整、精化部分设备、进口关键设备、引进 8 项产品的设计与制造技术、引进现代化管理技术、培训人员等。[1]上海机床公司的贷款项目共进口设备 254 台，引进国内设备 1571 台，新增建筑面积 39 202.61 平方米。[2]表 3-4 为上海机床公司世界银行贷款项目各厂投资分配情况。

表 3-4　上海机床公司世界银行贷款项目各厂投资分配情况

建设单位	总投资/万元	贷款/万元	自筹/万元	外汇贷款 外汇/万美元	外汇贷款 折人民币/万元
上海机床公司	37 817.0	11 141.0	2 136.0	6 630.0	24 540.0
上海第二机床厂	3 007.3	380.0	379.0	553.4	2 048.3
上海第三机床厂	3 110.6	67.0	271.0	514.0	272.6
上海第四机床厂	3 224.1	590.0	253.0	643.3	2 381.1
上海第八机床厂	1 518.3	425.0	101.0	292.4	1 082.3
上海锻压机床厂	3 714.3	666.0	347.0	729.8	2 701.3
上海第二锻压机床厂	3 609.4	563.0	300.0	742.0	2 746.4
上海机床附件一厂	972.6	74.0	75.0	222.5	323.6
上海机床附件三厂	285.0	84.0	30.0	46.2	171.0
上海机床附件六厂	782.3	203.0	45.0	150.2	555.9
上海机床齿轮厂	1 547.7	215.0	102.0	332.5	1 230.7
上海水平仪厂	526.3	41.0	40.0	120.3	445.3
上海砂轮厂	1 217.9	205.0	142.0	235.3	870.9
上海机床铸造一厂	4 313.1	2 316.0	18.0	534.7	1 979.1
上海机床铸造三厂	4 438.3	2 337.0	10.0	565.0	2 091.3
上海机床铸造五厂	2 686.1	1 396.0	12.0	345.3	1 278.1
上海机床锻造厂	524.7	507.0	10.0	6.2	22.9
上海市机床研究所	1 322.3	246.0	1.0	315.9	1 169.3
公司本部	916.7	116.0	—	181.0	669.9

资料来源：《上海机床行业利用世界银行贷款进行技术改造——上海机床公司项目竣工预验收鉴定意见（审定稿）》，1992 年，第 4 页。

---

[1] 上海机床公司：《上海机床行业利用世界银行贷款技术改造项目　上海机床公司项目竣工预验收报告》，1992 年，第 3 页。

[2] 《上海机床行业利用世界银行贷款进行技术改造——上海机床公司项目竣工预验收鉴定意见（审定稿）》，1992 年，第 5 页。

上海第二机床厂作为上海地方机床工具工业中的优秀老厂，获得世界银行贷款项目的支持极为自然。该厂从20世纪60年代开始，就以自行设计制造的L-1型、L-3型、L-5型普通车床批量出口，远销中国香港，以及东南亚、欧美和澳大利亚，从1960年到1985年累计出口创汇2700万美元。改革开放后，该厂先后研发了L-7型普通车床、可带数显装置的CM6150A精密车床、H2-060经济型数控车床和直径630毫米斜床身数控车削加工中心等，并进一步研制柔性单元。不过，在70周年厂庆之际，该厂厂长蒋建中已经意识到："由于生产的工艺手段仍停留在普通机床和专用机床的五六十年代水平上，形成了一条'刚性'的生产制造系统，致使我厂的产品难以升级换代，产品的长年一贯制，无法突破，年长月久必将使产品在市场上失去竞争能力，使企业无法适应商品经济的要求。"该厂副总工程师徐孝宣对产品技术含量与市场竞争力关系的分析，对当时正处于数控化转型时期的中国机床工具工业来说，应具有一定普遍性："高技术产品一般也是高产值、高利润的产品。在不增加产量甚至降低产量的情况下，也可以成倍地增加产值和利润。例如：我厂生产一台H2-052数控车床的产值即为相同规格C6150车床的20倍左右，如上一定批量，其利润也是能达20倍的。又如生产一台CM6150A精密车床，在用料和使用生产面积相同的情况下，其产值和利润亦可为相同规格C6150车床之三倍多。"[①]企业领导的清醒认识，决定了上海第二机床厂要积极利用新要素进行技术改造。该厂从1983年起就配合美国英格索尔公司进行可行性研究，经过世界银行代表团的评估和国家计划委员会、经济委员会以及机械部的审查，历时3年，终于获得世界银行的贷款。[②]该厂技术改造的产品目标为产品开发5种、产品提高3种、淘汰产品1种、保留产品1种。该厂技术改造的工艺目标为引进先进设备，改变主导产品单一化和长期处于专用机床加通用机床的工艺手段落后的状况，提高加工精度、效率，使关键零件、床身导轨、箱体、主轴等常规工艺水平达到国际20世纪70年代末80年代初的先进水平。该厂还拟改造现有生产厂房和公用设施，新建必要的恒温、空调厂房，改变厂容厂貌。[③]表3-5为

[①] 上海第二机床厂党委宣传科编：《上海第二机床厂建厂七十周年纪念征文集》，1986年，第4—5、14页。

[②] 上海第二机床厂党委宣传科编：《上海第二机床厂建厂七十周年纪念征文集》，1986年，第21页。

[③] 上海第二机床厂：《上海机床行业利用世界银行贷款技术改造项目 上海第二机床厂项目竣工预验收报告》，1992年，第2页。

该厂总投资情形。

表 3-5　上海第二机床厂世界银行贷款项目投资情形

项目	金额		
总投资/万元	3007.3		
国内配套费/万元	合计	贷款	自筹
	959.0	580.0	379.0
世界银行贷款/万美元	合计	软件	硬件
	553.4	—	553.4

资料来源：上海第二机床厂：《上海机床行业利用世界银行贷款技术改造项目 上海第二机床厂项目竣工预验收报告》，1992年，第3页

　　世界银行给予上海第二机床厂的贷款，全部被用于引进设备。事实上，该厂很早就认识到进口设备在工艺上的先进性。例如，该厂精密车床、数控车床的花键磨削用的联邦德国 KAPP，轴类零件都用日本 HBSA 液压仿形车床粗加工，以便高效率生产。[①]技术改造完成后，上海第二机床厂原有产品除保留 1 种外，其余全部更新，新产品包括精密车床 1 种、数控车床 9 种、车削中心 1 种。如此大规模的产品更新换代，自然得益于设备更新："箱体、刀盘等大件用加工中心机床加工，床身导轨精加工使用数控导轨磨床，精密主轴加工使用数控外圆磨床和锥孔磨床，中小件加工应用成组技术。推广应用不调质钢等新材料。改造后工艺水平明显提高，达到缩短零件制造周期，提高生产效率和产品质量。"[②]作为一家历史悠久的老厂，上海第二机床厂利用开放带来的新要素，将自己改造得焕然一新。不过，从该厂以及上海机床厂的案例亦可看到，后发展国家资本品部门的创新发展，实际上高度依赖进口先进的资本品。换言之，后发展国家的资本品部门在演化的早期阶段会依靠挤压自己市场空间的进口资本品来提升自己的技术能力，由此形成某种悖论。进一步说，后发展国家的资本品部门必须尽力缩短创新追赶的时间，否则就会被进口资本品锁定至依附性的低度发展轨道中。

　　实际上，中国机床工具企业依赖进口机床工具进行生产的情况很普遍。例如，杭州机床厂在"六五"期间投资 600 万元进行技术改造，1981 年建成恒温装配车间，1982 年对加工装配车间的危房进行改造，1985 年添置日本马扎克加工中心、联邦德国精密导轨磨和 2 台国产数控车床作为

---

① 上海第二机床厂党委宣传科编：《上海第二机床厂建厂七十周年纪念征文集》，1986年，第40页。
② 上海第二机床厂：《上海机床行业利用世界银行贷款技术改造项目 上海第二机床厂项目竣工预验收报告》，1992年，第6页。

关键设备，并引进了日本树脂砂造型新工艺来生产铸件。[①]杭州机床厂1958年试制第一台磨床时就开始研制导轨磨，装配车间的工人大搞技术革新，自制了土法上马的专机，解决了当时的制造瓶颈。1967年，为大批量生产M7130平面磨床，该厂组织了一个导轨磨床设计的专门班子，成功造出M520组合式龙门导轨磨床，开始步入用正规导轨磨床对导轨加工以磨代刮的新时期，此后，该厂又设计制造了M550落地式导轨磨床，磨头可在360度的范围内任意调整，实用性强。改革开放后，由于原有设备的加工能力跟不上生产形势的需求，加上国门已开，杭州机床厂遂从联邦德国进口了当时国内磨削宽度最大的导轨磨床。1988年，杭州机床厂利用这台联邦德国导轨磨床协助南京机床厂进行加工中心床身的高精度攻关。1987年日本学者参观该厂时，曾问"这样的导轨磨床上海重型机床厂也在生产，为什么要重金从西德引进同样的机床"，得到的回答既包括"国产的好一点的大尺寸磨床还没有"，又包括"为了制造工作母机，引进高级机床是必不可少的"。上海第一机床厂与意大利厂商合作生产的PAMA数控落地镗铣床是上海市"七五"重点攻关项目之一，系一种高精度自动化大型设备，床身导轨精度要求很高，单件床身精度有15项，其全长15米的床身，由3只5米长的床身拼接而成，当时中国还没有这种巨型导轨高精度拼接加工的先例。杭州机床厂承担了该机床高精度磨削攻关的任务，成立了以装配车间瓦德里希导轨磨工作人员为主的攻关小组，经过2个多月的奋战，利用这台德国进口的关键设备完成了床身2组共5件、回转工作台床身1件的高精度磨削。意大利专家对上海第一机床厂的技术人员说，杭州加工的导轨精度和光洁度，比意大利国内加工的都要好。[②]诚然，高难度加工任务的完成，实际上离不开杭州机床厂装配工人精湛的操作技艺，但是，就以该厂装配车间职工自己书写的文字看，进口机床本身还是发挥了难以替代的中心作用。也恰恰是这种重要性，使得中国机床工具工业在可以利用外部新要素后，自身难以摆脱对进口机床工具的依赖。表3-6分析了后发展国家资本品部门在开放市场下的演化可能性。

---

① 郑阳生、朱浩然主编：《建厂四十周年征文集（1951—1991）》，杭州机床厂，1991年，第26页。

② 郑阳生、朱浩然主编：《建厂四十周年征文集（1951—1991）》，杭州机床厂，1991年，第191、243—245、426页。

表 3-6　后发展国家资本品部门的演化类型

后发展国家 资本品部门 ↓时间	初始状态	后发展国家用户部门 ↑资本品 后发展国家资本品部门	←资本品 ←资本品	＼ 发达国家资本品部门 ／
低度创新	演化Ⅰ型： 依附性发展	后发展国家用户部门 ×弱联系 后发展国家资本品部门	←资本品 ←资本品	＼ 发达国家资本品部门 ／
高度创新	演化Ⅱ型： 创新追赶	后发展国家用户部门 ↑资本品 后发展国家资本品部门	×弱联系 →资本品	发达国家资本品部门 ×弱联系 发达国家用户部门

实际上，在历史演化中，存在着发达国家的两类部门与后发展国家的两类部门的多种联系方式，表 3-6 仅选取较为直观的两种演化结果。对后发展国家来说，起初必然存在着至少 3 组循环，即自己的用户部门和资本品部门与发达国家的资本品部门分别循环，而自己的两个部门之间亦构成循环。随着时间的推移，后发展国家的资本品部门与用户部门之间的循环可能会因为进口资本品过于强势而中断，这样一来，后发展国家就完全依赖发达国家供给凝结了高技术的资本品，遂形成对于发达国家的经济与技术依附，这也不可避免地会导致在军事上居于下风，从而影响整个国际地位。但如果后发展国家的资本品部门能够反过来与发达国家的用户部门形成循环，并打断发达国家资本品部门与两类用户部门的循环，那么后发展国家就实现了追赶甚至赶超。至于决定不同演化结果的变量，最直接的因素就是后发展国家资本品部门的创新能力。从这一模型出发可知，改革开放初期中国的资本品部门因为刚刚进入全球市场，正处于长期演化的初始状态中。

五、轨道变更：中国机床工具工业的增量改革

吴敬琏将 1979—1993 年的中国体制改革称为增量改革阶段，实际上这与中国机床工具工业早期改革的若干特征也是相吻合的，尽管时间上未必严格对应。在 20 世纪 90 年代以前，中国机床工具工业经历了早期的改革开放，逐渐走向市场化，出现了演化轨道的变更。

（一）机床工具工业在增量改革阶段的发展实绩

在中国机床工具工业增量改革的过程中，旧的管理体制虽然不断弱化，但对行业发展还发挥着直接的作用。此处不可忽视的就是，政府尤其是中央主管部门，在相当一段时间内仍然左右着行业的演化和发展。例如，在济南第一机床厂与山崎铁工所的合作生产中，暴露出了中国机床工业的生产技术水平、传统的制造工艺和管理水平，与工业发达国家相比存在着较大差距的问题。因此，为了推行国际标准，全面提高机床产品技术水平，机械工业部上报国务院批准，把机床工具工业列为"六五"期间首批技术改造的重点之一。"六五"后三年投资 2.65 亿元，重点安排了机床工具工业 7 个方面的 75 项技术改造项目，在机械工业 342 个项目中占 14%。技术改造项目主要是为 42 家企业添置关键加工设备 167 台、仪器 206 台，扩建近 5 万平方米的恒温、调温、净化装配面积。在机床制造工艺方面的技术改造，主要是加强冷热加工中的关键工艺和测试手段。在冷加工方面，重点改进齿轮、导轨和箱体三大件的加工工艺，使机床关键零件的精度得到提高和稳定。在热加工方面，重点改进 3 个关键工艺，即在部分企业采用树脂砂造型新工艺，应用微处理机控制冲天炉炉温，导轨、齿轮的热处理由过去的高频淬火改变为中频或超音频淬火。同时推广采用离子氮化、多元共渗、真空热处理等新技术，使基础件的寿命大为提高。[①] 从技术改造项目可以看到，济南第一机床厂的经验发挥了重要作用。这次技术改造对机床工业来说虽然不是全面的，但因重点突出、目标明确，收到了良好效果。

在此基础上，中国机床工具工业得到进一步发展。1980—1985 年的机床工具工业各主要产品的产量均有增长，其中，机械部系统企业的产品产量往往占较大比重。到了"七五"的头 3 年，由于受宏观经济过热的影响，全国机床产量大幅度上升，1988 年达到 19.17 万台，仅次于此前历史最高峰的 1977 年的 19.87 万台，随后又因宏观形势变动而大幅度下降，到 1990 年，全国机床产量为 11.78 万台，仅为 1988 年的 61.45%。[②] 这表明，中国机床工具工业受宏观经济环境影响极大。

工具行业在"七五"期间完成刀具总产量 174 907 万件，其中，1990 年完成刀具产量 38 359 万件，比 1986 年的 28 272 万件增加了约 35.68%。同期完成量具总产量 2662 万件，其中，1990 年完成 538.89 万件，比 1986 年的 454.7 万件增长了约 18.52%。"七五"期间的量仪产量为 198 972 台（件），1990 年产量比 1986 年产量下降 34%，但由于量仪产品档次提高，量仪的单台平均价格上升，产值比 1986 年增长了 75%。[③]

---

① 《当代中国》丛书编辑部编：《当代中国的机械工业》（上），北京，中国社会科学出版社，1990 年，第 164—165 页。

② 机电部机床工具司：《中国机床与工具工业（1986—1990）》，机电部机床工具司，1992 年，第 1 页。

③ 机电部机床工具司：《中国机床与工具工业（1986—1990）》，机电部机床工具司，1992 年，第 601—602 页。

哈尔滨量具刃具厂1986年认识到数控刀具的发展前景后,决定开发这一新门类的产品。该厂得到了黑龙江省机械厅的支持,同意在1670万刃具改造项目中调整内容,挤出200万元安排项目。项目调整到1987年就已经完成,但厂内没有地方安排,故直到1989年千分尺生产迁入新厂房后,才真正着手实施开发数控刀具。在这之前,该厂已经派出魏华亮等3人去日本学习数控加工技术,并安排厂技工学校招收高中生组成的数控技工班进行人员培训,等1989年末千分尺迁出原车间后不久,就成立了柔性工具车间试制数控刀具。随着技改的继续实施,到1994年,由柔性工具车间改成的数控刀具分厂全部迁入新厂房。[1]应该说,哈尔滨量具刃具厂进行了准确的市场判断和决策,赶上了机床工具工业数控化的创新潮流。1987年,哈尔滨量具刃具厂的工业总产值首次突破亿元大关。[2]作为老厂,其在增量改革阶段焕发了新的生机。

成都工具研究所1985年按上级命令合并了原成都机床厂改组成的成都量仪开发公司,拟投资2400万元,建设9000平方米的量仪科研大楼和7000平方米的量仪综合车间。该所为此从1987年起实行所长负责制。但由于投资不到位,实际投入仅1400万元,国家改革亦不配套,使所和厂的各种关系无法理顺,1991年,成都工具研究所还是独立出来了,只拿到了量仪科研楼。1988—1992年,成都工具研究所与联合国签署精密量仪开发项目,联合国援助了120万美元,主要用于派遣科研人员到英、美等国进行培训并添置关键设备、仪器。该项培训共进行10人次。[3]成都工具研究所开始向企业转型。

值得一提的是,株洲硬质合金厂进入到工具行业。1953年,重工业部有色金属工业管理局原拟在西安建钨制品厂,但由于西北地区风沙大,影响产品质量,兼以离原材料产地太远,就改在中南地区建厂。在苏联专家的帮助下,几经比较,选定在湖南株洲建设硬质合金厂。该厂系"156"项工程中由苏联援建的企业,1958年4月正式投产,当年硬质合金产量达到755.6吨,为设计水平的近两倍。[4]直到1984年,该厂生产的

---

[1] 哈量集团编:《坚实的足迹——哈量人建业六十载纪事》,哈量集团,2012年,第118—119页。
[2] 哈尔滨量具刃具集团有限责任公司:《哈量集团建企60周年资料汇编(1952—2012)》,哈尔滨量具刃具集团有限责任公司,2012年,第76页。
[3] 成都工具研究所:《创新历程:成都工具研究所50周年所庆文集》,成都工具研究所,2006年,第7页。
[4] 株洲硬质合金厂志编纂办公室:《株洲硬质合金厂志(1953—1980)》,株洲硬质合金厂,1983年,第1—6页。

硬质合金产品95%是以毛坯作为成品出厂的，产品结构主要为常规产品，包括切削刀片、常用模具和钻采钎头等合金的毛坯。从1984年起，经过局部的加工工艺试验，该厂分期对切削刀片研磨涂层、矿山工具配套、合金模芯镶嵌，以及顶锤、轧辊的磨削加工等项目进行了工艺技术改造和设备更新。1985年，根据"市场向国外开拓，产品向深加工延伸"的经营决策，株洲硬质合金厂投资40万元动工建设深度加工生产线，建筑单层砖混结构厂房455平方米，厂内调拨M2120内孔磨床和M7130平面磨床共2台，于1986年4月简易上马，一方面进行小件合金制品精加工，一方面开发顶锤、轧辊和异型产品的磨削加工。1986年下半年，该厂配置了四柱液压机、高精度磨床、万能外圆磨床等设备19台套，试制成功三维轧辊、大型密封圈、大定型模等30种深加工产品，产量达到22.90吨。1987年，该厂投资80万元，配置万能工具磨床、高精度平面磨床、高速外圆磨床等设备共13台，同年研制成功硬质合金圆盘切刀。1990年5月，该厂设置株洲硬质合金厂刀具分厂筹备处，投资4950万元建设硬质合金刀具生产线，同年又投资20万元建设简易刀具生产线。1990年下半年，该厂调拨和采购万能铣床、平面磨床、工具磨床、数显工具铣床和大型立铣床等设备共计8台套，因陋就简上马了刀具生产线，至年底已生产各类刀具7000把，包括4个品种的硬质合金车刀、3个品种11个规格的陶瓷车刀。①在经济利益的驱动下，株洲硬质合金厂作为计划经济体制下的非机床工具企业进入到工具行业，充分体现了改革开放的市场化特征。

（二）资本品部门创新体系在改革开放初期的渐变

作为"工业的心脏"，改革开放以后，中国机床工具工业继续对整个国民经济的发展起着战略性的作用。例如，20世纪80年代末，武汉重型机床厂在借鉴德国单柱数控立车技术的基础上，开发了CK51、CH51系列的单柱数控立车、立式车削加工中心。1989年，该厂研制出CK53160型16米单柱移动式数控立车，被专家誉为"共和国当家设备"，在加工当时国内最大单机容量岩滩水电站关键设备中立功，1989年被评为当年全国十大科技成果，名列榜首。②武汉重型机床厂是在设备能力不足的条件

---

① 株洲硬质合金厂志编纂委员会：《株洲硬质合金厂志·续集（1981—1990）》，株洲硬质合金厂，1994年，第41—44页。
② 《武重志》第二卷编纂委员会：《武重志》第二卷，武汉重型机床集团有限公司，2007年，第48页。

下，花了两年多的时间克服一系列技术难关，为哈尔滨电机厂造出该立车的。武汉重型机床厂还为北京重型电机厂研制了一台5米数控龙门铣床，也在1989年交付使用。[①] 再如，上海第一机床厂1982—1989年成功研制出30万千瓦核电站堆内构件这一中国第一座核电站的重点设备，经国家和秦山核电公司验收，获得了国际原子能委员会专家的好评，为中国核电事业的发展作出了贡献。[②] 又如，大连机床厂在"七五"期间为汽车工业提供了1000多台组合机床及其自动线，替代了一部分进口设备，节约了大量外汇，其中包括为中国重型汽车集团提供了212台组合机床，基本实现斯太尔重型车发动机生产装备的国产化，以及为南京汽车厂引进的意大利菲亚特集团的依维柯发动机生产线提供了近百台组合机床。[③] 济南第二机床厂研制成功JB47-600/1000型1000吨闭式四点双动拉伸压力机和JA39-1000型1000吨闭式四点压力机，供一汽生产轿车和轻型车用。[④] 重庆机床厂1989年为上海大众汽车厂研制成功YB3132/11双工位高效滚齿机，解决了桑塔纳轿车齿圈加工的难题。[⑤] 因此，在改革开放时代，中国机床工具工业的发展对于中国的工业化依然具有重要意义。

1975年，中国科学院半导体所的实验工厂109厂的工程师原锡铎设计了一套大面积光刻机图纸，并提请一机部仪器仪表工业局为其寻求合作伙伴。经过酝酿与协商，哈尔滨量具刃具厂于1977年承担了此项研制任务。当年2月，哈尔滨量具刃具厂的技术人员从北京带回109厂的光刻机图纸，4月，又邀请原锡铎到哈尔滨进行技术交流。原锡铎给哈尔滨量具刃具厂的技术人员介绍了半导体芯片的光刻工艺、国内外光刻设备的情况、光刻机图纸的一些细节要求以及电控系统框图等。当年6月，哈尔滨量具刃具厂的技术人员崔鸿烈又去北京进行了光刻机的专项调研，参观了109厂半导体集成电路的生产线，亲眼看到了芯片的制作过程，听取了操作工人对光刻机的意见和建议。在这次调研中，崔鸿烈对上海劳动仪表厂生产的劳动牌光刻机、中国科学院半导体所自行研制的三点定位光刻机等

---

① 杨学桐：《为用户服务 为国庆添彩——我行业又研制出一批重大新产品》，《中国机床工具》试刊第4期，1989年10月20日，第1版。
② 上海市机床总公司编：《上海机床行业志》，1993年，第83页。
③ 王忠：《为中国汽车工业装备国产化而奋斗的大连机床厂》，《中国机床工具》总第10期，1990年4月15日，第4版。
④ 张宝玮、杨军：《为汽车工业腾飞研制先进压力机》，《中国机床工具》总第16期，1990年9月15日，第3版。
⑤ 重庆机床厂厂史编辑委员会：《重庆机床厂简史（1940—1994）》，1995年，第178页。

设备做了一些测试和操作，搜集了大量技术资料。1977年7月下旬，哈尔滨量具刃具厂第二技术科正式成立了由6人组成的光刻机研制小组，李立人为组长，负责光学系统设计，崔鸿烈负责机械部分的设计。经与109厂共同对光刻机方案进行论证，一致认为原光刻机图纸工作原理可行、技术指标先进，但零部件的工艺性不符合哈尔滨量具刃具厂的实际情况，光学系统不够理想，气动和电控系统只有框图等。最后，双方决定，取其原机的工作原理，进行机、光、电、气的修改和重新设计。接着，经省局介绍，哈尔滨量具刃具厂与阿城继电器厂取得了联系，确定了合作关系。至此，光刻机的设计工作全面展开，由109厂和哈尔滨量具刃具厂负责机械部分、气动部分的设计，哈尔滨量具刃具厂负责光学部分的设计，阿城继电器厂负责电控部分的设计，总体方案由109厂负责。1978年8月，设计工作完成，该光刻机型号定为4901型大面积光刻机。这种精密设备在加工过程中自然会遇到很多困难，但都被哈尔滨量具刃具厂的职工一一克服了。例如，工艺人员利用照相技术，将复眼透镜的阵列图形复制到平板玻璃上，再按此图形黏合透镜，获得了很好的效果。再如，非球面聚光镜的制作，是老工艺人员大胆提出用线切割机按曲面坐标切出样板，用此样板精磨透镜及抛光，最终完成加工任务的。至于整个装配过程中的拆装次数，则多到难以统计。1979年6月，该光刻机完成了机、光、电、气的联调工作，并通过了厂内鉴定。从1980年到1981年11月，试制样机由109厂进行了工艺验证，结果为最好使用曝光线宽为2微米，如果具备更好的工艺条件，其效果可能更好。该样机被正式定名为KHA75-1型大面积半自动光刻机，"75"的意思是该机可适用直径为75毫米硅片。1981年11月30日至12月2日，一机部仪器仪表工业局和黑龙江省机械工业局联合组织了局级鉴定会，中国科学院学部委员王守武给予该机很高的评价，评委会认为该机在某些重要指标上已经达到当时日本佳能PLA500-F型光刻机的水平，建议哈尔滨量具刃具厂尽快组织批试生产。KHA75-1型大面积半自动光刻机可制作64—256千字节集成电路芯片，哈尔滨量具刃具厂在20世纪80年代共生产10台，供给109厂、邮电部研究所、沈阳47所、无锡江南有线电厂等单位。[①]哈尔滨量具刃具厂制造光刻机的成功，是与用户联合研发的结果，由用户带来了新知识，又将扩展后的新知识反馈给用户，仍然延续了毛泽东时代的资本品部门创新机制。这种延

[①] 哈量集团编：《坚实的足迹——哈量人建业六十载纪事》，哈量集团，2012年，第120—124页。

续性，也体现了这一阶段改革的增量性。

不过，类似这种资本品部门与用户部门间的紧密联系，到20世纪80年代末就几乎不存在了。哈尔滨量具刃具厂终究未能继续研制光刻机，一如109厂未能成长为大规模的芯片制造商。参与了光刻机设计的崔鸿烈只能这么说："它（KHA75-1型光刻机）对我国大规模集成电路的发展起到了重大促进作用。据此，欧、美国家解除了5英寸大面积光刻机对我国的禁运密令，迎来我国大规模集成电路高速发展的新时代，我们可谓完成了这段历史使命。"① 曾为三机部研制精密磨床的杭州机床厂老职工写道："（三机部）在封锁时期没有办法，只有买我们的机床，开放以后仍然要继续进口，1982年我厂再来仿制HFS型平磨时，他们已经能够进口也就不要国产机床了。"这位老职工还指出20世纪80年代出现了重视仿制机床而轻视自主设计的新风气，其表现为，仿制进口普通级磨床的产品，售价竟比自主设计的精密级磨床高很多，他认为，这样下去，"将来的新产品只能走'仿制'的路，很难'自行设计'了"。② 老人或许过于悲观了，但中国机床工具工业演化的轨道，在增量改革年代，已然出现了变更。

第二节 行业体系重构：中国机床工具工业的市场化演变

尽管中国的改革开放在20世纪80年代末与20世纪90年代初出现了波折，但中国机床工具工业仍然在新轨道上继续演化，并未出现20世纪70年代末那种巨大的结构性变化。进入20世纪90年代，中国机床工具工业的市场化程度在加深，中国机床工具市场也更加开放。尽管这种演变逐渐重构了整个行业体系，但它还是增量改革逻辑的延续，并未出现本质性的历史断裂。然而，与1977年以前因政治原因导致的波动不同的是，进入20世纪90年代以后，中国机床工具工业将直接卷入与世界经济周期息息相关的经济波动。

一、竞争加剧：中国台湾地区机床工具工业的崛起

台湾是中国不可分割的一部分。但由于历史原因，中国台湾地区的机床工具工业，与中国大陆地区的机床工具工业形成了一条不同的演化路

---

① 哈量集团编：《坚实的足迹——哈量人建业六十载纪事》，哈量集团，2012年，第124页。
② 郑阳生、朱浩然主编：《建厂四十周年征文集（1951—1991）》，杭州机床厂，1991年，第230页。

径，并逐渐成为中国大陆地区同行的竞争对手，在政策因素的作用下，侵蚀着大陆地区资本品部门创新所需要的资源。

中国台湾地区将机床称为"工具机"，这是沿用了1949年以前的术语，其基本定义为："由动力驱动的固定式机器，用来把金属或其他材料加工成零件。"因为机床是制造机械的机械，所以台湾地区也称机床为"工作母机"，但现在已统一称为"工具机"。①

甲午战争以后，台湾地区长期被日本帝国主义侵占，直到1945年才光复，在日据时期，包括机床工具工业在内的台湾机械工业基本未得到发展。"工业日本、农业台湾"是日本侵占台湾后的基本经济政策。1937年日本全面侵华，台湾经济也被纳入战时体制，在1938年日本人制定的台湾《第一次生产力扩充五年计划》中，出现了机械工业的项目。大同制钢机械厂、唐荣铁工厂等重要的台湾机械企业亦成立于战时。太平洋战争爆发后，台湾新兴的机械工厂更如雨后春笋，且开始由制造轻工业品逐渐转向自制铁路轨材、车辆、半柴油机、动力船舶和机床等。日据时期的台湾机械工业从业者，都是从买卖五金工具及其修理业开始起步的，然后仿制日本的机器销售，再逐渐制造传统车床、铣床及高速车床等机床。例如，台中精密机械公司的创办者黄奇煌曾是东洋铁工所的养成工；杨铁工厂创办人杨朝坤曾在日本人办的台湾糖厂当机器修理师，后来自己创立企业，并曾与日本人合资开设工厂。②总体而言，日据时期台湾的机械工业是极为幼稚的，与近代上海颇为相似，但程度更低。

台湾光复以后，机床制造能力很弱，1953年有几家公营公司开始生产本地工厂用的一些机床。由于设备简陋，这些公司仅能生产式样陈旧、精度低及互换性很差的机床，产量也很少，产品局限于车床、冲床、钻床及牛头刨床等。此后，由于台湾地区对机床的需求不断增长，更多的民营工厂加入到机床生产行列。③台湾早期的机械工厂多半为家庭式小型打铁厂，被称为"黑手"。④在当时台湾机械工业的产品分类中，机床工具产品被归为"一般机械"类，全称为"工具机及小工具"（machine tools and small tools），其内涵为："工具机为制造机械的机械，主要产品包括车

---

① 刘仁杰：《分工网路：剖析台湾工具机产业竞争力的奥秘》，台北，联经出版事业公司，1999年，第6页。
② 台湾机械工业同业公会：《机械工业五十年史》，1995年，第40—43页。
③ 周国栋等编著：《台湾机电工业》，北京，机械工业出版社，1990年，第8页。
④ 刘仁杰：《分工网路：剖析台湾工具机产业竞争力的奥秘》，台北，联经出版事业公司，1999年，第4页。

床、剪床、刨床、螺丝冲床、齿轮切床及碎石机等。"①这一分类显示了光复初期台湾地区所能制造的机床的种类。

  从1951年起，台湾地区的机械工业因为美国援助和当局的小型工业贷款而加速发展。1957—1960年，在台湾地区的第二个四年经济计划时期，有所谓退役军人辅导就业项目。台湾当局的退役军人中包括原兵工厂的士兵和军官，其中不乏熟练工程师和技工，他们退役后散布到各个铁工厂和机器工厂，直接参与设计和操作，对台湾机床工业的发展起到了推动作用。在20世纪50年代，台湾生产机床的主要企业有大同制钢机械公司生产各种刨床、钻床、压床等，三元铁工厂生产车床、刨床和切齿床，华荣机器厂生产高速车床，台湾宜昌机械公司生产车床。不过，这些企业并非仅仅以制造机床为专业，如华荣机器厂还生产造纸机械，台湾宜昌机械公司则生产齿轮和纺织机等。就台湾机械工业整体而言，此时的出口尚微不足道。②换言之，与大陆地区在国家力量的强制干预下形成了专业化的机床工具工业不同的是，台湾地区的机床工具工业此时仍然保留着近代上海小型机械企业的弹性特征。

  随着台湾地区工业化的展开，台湾机械工业的结构也出现变化，机床逐渐取代纺织机械，成为台湾机械工业的主要产业。1960年，台湾的机器设备进口已经取代纺织品进口，占进口商品的第一位，占进口总值的15.4%，约合4570万美元。台湾进口的机器设备中以纺织机械为最大宗，使得台湾本地纺织机械业中不具竞争力的部分渐趋萎缩，机床工业开始显现更大的比较优势，一些纺织机械企业转产机床。③20世纪60年代，由于台湾地区经济形势日趋好转，机械工业受到市场刺激，不断增加投资，更新设备，进口精密机床，并与国外企业开展技术合作，进行机床产品改进，积极降低成本。1967年，台湾地区首次实现机床外销。该时期台湾机床工业产量最大的是车床，产值占机床总产值的60%，其次是钻床，占17%，此外还生产了铣床、镗床、刨床、磨床和电火花加工机床等。台湾机床工业的自制化程度在这一阶段达到了90%，只有轴承、仪表、高精度齿轮等少数零件需要依赖进口。进入20世纪70年代后，台湾的机床总产量每年均达数十万台。与此同时，台湾机床工业的技术能力也在提升。1974年，杨铁公司在台湾最早开发出了数控机床。1979年，大兴公司和

---

  ① 台湾机械工业同业公会：《机械工业五十年史》，1995年，第58页。
  ② 台湾机械工业同业公会：《机械工业五十年史》，1995年，第66、75页。
  ③ 台湾机械工业同业公会：《机械工业五十年史》，1995年，第76、86页。

永进公司生产了数控车床和数控铣床。1980年,杨铁公司又开发了复杂的加工中心。①更为重要的是,台湾地区的机床工业逐渐演化为出口导向型的产业。从1977年起,台湾的机床进出口值就由逆差转为顺差,体现出台湾机床工业的竞争力有了提高。1981年,台湾机床工业的顺差金额排在台湾机械工业的第1位。②截至1980年止,台湾机床工业的出口有60%输往美国,12.6%输往欧洲,7.3%输往日本、澳大利亚和新西兰,输往亚洲地区的数量仅占全部数量的12.5%。可以说,20世纪70年代是台湾机床工业的成熟期,但当时该产业并不被专家看好,也不受台湾当局的重视。③不过,1980年,台湾当局有了发展战略性工业的构想,后来制定了《机械工业发展方案》,在选定的战略性工业中包括数控机床、自动化制造系统、精密机床、精密量具及量仪、产业用机器人等。1983年底,台湾地区最大的机床企业杨铁公司遇到了经营困难,不得不请求台湾地区政府的援助。当时,台湾的生产力中心服务团成立了一个"工具机自救小组",对杨铁公司开展调研,1984年2月提出了《工具机自救方案》,建议台湾地区当局推行若干政策。该方案在专业分工和寻求岛外名厂合作两方面的建议取得了成效。④在20世纪80年代,台湾的机床企业在数控技术方面有了更大的发展,数控机床产值占所有机床产值的比例,由1981年的3.8%增加到1984年的14.6%,提升迅猛。台湾机床工业加工中心的产量1982年仅53台,1986年已增长为949台,这从一个侧面反映了行业的快速成长。从1975年开始,中国台湾地区每年在台北举行规模较大的台湾机械展览会,1983年起,该展会根据专业化发展的趋势,分成两个独立的展览,即工业机械展览和机床展览。⑤台湾地区的机床展即"台湾国际工具机展"。

1986年5月20日,美国基于国家安全理由,针对日本、联邦德国、瑞士和中国台湾地区的输美机床工具产品,提出出口自动设限协定(Voluntary Restraint Agreement,VRA)要求,12月9日,台湾当局与美方达成自动设限协定。中国台湾地区被设限的机床产品有4项,分别为综合加工机、铣床、数控车床和非数控车床,设限时间长达5年,设限数量

---

① 周国栋等编著:《台湾机电工业》,北京,机械工业出版社,1990年,第8—10页。
② 台湾机械工业同业公会:《机械工业五十年史》,1995年,第117页。
③ 刘仁杰:《分工网路:剖析台湾工具机产业竞争力的奥秘》,台北,联经出版事业公司,1999年,第110—111页。
④ 台湾机械工业同业公会:《机械工业五十年史》,1995年,第121、126—127页。
⑤ 周国栋等编著:《台湾机电工业》,北京,机械工业出版社,1990年,第12—13页。

依据中国台湾地区 1985 年在美国的市场占有率来核算,因此,台湾输美机床呈零增长局面。1991 年 12 月 27 日,VRA 即将终止之际,美国又以美方机床工业需要时间调整产业结构及争取生存空间为理由,要求中国台湾地区与日本续签 2 年的设限协定。在这一次的 VRA 中,设限数量依双方谈定的额度,设限产品则缩减为 3 项,即综合加工机、数控铣床和数控车床。1993 年 12 月 31 日,长达 7 年的 VRA 始告结束。也就在这一历史时刻,中国大陆即将进入吴敬琏所谓的改革开放"整体推进"阶段,一个巨大的市场,将展现在台湾厂商的眼前。事实上,台湾厂商对于转换巨大市场早有准备。1990 年 12 月 13 日,台湾机器公会第一次组建大陆机械工业考察团,访问了武汉、沈阳、大连、北京、昆明等地"十八罗汉"机床厂中的 6 家企业,并考察了北京机床研究所。12 月 18 日,台湾机器公会与中国机床工具工业协会举行了"两岸机床业界恳谈会",双方签署交流合作备忘录。自 20 世纪 90 年代起,台湾机床工业不仅在大陆销售产品,还投资建厂。大陆地方政府给予了台资企业优厚的待遇。例如,1994 年,台湾冲床企业金丰机器在宁波落户,宁波市政府除了地价、设厂配套与投资减免外,还发给该厂高层以上主管"荣誉市民证",其车辆贴上"绿色通关证"等政府官员与来访外宾才享有的权利。[①]此时的台湾机床工具工业在技术等方面并不领先于大陆企业,两地机床工具工业因不同的历史演化路径而各具特色与优势。但是,迅速崛起的台湾机床工具工业牢牢紧盯广阔的大陆市场,并将在特殊政策的扶持下,吸收大陆机床工具工业部门创新所需要的资源。在 20 世纪 90 年代以后中国机床工具工业的演化史中,台湾地区的机床工具工业是不可忽视的重要变量。

二、进口冲击:中国机床工具工业成为开放性行业

竞争是市场经济的基本属性之一。在改革开放中,随着中国机床工具工业日益走向市场与开放,竞争和分化也越来越激烈,机床工具工业逐渐演化成一个由真正的市场主体构成的竞争性行业。在整个 20 世纪 90 年代,中国机床工具工业在相当一段时期内困难重重,行业为了求生存付出了巨大的努力。

[①] 张克约编著:《机械风云 100 年——两岸机械行业交流 20 年回顾》,台北,商讯文化事业股份有限公司,2011 年,第 48、215、217 页。

（一）机床工具工业的全行业不振

机床工具工业是周期性产业，而市场经济本身就是周期循环的，所以机床工具工业特别容易受到宏观环境的影响。巴里·诺顿（Barry Naughton）认为，自1978年以来，中国的国内生产总值增长呈明显的周期性模式，其中3个时期的增长超过年均12%，高峰期出现在1984—1985年、1992—1994年和2006—2007年，每一次高峰增长都出现在政策放松之后，每个增长高峰都是对前期政策的反弹。[①]他的这一观察对于分析20世纪90年代之后中国机床工具工业的演化是有参考价值的。事实上，中国机床工具工业的从业者一般认为十年为一个行业周期，虽然自2009年之后，这一经验未必契合历史新的发展，但大体来说，20世纪90年代中国机床工具工业整体而言不景气，而21世纪最初十年堪称该行业的"黄金十年"。这一周期背后的成因过于复杂，目前亦未得到清晰的解释，但两个历史阶段不同的图景，在对历史进行描绘时，能够清楚地呈现出来。

进入20世纪90年代以后，随着中国确立社会主义市场经济体制，中国机床工具工业的市场化程度也日益加深。但这个过程不是一蹴而就的，而且机床工具工业作为一种基础性的资本品工业，在中国的社会主义体制之下，始终受到国家基本建设投资的扩张与收缩等因素的影响。例如，1989年，由于国家压缩基建投资规模和信贷规模、控制经济过热，大型精密机床市场变得疲软，昆明机床厂1988年底已在手的300多台、7000多万元订货合同，开始出现大量退货，先后退掉207台、价值达5000多万元的合同。[②]这家中国机床工具工业的始祖级企业在喜迎建厂50周年的时刻，备受打击。在行业的宏观层面上，1991—1993年，机床工具工业以年均20%的速度增长，从1992年下半年开始，在市场过热的刺激下，生产超高速发展，到1993年底创下了产量、产值、销售收入和利税总额等历史最高纪录。然而，1993年以后，由于国家整顿金融秩序，控制固定资产投入的高速增长，加之大量进口机床的冲击，从1994年起，机床工具工业开始出现负增长，1995年第一次出现了全行业亏损，遇到

---

① 〔美〕巴里·诺顿：《中国经济：适应与增长》（第二版），安佳译，上海，上海人民出版社，2020年，第154页。
② 《昆机志（续编）（1989—2009）》，昆明，沈机集团昆明机床股份有限公司，2009年，第4页。

了前所未有的困难。[①] 行业发展宏观形势的转折在企业经营的微观层面有直接体现。以沈阳第一机床厂为例，该厂 1993 年就经历了两个截然不同的阶段，上半年产品旺销，为满足市场需要，该厂组织满负荷生产，高速出产品；但下半年就出现了产品滞销，该厂便转为抓压缩资金、压缩在制品，抓压库促销，清点下厂产品，减少在制品资金占用，全年共清除毛坯 139 种 2874 件、成品 68 种 7559 件。[②] 表 3-7 为中国机床工具工业 1990—1995 年的主要经济指标。

表 3-7 中国机床工具工业主要经济指标（1990—1995 年）

项目	1990 年	1991 年	1992 年	1993 年	1994 年	1995 年
工业总产值（不变价）/亿元	100.6	113	142	178.7	176.2	175
工业总产值（当年价）/亿元	95.2	108	149	222	220	212
其中：数控机床产值/亿元	2.3	4.7	7.3	10	7.2	7.7
产值数控化率/%	10	12	15	17	13	13
工业增加值/亿元	35	38.5	55.2	80.8	78.8	66.2
销售收入/亿元	80.5	109	149.6	215	176	182
利税总额/亿元	9.9	11	16.9	23.5	21	10.3
利润总额/亿元	3.6	3.5	7	12.9	4.6	-1.8

资料来源：机械工业部机械基础装备司：《中国机床与工具工业（1991—1995）》，机械工业部机械基础装备司，1997 年，第 1 页

1994 年，机床工具行业大多数企业开工不足，生产能力放空，效益急剧下降，资金极度紧张，靠贷款发工资，一些比较好的企业只是能保住工资，没有进一步发展生产的资金。中国机床工具工业协会在一篇评论中指出："我行业有些同志在困难面前，念念不忘 1992 年下半年和 1993 年上半年的'好日子'，他们囿于老经验，认为国民经济总是遵循马鞍形的规律发展，只要熬过处于低谷的苦日子，便自然峰回路转走向马鞍形的顶峰。他们在熬日子，在等待。"这表明经过几十年的发展，中国机床工具工业的从业者已经认识到行业的发展受制于国民经济的某种周期性规律。但是，中国机床工具工业协会则认为新的形势有所不同："总体上看，改革的框架已经建立起来。国民经济正在持续快速、健康地发展。因此，今年下半年及今后一个时期不可能出现戏剧性的变化。"故中国机床工具工业协会呼吁："所有宏观经济形势的信息集中说明，我们没有任

---

① 机械工业部机械基础装备司：《中国机床与工具工业（1991—1995）》，机械工业部机械基础装备司，1997 年，第 1 页。
② 沈阳第一机床厂志编纂委员会编：《沈阳第一机床厂志（1986—1995）》，沈阳第一机床厂，2014 年，第 33 页。

何理由去坐等形势好转，我们应该立即行动，接受严峻形势的挑战，眼睛向内，研究并采取正确的战略，为争取机床工具行业的生存和发展而奋斗。"①事实上，中国机床工具工业协会的预测是准确的。"九五"期间，中国机床工具工业前三年产值连续下降，直到1999年才开始回升。②因此，在新的市场经济的形势下，20世纪90年代中国机床工具工业经历了一个至少长达5年的低谷。1996—2000年中国机床工具制造业利润情况如表3-8所示。

表3-8　中国机床工具工业的利润（1995—2000年）单位：万元

行业	1995年	1996年	1997年	1998年	1999年	2000年
机床工具行业	2 988	−27 386	−32 237	−11 851	−4 890	47 995
金切机床行业	−3 164	−24 806	−31 934	−39 020	−33 436	2 816
锻压机械行业	2 025	−1 300	2 122	358	1 149	6 616

资料来源：中国机床工具工业协会：《中国机床与工具工业（1996—2000）》，2001年，第3页

数据显示，机床工具工业的主干行业金切机床行业从1995年到1999年一直处于行业亏损状态，由此也影响到整个机床工具工业的景气。锻压机床行业尽管只在1996年处于行业亏损状态，但2000年前的利润也不高。因此，20世纪90年代中国机床工具工业整体上是处于低谷阶段的。

典型企业的经历印证了行业的不景气。图3-2系根据北京第一机床厂资料整理的该厂1994—2000年销售收入变动情况，很明显，1996年之后，该厂销售收入持续低迷，不复1995年与1996年收入过亿的盛况。因此，中国机床工具工业宏观层面的周期性特征，是由微观层面的企业发展实绩决定的。

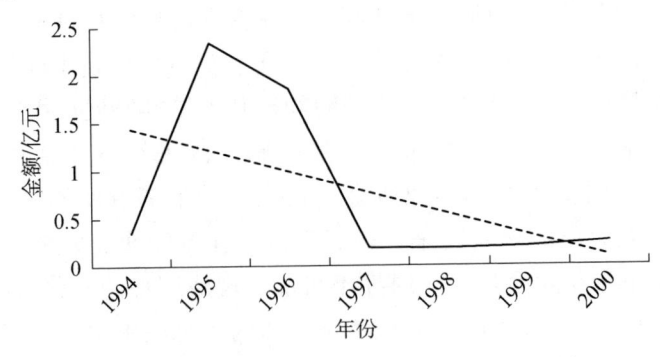

图3-2　北京第一机床厂销售收入（1994—2000年）
资料来源：根据北京第一机床厂相关资料整理

① 且言：《认清形势立即行动》，《中国机床工具》总第111期，1994年9月5日，第2版。
② 中国机床工具工业协会：《中国机床与工具工业（1996—2000）》，2001年，第1页。

（二）进口挤压对部门创新体系的冲击

在"八五"初期，机械电子工业部机床工具司和中国机床工具工业协会共同组织了专家研讨会上，会上提议："制订适当的保护政策，严格对进口设备的统一审查，凡国内能够制造而且能在期限内提供的产品，严禁进口。"[1]然而，"八五"期间，大量机床工具产品进口，对国内企业形成了一定的冲击。表3-9为1990—1995年中国机床的进出口情况。

表3-9　中国机床进出口情况（1990—1995年）

项目	1990	1991	1992	1993	1994	1995
国内机床行业产值/亿元	43.41	48.57	72.84	113.55	103.73	75.67
进口/亿美元	2.61	2.66	5.48	11.49	11.73	13.62
出口/亿美元	1.92	1.65	1.63	1.75	1.79	2.17

资料来源：机械工业部机械基础装备司：《中国机床与工具工业（1991—1995）》，机械工业部机械基础装备司，1997年，第119页

注：美元对人民币的汇率为：1990—1991年1∶5.2；1992年1∶5.44；1993年1∶5.77；1994—1995年1∶8.62

据表3-9可以看到，1990—1995年，中国机床行业的产值自1993年后出现大幅下滑，机床出口值一直在低位徘徊，但机床进口值则稳步提升。将表3-9的数据进行指数计算，可得图3-3。

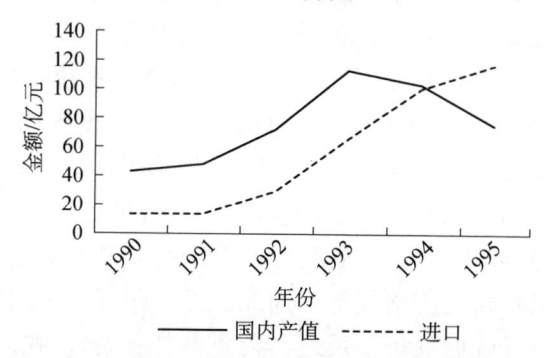

图3-3　中国机床国内产值与进口指数（1990—1995年）

尽管人民币对美元不断贬值，更有利于中国出口而非进口，但1990—1995年中国的机床进口值仍然呈飙升之势，按指数计算甚至逐渐超过了国内机床产值，中国机床工具工业在市场上承受的压力可见一斑。

在国家工业管理体制进一步改革前，机械工业部对于机床工具工业的发展，采取了积极扶持的政策措施。实际上，"八五"时期是直到当时为

---

[1]《振兴机床工业要创造一个良好的市场环境》，《中国机床工具》总第27期，1991年3月5日，第1版。

止机床行业历史上得到国家支持最多的五年，无论是将科技攻关列入国家重点攻关规划中，还是将技改列入重点消化吸收"一条龙"技改专项中，国家都给予了大量资金支持，为数控机床工业的壮大打下了基础。以金切机床行业来说，"八五"期间共完成固定资产投资额 54.79 亿元，是"七五"的近 5 倍，其中基建投资 19.14 亿元，约占 34.93%，技改投资额 35.65 亿元，约占 65.07%。[1]不过，由于历史欠债大，即使经过了较大的投入改造，机床工具行业的资产净值率上升到 48%，还是低于机械工业平均 53.8% 的水平。机床工业设备老化问题在机械工业中更为严重，少数大型企业及大多数中小型企业工艺装备和生产条件仍为普通机床加工夹具，部分骨干企业开始少量应用数控机床，但数控机床拥有量仅在 1%—4%。由于相当一部分大中型机床工具企业负债率偏高，平均高达 75%，自有资金不足，故主要依靠银行贷款进行技改，难以承受较大投入，而在市场经济条件下银行融资难度也加大了。[2]因此，机械工业部帮助机床工具工业技改的产业政策，在"八五"期间，力度虽大，但成效受限。在这种形势下，整个国家贸易政策的转向实际上又抵消了产业政策的功效。

机床进口的扩大与机床价格是有密切关系的。据资料，1993 年底，台湾匠泽机械公司的 MCV1250 型立式加工中心，工作台尺寸约 500 毫米×1000 毫米，刀库容量 20 把，配日本三菱 M3 系统，每台售价人民币 86 万元；台湾龙佑公司推销新卫电脑机械公司 MC-800P 型立式加工中心，工作台尺寸相同，刀库容量 24 把，配德国西门子 820M 系统，售价人民币 103.6 万元，配日本三菱 M3 系统，则为 98.5 万元；同一时期，大陆某厂正试制和 MC-800P 型相近的加工中心，初步定价就高达 120 万元。大陆机床显然缺乏价格优势。因此，当时即有评论指出："推行市场经济，企业不再受政府保护，反之，为争取'复关'，我国外贸政策作了一系列适应性的调整，如降低进口税率、减少进口限制，赋予外商以'国民待遇'优惠等，这就更有利于外商进入大陆市场，和我们平等竞争。"[3]这是中国机床工具产品市场的重要变化。

从 1994 年起，中国政府对机电产品进口管理进行了重大改革，只管

---

[1] 机械工业部机械基础装备司：《中国机床与工具工业（1991—1995）》，机械工业部机械基础装备司，1997 年，第 8—9、119 页。

[2] 机械工业部机械基础装备司机床工具处：《"八五"技术改造小结及"九五"技改思路》，1996 年 7 月，第 4—5 页。

[3] 傅积霖：《机床价格杂谈》，《中国机床工具》总第 94 期，1993 年 12 月 20 日，第 4 版。

理少数产品,大部分放开,机床进口原来规定除外商投资进口外都要审批,新规定除加工中心、数控卧式车床、电加工机床和等离子、火焰切割机要经国家审批才能进口外,绝大部分不需审批,只要到部门、省市进口办登机就可进口。尽管国家对进口机床工具产品课以5%—35%的关税,但由于存在低价二手设备进口、技改项目全免税或半免税进口、易货贸易半免税进口、经济特区等特定地区自用设备免税进口、国际贷款全免关税与增值税进口、外商投资免税进口等大量减免税优惠政策,实际关税征收得很少,不能对国内机床工具企业起到保护作用。[①]因此,到20世纪90年代中期,中国的机床工具产品市场已经实质性开放,进口境外产品占据了市场的半壁江山,国产机床在国内市场占有率一度下降到不足40%[②],中国机床工具工业也从计划经济体制下受到保护的行业变为一个高度开放的竞争性行业。从1990年到1996年,中国的机床进口值猛增了4倍,但是,进口国外设备中有一半是国内能够制造的普通机床,产品质量和水平与国内比较并没有多大的差别,价格却高出国内同类机床价格的几倍。[③]因此,机床的大量进口既与价格等经济因素有关,又受消费者心态等非经济因素的影响。

从1994年开始,中国的数控机床关税税率从15%下调到9.7%,已经低于发展中国家的平均水平。1995年,中国普通机床的关税税率一般为25%—35%,到1996年则进一步下调,金属加工机床调整为18%左右,国内与国外尚有差距的金属磨床调整为16%左右,其他普通机床一般为20%。[④]因此,20世纪90年代的中国政府实际上采取了以用户为中心的资本品贸易政策,即鼓励先进资本品进口以满足国内用户需求,而非保护本国新兴的资本品部门利用国内市场进行积累。这一点,以当时在中国属于幼稚产业的数控机床产业的低关税税率来说,是极为明显的。低关税政策确实带来了机床的大量进口。表3-10以数量为单位展示了20世纪90年代中国金切机床的进口情形。

[①] 《采取宏观调控措施 促进机床工业发展》,《中国机床工具》总第128期,1995年5月20日,第4版。
[②] 机械部机械基础装备司:《重塑国产机床新形象——机床工具行业努力打好质量翻身仗》,《中国机床工具》总第145期,1996年2月5日,第1版。
[③] 于成廷:《机床大量进口应引起关注》,《中国机床工具》总第180期,1997年8月5日,第4版。
[④] 机械工业部机械基础装备司机床工具处:《主要机床工具产品进口关税调整表》,1996年7月,第1—2页。

表 3-10　中国金切机床的进口（1990—2000 年）　单位：万台

年份	进口数量
1990	4.2
1991	6.0
1992	10.7
1993	13.0
1994	18.8
1995	13.4
1996	12.5
1997	10.5
1998	7.9
1999	8.9
2000	10.5

资料来源：海关总署综合统计司：《改革开放三十年中国对外贸易监测报告》，北京，中国海关出版社，2009 年，第 717 页

不需要将表格转化为折线图，就可以清楚地看出，在 1990—2000 年间，中国的金切机床进口量骤增，并一直维持在远远高于 1990 年进口量的水平上。然而，20 世纪 90 年代恰好是中国机床工具工业全行业发展不振的时期。换言之，即使机床进口量从 1994 年开始持续走低，但考虑到宏观经济背景，则这种下滑并不影响机床进口量形成了相对稳定的规模。因此，进口机床的增长，放到市场需求本身疲软的背景之下，就对本土机床产业构成实质性的冲击了。而这种国内市场因开放性而导致的对本土产业的巨大挤压，亦将成为此后中国机床工具工业演化与创新所要面对的持续性的背景与制度因素。

在改革开放前，中国机床工具工业曾因二汽战役而提升发展，体现了资本品部门与用户部门协同创新的机制。然而，二汽战役得以实施的重要原因，是当时中国的汽车工业无法低成本从国外进口机床等资本品。汽车工业对机床工具工业提升的巨大作用，从美国、德国、日本等国的工业史来看，都极为明显。这是因为汽车工业与机床工具工业虽然同为机械制造业，但汽车尤其是轿车，直接面向消费市场，在大规模生产以获取经济性的同时，赚取着高额利润，所以，汽车本身主要是一种消费品。而汽车生产比起小规模、长周期、定制化程度高的装备产品来说，对机床与工具的需求规模更大，也更容易积累基础性与通用性的知识。改革开放以后，中国的汽车工业尤其是轿车产业获得了大发展，但由于中国汽车工业采取了合资模式，外方向中方转移了成套设备，故中国汽车工业对中国机床与工具的需求在一定程度上被进口设备抑制了，中国机床工具工业也失去了通

过这一优质用户而扩展创新积累的机会。一位外资机床企业的中国籍高管在2021年的一次座谈会中称："中国汽车行业的生产线，大企业几乎就没有国产的。连吉利和长城这种民营企业，十几年前都瞄准德国设备。一汽最差的机床买的也是意大利的。"①成都工具研究所的沈壮行则在回忆中指出，中国汽车工业在20世纪90年代中期对刀具产生了新的需求，但这种需求本身规模有限，对国产刀具尚起不到拉动作用："1995年调查汽车工业发展对我们的要求，高精度、高效率，贵5倍的价钱，效率高10倍，要求和过去完全不同。我们作为研究所，部里叫我们快点去看看。1995年只有上海桑塔纳超过20万辆，一汽还在调试。我们超前去调研，汽车工业没有需求，要用德国货。汽车工业需求不到这一步，对工具没有需求。叫得很厉害，没人做，进口有的是。"②这类说法广为流行，但也确实能够得到文献资料的印证。据20世纪90年代后期的研究，在当时中国的轿车生产设备中，国产设备与国外设备的数量比为1∶1.68，国产设备与国外设备的价值之比为1∶2.45。③在企业的微观层面上，这一对比能够得到具体的体现。

以一汽来说，1988年确定德国大众公司为其15万辆轿车工程的合作伙伴，双方决定一汽以技贸结合方式购进大众公司在美国威斯摩兰工厂的焊装、涂装、总装设备。一汽铸造公司有色铸造厂负责生产一汽-大众捷达轿车EA113发动机的缸盖、进气歧管、喷嘴支架等3种铝铸件毛坯，其全部工艺、主要设备与工装从德国进口，投资达1011.07万元。到1996年，一汽-大众15万辆轿车工程进口设备占投资的77.3%，国产设备占投资的22.7%。1994年8月，一汽-大众总装车间正式投产，发动机、传动器两大车间分别从国外采购设备149台和103台，分别从国内采购设备138台和257台。从1986年到1994年，一汽新增设备8430台，其中进口设备501台，进口大型模具夹具461套。技术中心是一汽进行产品研发的核心，1987年，中心引进HITACHI SEIKI公司HC800卧式加工中心和AV65立式加工中心各1台。1998年，中心购入1台日本CMET公司SOUP 600GA激光成型机。1999年，中心购入意大利JOBS公司JOMACH243型五轴联动龙门数控铣床，该机床采用西门子数控系统，可进行逆向工程，提高复杂大型零件及模型工具CAM（computer aided

---

① 北京机械工业信息研究院座谈会记录，2021年6月29日。
② 沈壮行访谈记录，2017年5月19日，成都。
③ 中国机床总公司、机床工具行业经济信息网编印：《数控机床发展与中国数控机床市场研究》，1999年，第18页。

manufacturing，计算机辅助制造）加工能力。2002 年，中心购入德国 TRUMF LASERCELL 6005 五轴激光切割机，2004 年又引进了德国五轴联动高架桥式数控铣床。2009 年，中心购入德国五轴加工中心、卧式加工中心、珩磨机与三坐标测量仪，建成小批量柔性发动机装配线。2010 年，中心又从德国、英国购买了车铣数控加工中心、数控曲轴磨床、数控曲轴动平衡机、数控曲轴抛光机等，建成动力总成精密加工车间。① 作为研发试制单位，一汽技术中心以进口高端机床来保障其研发品质，这是非常具有典型性的。

二汽在改革开放后改名为东风汽车公司，从窝在鄂西大山里的三线建设企业，转型为与国际汽车巨头全面合资的国际化大企业。在新的发展模式下，二汽战役显然不再可能发生。1994 年 1 月，东风公司与日本本田技研工业株式会社签署合资建设轿车零部件公司的意向书，当年 12 月，东风本田汽车零部件有限公司在广东惠州正式挂牌。1998 年 6 月 30 日，东风本田发动机有限公司在广州正式成立。2003 年 7 月，东风公司和本田公司在武汉按对半股比合资成立了轿车生产企业东风本田汽车有限公司，该公司利用东风旗下曾与韩国现代合作的武汉万通厂址及厂房基础，将其改造为轿车生产基地。在这一过程中，东风公司大量进口机床与工具等。以东风本田零部件来说，1994—1998 年为其建厂初期，采用重点关键工序选择进口先进设备、工装刀辅具，其他加工工序选用国内设备、工装方式，实现零部件加工、质量、成本、交货期的有机结合。其中，重点工序关键设备有：凸轮轴工序丰田工机生产的数控机床、轴颈数控磨床，制动毂珩磨工序的德国格林珩磨机，刹车盘线的卧、立式数控加工中心和动平衡机。在刀辅具方面选用了美国肯纳飞硕、瑞典山特维克、日本三菱、东芝硬质合金钻头、刀片、铣刀盘、双孔内冷钻头及辅夹具，刃磨选用法国产的自动修磨机。产品检测设备主要选用日本产品。这一时期东风本田零部件进口关键设备 52 台、壳型砂生产线一条，累计投资 2400 万美元。考虑到国内中日、中美合资的机床设备厂家逐年增加，2001—2003 年，东风本田零部件从大连亿达日平机床公司选用 2 条曲轴柔性生产线，从银川小巨人机床有限公司（即日本马扎克）选用 20 余台数控加工中心，从中外炉（上海）有限公司选用 2 条曲轴热处理生产线，从应达工业（上海）公司购进 4 台高频电炉。2004—2007 年，该公司又从日本引进 2

---

① 《中国一汽志（1987—2011）》，中国第一汽车集团公司，2013 年，第 496、606、735—736、957—958 页。

条离心铸造生产加工线，从中国台湾地区引进 6 台立式数控车床。①依靠这些进口关键设备，东风本田零部件提升了发动机、底盘零部件机加生产能力，并向分布全球的本田系统内子公司供货。2002 年月，该公司生产的曲轴零件获得英国本田公司的品质确认，实现首批出口，成为中国最早向欧洲市场出口的汽车关键零部件。东风本田零部件在东风公司的机床设备采购中具有一定的代表性。

毫无疑问，对于用户部门不采用国产资本品，未可苛责。毕竟，在一个开放性的市场经济中，用户部门的企业同样要面对激烈的市场竞争，购买技术先进、可靠性高的进口机床设备，是它们提升生产率的理性选择。只不过，这对于本国资本品部门来说，既丧失了可观的市场，进而无法靠产品销售自我积累用于投资创新的资金，又无法取得用户部门对产品的反馈意见，进而无法在满足市场需求的基础上改进产品，亦即无法积累创新所需的知识。曾执掌东风汽车公司的苗圩在 2009 年的一次访谈中说："跟其他行业比，汽车行业是改革开放以来发展得比较快、比较好的一个行业，我们既没有像有些行业那样高度垄断，对外资、对民营企业不开放，又没有像有些行业那样全都开放，结果自己啥都没有。"②事实上，作为汽车工业上游的资本品部门，中国的机床工具工业就几乎"全都开放"。

不过，必须指出的是，在中国市场上形成冲击的进口机床，没有真正意义上的能用于国防军工的高档机床。冷战后期，为了拉拢中国对抗苏联，美国逐渐放宽了巴统对华禁运限制。但是，在被给予优待的出口受管制对象中，中国仍然被差别对待，受最大程度的限制。③随着苏联的解体，美国重新强化了对中国的技术封锁。美国在 20 世纪 80 年代末重新对中国实施封锁，的确给中国机床工具工业的发展带来了一些困难。例如，昆明机床厂 1989 年已投装的大型双柱坐标镗 T42100/1 的数控系统，被迫用西班牙的"飞歌 8020"系统取代原来联邦德国的二轴连动系统。1990 年初，西班牙厂商提供给该厂的系统操作手册、安装启动手册、系统编程和指令手册等英文技术资料，多达数十万字，而该厂的生产进度已极为紧迫。在此情形下，该厂高级工程师陆虎桢利用工作之余，花了 3 个多月，

---

① 《东风汽车公司志》编辑部：《东风志（1984—2007）》下卷，2012 年，第 543—544、547 页。
② 葛帮宁撰写：《东风》，北京，中国工人出版社，2017 年，第 251 页。
③ 黄志平编著：《美国、巴统是怎样进行出口管制的》，北京，中国对外经济贸易出版社，1992 年，第 257 页。

将全部英文资料译成了汉语,还提前交给有关人员熟悉新系统。但是,陆虎桢不仅没要厂里分文报酬,也没有报过半天加班。①中国资本品部门依赖进口资本品的软肋在重新受封锁的环境下暴露无遗,而改革开放前部门创新体系里形成的自力更生的工业文化,仍然有其激励创新追赶的重要作用。进一步说,中国机床工具工业的开放是不完整的,即市场化的中低档产品完全开放,而可以促进行业技术升级的先进技术与产品,仍然被封锁而不能进口。这种不得已而形成的片面开放格局,容易将行业锁定至依附性发展的轨道中。

三、改革阵痛:中国机床工具工业的艰难转型

能力不是一天形成的,转变通常需要时间,演化存在着路径依赖。就在遭遇进口冲击的同时,进入 20 世纪 90 年代后,中国诸多机床工具企业也暴露出了体制改革过程中必然会遇到的一些问题,对一些企业来说,进行内部调整以适应外部剧烈变动的环境,极为困难。

不少机床工具企业受困于流动资金短缺。例如,大河机床厂 1991 年初有国拨流动资金 624 万元,这是 1980 年国家根据当时企业的规模、产量、产值和物价水平确定的。十年后,企业已不断发展,固定资产由原来的 2334 万元增长到 5120 万元,工业总产值由原来的 1190 万元增长到 1990 年的 4626 万元,但国拨流动资金分毫未增,在物价成倍上涨而企业管理费开支越来越大的形势下,1980 年核定的国拨流动资金数额显然已不能维持企业正常的生产经营活动。大河机床厂为了生存,只好向银行贷款,1990 年,该厂流动资金贷款 4813.4 万元,付年息为 490.1 万元,致使该厂销售收入虽有 3523 万元,但仅得 42 万元利润。由于利润的下降,职工工资奖金和福利都受到影响,职工队伍思想混乱,进而干扰了以质量求生存、以品种求发展、向管理要效益的经营发展战略,企业经营活动陷入恶性循环。②大河机床厂的困境在当时的机床工具工业中并非孤例。

不过,即使全行业面临着不景气,中国机床工具工业在 20 世纪 90 年代仍然有所发展,少数企业的产值甚至保持了持续增长。最为显著的进步莫过于产品结构调整取得了突破性进展,数控机床得到了较大发展。表 3-11 为 1995—2000 年的数控金切机床产量。

---

① 沈机集团昆明机床股份有限公司编著:《昆明机床群英谱——暨昆机史料和文学作品选编》,昆明,云南科技出版社,2016 年,第 119 页。
② 郑广义:《流动资金短缺是束缚企业发展的拦路虎》,《中国机床工具》总第 38 期,1991 年 8 月 20 日,第 1 版。

表 3-11　中国数控金切机床产量（1995—2000 年）

项目	1995 年	1996 年	1997 年	1998 年	1999 年	2000 年
金切机床总产量/万台	20.33	17.74	18.65	11.91	14.22	17.66
数控金切机床总产量/台	7 291	8 142	9 051	7 087	9 007	14 053
产量数控化率/%	3.5	4.5	4.8	5.9	6.3	8.0

资料来源：中国机床工具工业协会：《中国机床与工具工业（1996—2000）》，2001 年，第 2 页

机床工具企业尽管普遍面临困难，但还是努力求发展。例如，齐齐哈尔第一机床厂自筹和贷款 4000 万元，用 4 年的时间，建成集设计、工艺、加工、装配、检测于一体的数控重车生产基地，1996 年投入生产，该基地具有年产数控高档重型车床 25 台的生产能力。[1]在机械工业部基础装备司等部门的支持下，哈尔滨工量具集团公司、汉江工具厂、重庆工具厂等 10 个单位作为首批试点厂，1997 年承接了一汽-大众公司捷达轿车生产用刀具 69 个规格品种的试制任务，到 1997 年 11 月，研制出 48 个规格品种，其中有 14 种在一汽-大众公司生产厂试用后，用户反映良好。国产轿车生产用刀具的自主化由此起步。[2]众多机床工具企业在激烈的市场竞争中力图突围。

一些机床工具企业继承了自力更生的传统，在市场经济的新环境里，依旧靠自身努力实现着技术与能力的提升。湖州机床厂 1992 年 5 月承接了浙江富春江船厂订购的四柱式大吨位液压机，这是该厂第一次制造此种机床。该机 4 根立柱的长度直径之比为 26∶1，每根毛重达 3.5 吨，是该厂从未加工过的细长轴。为保险起见，该厂准备进行外协加工，但了解到加工费需要 8 万元后就决定自己进行加工，专门成立攻关小组，取得了成功，不但省下了外协加工费，还为后来生产同类型产品摸索出了大型立柱进行精车加砂带磨的工艺经验。1993 年 1 月，湖州机床厂又与广东中山科技材料建筑制品有限公司签订了重 180 吨的 Y28-630/1030 框架式双动拉伸液压机的协议，而此前该厂连小吨位框架式液压机都没有造过。为了确保项目能顺利完成，湖州机床厂在硬件上加大了投入力度，并开展了大会战。在制造过程中，该厂遇到一系列问题，都想尽办法予以解决。例如，在加工每支净重达 3.97 吨的支柱时，为保证 4 根等长，该厂工程技术人员和操作工经过反复论证后，采用 4 根叠加的工艺进行加工。尽管工

---

[1] 周桂芬：《齐齐哈尔第一机床厂建成数控重车生产基地》，《中国机床工具》总第 152 期，1996 年 5 月 20 日，第 2 版。

[2] 秦宗旭：《"捷达"轿车刀具生产自主化取得进展》，《中国机床工具》总第 192 期，1998 年 1 月 20 日，第 3 版。

期一再推迟,但湖州机床厂还是成功将该机床制造完成并交付给用户。湖州机床厂在这一过程中积累了制造大型液压机的经验与教训,进一步加快了对于设备的投资,1995年购进M1380外圆磨床,1994年和2000年分别购置了1台大型落地铣镗床。随着能力增强,进入21世纪后,该厂大型压机订单逐年增多,2000年为3台,2001年为9台,2002年为12台,2003年在承接8台大型压机的同时还承接了3条汽车生产流水线。①凭借勇于尝试的自力更生精神,湖州机床厂获得了发展。不过,该厂经验也表明设备投入对于机床工具企业的重要性。由嵊县锻压机床厂改名而来的浙江锻压机床厂,耗资近300万元从武汉重型机床厂购买了1台TK6513B型刨台式数控镗床,1998年安装使用。该镗床具有5个数控轴,两轴联动,控制系统为FANUC-6M全功能数控系统,代表了国内先进水平。1999年,该厂完成工业总产值10 328.8万元,比上年增长26.20%,利润总额206.5万元,比上年增长13.60%。②投资关键设备对机床工具企业具有重要意义,对规模较小的企业来说,少量关键设备的价值尤其重大。

重庆机床厂于1996年底主动参与中法合资企业神龙汽车有限公司15万辆轿车工程国际招标,在较短的时间内制作标书,并一举中标,赢得了5台YKZ3120数控自动滚齿机、2台YKTZ4220数控自动径向剃齿机开发项目。中标后,用户提出必须依照国际先进工业国家同类机床的技术指标进行设计,种种技术要求都是重庆机床厂从未涉及过的,该厂立即组织技术调研,收集资料,在3个月的时间里完成了设计任务。进入生产制造阶段后,该厂为确保按期完成任务,实行快速反应机制,开通"绿色通道",将该项目作为全厂的重中之重,全力主攻,于1999年11月全部完成交验。这两种新产品的开发,使重庆机床厂制齿设备的设计与制造跃上了新的台阶。③参与具有挑战性的新项目,是机床工具企业能力提升的重要途径。

价格是决定市场竞争成败的关键因素,一些机床工具企业努力构筑产品的价格优势。例如,常州机床总厂开发了数控龙门双轴钻、数控龙门加工中心系列的龙门式机床,受到市场肯定后,1998年又开发了ZK7640经

---

① 杨建强主编:《湖州机床厂五十年(1954—2004年)》,湖州机床厂,2004年,第141—147页。
② 浙江锻压机床厂编:《浙锻五十年(1951—2000)》,浙江锻压机械集团公司,2001年,第157、164页。
③ 重庆机床厂史编辑委员会:《重庆机床简史(1995—2010)》,2010年,第8页。

济型数控镗铣钻床和 TH7640 立式加工中心两种低价位机床,这两种机床结构简洁、布局合理、性能稳定,价格均为 20 万—30 万元左右,受到用户的普遍欢迎。①不过,在市场竞争中也出现了恶性价格战的现象。据行业协会调查,由于生产能力过剩,普通车床供大于求,因此,一些厂家以降价作为竞争手段,导致企业亏损,经济效益不断下降。为了解决该问题,1998 年 10 月 28—30 日,中国机床工具工业协会车床分会在北京召开了普通车床主要生产厂价格自律协调会议,共有 14 家生产经营普通车床的企业参加会议,会议达成防止低价倾销的最低限价协议,由各企业协调价格自律,一般一年进行一次,必要时随时协调协商。由车床分会牵头,参加签订协议的单位共同组成价格自律和监督检查小组,如果某企业低价倾销违反协议行为被举报,监督检查小组应调查核实,属违反行业协议的由行业内部进行处理,如属于违反《价格法》等法律法规的,建议由政府查处制裁。②由于中国机床工具工业演化成为一个竞争性行业,在一定市场环境下,价格战的出现具有必然性。行业协会虽然对于调节恶性价格战竞争起到了一定作用,但由于协会缺乏政府部门的强制力,这种自律性调节往往难以持久。

为了适应市场,机床工具企业继续开展多元化与非主业经营。武汉重型机床厂的厂长在 1998 年就表示:"我们主要还是按'三足鼎立、三分天下'这一思路往前走,努力实现主业精、副业兴。'武重'当前和今后在机床方面除了把质量、价格、交货期和售后服务继续搞好,保住一部分市场外,比较大的发展方向就是搞三产,我们提出三产发展要做到 4 年翻 4番。"③实际上,从企业能力与性质演化的角度来说,这倒是对于近代上海机械企业弹性化生存的某种辩证法式回归,是在已经专业化了的基础上重新灵活化。

1996 年,机械工业部机械基础装备司结合行业特点,制订了行业打好"三大战役"的初步实施方案。其中,机床工具行业的具体目标为:"1、产品质量翻身战役,'九五'创立名牌产品 100 个,质量信得过企业50 家,98 年 30 家企业通过 ISO9000 认证。2、开发能力提高战役,建成企业技术开发中心 33 个,开发重大新产品 200 种。3、组织结构优化战

---

① 梁炜:《低价格机床倍受用户欢迎》,《中国机床工具》总第 212 期,1998 年 11 月 20日,第 4 版。
② 李长乐:《普通车床行业价格自律达成协议》,《中国机床工具》总第 212 期,1998 年11 月 20 日,第 2 版。
③ 陈国新:《机床行业要实现主业精副业兴》,《中国机床工具》总第 201 期,1998 年 6月 5 日,第 2 版。

役,形成 30 个小巨人企业（3—5 个国家级企业集团）,市场占有率 50%,3—4 个技术成套基地,交钥匙工程。"[1] 这是在工业管理体制进一步改革前,实施于机床工具工业的产业政策。1998 年,财政部与国家税务总局联合发出通知,指出自 1997 年 1 月 1 日起至 1998 年 12 月底以前,对部分企业生产销售的数控机床产品实行先按规定征收增值税,后由财政给予返还的政策,返还的税款用于数控机床产品的开发。[2] 同时,国家还出台了境内企业购买国产设备投资 40%抵免所得税等一系列政策措施。[3] 这些政策对机床工具工业的发展起到了一定的促进作用。不过,这一时期,政府主管部门虽然还使用了"战役"这样的计划经济时代的词语,但其组织方式、实施力度和政策效果,已不可和二汽战役等同日而语,只能算是过渡时代新旧并存的一种产物。

随着宏观经济的变化,以及行业和企业的自身努力,到 2000 年时,中国机床工具工业的整体状况已经有所好转。表 3-12 显示了 1995—2000 年国产机床国内市场占有率的变化。

表 3-12　中国国产机床国内市场占有率（1995—2000 年）

项目	1995 年	1996 年	1997 年	1998 年	1999 年	2000 年
机床消费/亿美元	37.84	40.31	32.69	28.36	31.51	38.14
进口额/亿美元	22.01	25.40	15.80	13.90	15.14	18.90
市场占有率/%	41.83	36.89	50.54	50.99	51.95	50.45

资料来源：中国机床工具工业协会：《中国机床与工具工业（1996—2000）》,2001 年,第 15 页

表 3-12 显示,1996 年中国国产机床在国内市场的占有率跌至最低值,1997 年以后开始回升,并保持在 50%的水平。这一方面说明中国机床工具工业在市场求生存的努力取得了一定的成效,但另一方面,进口机床仍占据市场半壁江山的事实,也显示出中国机床工具工业仍要面对激烈的市场搏杀。

四、多元主体：中国机床工具工业成为竞争性行业

改革开放以后,国企改革是贯穿中国机床工具工业发展的主线之一,同时,市场化意味着市场主体的多元化,非公有制机床工具企业逐渐兴

---

[1] 《部机械基础装备司制订行业打好"三大战役"具体目标》,《中国机床工具》总第 164 期,1996 年 11 月 20 日,第 1 版。

[2] 《1998 年我国机床行业十大新闻》,《中国机床工具》总第 218 期,1999 年 2 月 20 日,第 1 版。

[3] 中国机械工业年鉴编辑委员会、中国机床工具工业协会编：《中国机床工具工业年鉴 2002》,北京,机械工业出版社,2002 年,第 4 页。

起，成为行业的新生力量。

（一）机床工具工业的国企改革

中华人民共和国成立初期所打造的国企体系，实际上并非一种单纯的经济单位，而兼具承担国家战略和提供社会保障等职能。因此，国企通常会从事一些与主业经营无关的活动，以保障职工的福利。上海第二机床厂只是一家小型地方国企，但它办有自己的托儿所，到20世纪80年代中期，托儿所有7名工作人员，建立了入所制、岗位责任制、消毒卫生制和安全制等。托儿所员工认为自己的工作有着深远意义："我们的工作不仅是使前方生产的妈妈放心，更重要的是，今天我们手中的娃娃，二十年后都是国家建设的栋梁。"实际上这些托儿所工作人员也在创新着自己的工作："现代的孩子一代比一代聪明，他们的求知欲望强烈。我们充分利用墙上的空隙，画上几幅大壁画，有童话'白雪公主和十（七）个小矮人'，有各种水果吹塑纸画，有各种动物吹塑画，每天上午我们放录音机有儿歌，有故事。"当然，托儿所对企业来说最重要的功能还是解决了职工生产的后顾之忧。例如，一些男职工妻子的单位没有托儿所，里弄托儿所又放不进，孩子只能东托西托，有时只能带到厂里上班，造成孩子生病和意外事故。上海第二机床厂托儿所遂对男职工也开放，让其子女入所，使其安心工作。[①]当然，正如改革派经济学家王小鲁所言，国有企业给单位职工提供的基本生活保障，也使很多国有企业负担沉重。[②]因此，国企改革是一场全方位的变革。

"八五"期间，一些机床工具企业开始了企业内部组织结构改革和调整，结合现代企业制度试点工作，精减或调整企业管理结构，促进企业经营机制的转换。[③]1996年9月，济南第二机床厂整体改制为济南二机床集团有限公司。恰在改制前后，济南二机床参与了美国通用汽车公司德国全资子公司欧宝汽车公司在泰国建厂的项目。该项目由中国重型机械公司总承包，按日本小松公司标准向通用汽车泰国工厂提供2条汽车覆盖件冲压生产线，其中，日本小松公司负责压力机设计、技术监制和质量保证，济南二机床负责制造2条冲压线上的6台压力机。该项目有34个焊接人字

[①] 上海第二机床厂党委宣传科编：《上海第二机床厂建厂七十周年纪念征文集》，1986年，第62—65页。
[②] 王小鲁：《改革之路：我们的四十年》，北京，社会科学文献出版社，2019年，第122页。
[③] 机械工业部机械基础装备司：《中国机床与工具工业（1991—1995）》，机械工业部机械基础装备司，1997年，第8页。

齿轮，小松公司非常关注齿轮的加工问题。小松公司的齿轮是在瑞士玛格插齿机上插出来的，齿斜角为22.5度，济南二机床的齿轮则是在英国桑德兰人字刨齿机上刨出来的，齿斜角是30度。1996年11月项目中标后，为了达到小松公司的要求，济南二机床专门制作了齿轮对研装置，来增加齿轮啮合的接触面，又从英国新采购了刨齿刀。1997年6月，济南二机床齿轮试件的检验结果满足了小松公司所要求的精度。实际上，济南二机床是在"洋设备"的基础上采用计划经济时代中国工厂屡试不爽的"土办法"来实现加工目标的，既体现了创新的积累性，又体现了能力的传承性。在项目实施过程中，小松公司会派专家到济南二机床进行指导，济南二机床也会派人赴日本学习，由此使济南二机床吸收了新的知识。大到工艺检验方法、推广车间目视化管理，小到在车间现场给地面刷漆、穿鞋套上横梁，与小松公司的合作使济南二机床在管理水平上得到了提升。在推广11种生产管理表的过程中，济南二机床的副总曾对生产作业计划组长说："从43种表格中筛选出来的这11种管理表，车间下面就是搞形式对付，也要先贯彻下去，要进行例行检查。"济南二机床就是这样通过模仿学习来实现组织管理创新的。济南二机床生产的两条冲压线，大线于1998年8月底发往泰国，1999年2月底完成安装调试，小线则于1999年1月发往英国，当年9月安装在通用汽车的英国卢顿工厂。[1]济南二机床参与欧宝项目恰与其改制时间重合，两者起到了互相促进的作用，使济南二机床这一老"十八罗汉"机床企业转型成为具有国际市场竞争力的国企。

在改革过程中，一批优势企业通过联合、兼并和重组，逐步向企业集团方向发展，如沈阳机床股份有限公司、上海机床集团公司、云南CY集团、南通机床股份（集团）有限公司等企业集团纷纷涌现。其中，沈阳机床股份有限公司是1993年沈阳第一机床厂、中捷友谊厂、沈阳第三机床厂和辽宁精密仪器厂共同发起成立的。[2]与此同时，股份制改造也逐渐推开。到"九五"时期，无锡机床厂、杭州机床厂、宁江机床厂等一批企业经过改制转变为股份制公司，向现代化企业转型。据行业协会统计数据，到"九五"末，金切机床制造业共有股份有限公司19个，占企业总数5.2%，其工业总产值占金切机床行业的20.36%；锻压机械制造业共有股

---

[1] 济南二机床集团有限公司：《JIER故事：庆祝济南二机床八十华诞职工征文》，济南二机床集团有限公司，2017年，第32—33、35、39页。
[2] 沈阳第一机床厂志编纂委员会编：《沈阳第一机床厂志（1986—1995）》，沈阳第一机床厂，2014年，第4页。

份制公司9个，占企业总数的4.4%，其工业总产值占分行业的6.3%。[1]1996年5月8日，上海机床厂有限公司宣告成立，该公司由上海机床厂、上海第三机床厂、上海第八机床厂、上海木工机械厂这4家企业改制而成，下属30家分公司、厂。[2]上海机床厂有限公司董事长戴柳指出，改制主要有两个方面的战略思考："一是组织结构优化的整体战略思考。从历史上看，机床行业普遍存在着企业组织结构'大而全'、'小而全'的问题，结构相似，产品单一，设备利用率低，有些'精''大''稀'设备利用率更低，导致企业的效益差。情况表明，机床行业的组织结构调整和优化，已迫在眉睫。二是土地置换，盘活存量的现实战略考虑。"[3]上海机床厂改制的组织结构优化考虑，在机床工具行业具有代表性与普遍性。1997年初，哈尔滨工量具（集团）有限责任公司正式注册，集团公司根据工具生产、销售的特点和需要，组建了哈尔滨第一工具厂有限责任公司、哈尔滨量具刃具厂有限责任公司、哈尔滨工量数控刀具有限责任公司、哈尔滨工量精密量仪有限责任公司、哈尔滨工量产品销售有限责任公司等5个子公司。[4]长征机床股份有限公司的前身长征机床厂于1987年进行股份制试点，1995年发行股票"川长征A"，在深圳证券交易所挂牌上市。1998年1月，长征机床股份有限公司购买了四川托普科技公司53.85%的股份，对其实现控股权。托普科技公司的成员托普发展公司拥有母公司61.5%的股权，于同年4月购买了长征机床股份有限公司48.37%的股权，成为长征机床股份有限公司的第一大股东。长征机床股份有限公司由此实现资产重组。[5]总之，"九五"期间，中国机床工具工业的一批骨干企业纷纷以各种形式改制。

除了国有企业进行改革外，机械工业在计划经济体制下建立的一批科研院所也进行了转制。行业顶级研究机构北京机床研究所的转型即为一例。改革开放后，北京机床研究所一度盲目投资，导致负债累累，职工只发得起70%的工资，流失严重。1995年4月，机械部党组调整了该所的

---

[1] 中国机床工具工业协会：《中国机床与工具工业（1996—2000）》，2001年，第5—6页。
[2] 《上海机床厂有限公司宣告成立》，《中国机床工具》总第154期，1996年6月20日，第1版。
[3] 戴柳：《抓住历史机遇，形成规模经济，努力跻身国际机床行业先进之林》，《中国机床工具》总第155期，1996年7月5日，第1版。
[4] 陈星桥：《哈尔滨工量具（集团）有限责任公司正式注册》，《中国机床工具》总第170期，1997年2月20日，第2版。
[5] 田汝湘：《长征机床股份有限公司进行资产重组》，《中国机床工具》总第201期，1998年6月5日，第2版。

领导班子。新领导班子在摸底之后,提出了"以柔性制造技术为龙头,带动八个相关专业技术(数控技术、计算机应用技术 CAD[①]/CAM、精密加工及检测技术、加工中心技术、工业机器人技术、气液系统技术、特种加工技术)的发展"的新战略。在实施新战略的过程中,北京机床研究所附属各单位以市场为导向进行二次创业,并强调产品质量。例如,该所机床中心制定了新的质量保证制度,将机床交验考机从 24 小时提高到 72 小时,并规定机床到用户手中出现问题后必须在 10 天内解决。在经营改革方面,该所技术人员由不介入销售转为参与经营,通过市场反馈来改进产品。例如,该所技术人员发现电液伺服阀产品因用户使用不当而产生小毛病,由于售后服务不到位,丢掉了很多用户,遂改进设计,并帮助用户正确使用,很快便打开销路,1996 年售出 130 台。在分配制度上,该所的奖金分配向科研一线、效益高的部门和表现突出的职工倾斜,鼓励冒尖。[②]这些改革举措使北京机床研究所逐渐演化为完全的市场主体。1998 年,北京机床研究所成立了精密滚珠丝杠厂,加快数控系统及数控机床单元技术的产业化,该厂投产不久即达到年产 5000 套滚珠丝杠副的生产能力。[③]在生产经营上努力挽回颓势的同时,北京机床研究所的体制也在发生变化,1999 年 7 月由中央直属科研事业单位转制为科技型企业,隶属北京市管理。2001 年 11 月,北京机床研究所与中国长城资产管理公司、中国华融资产管理公司签订了债转股协议,其债权转股权的总金额为21 736 万元。[④]这意味着北京机床研究所进一步实现企业化。

从 1998 年开始,国家就减拨成都工具研究所的事业经费,1990 年减拨到位。从 1991 年起,该所决定在将科技成果转化为生产力上进一步改革,改变各科室小打小闹的局面。20 世纪 70 年代初,成都工具研究所率先在国内自主研制硬质合金石油管螺纹梳刀,后来与宝钢签订了油井管螺纹梳刀国产化项目的科研协议,集中全所力量为宝钢完成了三大系列螺纹梳刀,宝钢对其评价为在尺寸精度、切削性能上达到国外先进水平,但在性能稳定性方面略逊。然而,国产梳刀比进口产品便宜 1/4—1/3。不过,成都工具研究所生产规模小,螺纹梳刀仅能年产 1 万—2 万片,远远满足

---

① computer aided design,计算机辅助设计。
② 赵立新:《走出困境,再创辉煌——访北京机床研究所》,《中国机床工具》总第 186 期,1997 年 11 月 5 日,第 1 版。
③ 黄祖尧:《北京机床研究所成立精密滚珠丝杠厂》,《中国机床工具》总第 204 期,1998 年 7 月 20 日,第 3 版。
④ 《北京机床研究所举行债转股签字仪式》,《中国机床工具》总第 285 期,2001 年 12 月 5 日,第 1 版。

不了市场需求，20世纪90年代初曾发生过辽河油田机械总厂背着现金到该所坐等发货的事。1990年底，该所领导果断决策，决定组建刀具中试部，在短期内高效率地建成了梳刀中试生产车间，扩大了梳刀的生产供应能力，使宝钢螺纹梳刀从1991年起替代进口，全面实现国产化，并使该所自身实现主导产品的产业化生产。①实现科研产品的产业化生产是成都工具研究所转型过程中的关键性创新。1999年7月，成都工具研究所由事业单位转为企业，2000年，该所以国家精密工具工程技术研究中心为载体，通过产权和投资体制改革，积极引入多种资本，组建高科技股份有限公司。②简言之，在改革进程中，以成都工具研究所为代表的行业科研院所逐渐企业化，成为与企业一样的市场主体。

到20世纪90年代末，国企改革更加深化，出现了大规模的职工下岗。1998年5月20日，国务院总理朱镕基到北京第一机床厂考察，在座谈时指出，搞好工业生产的一个重要措施就是要认真执行"鼓励兼并、规范破产、下岗分流、减员增效和再就业工程"的政策。③重庆机床厂于1998年8月建立了再就业服务中心，至2001年底，总计进中心3713人，出中心3217人，中心结存496人，其中与企业解除劳动关系，面向社会自谋出路者1300多人，企业每年可藉此节约人工成本500余万元。④为落实国家对下岗职工再就业指示精神，湖北力帝机床股份有限公司精减富余人员263名，占原在册职工总人数的23.8%，一线职工与辅助职工之比由原1∶1.56调整为1∶1.21，公司工艺、质检、财务、各分厂及再就业中心等部门的部分岗位通过公开招聘考试择优录取的方式，确定岗位人选，有近百人走上了适合自身优势的新岗位。⑤职工下岗并转到机床工具行业外就业，可以部分地解释中国机床工具工业在20世纪90年代从业人员的大幅缩减。由于20世纪90年代的国企改革恰逢机床工具工业的不景气周期，因此，一些企业的改革与脱困是联系在一起的，并充分利用了土地等资源发展副业以解决职工下岗等问题。这种阵痛中的企业自然无法实

---

① 成都工具研究所：《创新历程：成都工具研究所50周年所庆文集》，成都工具研究所，2006年，第126—128页。
② 成都工具研究所：《创新历程：成都工具研究所50周年所庆文集》，成都工具研究所，2006年，第8页。
③ 《朱镕基总理考察北京第一机床厂与部分企业负责人和下岗职工座谈》，《中国机床工具》总第201期，1998年6月5日，第1版。
④ 重庆机床厂史编辑委员会：《重庆机床简史（1995—2010）》，2010年，第20页。
⑤ 马艳军：《湖北力帝公司妥善安置下岗职工》，《中国机床工具》总第203期，1998年7月5日，第1版。

现创新，但行业的自然选择过程，也在挑选更具竞争力的创新主体，进入到下一轮的创新竞赛中。

在改革过程中，一些国企实行了债转股即债权转股权的措施。例如，2000年1月，武汉重型机床厂与中国华融资产管理公司、中国东方资产管理公司共同签订了债转股框架协议，根据协议，两家资产管理公司将分别对武汉重型机床厂原在中国工商银行和中国银行的3.31亿元贷款本息实施债转股。这笔在"七五""八五"期间的技改项目形成的贷款债务债转股以后，武汉重型机床厂的资产负债率将由92.41%降为34.48%，负债年下降57个百分点。[①]2001年12月18日，武汉重型机床厂改制为武汉重型机床集团有限公司，武汉市国资委对武重集团实行资产授权经营，武汉重型机床集团有限公司继承和延续了原武汉重型机床厂所有的权利和义务，同时负有搞好战略决策和资本运营、对现有国有资产保值增值的责任。2002年5月12日，根据债转股协议，武汉重型机床集团有限公司与中国华融资产管理公司、中国东方资产管理公司共同出资组建了由集团控股的武汉武重机床有限责任公司，该公司为武重集团的核心子公司，按照专业化发展思路，以产品为对象，先后组建起数控立车、数控镗床、数控铣床、机械加工、铸锻、武汉SAFOP等6个专业化的子（分）公司。[②]债转股为一批老国企减轻了负担，促进了其改革与发展。

（二）机床工具工业所有制的多元化

改革意味着市场主体的多元化，除了国企改制外，机床工具工业也兴起了多种所有制的新企业。在改革开放初期，一批乡镇企业异军突起，进入20世纪90年代后，民营企业逐渐成长起来。例如，1993年，浙江玉环县的教师高长泉在家创办了华丰机床厂，生产仪表车床，初创业时，该厂只是一个百来平方米的小作坊，后来，该厂成长为大批量生产数控机床和加工中心的浙江海德曼机床制造有限公司。[③]高长泉曾追述称："我以前也没学过机械制造，我教书，教文科，在玉环，从小学到中学，都教。我创业受周边环境影响，玉环全是机械制造。我岳父20世纪70年代办汽配厂，我爱人也是。创业开始，是1985年开始机械加工零部件，就是想赚钱，当然存在一个过程，当时也想不到后来会做得这么高端。一开始就

[①] 翟巍：《武汉重型机床厂债转股框架协议签订》，《中国机床工具》总第242期，2000年2月20日，第1版。

[②] 《武重志》第二卷编纂委员会：《武重志》第二卷，武汉重型机床集团有限公司，2007年，第11页。

[③] 白水：《在行在言》，浙江海德曼机床制造有限公司，2013年，第7—8页。

七八个人，设备是二手市场买来的旧设备。"①在面向企业员工所写的文章中，高长泉如此阐释创业与创新："选择创业，就是选择一种不敢松懈的生活方式，同时也选择了自我尊重。从第一步开始，流汗、熬夜、饥饿、彷徨、咬牙、历练、探寻、钻研，注定要陪伴我一生……创新的过程，对于创业人生，是一种必须坚持的修养。"②这是对企业家精神的现身说法。同在浙江，1999年，浙江日发数码精密机械股份有限公司在新昌县成立，注册资金3000万元。③当然，不少民营机床工具企业在20世纪90年代还处于创业起步阶段，要到21世纪以后才真正壮大为中国机床工具工业的有生力量与创新主体。

不可否认，国企在计划经济体制下积累的创新要素，改革开放后以各种形式溢出原有的单位与体制，向全社会扩散，对于中国民营企业的兴起与创新起了不可或缺的重要作用。这种创新要素扩散以人员流动为载体，实现了知识的流动。例如，成都工具研究所的高级工程师许祖德1995年12月退休后，接受某大型民营工具企业的邀请担任顾问一职，为解决该公司产品走向国际市场时遇到的质量问题出谋划策，还解决了该公司花了3年时间没解决的技术难题，从而使该公司与德国某大企业达成了长期供货关系，许祖德称："其实解决此类问题对于我而言，仅是'小试牛刀'而已。"④当然，主体的多元化，肯定会加剧行业的市场竞争。

在众多新兴的民营机床工具企业中，北京精雕独具特色。北京精雕创办于1994年，创立人蔚飞在大学和研究生阶段所学专业为计算机及应用，由于热衷于技术研发工作，在中关村创业期间，蔚飞一直在选择一个有一定的技术深度并可以长期做下去的行业作为新的发展方向。当时，中国的计算机应用方兴未艾，蔚飞对CAD/CAM软件的开发十分感兴趣，又考虑到离开了硬件的支撑只做软件产品经营会十分困难，就选择了开发集软、硬、机电为一体的数控加工设备作为创业项目。因为没有机床背景，所以蔚飞在创业之初没有明确的目标去做车床、铣床或加工中心。但他在工作实践中发现个性化、小批量产品的生产太难找到高水平的配套加工厂家，因此，1994年，北京精雕做了一款小型的钻铣设备，以此来满足中关村的电子开发工程师快速制作PCB样板的需求，这就是精雕PCB

---

① 高长泉访谈记录，2017年9月14日，浙江海德曼智能装备股份有限公司。
② 白水：《在行在言》，浙江海德曼机床制造有限公司，2013年，第3—4页。
③ 《日发精机公司简介及系列产品》，《中国机床工具》总第421期，2007年8月5日，第3版。
④ 成都工具研究所：《创新历程：成都工具研究所50周年所庆文集》，成都工具研究所，2006年，第83页。

刻板机，系北京精雕研究小刀具加工技术的开始。1995年，一个做胸牌的客户向蔚飞建议按专业要求完善精雕应用软件，这样就可以将精雕PCB刻板机应用于胸牌雕刻领域。精雕按客户意见完善了应用软件，在一个星期后就向客户提供了设备，并在现场服务中为客户继续进行专业化完善工作，随后在后续的工作中按行业的要求进行新的开发并推出了应用于标牌行业的精雕标牌雕刻机。1997年，北京精雕完成了模具刻字机的研制，受到了许多使用仿形铣模具加工户的关注，并有人尝试购买。但是客户使用效果不佳，原因是数控加工与手工加工有着较大的差异，而当时数控加工技术在国内应用较少。此外，以小刀具为主要加工方式的雕刻与一般的数控加工在技术方法上也存在着根本的区别。这让蔚飞意识到，如果没有专业技术服务作支撑，这些客户虽能买得起精雕机，但绝对用不好精雕机。基于这一认识，蔚飞为北京精雕的经营工作制定了一个准则：必须通过不计代价的技术服务，让客户在使用精雕机的过程中能赚钱。因此，北京精雕在发展过程中，一方面经历了"客户提需求，北京精雕进行专业化开发"的产品开发流程，另一方面为客户提供专业的工程验证服务。①北京精雕是缺乏机械专业背景的技术人员创办的机床工具企业，体现了改革开放以后中国机床工具工业行业进入壁垒弱化以及技术演化路径多元化的新特点。

此外，外资机床工具企业也进入中国设厂布局，来分食巨大的市场。不过，改革开放后对中国经济影响巨大的外商直接投资（foreign direct investment，FDI），在机床工具工业中规模有限。1993年以前，中国机床工具工业的外商投资大多在贸易和服务方面，投资工业生产的项目及投资额均极低。此后，外商开始更积极布局中国。例如，1994年12月12日，由上海机床总公司及所属上海锻压机床厂，与德国舒勒压力机有限公司，共同投资4500万德国马克，在上海创建了上海舒勒压力机有限公司。根据协议，该公司建成达纲后，年产能力为24台大型压力机。②不过，直到1996年底，中国机床工具工业FDI企业共签约506项，仅占机械工业FDI企业项目数的3%，机床工具工业FDI协议外金额58 863万美元，仅占机械工业的2%。从机床工具工业的FDI来源看，中国香港地区，以及德国、日本排在前列。德国企业投资的项目数仅占总项目数的

---

① 《立足小刀具加工技术的应用 构建助力客户发展的服务和技术资源》，《中国机床工具》总第658期，2017年6月20日，第2版。
② 刘章林：《中德合资上海舒勒压力机有限公司在沪建成》，《中国机床工具》总第125期，1995年4月5日，第4版。

4%，但协议外资金额的比例却高达 24%。这是因为西门子公司等企业在中国建立了几个大型合资企业。①随着时间推移，外资企业有将在华合资公司变为独资公司的趋势。例如，1998 年 10 月 22 日，日本山崎马扎克集团在上海浦东以独资方式成立山崎马扎克科技（上海）有限公司，对中国用户进行技术支持，介绍先进技术和产品，培训人员。②2000 年，山崎马扎克将其在宁夏银川的合资企业也改为日方独资企业宁夏小巨人机床有限公司了。

因此，到 2000 年时，中国机床工具工业的企业所有制结构发生了巨大的变化。在国家统计局销售收入 500 万元以上的企业中，金切机床制造业有 364 家企业，非公有制企业 70 个，占 19.2%，其工业总产值占金切机床行业的 15.8%；集体企业和股份合作制企业 49 个，占 13.5%；国有企业和国有独资公司 185 个，占 50.8%；国有与集体联营企业、其他有限责任公司、股份有限公司 60 个，占 16.5%。锻压机械制造业 204 家企业中，非公有制企业 56 个，占 27.5%，其工业总产值约占锻压机械行业的 31.8%；各种集体企业 52 个，占 25.5%；国有企业和国有独资公司 53 个，占 26%；其他所有制形式的企业占 31%。到"九五"末，金切机床制造业共有三资企业 41 个，占企业总数 11.3%，其工业总产值约占行业的 12%，其中外资企业 15 个，占三资企业的 36.6%；锻压机械制造业有三资企业 17 个，占企业总数 8.3%，其工业总产值占 8%，其中外资企业 7 个，占三资企业的 41.2%。③中国机床工具工业已经形成了市场主体多元化的格局。

第三节 追赶创新前沿：中国数控机床产业的兴起

数控机床的发明在工业史上是一个突变性的创新。工具是对人力的替代。在制造业的演化进程中，18 世纪兴起的现代机床工具工业，成为在制造活动中替代手的最主要的工具，而 20 世纪兴起的计算机产业，则成为替代脑的最主要的工具。制造活动是手脑并用的活动，从逻辑上说，替代手的工具与替代脑的工具结合在一起，是具有演化上的可能性的。而在

---

① 机械工业外商直接投资研究课题组：《机械工业外商直接投资报告》，1998 年，第 37—39 页。
② 《山崎马扎克科技（上海）有限公司在上海浦东开业》，《中国机床工具》总第 209 期，1998 年 10 月 5 日，第 4 版。
③ 中国机床工具工业协会：《中国机床与工具工业（1996—2000）》，2001 年，第 4、6 页。

实际历史中，第二次世界大战后兴起的数控机床，实现了这一可能性。因此，数控机床对于机床工具工业来说，是演化中的变异。中国对于数控机床的研制，是中国机床工具工业追赶国际创新前沿最重要的历史事件之一。

一、创造性毁灭：机床工具工业的变异

对世界机床工具工业来说，数控机床的发明以及产业化，就是一场创造性毁灭的熊彼特式创新。由于数控机床融合了不同部门的知识，传统机床制造商想要实现产品转型并非易事。在美国、日本与欧洲，都能看到历史悠久的老牌机床名厂在20世纪70年代数控机床大兴后走向衰落。因此，数控机床在机床工具工业演化史上，类似于杂交产生的新物种，或者基因突变，给产业带来了结构性的巨变。传统的机床工具企业，必须抓住新的创新潮流，否则只能被淘汰。

数控机床的核心是数控系统。在20世纪90年代推广数控技术时，中国专家对数控机床的解释是："数控机床是具有高附加值的技术密集性产品。它集机械制造、计算机、微电子、现代控制及精密测量等多种技术于一体，使传统的机械加工工艺发生了质的变化。这个变化的本质就在于用数控系统实现加工过程的自动化操作。"[①]具体而言，数控系统是以数控单元为核心组成的系统，通常包括进给驱动装置和主轴驱动装置及其电机等组成部分。数控单元又称数控装置，是实现数值控制的计算机装置。所谓数值控制，则是指使用数值数据的设备，在运行过程中，不断地引入数值数据，用以对某一过程实现自动控制。简言之，数控机床就是在机床上安装数控系统后，由数控系统驱动机床按给定程序自动进行加工。数控系统的工作原理是：通过编程，将零件蓝图及加工工艺要求变成零件程序，该程序以代码来表示，再将零件程序一次性输入到数控单元的存储器中，数控单元可以预先存储多个不同的零件程序，加工时通过程序号或程序名调用，实现对某个具体零件的加工。因此，数控单元实际上是一种专用计算机，但除了要完成数据的输入、输出、存储及运算功能外，还要完成控制功能。数控单元需要实时、精确地计算并控制刀具在空间坐标系中的运动轨迹和速度。机床就是通过刀具运动来实现零件加工的机器，数控机床通过数控系统，将刀具运动由人工操作变为计算机控制了。具体来说，数

[①] 机械工业部机械基础装备司、中国机床总公司编：《国产数控机床选用指南》，北京，机械工业出版社，1995年，第589页。

控单元对输入的代码指令进行译码、刀具偏置和刀具补偿计算、进给速度计算和刀具运动轨迹的插补运算,由此产生控制机床各轴的连续运动控制,测量装置则不断检测各进给轴的位移,把测量结果反馈给位置控制单元,动态修正控制指令,以达到精确控制的目的。[1]可以说,数值控制方法就是将工人单次操作机床时刀具的运动过程抽象化为一般性的数值形式,而一般性意味着可以在遇到同样的制造情境时复制该运动过程,从而使该运动过程可以精确地反复发生,让工人的知识与经验能脱离工人的肉体,储存于机床里随时取用。机床储存的知识与经验即刀具运动过程越多,其加工能力就越强大。而除了储存能力外,要把抽象的数值信息还原为具体的刀具运动,也需要控制系统和机器之间具有良好的协调能力。华中数控的董事长陈吉红曾简单地解释数控机床:"反正数控,这个一说就明白,原来是人去摇机床,只能加工简单的零件,数控即用电脑替代人脑,装在机床上,能够加工复杂的零件。"[2]

在实际的产业演化进程中,数控机床的兴起与美国的军事需求有密切关系。第二次世界大战验证了飞机对于现代战争的重要意义,也催生了导弹,而飞机和导弹的制造需要使用性能优良的机床加工形状复杂的零部件。1939年,美国海军在麻省理工学院电子工程系启动了培训炮火控制军官的计划,1940年,该校创建了自动控制实验室。该实验室进行了与计算机有关的研究,并在战后与空军建立了更紧密的联系。1952年9月,麻省理工学院公开演示了其研制的新型机床。[3]这是一台由电子管组成数控装置并由液压伺服马达驱动的三轴数控铣床[4],一种能够同时替代手和脑进行制造的新工具诞生了。

就和历史上的众多创新一样,数控机床刚被发明出来时,由于成本太高,稳定性差,推广不力。从其起源看,由于数控机床实际上是在大学里被发明的,和美国的机床企业关联性低,故美国机床企业对这种陌生而昂贵的新技术,缺乏热情。不过,数控机床在演化进程中逐渐成熟。20世纪70年代,随着大规模集成电路和小型计算机的出现,尤其是微处理器的诞生,数控装置的体积大大缩小,可以与插补单元、可编程控制器

---

[1] 机械工业部机械基础装备司、中国机床总公司编:《国产数控机床选用指南》,北京,机械工业出版社,1995年,第589—590页。
[2] 陈吉红访谈记录,2017年7月26日,武汉华中数控股份有限公司四楼会议室。
[3] 〔美〕诺布尔:《生产力:工业自动化的社会史》,李风华译,北京,中国人民大学出版社,2007年,第159页。
[4] 盛伯浩主编:《中国战略性新兴产业研究与发展·数控机床》,北京,机械工业出版社,2013年,第2页。

（programmable logic controller，PLC）等集成为计算机数控装置。计算机数控装置具有较完善的功能和较低的成本，遂成为数控机床演化的主流。到20世纪80年代，数控机床品种迅速扩展，适应多品种、小批量零件高效制造的柔性制造单元（flexible manufacturing cell，FMC）和FMS在生产中得到成功的应用和发展，数控机床工业在发达国家已成为其机床工业的主力军。[1]不过，这一演化进程是一个不乏阵痛的创造性毁灭过程。以美国这一数控机床的发明国来说，由于其机床工具工业对这一创新反应过于迟缓，在20世纪80年代的全球竞争中遭受了巨大的打击。随着进口数控金切机床越来越多地涌入美国，美国本土的数控金切机床生产大幅衰退。这一变化的背后，是日本数控机床的崛起。

与为军工生产服务的美国早期数控机床不同，日本企业在发展数控机床初期，就直接面向民用市场开发性价比适宜的产品。日本研究数控机床一方面是从东京大学起步的，另一方面，工业技术研究院机械试验所从1956年开始花了3年的时间研究数控系统。富士通公司旗下的发那科公司也于1956年开始研制数控系统。1961年，大隈铁工所与发那科公司合作研发数控机床。利用微型计算机技术的发展，1972年，大隈铁工所开发了最初的电子计算机数控装置OSP2000系列。同年，发那科公司也在使用计算机数控装置了。1973—1974年席卷日本的两次石油恐慌使能源价格上涨，日本的机床用户企业为了削减产品成本，加快采用数控机床。1974年，从富士通公司分离出来的发那科公司与美国的数家公司进行伺服电机方面的技术合作。1985年，发那科公司开始大规模采用自定义大规模集成电路计算机数控系统。与此同时，大隈铁工所开发的电子计算机数控系统也越来越先进。发那科公司的数控系统在日本市场的份额高达70%。数控机床的计算机数控化提高了工作效能，为20世纪80年代日本汽车工业和电机工业带来了很强的竞争力。此外，分布式数控（distributed numerical control，DNC）系统较早在日本普及，1968年即获得了成功。DNC系统逐渐演化为进行小批量、多品种零件加工的FMS和FMC，并使得夜间无人操作成为可能。1981年，山崎铁工所即山崎马扎克公司在自己的工厂导入FMS，成为日本首家采用FMS的机床制造商。[2]总之，日本机床工业的数控化进程相当迅速，由此也带来了行业的洗牌。20世

---

[1] 盛伯浩主编：《中国战略性新兴产业研究与发展·数控机床》，北京，机械工业出版社，2013年，第2—3页。
[2] 长尾克子：『工作機械技術の変遷』，東京，日刊工業新聞社，2003年，第316—335頁。

纪 80 年代以后，山崎马扎克公司、森精机制作所和大隈铁工所占有日本机床最高销售额的结构固定了下来，而池贝铁工、新潟铁工所、日立精机等第二次世界大战前便兴旺的老牌大企业则于 2000 年以后走到了尽头。①

1972 年 11 月，中国国际贸易促进委员会应日本机床工业协会邀请，派出了 12 人组成的赴日机床参观组，参观了在东京举办的第六届日本国际机床展览会，并考察了日本机床工具工业厂商及其用户共 101 家。北京机床研究所负责整理了有关日本数控机床的资料，作为新知识扩散给中国机床工具工业及相关部门。在其报告中，北京机床研究所认为日本数控机床虽起步比美国落后约 10 年，但到 20 世纪 70 年代初，数控系统及机床已逐渐接近美国水平，只是软件方面发展还较差。该报告对美日数控机床的发展过程进行了比较，颇具参考价值，如表 3-13 所示。

表 3-13 美日数控机床发展过程对比表

阶段	美国	日本	时间差距
基础研究	1940 年 J. T. Parsons 在麻省理工学院伺服机构研究室着手进行	1952 年东京工业大学和池贝铁工开始研究数控车床	10 年
试制样机	1952 年麻省理工学院与吉丁·路易斯研究数控坐标立铣成功	1958 年牧野铣床制作所制成数控立铣	6 年
生产中应用	1956 年吉丁·路易斯数控铣用于生产	1959 年牧野铣床制作所数控铣用于生产	3 年
商品生产	1956 年 Barymaster 小批生产数控转塔钻床	1959 年日立精机数控铣床小批生产	3 年
自动换刀数控机床	1958 年卡尼·特雷克厂试制成功	1960 年日立制作所试制成功	2 年
DNC 系统	1965 年 IBM 公司生产第一套 DNC 系统	1967 年富士通和池贝铁工为日本国铁大宫工场生产一套控制 7 台数控车床的 DNC 系统	2 年
	1966 年 Bunker-Ramo 公司研究成 DNC System70	1968 年牧野铣床制作所与冲电气合作制成另一套 DNC	2 年
适应控制数控机床	1964—1967 年先后由本迪克斯等制成适应控制铣床及多工序自动换刀机床	1968—1970 日立精机的多工序多动机床和丰田工机的适应控制外圆磨床制成	4 年

资料来源：赴日机床参观组、北京机床研究所编：《赴日机床与工具考察报告》第二分册，第一机械工业部情报所，1973 年，第 37 页

为了普及数控机床，日本的机床企业必须要将操作方法教给中小用户，并且将数控机床的优点说给他们听。制造数控机床的各企业都会设置"数控教室""数控小组"之类的训练场所。森精机的成功就在于通过派遣技术指导人员去满足中小企业多样的需求。②传统机床操作工人可以仅凭

---

① 沢井実：『機械工業』，東京，日本経営史研究所，2016 年，第 116—123 頁。
② 沢井実：『機械工業』，東京，日本経営史研究所，2016 年，第 116—123 頁。

生产现场的经验积累来掌握制造技能，数控机床操作工人却必须同时学习更加理论化的计算机相关知识。因此，数控机床不仅对生产厂商，而且对用户，都提出了掌握新知识的要求，这也从侧面反映了其革命性。

因此，对中国这样的后发展国家来说，要在数控机床领域实现追赶是极为困难的。首先，数控机床可以分为"机"与"电"两大块，这两大块需要不同的知识，将其整合起来难度很大。其次，数控机床的普及既要求传统机床厂商吸收新知识，又要求用户学习新知，这两个学习过程极难平衡，当用户不具备新知识时，机床厂商的产品缺乏出路，但用户所需要学习的新知识更加简单，于是，当机床厂商还没有准备好时，用户可能就完成了学习，突然产生需求而转向进口产品。这种不平衡及其结果，正是美国数控机床工业演化史所呈现的图景。美国作为数控机床的发明国尚且难以解决此类难题，对知识存量更低的中国来说，就更加不易了。

二、久攻难关：中国数控机床产业的萌芽

中国对于数控机床的研制是从 1958 年开始的，当时由北京第一机床厂和清华大学合作研制了中国第一台第一代电子管电路 X53K-1 数控铣床。到 20 世纪 60 年代初，数控系统已经发展到第二代，采用晶体管。1964 年，北京第一机床厂成功研制了 XKL5032 数控铣床，同年，北京机床研究所与齐齐哈尔第二机床厂合作研制成功 XKL5025 数控铣床。1969 年，清华大学研制成功数控劈锥铣床。1968—1969 年，北京机床研究所先后与天津第一机床厂和上海仪表机床厂合作研制成功 YK54 和 YK5316 数控非圆插齿机，并开始采用第三代的集成电路。1969 年，复旦大学与上海交通电器厂合作研制成功数控电火花线切割机床。从 1958 年到 1972 年，尽管有少数数控机床品种如数控线切割机、非圆插齿机和劈锥铣等能提供商品，用于生产，但不少品种由于技术基础薄弱、电器元器件不过关、人才培训跟不上等原因，无法提供商品。①

从起源看，中国数控机床的演化和美国类似，都是在大学里进行技术创新，对机床厂现成的普通机床进行改造。中国的数控机床技术，也学习了苏联。曾任北京机床研究所领导的王恒智回忆，他 1952 年在北京学俄语，1953 年去了苏联留学，学了 5 年半，毕业后被分到北京机床研究所，不到一年又被派去苏联学数控，"因为当时需要电学方面的知识"。王恒智被派到苏联机床研究院，去了之后老师要考核他会不会数控，他说：

---

① 李健、黄开亮主编：《中国机械工业技术发展史》，北京，机械工业出版社，2001 年，第 696 页。

"你别考，我肯定零蛋，我是学机械的。"老师就问他怎么实习，他回答说："你跟我说清楚允许干什么、不允许干什么。"那时是1960年，中苏关系已经不好，但苏联老师在技术方面对其并没有保密，很愿意让王恒智在此实习，而且让他自己安排。实习了一年半后，王恒智回到北京机床研究所，当了数控组组长，后来数控技术发展到一定规模，就分到了电控研究室，又先后担任副主任和主任。王恒智称，他去苏联的时候，苏联的数控技术已经成熟了，有了成型的产品。但是，中国从苏联学习数控机床有天然的劣势，那就是中国的计算机产业和电子工业落后。他在回忆中称："数控技术基础来源是计算机、数字技术，当时谁有计算机谁干这事。20世纪60年代初的时候苏联就有计算机了，叫乌拉尔型号。谁有计算机，谁才有发展前提。中国就不行了。第二个条件中国没有伺服技术，所谓的伺服技术能把电机、液压、气动控制得很精准。中国叫随动技术，跟着走，现在叫伺服。为什么中国伺服技术不行？因为电子元器件不行。伺服技术和控制技术的区别，在于前者功率比较大。没有功率器件就不行，功率器件的电压高，我们只能用液压。当时美国伺服技术很好，远距离操作控制。伺服技术不行，元器件就不行，电子工业就更不行了。第三，计算技术不行。计算机出现以后计算数学兴起，我们计算数学不发达，讲了微积分之后就不行了。"[1]从数控机床的技术分解来看，王恒智的评判是中肯的，中国的数控机床确实是在电子工业尚缺乏必要积累的条件下起步的。

在20世纪60年代，中国发展数控机床，因为缺乏合适的元器件而出现了一批夭折产品。王恒智称："我们国家研究那么多年数控，没有变成产品，就是因为元器件不行，都用电子管，体积大，没有半导体。日本的数控系统基于半导体就搞出来了，我们在国内搞的是电子管，没有半导体。1964年日本发那科展出了半导体的数控系统，而且是圆弧插补。当时其他国家弄的都是走直线的，直线插补。日本发明了直接走圆弧，意义非常大，圆弧的工作量很大。发那科就靠这个起家，从这点上看，日本的数控技术已经超过美国了。"[2]但是，他充分肯定了当时中国各家单位在数控机床上积极探索的意义，认为对数控技术起到了普及作用。他称："北京机床研究所也搞出一个样机，夭折了。这是1964年底搞出来的，和齐齐哈尔第二机床厂搞出来的，用到了沈阳飞机工业（集团）有限公司，这是1965年。那是很小的一个小机床，其实不适应大飞机。但是为什么

---

[1] 王恒智访谈记录，2017年3月1日，北京京城大厦A座。
[2] 王恒智访谈记录，2017年3月1日，北京京城大厦A座。

搞？是为了做试验，体验数控到底有什么好处，目的达到了。后来各家又开始搞，因为觉得中国数控不行。这过程当中，出了两件事，救了中国数控机床。第一件事是清华大学造出三轴联动的，给北京218厂加工一种叫劈锥的零件，用在飞机、轮船的导航仪上，以前加工1个要1个月，用了清华的1天就能加工出来，效率提高了40倍。这还是不成形的数控机床，穿孔纸带。虽然贵，也值。第二件事是机床研究所'文化大革命'前给军事上用的扇形齿轮（加工），也是用在导航仪上的，普通机床没法加工，我们改造了1台，加工出来了，但不是商品。在这个基础上，我们承担了合肥仪表厂的任务，问椭圆的能不能加工，我们组织行业来干，由天津、上海、重庆的三家厂给合肥仪表厂搞齿轮加工，一次性成功。这是用在流量计上的齿轮，精度不好测得不准，精度提高了一级，效率提高了10倍，对仪表厂来说是个宝贝，专门搞了一个恒温车间。所以数控机床贵，但是有好处。这两件事给数控发展树立了信心。只有方向找对了，才能发展起来。"[1] 换言之，中国在发展数控机床的初期，必须同时培育数控机床的用户。

　　1972年3月，日本机床展览会在上海举行，展品中有近十台通用型数控机床，受到国内广泛关注，也激发了机床行业研制通用数控机床的积极性。这次展会的参展商有13家，展出的17台机床中有9台是数控机床，均配备富士通即发那科的数控系统。中国方面认为："日本与欧美产品相比，数控机床的特色是采用开环系统。富士通公司的电液脉冲马达，技术比较成熟，有独特之处，在国际市场上也较有名。据有关厂商声称，日本今后将致力于进一步发展计算机控制、适应性控制及自动编程序等新技术。"[2] 会后，不少中国机床厂组织力量研制数控机床，一机部二局因势利导，于1973年召开了有关科研、生产单位参加的全国数控机床攻关会议，制订了数控技术三年科研和生产任务，确定了生产点，在全国范围内组织了数控技术的攻关"战役"。经过三年攻关，1976年在一机部举办的仪器仪表自动化装置展览上，共展出了34种40台数控机床和一批关键配套件。但这些品种由于存在机床质量差或系统可靠性差等问题，大部分不能转入批量生产。从1973年到1979年，全国累计研制了40多种数控机床，生产了4108台，其中简易数控电火花线切割机床占比约为90%。[3] 1976年

---

[1] 王恒智访谈记录，2017年3月1日，北京京城大厦A座。
[2] 山东省革委生产指挥部科技办公室情报组：《数字程序控制机床情报资料》，1972年，第63页。
[3] 《当代中国》丛书编辑部编：《当代中国的机械工业》（上），北京，中国社会科学出版社，1990年，第155—156页。

8月，一机部在《关于近期数控机床技术发展的意见》中指出，要"坚持两条腿走路的方针，处理好普及与提高的关系"，并提出，"在品种规划中，已准备将一批简易数控机床进行定型生产"。①这反映了当时发展数控机床的政策导向。值得一提的是，王恒智认为复旦大学对中国数控机床的发展作出过不为人知的贡献："得给上海复旦大学记功。如果我不说，就没人说。复旦大学20世纪70年代生产了线电机切割机，这是中国的发明，中国叫快走丝，效率高，当时精度低。国外的都是慢走丝，但是精度高。中国缺铜，所以用钨丝。不过中国的这个快走丝对很多零件精度够了，这个对中国后面的机电发展很重要。复旦大学应用完就把这个给普及了，当时培训不收钱。这本身是数控技术，仿照的是日本的阶梯插补法。"②部门创新体系作为一种体系，其意义正在于具有不同的创新主体，在互动中促进知识的生产与流动。

表3-14为1976年的主要数控机床重点产品研制项目表，从中可以看到改革开放前夕中国数控机床的发展状况。

表3-14 主要数控机床重点产品研制项目表（1976年）

产品名称	型号	加工对象	用户厂	生产厂（主机）	生产厂（数控系统）	发展年份
数控转塔六角车床	CSK3140	高强度合金钢的滑阀、活门接嘴	安庆公司	沈阳第三机床厂	沈阳213机床电器厂	1978
数控立式车床	CK5250			武汉重型机床厂		1981—1985
数控自动换刀立式车床	CHK5112		九院221厂	齐齐哈尔第一机床厂	沈阳213机床电器厂	1977
数控自动换刀立式车床	CHK5116	燃气轮机涡轮盘等	杭州汽轮机厂、南汽、沈鼓	齐齐哈尔第一机床厂	沈阳213机床电器厂	1976
数控立车			903厂	沈阳第三机床厂	沈阳213机床电器厂	1977
数控立车	CK5116		上海机电一局	上海第六机床厂	上海交通电器厂	1978
数控车床		轴类、盘类件		重庆第二机床厂	长江机床电器厂	1977
数控车床	CK6140		708厂	上海江宁机床厂	上海长江机械厂	1976
数控车床	CK61100		708厂	上海重型机床厂	复旦大学	1976

---

① 《(76)一机床字907号》，1976年8月18日，上海市档案馆藏，档案号：B103-4-679。

② 王恒智访谈记录，2017年3月1日，北京京城大厦A座。

续表

产品名称	型号	加工对象	用户厂	生产厂 主机	生产厂 数控系统	发展年份
数控墙面车床			903厂	上海第二机床厂	上海交通电器厂	1977
数控车床	SK50	合金钢的加力油缸，拉杆接嘴、滑阀	410厂	大连第二机床厂	大连第三仪表厂	1976
数控车床	S1-204			沈阳第一机床厂	沈阳电子研究所	1976
数控车床	S1-214	透平压缩机轴	沈阳鼓风机厂	沈阳第一机床厂	自配	1976
数控重型车床	CK61160	汽轮机转子	哈尔滨汽轮机厂	青海重型机床厂	沈阳213机床电器厂	1978
数控重型车床	CK61200		东方电机厂	齐齐哈尔第一机床厂	沈阳213机床电器厂	1978
数控仿形车床	CK7120		宝鸡石油机械厂	长城机床厂	宁夏电子仪器厂	1976
数控龙门架固定五坐标铣床		高强度合金、钢铝合金、飞机整体框	112厂、172厂、162厂、132厂、320厂	北京第一机床厂		1977
数控螺旋桨加工铣床	XK4825	螺旋桨	六机部	北京第一机床厂	自配	1980
数控立式坐标镗床	TK42100A		410厂	昆明机床厂	重庆自动化研究所	赶超项目
数控落地镗床	TK6216	燃气轮机缸体	南京汽轮机厂	武汉重型机床厂		1978
数控深孔钻机	S2-143	高压加热器管板	东方电机厂、哈尔滨锅炉厂	中捷人民友谊厂		1978
适应控制外圆磨床	MYS1350	加工零件 Ø420×1400	上海第一汽车附件厂	上海机床厂	上海继电器厂	1978
三坐标测量机	ZCS-1000A	红旗轿车模具	长春汽车厂	昆明机床厂		1981—1985
数控组合机床自动线		箱体件		大连机床厂		1979
牙轮钻数控组合机床		石油钻井钻头	燃化部	常州机床厂	大连组合机床研究所	1978

资料来源：《(76) 一机床字907号》，1976年8月18日，上海市档案馆藏，档案号：B103-4-679

上海机床电器厂参与研制机床数控装置的经历较典型。从1967年开始，该厂即以领导干部、工程技术人员、工人三结合的形式为上海第四机床厂研制了三坐标铣床分立元件数控装置，成为当时国内唯一一家数控开关柜生产厂。1972年，上海市指定上海机床电器厂和上海第四机床厂、上海电机综合研究所共同进行三坐标铣床数控装置会战。当年，上海机床电器厂新建程控车间，并调集大中专毕业生和主要技术人员、技术工人充实车间技术力量。1973年，上海机床电器厂在原装配车间加层600平方米，同时在厂内开办机床数控技术培训班。至1974年，该厂程控车间职工已达100余人，其中工程技术人员50余人。从1973年开始，上海机床电器厂同北京机床研究所、上海电机综合研究所、华中工学院、浙江大学以及上海第四机床厂、上海第五机床厂、上海仪表机床厂、西安庆安公司、沈阳112厂等单位共同研制生产了6种数控机床装置，即：SK1-331、SK3-331铣床数控装置，从2轴到5轴联动；SK3-221车床数控装置，行径10米，半径5米，最快速度5米/分；SK1-323转塔式镗铣床数控装置，8个工位，可以自动换刀；SK1-311多工序自动换刀（加工中心）数控装置；SK2-332非圆插齿机数控装置。这些产品适用于军工企业，解决了飞机和导弹上不同规格、型面复杂零件的加工问题，节约了大量工夹具，并对确保工作质量、减轻劳动强度、提高劳动生产率、降低成本等有显著成效。但由于电子器件质量低、造价高，用户逐渐减少，1980年便停产。[1]

王恒智的回忆对20世纪70年代后期中国发展数控机床的整体氛围有很直观的描绘："'文化大革命'过去后出现一个搞数控的热潮，后来搞了一个数控机床展览会，展览了很多，真多……但两年以后80%全跑了，元器件不行，得花钱，一下子情绪低落了，说没法搞。然后有人说国产的不行，可靠性不行。这时候展览会上有日本的机床，展出后就留下，留下的都好用，你说你服不服？后来军事需求也要用，向法国买了一批，但是禁运。而日本民用不禁运。然后就买日本的电柜，我们自己造机床。第一批买了30多套数控系统，给机床厂分，结果配一个成一个。但是没有外汇，电控不买柜子了，能不能引进技术。"[2]与中国机床工具工业整体演化轨道变更相一致的是，中国数控机床的研发也开始走上不同于此前的道路。

尽管改革开放前中国的数控机床生产未能产业化，但机床工具企业对数控技术的热情为此后制造数控机床做了一定的铺垫。例如，青海第一机床厂在1972年确定了要发展大型铣床，但对于具体方向尚不明确。1973年，该厂派出5人去全国各地对大型铣床开展调查，同年，青海省组织了

---

[1] 上海机床电器厂：《上海机床电器厂厂志（1931—1991）》，上海机床电器厂，1991年，第21页。

[2] 王恒智访谈记录，2017年3月1日，北京京城大厦A座。

一个代表团赴上海学习工业方面的经验，该厂厂长韩毅民也参加了学习活动。上海当时正好出现数控机床热，韩毅民受到启发，在上海即拍板决定青海第一机床厂要发展工作台不升降铣床和数控铣床。此后，该厂派出以技术科长为首的 11 人学习设计小组，到上海第四机床厂、上海第五机床厂根据进口数控机床样机边学习、边设计。由于指导思想明确，该小组仅花了 3 个月时间就圆满完成了设计任务，回厂后经过较短的生产、技术准备，于 1974 年下半年同时投产试制 X716 基型与 XK716、XK726 型数控铣床。1975 年，XK716 型数控铣床试制成功。1982 年，青海第一机床厂制造了与日本联合设计的 XH754 数控自动换刀铣床，采用了 FANUC6M（E）控制系统。该厂与联邦德国赫格尔-柯希公司合作生产的由德方供图的 AM443 数控万能工具铣床，则采用了西门子公司的控制系统。因此，青海第一机床厂发展数控机床也走上了技术引进和使用进口数控系统的道路。但该厂总结经验时称自己在改革开放前"发展品种的道路是对的，发展方向是正确的"，其战略决策"为以后进一步发展仿型、数控自动换刀铣床创造了很好的条件"，该厂的 XH754 数控自动换刀铣床"之所以发展较快，就是因为有了这个基础"。故而青海第一机床厂称自己在中国数控机床领域"捷足先登"，在改革初期的国内市场"已占明显优势"。[①]青海第一机床厂的这段历史表明，改革开放前中国机床工具企业在数控技术领域的探索，为改革开放后能较为迅速地引进国外技术积累了经验。

三、系统分离：开放条件下中国数控机床的产业化

上海机床电器厂数控装置的停产与中国开始进口国外数控系统之间存在着时间上的耦合性。1978 年以后，随着对外开放政策的实施，一机部二局进口了 21 套日本发那科公司的数控系统，供国内数控机床产品配套，取得明显效果，证明国内开发的数控机床主机是可用的。1980 年，一机部决定正式引进发那科公司具有 20 世纪 70 年代后期水平的数控系统制造技术，包括 5 系列和 7 系列两种计算机数控系统、宽调速直流伺服电机、直流主轴电机等，由北京机床研究所建立北京数控设备厂进行成批生产，以后又引进了 3 系列和 6 系列数控系统。[②]王恒智回忆了一机部选择发那科系统的原委："经过调查美国、德国、日本，结论是最合适从日

---

① 青海第一机床厂厂史编写组：《青海第一机床厂厂史（1958—1983）》，青海第一机床厂，1984 年，第 13、27—28 页。
② 《当代中国》丛书编辑部编：《当代中国的机械工业》（上），北京，中国社会科学出版社，1990 年，第 156—157 页。

本引进。美国不卖，而且主要针对航空工业。日本近，便宜，语言有优势，对中国还友好，而且有独到的地方，起家和中国相似，用的不是伺服机而是步进电机。于是引进发那科，中国自己也开始发展。北京机床研究所搞齿轮的，已经是半导体集成电路的。1976 年把加工中心搞出来了，而且还在大办展览会了。中国那时候已经有小型计算机了，五轴联动也都有了。发那科一考察，稻叶（稻叶清右卫门，发那科创始人）一看，第二天就定了，允许北京机床研究所引进发那科。这是 1980 年的事，1981 年或 1982 年引进，当年就见效。因为中国已经有了自己的研发能力和研发队伍，所以很快掌握了。"①同时，一机部也允许进口国外先进数控系统与国内数控机床产品配套。由此陆续发展出了一批数控机床，到 1985 年，全国生产的数控机床总计 1959 台，其中全功能数控机床有 600 多台。②

对于引进发那科的数控系统，王恒智认为意义很大："我们和发那科合作对中国数控发展很是重要的。没有引进合作项目，我们也得仿和抄。合作后我们之间的差距急剧下降。我们和发那科合作，效果挺好。其实发那科偷偷摸摸把数控的软件给我们了。现在在国内扩散了。我们引进发那科的技术之后，上海市的机床研究所硬把我们引进的技术给仿制出来了。当时硬件的集成度不是很高，很多地方可以破译，可以仿。所以说，中国很多数控系统技术的源头都是发那科的。"③据北京机床研究所装配车间的员工回忆，20 世纪 80 年代初引进的发那科 FANUC7 系统配在相应的合作产品 JCS-018 立式加工中心上，确实展现了优越的性能："以往设备调试时，出现了故障，机械和电气两组都要争得面红耳赤，或者拆得稀里哗啦，重新调试，上了新系统后，故障能自动显示编号，查看指南即能找到故障位置，机械和电气各自解决问题，大大提高了调试速度。"④进口数控系统展现的优越性能，为中外合作铺平了道路。

在改革开放前与上海机床电器厂合作的上海第四机床厂，从 1966 年就开始与科研院所联合研制数控机床，但其研制出的三坐标、四坐标数控铣床，多数沦为样品和展品。1979 年，通过引进国外先进技术以及合作开发等途径，上海第四机床厂加速了数控机床生产，从 1980 年生产

---

① 王恒智访谈记录，2017 年 3 月 1 日，北京京城大厦 A 座。
② 《当代中国》丛书编辑部编：《当代中国的机械工业》（上），北京，中国社会科学出版社，1990 年，第 156—157 页。
③ 王恒智访谈记录，2017 年 3 月 1 日，北京京城大厦 A 座。
④ 北京机床研究所 70 届（71 届）入职 50 周年纪念活动组委会：《青春落脚的地方：纪念活动文集（1970—2020）》，2020 年，第 41—42 页。

XK715F 立式三坐标数控铣床起,至 1989 年共生产 20 种数控铣床和加工中心 200 台,数控机床产值占其总产值的 90%。[①]上海第四机床厂也曾利用世界银行贷款进行技术改造。该厂完成改造后,与美国 Rochester 公司联合设计了两款大型数控仿形铣床,首台产品还参加了 1991 年美国芝加哥机床展览会。至于该厂产品所用数控装置,"由北京数控设备厂、上海机床研究所分别供应,另外从国外直接进口的渠道也是可行的"[②]。上海第四机床厂在改革开放前后发展数控机床的不同路径极为典型。实际上,这也体现了中国数控机床工业机床与系统相分离的主流演化路径,即机床厂靠采购进口系统来制造数控机床。一家老牌机床厂的工程师在调研中介绍:"我们的数控系统都采用标配系统,加工中心用发那科的。根据产品定位、机型来选择系统。在设计机床时就考虑数控系统的功能,系统品牌都是标配的,有的根据用户要求重新配系统选项。成熟的进口系统功能是完善的,给钱开通功能多少而已。国产系统是功能不完善的问题。"[③]换言之,随着时间的推移,中国的数控机床研发已经模块化,即机床制造厂可以选择标准化的数控系统,来安装在自己制造的机床上,实现所需功能,组合成数控机床。这种模块化的制造方式强化了进口数控系统的比较优势。然而,由于计划经济体制下制造厂与科研单位本身是分离的,在改革开放初期,拥有更强技术力量的科研单位未能实现数控系统进口替代,则机床与系统相分离的演化路径亦难以避免。

数控机床的普及不仅在于研发与制造,还在于使用。在这一方面,中国企业尤其是机床工具骨干企业还是表现出了很大的积极性。例如,20 世纪 80 年代中期,杭州机床厂第一次在一金工车间引进由计算机控制 6 个工作台的加工中心,当时,职工激动不已,文献描述称"人们的心情像当年农民第一次看见拖拉机一样,既兴奋又怀疑"。该厂领导表示,引进设备的目的在于使用,要开足班次,充分发挥其作用,即使在使用时发生故障,甚至不惜损坏设备,也由领导来承担主要责任。在这样的决心下,加工中心的操作者日夜苦干,自制配备必不可少的刀具,用自身加工的方法,装备了固定零件用的通用基础件,用程序和手动相结合的方法,试通了程序,成功运用该设备试制了新产品 M7132 磨头体。由于计算机程序控制不到 4 小时就完成了从前需要往返流转数十道工序才能完成的加

---

① 上海市机床总公司编:《上海机床行业志》,1993 年,第 91—92 页。
② 上海第四机床厂:《上海机床行业利用世界银行贷款技术改造项目 上海第四机床厂项目竣工预验收报告》,1992 年,第 7、9—10 页。
③ 2021 年 5 月 19 日调研访谈记录。对于行业常识,一律隐去受访者信息。

工量，车间尝到了加工中心的甜头。①数控机床正是通过在使用过程中体现出的效率优势，得到普及和推广。而数控机床国产化的意义，则是为了降低中国用户的购买与使用成本，实现新技术的经济与社会效益。

"七五"期间，国家安排了以引进技术消化吸收为主要内容的"数控一条龙"攻关项目，即以发展最快、需要量最大的5种数控机床为龙头，对主机、控制系统、监控系统、驱动装置、工具系统以及各类配套件等部分的引进技术进行消化吸收，使之尽快国产化，并形成批生产能力。项目包括5种主机的消化吸收与国产化，分别为中捷友谊厂引进的德国沙尔曼SOLON3-1加工中心、南京机床厂引进的德国维纳尔TC-500加工中心、沈阳第三机床厂引进的美国普拉特·惠特尼公司P&W-1200数控车床、齐齐哈尔第二机床厂引进的德国通快TQC-2025数控步冲压力机、苏州电加工机床研究所引进的日本FANUC-H数控线切割机床。项目还包括3种数控系统的消化吸收与国产化，分别为北京机床研究所的FANUC6系统、辽宁精密仪器厂的DYNAPATH10系统和上海机床研究所引进的美国MC1系统。到1989年，沈阳第三机床厂、苏州电加工机床研究所和南京机床厂的国产化率达到90%。以沈阳第三机床厂为例，该厂的S3-1200型数控车床即与美国普拉特·惠特尼公司合作生产的产品，为两坐标连续控制数控机床车床，适用于加工形状复杂、精密度高的轴类和盘形零件，可以配北京机床研究所的BS06系统，也可以按用户要求配其他型号的控制系统。该产品国产化率达到92%。BS06系统即北京机床研究所在引进日本发那科FAUNC6系统基础上研制开发的闭环数控机床系统，采用高速微处理器、大规模集成电路、专用芯片和磁泡存储器等元件，价格为10万—17万元。②在国产化中，各厂与研究所有不同程度的二次开发，扩展和派生了一批数控机床和系统。1986—1990年，中国机床工具工业新开发的数控机床品种有358种，是"六五"时期81种的4.4倍，到1990年可供数控品种达456种，其中数控车床133种，加工中心99种，数控电加工机床59种。数控机床产量达到2634台。但这一时期选定的5种进行攻关的主机，并没有抓住市场需求最多的品种。同时，辽宁精密仪器厂和上海机床研究所引进的系统国产化率虽然都超过80%，但可靠性却随着国产化

---

① 郑阳生、朱浩然主编：《建厂四十周年征文集（1951—1991）》，杭州机床厂，1991年，第205页。
② 机电部机床工具司、数控机床一条龙编辑部、沈阳第三机床厂：《数控机床一条龙产品手册》，1991年，第1、28—29、42—43页。

率的提高而下降。①另据统计，从1981年到1988年，中国研制的336种数控机床中，能够维持3年小批量生产的品种数只有64种，占全部数控机床品种数的19%，占金切机床品种数的2.6%，而日本的数控机床品种数1985年已达到1322种，占其总品种数3780种的35%左右。中国数控机床可供的商品品种和日本相比相差20倍。1987年，日本数控机床产量35 460台，占其全部机床产量的28.24%，是中国1988年数控机床产量的8.865倍。②"七五"期间中国的数控机床产业仍然属于幼稚产业。

  长征机床厂的工程师徐中行回忆："长征机床是改革开放的弄潮儿，不完全依靠原来的产品吃饭。看准了模具加工成套设备是当时急需要的，开发了全国第一台数控仿形铣床。我们有液压的基础，能够捷足先登——青海第一机床也在搞——填补了国家空白。改革开放后开始走出国门，引进国外技术和样机，进行数控技术研究。我1985年出国，去美国普惠公司，总共带5个人，我负责机床的设计，在美国搞了一个多月。现在这机床仍然声誉很好。XKF718数控仿形铣床是我们与美国联合设计的，刚性好，切削加工能力强，精度也不错。当时国内都是经验设计，美国就用计算机辅助设计。数控立式铣床也引进美国技术，中国代理公司在美国联系的，企业主动过去引进，形成了长征机床新产品的基本系列和技术。"③因此，对中国一些机床主机厂来说，改革开放以后研制数控机床，依靠了对西方国家技术的引进，是一个学习新知识的后发展式创新过程。

  北京第二机床厂研制加工中心的历程也能反映中国数控机床产业早期发展的一些特点，陈可嘉以其经历记录了那段历史。1974年，北京机床研究所购买了一台日本加工中心，组织国内多个厂家进行测绘，要求这些厂家试制出具有中国特色的加工中心。那台日本加工中心的机械部分从外观上看是一台单柱卧式镗床，最明显的不同是立柱顶上有一个刀库，还有机械手自动换刀。北京第二机床厂接到任务后，为了尽快普及数控知识，相关职工每天抓紧学习晶体管电路知识，通过突击学习，很快学会了看机械图纸和基本电路图纸，在知识分子与工人相结合的努力下，试制出了第一台产品。这台产品上90%的零件都由北京第二机床厂自己制作。该厂第一次生产镶钢导轨，在调试导轨精度时，职工用手工刮研，使钢导轨研磨

---

① 李健、黄开亮主编：《中国机械工业技术发展史》，北京，机械工业出版社，2001年，第697—698页。

② 王惠方：《国产数控机床现状》，《中国机床工具》总第4期，1989年10月20日，第3版。

③ 徐中行访谈记录，2017年12月8日，四川长征机床集团有限公司。

达到设计精度要求。由于国内没有厂家生产过滚动导轨轴承，该厂就在精加工车间中用通用磨床加工一个个滚柱。产品的移动部件使用滚珠丝杠传动，丝杠在装配前要预先测试预紧力，该厂为此制作了多种工艺用工装。丝杠的保护装置采用螺旋钢套，国内没有生产过，该厂就自己试制，从材料到热处理，攻克一道道难题。为了机床运动动作的自动化，整个机床的各个部件上都装上了不同式样的小开关，当时还没有大规模集成电路，整个机床控制都是用单个电器元件组成的，整台机床的控制系统共由 5 个分离电器柜组成。机床的液压控制系统则采用了上百个电磁阀和各类阀体，为了减少噪声，只能将整个液压控制箱封闭起来，导致第一台产品的液压箱像一个小房子。为了实现移动部件和旋转部件的精确定位，在丝杠的前端安装了杠簧开关来实现移动部件的坐标原点定位系统。为了实现换刀的准确，在主轴上安装了液压的粗、精两套定位系统。北京第二机床厂制造这样一台加工中心花了数个月的时间。加工中心样机研制成功后，就开始小批量生产。由于电器控制系统和液压控制系统太庞大，在小批量生产中液压系统采用了模块化的阀板，使控制电磁阀的数量少了将近一半。电器元件厂家将各种继电器尽量做小，但是分离元件电器控制的可靠性始终无法提高。由于国产电器控制不过关，两年后加工中心的生产就被叫停了。1986 年，北京第二机床厂的加工中心重新上马，当时，大批国外数控系统已经进入中国，经过调研选型，该厂选择了 FANUC7 系统，用 4 年时间，将 2 台 20 世纪 70 年代生产的加工中心改造成可以使用的数控机床。该厂又用 FANUC3 系统将一台磁尺坐标镗床改造成数控机床。这次改造使机床的数控系统、液压系统、机械传动部分有了很大的精减，机床结构变得简单，性能却得到极大的提高。1988 年，北京第二机床厂与日本发那科公司签订合同，由北京第二机床厂生产加工中心主机，配备发那科的数控系统，产品可以卖给国内用户。就在该厂按合同将主机安装完成时，发生了"东芝事件"，该厂订下的数控系统进入了禁运的范围，生产好的机床没有数控系统不能调试运行。为了减少损失，北京第二机床厂只能将机床按原材料卖给有出口权的厂家，在国外装上数控系统，贴上国外厂家的标签。此后几年，该厂只生产加工中心的光机，成了出卖劳动力和原材料的低端劳动输出，而国外加工中心则大量进入中国。[①]由此可见，缺乏稳定可靠的国产数控系统是制约中国数控机床产业早期发展的重要因素。

---

① 陈可嘉：《我经历了国产加工中心的成长》，《中国机床工具》总第 473、474 期，2009 年 10 月 5、20 日，第 7 版。

成都工具研究所也参与了第一台国产加工中心的研制工作。当时，该所自动线刀具组已经开始根据国外技术的新发展，将工作重点转向数控刀具、可转位刀具。在参与研制加工中心的任务中，该所负责工具系统和刀具的开发。成都工具研究所赵炳桢回忆："通过这项工作，开发出了我国第一代工具系统，为后来数控工具系统的研究开发打下了基础，也使我所在此项技术上一直处于国内领先水平，并不断为我国工具行业提供新的工具系统产品设计。"[①]这是中国数控机床产业在工具部分早期发展的案例。

南京工艺装备制造厂是参与"数控一条龙"攻关的机床配套件企业。1967 年，南京工艺装备制造厂承担了一机部下达的重点军工产品"09"工程配套滚珠丝杠副研制任务，该产品系特种钢材制造，经过 2 次修改设计和 15 次冷、热加工工艺试验，花了 2 年时间才完成样品试制。1976 年，该厂研制成功锲块自锁装置，代替了原来的超越式离合器自锁结构，使滚珠丝杠的自锁能力提高 4 倍，并明显增加了使用寿命。1978 年，该厂研制完成滚珠丝杠副径向间隙测试手段，并将滚珠丝杠动态滚道测量仪作为科研课题。在这些积累与创新的基础上，国家机械工业部向南京工艺装备制造厂下达了关于滚珠丝杠的一系列科研与攻关项目，包括编制相关部颁标准。1979 年 4 月，南京工艺装备制造厂承接了伊尔 18 型航空滚珠丝杠副的试制任务，1980 年 9 月，完成了航空空心滚珠丝杠副的样品试制。1984 年 11 月，该厂与德国 NEFF 公司签订了合作生产新型内循环滚珠丝杠副的协议，并于次年完成了首批合作生产的滚珠丝杠和滚珠螺母。在此期间，该厂为武汉重型机床厂研制成功重型数控机床特大型滚珠丝杠副。1987 年 3 月，南京工艺装备制造厂的滚珠丝杠副产品被国家机械工业委员会认定为推荐替代进口产品，可用于精密大中型数控机床和测量仪器的配套。同年 4 月，该厂与汉江机床厂签订"七五"科技攻关项目分专题合同，承担柔性生产系统和各种加工中心伺服进给系统的 C、D 级精度滚珠丝杠副的攻关，该项目于 1990 年通过鉴定。1989 年，南京工艺装备制造厂完成了机电部机床工具司安排的"七五"期间"数控一条龙"项目，包括精密滚珠丝杠副及直线滚动导轨副。[②]南京工艺装备制造厂的成长离不开在改革开放前就承接政府科研课题与生产任务，由此积累的知识

---

① 成都工具研究所：《创新历程：成都工具研究所 50 周年所庆文集》，成都工具研究所，2006 年，第 103 页。
② 南京工艺装备制造厂简志编纂办公室：《南京工艺装备制造厂简志（1952—2002）》，南京工艺装备制造厂，2002 年，第 20—24 页。

与能力，使其在很长时间里成为中国极少数能生产滚珠丝杠副等数控机床核心零部件的企业。这种单一企业在核心零部件领域里扮演重要角色的现象，也是中国数控机床产业脱胎于计划经济体制的一大特点。

"八五"期间中国数控机床产业的发展离不开国家的重点攻关项目"数控技术及装备的开发研究"。该项目的主要目标是开发具有中国自主知识产权的数控系统，掌握数控关键技术，开发一批高性能数控机床及其关键配套产品。项目总投资1.5亿元，其中国拨资金6860万元。参加攻关的单位有102个，投入攻关的科技人员达1500人。项目于1996年3月29日通过国家验收。按业界流行的说法，数控系统攻关主要支持了4个"1号"，即中华1型、航天1型、蓝天1型和华中1型。不过，这种说法是一种后见之明，当时的文献只记载了中华1型、航天1型和蓝天1型。根据机械工业部的总结，项目完成了中华1型、航天1型和蓝天1型3个基本系统，并在这3个基本系统的基础上开发了数控车床和加工中心6个典型系统。机械工业部认为，这3个基本系统不仅达到了中档数控系统的攻关指标，可进行6轴控制、4轴联动，而且达到了高档数控系统的攻关目标。中华1型和航天1型还进行了系列化设计，其普及型产品超过了FANUC OC的技术指标，而价格仅为其一半。到20世纪90年代中期，3个基本系统就开始小批量生产，并在多种数控机床上应用。①这里提到的FANUC OC系统是发那科公司根据世界市场需求开发的全功能型数控系统，成本低，可靠性高，销量世界第一。②可以说，中国的资本品部门创新体系直到20世纪90年代中期，还保留着类似于行业战役的集体攻关创新机制，使数控系统的研发能够得到一定的资源注入。

中华1型是中国珠峰数控集团生产的，该集团由北京工业大学、北京机床研究所等单位组成。实际上，20世纪90年代初的北京机床研究所出走了一批人，把该所肢解了。③该所的技术底蕴在当时的中国机床工具行业是最深厚的，这也使中华1型在国产数控系统中最为成熟。中华1型于1994年9月28日通过国家技术鉴定，其CME988系列是多通道、多轴控制的32位机系统，采用开放式的总线、模块化结构，适合2—4轴车床、车削中心和双主轴双刀架车床、3—8轴加工中心镗铣床

---

① 机械工业部机械基础装备司机床工具处：《"九五"机床工具行业科技攻关总体思路和项目安排的简要说明》，1996年，第3—4页。
② 机械工业部机械基础装备司、中国机床总公司编：《国产数控机床选用指南》，北京，机械工业出版社，1995年，第559—560页。
③ 王恒智访谈记录，2017年3月1日，北京京城大厦A座。

等。①20 世纪 90 年代，中国机床工具行业还保留着计划经济体制打造的"七所一院"行业科研体系，即北京机床研究所、广州机床研究所、大连组合机床研究所、苏州电加工机床研究所、济南铸锻机械研究所、成都工具研究所、郑州磨料磨具磨削研究所和机械部第六设计院。在改制浪潮中，北京机床研究所最为曲折。1995 年，不包括北京机床研究所在内的"七所一院"，年纯收入 2178 万元，而北京机床研究所当年亏损 3573 万元。②这种经营状况，为中华 1 型的发展蒙上了阴影。毫无疑问，由于北京机床研究所的关系，中华 1 型是从发那科的技术衍生出来的数控系统。后来，研制中华 1 型的技术人员基本上变成了发那科在中国的销售人员和服务工程师，中华 1 型在市场上被淘汰。其实，在与发那科合作后，北京机床研究所就开始批量生产数控装置供应全国，截至 1993 年，共卖出数控系统近 3000 套、伺服单元 15 000 余套、伺服电机 17 000 余台。③而据 1995 年机械部对北京机床研究所的调查，该所高额负债的原因之一是"过早追求数控产品国产化，造成产品质量下降，且售后服务不及时而丢掉用户丢掉市场"。④与出售市场需求稳定的引进产品相比，自主创新充满风险与不确定性，中华 1 型的命运反映了这一残酷的现实。

  航天 1 型即航天数控集团的项目，起源于航天二院 706 所的科研成果。航天 1 型是从军工系统进入数控系统行业的。蓝天 1 型是中国科学院沈阳计算技术研究所的项目，有较强的技术背景。据王恒智回忆，该所直到 1997 年还没有形成产业，就由他牵头，与北京凯奇数控设备成套有限公司合作，用俄罗斯软件设计与制造了高档数控系统，销往俄罗斯市场，从 1998 年开始到 2017 年，共销售了 30 000 多套。⑤后来该所成立了沈阳高精数控智能技术股份有限公司。华中 1 型则是华中理工大学即后来的华中科技大学的科研项目，其学科背景隶属机械制造。这一次的国家攻关，虽然不能说毫无技术成果，但缺乏市场佳绩。而这也是开放市场条件下，中国资本品部门创新必须面对的牵制力量变多的难题。

---

① 机械工业部机械基础装备司、中国机床总公司编：《国产数控机床选用指南》，北京，机械工业出版社，1995 年，第 528—529 页。
② 机械工业部机械基础装备司机床工具处：《研究院所深化体制改革，加快自身发展的设想》，1996 年，第 2 页。
③ 谭汝谋：《不惑之年的北京机床研究所（下）》，《中国机床工具》总第 133 期，1996 年 10 月 5 日，第 3 版。
④ 赵立新：《走出困境，再创辉煌——访北京机床研究所》，《中国机床工具》总第 186 期，1997 年 11 月 5 日，第 1 版。
⑤ 王恒智访谈记录，2017 年 3 月 1 日，北京京城大厦 A 座。

国家组织攻关研制的数控系统主要是中、高档数控系统，实际上，当时中国企业生产了大量低档数控系统，被称为经济型数控系统或普及型数控系统。表 3-15 为 20 世纪 90 年代中国国产数控系统的早期应用案例。

表 3-15　中国国产数控系统的早期应用案例

型号	研制企业	应用案例	参考价格
CME988 系列中华 1 型	中国珠峰数控公司北京航空航天大学	与北京第二机床厂生产的立式加工中心 RE5020 联机调试成功，供最终用户使用；与牡丹江第一机床厂生产的卧式车床 CK6150Z/3 型联机调试成功，供最终用户使用	2 轴车床用：2.9 万元/台5 轴加工中心用：3.9 万元/台
CASNUC86 系列数控系统	北京航天数控集团公司	被济南第一机床厂、云南机床厂、太原第一机床厂、昆明机床厂等机床厂批量使用；汽车、机械电子、石油化工、铁路交通、航空航天等部门将该系统用于机床改造和科研	车床系统：2.4 万—2.9 万元/台铣床系统：5.6 万—6.4 万元/台
MTC 系列数控系统	上海开通数控公司引进美国 GE 公司技术生产	主要用户有上海第二机床厂、上海第四机床厂、长征机床厂、中国船舶工业总公司工艺研究所	3.5 万—4.5 万元/台
LJ-20、LJ-02 系列数控系统	辽宁精密仪器厂	沈阳第三机床厂、大连机床厂、沈阳第四机床厂、齐齐哈尔第二机床厂、哈尔滨电机厂选用	41 184—79 560 元/台
JWK 系列数控系统	南京大方股份有限公司	和国内 42 家金切机床主机厂配套，如广州机床厂、西安机床厂、上海江宁机床厂、上海仪表机床厂、珠江机床厂、沈阳第三机床厂、南通机床厂等	6000—29 800 元/台
BNC168 数控系统	中国机电数控集团北京 3F 数控公司北京计算机三厂数控分厂	大连机床厂、南京机床厂、北京仪表机床厂等选用；还用到纺织、食品加工等行业	16 800—20 000 元/台
GWK 系列高性能经济型数控系统	机械部西宁高原工程机械研究所青海电脑自动化总公司	在济南第一机床厂、鲁南机床厂生产的车床和济南第四机床厂生产的磨床上配套使用多年；出口到日本、哥伦比亚、澳大利亚和东南亚等国际市场	面板及计算机等：2600—6000 元/套驱动器：3000—6000 元/轴
HUAKE 5T 经济型车床数控系统	北京华科电子技术公司与北京康光仪器有限公司联营的实体北京帝特马数控设备公司	在济南第一机床厂、德州机床厂、诸暨机床厂生产的机床上使用；北京光学仪器厂、济南试验机厂等用于改造旧车床	1.3 万—1.4 万元/台
O-D 高可靠性普及型数控系统	北京发那科机电有限公司（北京机床研究所与发那科合资）	根据中国市场于 1994 年在 FANUC O-C 系统的基础上开发，免费保修期为 1 年，在北京、上海、大连建立了维修服务网点	7.8 万—10.5 万元/台

资料来源：机械工业部机械基础装备司、中国机床总公司编：《国产数控机床选用指南》，北京，机械工业出版社，1995 年，第 528—559 页

注：北京发那科机电有限公司为北京机床研究所与日本发那科公司组建的合资公司，其产品很难被界定为纯国产数控系统，但发那科公司在中国市场同时投放了日本品牌与型号的产品，故本表将北京发那科机电有限公司的产品列入，在用户范围和参考价格上与纯国产数控系统进行比较

必须指出的是，有一些发展低价经济型数控系统的中国企业，在 20 世纪 90 年代中期尚未进入机械工业部或骨干机床厂等行业主流的视野内，但它们体现了市场经济所孕育出的中国数控机床产业的创新力量。广州数控就是其中的佼佼者，业界对其评价为："简易数控出身，市场和售后做得好。"①这一评价从创新角度说可视为一种褒奖。不管怎么说，在通常情况下，工业创新毕竟是一种市场行为。

在机床数控化的创新大潮下，中国的机床主机企业纷纷推进产品数控化。1992 年 4 月，济南第一机床厂厂长易炜里随山东省经济代表团赴日考察时，曾就济南第一机床厂的产值、利润、全员劳动生产率等与日本企业森精机进行了比较，综合结果是济南第一机床厂的全员劳动生产率仅为日方的 1/220。经过分析，该厂认为造成巨大差距的主要原因是产品结构问题，认识到必须大力开发数控产品才能有效缩小差距，并提出"不大上数控'济一机'将衰亡，不懂数控的'济一机'人则被淘汰"②。由此可见 20 世纪 90 年代初期中国机床工具企业对于发展数控产品的正确研判与研发热情。值得一提的是，济南第一机床厂曾经也想从发那科引进技术，但王恒智认为这样不合理，因为济南第一机床厂是主机厂，它引进数控系统到底是自用还是卖给其他机床厂，存有疑问。王恒智指出，发那科和日本机床协会就约定发那科不生产机床，否则机床企业不买它的数控系统。于是王恒智给稻叶清右卫门写信，称发那科的数控系统给济南第一机床厂不合理，"它是机床厂，不可能面向社会"。③此事遂罢。这样一来，中国机床工具工业也长期维持了机床主机企业与数控系统制造商分离的格局。

1993 年，沈阳第一床厂提出了"转机制，上数控，抓改造，兴三产、确保利税五千万"的生产方针，明确将发展数控机床作为企业的战略之一。该厂 1992 年与日本山崎马扎克有限公司合作，引进了 2 个系列的数控车床，研发了 4 个品种、10 种规格的高技术含量产品，并以此为起点逐步实现以"高精尖"产品替代传统落后产品。1993 年，该厂组织了 S1-325 经济型数控车床批量生产工作，将自行研制的普通车床替代产品 S1-325 经济型数控车床投放市场，实现了 550 台的批量生产。同年，该厂完成了与山崎马扎克公司合作生产的 4 种机床的图纸转化工作，生产了 S1-MAZAK QT-30N 数控车床。1994 年，沈阳第一机床厂完成机床产量

---

① 王恒智访谈记录，2017 年 3 月 1 日，北京京城大厦 A 座。
② 济南第一机床厂：《不断开拓国际市场 发展外向型经济》，《中国机床工具》总第 81 期，1993 年 6 月 5 日，第 4 版。
③ 王恒智访谈记录，2017 年 3 月 1 日，北京京城大厦 A 座。

4929 台，其中数控机床产量 267 台。1995 年，该厂机床产量 4072 台，其中数控机床产量 93 台。① 从 1993 年到 1995 年，沈阳第一机床厂数控机床产量的逐年下降，体现了中国企业发展数控机床的曲折。上海第二机床厂在 20 世纪 90 年代推出了 CK6140A 型数控卧式车床和 CK6440A 型数控卡盘车床这两种主打数控产品。为了提高机床的稳定性、可靠性和精度，机床的重要配套件均选用进口元器件，如主轴轴承、尾轴轴承采用 SKF 公司的产品，卡盘采用日本北川或联邦德国 FORKADT 公司产品。机床的主要零件均在进口设备上加工，使精度得以保证，如主轴箱体、刀盘床鞍均在德国 NORTE 加工中心以及瑞士 DLXI 坐标镗床上加工。1994 年，洛阳北方易初摩托车有限公司购置了 2 台 CK6140A 型机床，用于加工摩托车零件。上海汇众汽车制造公司购买了 1 台 CK6440A 机床，用于加工桑塔纳轿车刹车盘。上海汽车齿轮总厂亦购置 1 台 CK6440A，用来加工桑塔纳轿车左右圆弧锥齿齿坯，加工节拍提高到 45 秒/件。该厂生产的 H2-077 型数控车床同样选用国外元器件，并在进口设备上加工主要零件，1994 年 8 月，该厂向浙江万向集团交付了 4 台配上海开通数控公司 MTC-1 系统的该型机床，用以加工夏利汽车零件。② 上海第二机床厂制造的数控机床产品及其制造方式，颇具代表性。

　　济南二机床的产品数控化过程，可视为中国机床工业主机企业数控机床产品创新的一个缩影。该企业的机床制造能力与创新能力起源于仿制苏联龙门刨床，到 1994 年 4 月，共开发和生产了 174 种 8594 台龙门刨床类产品。然而，刨床在国际上逐渐被淘汰，1984 年，国内的北京第一机床厂也开始生产数控龙门镗铣床，这使济南二机床的刨床生产到 20 世纪 80 年代末跌入谷底。济南二机床是能够兼造金切机床与成形机床的企业，决心为属于金切机床的刨床寻找替代产品。在与美国企业维尔森的合作中，济南二机床的技术人员已经接触到数控龙门镗铣床，1988 年，该企业的设计部门在年终总结中提出了压力机向自动化发展、金切机床向数控化发展的构想。1992 年 1 月，厂长张宝玮提出，金切机床类产品向数控龙门镗铣床方向发展，2 月，就成立了"4 米×10 米数控龙门镗铣床合作生产委员会"，3 月，张宝玮又提出"花钱买六车间（刨床车间）发展方向，

---

① 沈阳第一机床厂志编纂委员会编：《沈阳第一机床厂志（1986—1995）》，沈阳第一机床厂，2014 年，第 4、63 页。
② 机械工业部机械基础装备司、中国机床总公司编：《国产数控机床选用指南》，北京，机械工业出版社，1995 年，第 158—159、167—169 页。

数控机床第一台必须合作生产"。①这是尝到了与美国维尔森公司合作的甜头。1992年2月至7月，济南二机床邀请国外知名机床企业到济南洽谈，最后选择了法国BMO公司，并于12月签署了全面合作生产数控机床的协议，亦是为期10年。恰在此时，潍坊生建机械厂需要1台数控机床，该厂分管技术的领导恰好是济南二机床厂长张宝玮的大学同学，于是，济南二机床就利用这层关系，派负责国际合作业务的进出口处处长张志刚，多次组织技术人员赴潍坊生建机械厂，进行技术交流和用户零件加工工艺分析。1993年4月，济南二机床从潍坊生建机械厂那里拿到了MAJOR240定梁龙门移动镗铣加工中心订货合同，这也是济南二机床从市场上拿到的第一台合作生产的数控机床订单。为了造出数控机床，济南二机床派出3批共24人去法国进行技术培训和联合设计。就这样，济南二机床复制了其在压力机领域成功实现创新的经验，逐步完成了金切机床产品的数控化。这充分表明学习模式与经验积累对于企业掌握新知识的重要性。1995年，为进行客车车体钢板边缘的坡口铣削，长春客车厂求购1台数控龙门镗铣床。济南二机床此时还没有成熟的数控机床产品应市，该厂参加洽谈的技术人员就以夹具为谈判的突破口，因为坡口铣床铣削精度要求不高，但用户要求配置自动夹具，实现工件的数控编程、自动加工。机床主机是标准产品，夹具是专用设备，济南二机床遂利用比其他厂家更好的夹具方案来打动用户，拿下了订单。②对企业来说，创新始终是一种综合的、动态的系统性活动，新技术的学习、对用户需求的满足与成本控制等因素交织在一起，以最适宜的组合带来创新的成功。中国机床工具企业从传统产品到数控产品的转型，需要的就是这种创新，而每一个企业的创新汇集起来，就构成了整个资本品部门的创新。

机械产品是由众多零部件构成的复杂系统，一些零部件又自成行业或产业。对数控系统来说，数显装置极为重要，而数显装置在中国的机床工具工业中便自成一个小行业。数显装置是以位移传感器（直线位移传感器线和角位移传感器）及其数字显示仪表（数显表）组成的位移测量装置，主要用于机床、量仪的坐标位置测量显示，位移传感器及其后续电路也作为数控系统坐标的位置反馈，因此，数显装置是数控机床和的重要功能部件。当前，光栅、磁栅、球栅、容栅和感应同步器是最常用的5种传感

---

① 济南二机床集团有限公司：《JIER故事：庆祝济南二机床八十华诞职工征文》，济南二机床集团有限公司，2017年，第42页。
② 济南二机床集团有限公司：《JIER故事：庆祝济南二机床八十华诞职工征文》，济南二机床集团有限公司，2017年，第44—46页。

器，其中光栅又占 90% 以上。中国的数显装置行业主要也是改革开放后兴起的。不过，演化不是一蹴而就的。例如，长春禹衡光学有限公司原本是长春的光学仪器厂，1965 年开发出了第一台光学仪器，1967 年生产出国内第一台光栅编码器，1986 年引进日本编码器制造技术，通过持续创新，形成自主知识产权和自主品牌，1994 年获得自营进出口权，并被确立为国家编码器工程中试基地，建成光栅编码器研发技术中心。20 世纪 80 年代，中国政府提出用微电子技术改造传统产业，1986 年，主持国家经济委员会工作的朱镕基还专门开过"数显技术改造机床现场会"。政府部门用指令方式推广数显技术，企业每安装 1 个机床数显坐标，政府就给补贴，很多省、市企业评先进的考核指标就包括用微电子技术改造传统产业。当时，中国的数显装置还处于从科研产品到实际应用的阶段，产品成本高、可靠性差、安装使用不方便，正是中国政府的大力推行，支持了这一部门创新。仅从 1986 年到 1988 年，中国用数显技术改造的旧机床就达 25 000 多台。[①]这反映出了中国的经济体制改革并没有让国家与经济完全脱钩，而这给了缺乏比较优势的资本品部门或一些幼稚产业以政策扶植的机会。中国的资本品部门创新体系乃至整个国家创新体系虽然在改革开放后重构，但既具有中国特色，又具有社会主义性质。在 20 世纪 90 年代，中国的数显装置真正开始产业化。只有类似数显装置这样的功能部件发展了，数控机床才能真正发展，数控机床作为一个复杂系统，本身也需要内部各组成要素协同演化。

整体上看，"八五"期间中国的数控机床产业整体上可谓在曲折中发展。沈阳第三机床厂的兴衰是这一时期国产数控机床发展的一个缩影。沈阳第三机床厂 1972 年开始研制 CSK3163 型数控转塔车床，1974 年试制成功，配有沈阳 213 机床电器厂与沈阳自动化所研制的 SKCB 数控系统，用于加工盘形零件，1975 年投入小批量生产。1980 年，该厂自行设计研制成功 CK3263 型数控转塔车床，配有日本发那科 5TB 数控系统，用于盘类和轴类零件加工。1984 年末，该厂试制成功 1200CNC 数控车床，该机床系 1982 年开始同美国普拉特·惠特尼公司合作生产的产品，为两坐标连续控制数控车床，适于加工形状复杂、精度高的轴类和盘形零件。1985—1990 年，该厂独立设计 CK3225 系列全机能和实用型共 8 个品种的数控机床。应该说，作为"十八罗汉"机床厂之一，沈阳第三机床厂在

---

① 中国机床工具工业协会数显装置分会：《中国数显 30 年》，2016 年，第 13、17、95 页。

发展数控机床产品上具有较强的技术实力。然而，从 1993 年开始，当该厂大量生产数控机床时，由于外配数控系统和转塔刀架质量不过关，加之生产不具备迅速扩张能力，产品质量明显下降，失去了用户的信任，丧失了市场，造成产品大量积压。1995 年，该厂经营形势日趋严峻，开始部分停产整顿，并出台了"全员进场、分块搞活"等方案，可惜回天乏力。1996 年 5 月 10 日，沈阳第三机床厂破产。[①] 表 3-16 为沈阳第三机床厂 1991—1995 年的生产经营情况。

表 3-16 沈阳第三机床厂的生产经营情况（1991—1995 年）

年份	工业总产值（1990 年不变价）/万元	全年职工平均人数/人	全年工资总额/万元	产品销售收入/万元	全年利润总额/万元
1991	12 005	5 808	1 761	10 628	368
1992	18 087	5 832	2 256	22 148	604
1993	16 518	5 868	2 489	15 294	103
1994	—	—	—	—	—
1995	3 163	5 129	1 571	3 249	−996

资料来源：机械工业部机械基础装备司：《中国机床与工具工业（1991—1995）》，机械工业部机械基础装备司，1997 年，第 27 页

沈阳第三机床厂的破产表明国产数控机床的发展并非一帆风顺。而从一般意义上说，企业盲目扩张产能，在遭遇市场不景气的宏观环境变化时，很有可能拖垮企业。中国机床工具工业向数控机床产业的进军，不仅仅面对着技术创新问题，也面临着经营管理问题。

1996 年以后，中国数控机床产业的发展步伐加快。1997 年 4 月，在第五届中国（北京）国际机床展览会上，沈阳第一机床厂展出了 8 台数控机床新产品，成为关注的焦点。日本马扎克公司的老板看过展品后，对沈阳第一机床厂人员说："你们已经掌握了生产数控机床的一切手段，不需要再向我们学习了。"[②] 这从一个侧面反映了中国数控机床制造的进步。2000 年，中国的国产数控机床产量突破万台，数控机床产业已然兴起，但仍然是一个基础相对薄弱的幼稚产业。

四、创新突围：国产数控系统在夹缝中兴起

由于数控系统与机床主机的分离演化，尽管到 20 世纪末，中国的数

[①] 该书编纂组：《沈阳第三机床厂志（1933—2006 年）》，2006 年，第 9、58、63 页。
[②] 沈阳机床（集团）有限责任公司史志办公室编：《沈阳机床集团史志（1993—2011）》，沈阳机床（集团）有限责任公司，2013 年，第 13 页。

控机床产量已颇具规模，但作为核心部件的数控系统尚属于弱小的幼稚产业。凭借创新精神，若干国产数控系统企业在进口产品近乎垄断的市场夹缝中悄然兴起，奋力突围。广州数控与华中数控是其中的佼佼者，其演化与创新各具特色。中国企业尤其民营企业、中小企业在发展初期难以购置昂贵的高档数控系统，也不需要复杂的系统功能，广州数控瞄准了这一需求催生的经济型数控系统市场，发展适用技术，批量生产高性价比的产品来占领市场。华中数控则脱胎于高校科研机构，技术起点较高，但为了真正实现创新，不得不面向市场进行产业化。在相当一段时间里，这两家企业是中国数控系统产业为数不多的代表性企业。

（一）广州数控：市场化的适用技术路线

广州数控的前身是广州市荔湾区工业公司属下的小型集体所有制企业广州华南电子仪器厂，生产汽车收音机。1987年，广州市科技局牵头，将位于广州五山的广州市自动化研究所的一项数控技术成果转让给了华南电子仪器厂，该厂遂开始试制步进电机和数控系统，主要做机床改造业务，将普通机床改造成数控机床。1991年，广州市政府作出扶持数控产业的决定，由一位副市长特批，将何敏佳等13人从华南电子仪器厂调出，组建了广州数控设备厂，由28岁的何敏佳任副厂长，员工仅20人，工厂就在居民楼楼下，一部分生产数控系统，一部分还做机床改造，年产数控系统仅几十台，产值不足200万元。广州数控的一位副总称："何总是从基层做起的，以前搞电机维修。机床改造对广州数控的生存和发展起到重要作用，当时整个国家数控应用不广泛，为了打开市场，就以改造旧机床为主。当时新的数控机床价值很高，改造能降低费用。20世纪90年代前几年机床行业处于冬天，旧机销售难，机床改造有比较大的市场。"[1]1992年，广州数控成功研发第一套GSK928车床数控系统，并获得国家级新产品的荣誉称号。1997年，广州数控从自贡电子研究所招揽了一支技术团队。据该团队的成员回忆："自贡电子研究所很早看到数控的前景，起步高，做的系统功能、性能可以，稳定性不够，1986年参加机床展，在沈阳还获过奖。但研究所对市场不敏感，在内地做数控也看不到成绩。1997年单位的人过来（广州数控），一个人做软件，一个人做硬件，一个人做驱动，一个人做系统，一年做了四五百台，我在内地做了十年，一年不到两百套。"[2]广州数控在早期发展过程中，从外部吸收了基

---

[1] 访谈记录，2017年10月24日，广州数控设备有限公司。
[2] 访谈记录，2017年10月24日，广州数控设备有限公司。

本技术和研发力量，实际上是利用了此前中国资本品部门创新体系的技术与人才积累，而这也是改革开放前中国资本品部门创新体系在演化史上的重要意义。在广州数控的案例中，市场机制对于计划经济体制创造出来的创新要素进行了更高效的利用。

1999年，广州数控实现其自身的又一重要创新，研发成功GSKDA98交流伺服驱动装置，填补了国内技术空白，迫使国外同类产品在中国市场降价50%，其数控系统产销量首次名列行业首位。当年，上海仪表机床厂选择了广州数控的新产品GSK980车床数控系统和DA98交流伺服驱动装置配套一批精密机床，广州数控共为上海仪表机床厂供货200多台数控系统，这是广州数控首次批量配套国内主流机床厂。[1]据广州数控老员工回忆："1999年广州数控和北京华科电子技术公司的博士许强合作。之前广州数控基本用日本的驱动和伺服，一套松下的要1.2万元，松下也看到我们在开发，说可以和我们合作，以成本价卖给我们，利润多少都归我们。这样的话，自己的产品永远发展不起来，何总就拒绝了。正是这样才有了我们自己的产品（数控系统），很快推向市场，批量化应用到机床行业，对广州数控产品的销售提升是一个里程碑。GSK980数控系统，当时性能可以满足大部分需要，配套DA98交流伺服驱动装置。1999年有了这两个产品，以后广州数控产销量第一，国内进入以伺服为主的时代。"[2]广州数控不选择依附外商的道路，体现了后来中国政府所提倡的自主创新的模式，而这恰是20世纪90年代后期中国一批具有企业家精神的行业非主流企业的共性。演化往往是在边缘出现突破性的变异的。这一点，在改革开放以后中国机床工具工业的演化史上，会一再看到。

2000年，在广州市政府的支持下，广州数控改制为民营股份制有限公司，经股东会决议，何敏佳当选为公司董事长兼总经理。2002年，广州数控推出自主研发的伺服电机，并承担了国家"863"计划关于中档数控系统的重点项目。[3]对于改制，老员工回忆："广州数控原来属于荔湾区，1997年来了一大批人，逐步有些大学生过来。这些人员怎么留住？体制上有问题，就考虑转制。管理层以一定的价格把全部资产买下来——资产倒不多——进行股份制改造。成立广州数控设备有限公司，已经在白云区了。2008年萝岗区新厂第一期投入使用。"[4]很显然，随着规

---

[1] 广州数控设备有限公司：《广州数控设备有限公司企业发展史》电子稿，2019年。
[2] 访谈记录，2017年10月24日，广州数控设备有限公司。
[3] 广州数控设备有限公司：《广州数控设备有限公司企业发展史》电子稿，2019年。
[4] 访谈记录，2017年10月24日，广州数控设备有限公司。

模的壮大，企业必须进行组织变革，并由街道作坊式工厂搬入现代化厂房。对于2002年开始承担国家项目，广州数控的一位副总称："以前国家项目很少放到民营企业，随着广州数控2000年开始有了地位、名声，我们也去试试看，联络了上海交通大学联合申报。因为当时我们也有了交流伺服，也有了980的数控系统，2000年产销量排在行业第一，从产业化的角度讲，广州数控还是有自己的实力的，去申报国家项目，抓产品质量，都还可以。"① 由此可见，改革开放后，中国机床工具工业的市场化确实催生出了新的创新主体，而微观层面的创新主体和宏观层面的国家项目结合，在互动中就构成了新的部门创新体系。

广州数控选择的市场化的适用技术路线，面向的是中国改革开放后一大批新兴市场主体的需求，其发展与创新也确实得到了用户的支持。其中，浙江海德曼机床制造有限公司（以下简称海德曼）是一个典型。海德曼位于台州玉环，前身为华丰机床厂，生产手摇式仪表车床。台州1982年就开始生产汽车整车，1984年临海摩托车厂生产的鹿城牌摩托车下线，1998年吉利的豪情牌经济型轿车问世。② 台州繁荣的汽车摩托车及零部件产业催生了对机床的需求，进而带动当地机床工具工业的发展。海德曼创始人、董事长高长泉称，仪表车床适合零部件加工，也适合小企业用来进入汽车摩托车零部件产业："20世纪90年代普通车床6140型，1台三五万，手摇车很简陋，两三千块钱，甚至三四百块钱就够了，把一个零件车出来。手摇车是制作汽车零件很重要的工具，那个时候几万块是天文数字。零部件制作，热锻，冷锻，成型后更适合仪表车床车，加工余量小，原材料、生产制造成本能压下来。"③ 很显然，海德曼靠着为台州汽车摩托车零部件产业供应仪表车床而成长壮大。1998年，市场上出现步进数控单片机，海德曼等台州机床企业也开始生产数控机床。海德曼最初用的是南京大方股份有限公司流散人员做的新方达数控系统，高长泉称，配上数控系统的车床"开始很好卖"，但他指出："1998年、1999年，用户买我们的车床，真正目的是靠我们原来的仪表车床加工零件，数控系统其实是装饰门面，给老外看，用来拿出口订单，不是真正加工产品。"④ 这体现了中国的民营企业会根据经营效益和成本的综合权衡来选择适用技

---

① 访谈记录，2017年10月24日，广州数控设备有限公司。
② 台州市经济和信息化委员会：《台州工业发展报告（2011—2012）》，2013年，第101页。
③ 高长泉访谈记录，2017年9月14日，浙江海德曼智能装备股份有限公司。
④ 高长泉访谈记录，2017年9月14日，浙江海德曼智能装备股份有限公司。

术而非最新、最先进的技术。不过，使用南京新方达数控系统的车床第一年卖出百来台后，出现很多问题。这时恰逢广州数控的何敏佳上门推销，高长泉回忆："北京机床研究所出来的人创办了凯恩帝，刚成立时很困难，把软件部分地卖给广州数控，广州数控1998年买过来的版本。正好我们发现南京这些人从南京大方股份有限公司散出来比较乱，小作坊，就没有用他们的系统，就用广州数控了。何敏佳来推销，说着说着睡着了，我很感动，就试试看。"① 由此可见广州数控早期拓展市场时的艰辛及坚毅。与海德曼的合作给了广州数控很大的发展空间。高长泉称："当时数控系统使用数量上升，有很多操作工不会操作，我们就和广州数控合起来去支持数控培训学校。系统和光机送给玉环、乐清的培训学校，操作工毕业出来都会用广州数控的系统。广州数控的系统便捷、不复杂，我把原来用的南京的系统都换掉，无偿帮老客户换掉。这样我的产品销量也是继续上升，广州数控在玉环的销量也上升。从单片机开始，量就做上来了。"② 海德曼对广州数控的协助体现了用户对国产数控系统的支持，而这本身也离不开广州数控企业家自身的努力。

2003年，广州数控的数控系统产销量突破10 000台套，获批设立企业博士后科研工作站。2006年，广州数控自主立项研发工业机器人。2008年，该公司又立项并研发全电动注塑机。③ 对于进入工业机器人行业的原因，广州数控的副总解释称："随着我们做了这么多年，我们在数控这块有些技术积累、资金积累、人才积累。2000年以后从国内大专院校招人，每年平均四五十人进来。2002年进了一批，现在（2017年）好多成为骨干力量。我们也在想我们的数控能在周边或相关行业里做些什么？我们还有对标企业发那科。除了我们自己的思考外，我们也有借鉴发那科。工业机器人当时（2006年前后）在国外很多应用，国内很少，从企业来讲，造的很少，院校多，我们就自己投资。我们有工业机器人的核心技术，有比较好的基础条件，整个的功能部件我们都能做。我们有完整的自己的机器人技术，这得益于我们做得早，持续投入。"④ 同样，广州数控进入注塑机行业也是因为可以实现能力的迁移："全电动注塑机的标杆企业是发那科。注塑机，中国有很大的市场，之前是液压的，效率低，精度不够，环保上能耗高，液压油对环境污染。我们进入也是数控技术的延

---

① 高长泉访谈记录，2017年9月14日，浙江海德曼智能装备股份有限公司。
② 高长泉访谈记录，2017年9月14日，浙江海德曼智能装备股份有限公司。
③ 广州数控设备有限公司：《广州数控设备有限公司企业发展史》电子稿，2019年。
④ 访谈记录，2017年10月24日，广州数控设备有限公司。

伸,驱动、电机是我们自己可以掌握的,运动、控制这一块,电机都是现成的,在现有基础上延伸。"①工业创新既是一个积累的过程,又需要持续投资,在合适的企业战略指导下,积累与投资会使企业的能力得到增长,掌握新的知识,从而进入新的领域。而广州数控的案例表明,人力资源始终是创新积累的核心要素。

(二)华中数控:高校科研机构的产业化

从 1958 年起,位于武汉的华中工学院就开始研究数控技术,1976年,华中工学院改名后的华中理工大学开发出数控卧式及立式加工中心,并参加广交会。1979 年,华中理工大学研制成功九轴联动华中 1 型数控系统,并获得国家科学技术进步二等奖。华中理工大学也曾利用改革开放的机会吸收国外新知识,但也受到过情感上的刺激。据华中数控董事长陈吉红描述:"最早,1988 年,我们的老校长黄树槐到日本的发那科,发那科给了他几款颜色的样本,说你看这是卖给东欧的,这是卖给苏联的,这是卖给中国的,意思是说你看卖给中国的我们都给你开放了好多接口,开放了好多功能,而这个卖给苏联的,你比卖给苏联的强多了。黄校长回来以后,就非常地不服气,然后就组织了我们学校的机械系、计算机系、电气学院、自控系、电机厂,成立了一个叫华中理工大学数控工程中心,同时在那一年留了 50 个本科毕业生。像华中理工大学这样的学校,在那个年代,留校起码硕士以上,而 50 个本科生留在这个工程中心,就是专门为了研发数控系统。在发那科看完以后,当时我们的黄校长是一把手,在 1989 年的时候,黄校长牵头,拿了一个自然科学基金,你要搞你总得有钱啊,所以就在 1988 年、1989 年拿了一个自然科学基金,有 100 多万元,重点项目,通用数控系统,给了大概 100 万元。"②熊彼特用企业家精神这个概念来解释创新的动力,并强调企业家具有适合创新的人格特质:"(企业家)存在有征服的意志,战斗的冲动,证明自己比别人优越的冲动,求得成功不是为了成功的果实,而是为了成功本身。"③华中理工大学的领导不服气于发那科,不管是出于民族自豪感还是技术专家的自尊心,都转化为了研发中国国产数控系统的创新动机。而在起步阶段,作为缺乏盈利能力的大学,华中理工大学从国家自然科学基金那里获取了创新

---

① 访谈记录,2017 年 10 月 24 日,广州数控设备有限公司。
② 陈吉红访谈记录,2017 年 7 月 26 日,武汉华中数控股份有限公司四楼会议室。
③ 〔美〕约瑟夫·熊彼特:《经济发展理论——对于利润、资本、信贷、利息和经济周期的考察》,何畏、易家详译,北京,商务印书馆,1990 年,第 104 页。

所必需的资源，这又体现了国家创新体系尤其是政府政策的作用。

如前所述，华中理工大学从 1958 年就开始从事数控系统研制，这应该与同期清华大学研究数控技术的动因相同。当时华中理工大学研制数控系统使用的还是三极管。改革开放初期，国家从日本引进了几台立式、卧式加工中心，全国的相关单位都去测绘，华中理工大学去的是杨叔子、熊有伦。据称："熊有伦在测绘，后来设计那个换刀机械手，那个立柱上还有个缺口，说怎么算，算来算去，理论上算的都是对的，装上以后不干事，就在导轨上挖了一小段缺口，不然刀换不过来。"[①]这则轶事说明了数控技术存在从理论计算到实际运动之间的跨越，而这一跨越的难度就构成了数控系统行业的进入壁垒之一。

"八五"期间，在国家支持的国产数控系统 4 个"1 号"中，华中理工大学的华中"1 号"是排在最末位的。实际上，到 1991 年、1992 年的时候，华中理工大学的数控工程中心面临着解体之虞，这是由大学特有的环境决定的。陈吉红称："特别是在学校这种环境下，老师那个年代都希望出国，绝大部分都到日本读书去了。中心最后基本上就名存实亡了。在这种情况下，黄校长就把中心交给了机械学院的周济院长。"[②]周济在清华大学读的本科，恢复高考后考上华中理工大学的硕士，不到一年就送到美国留学，主要研究 CAD，从事优化。陈吉红称，周济接手数控系统研发任务后，对他说过："机械制造过程有三大块：第一个设计，第二个加工制造，第三个是测量。设计，CAD；制造，CAM、数控机床；测量。制造过程就三个环节。"[③]1993 年，周济开始负责华中理工大学的数控中心，那一年他恰好招了周云飞当研究生。周云飞曾经在洪都航空工作了好几年。周济认为数控在技术上价值很大，对国家有重要作用，接手中心后，就向国家申请了一个 250 万元的项目，即华中 1 型数控系统的研发。陈吉红认为，华中 1 型数控系统有两大创新点，第一个创新点是走 PC 结构的技术路线："当时 PC 还只有 286，工控机还只有 STD 总线的工控机，当时的计算机还很贵，一台 286 的电脑要 2 万多块钱，而西门子、发那科走的技术路线，都是用的专用的芯片、专用的操作系统，但我们做芯片、做操作系统也没那个能力，我们可以随着计算机的发展来发展，也就是开放性的体系结构"；第二个创新点就是曲面插补技术："当时那个 PC 速度又慢，286，做复杂的曲面插补做不了，为了提高计算效

---

① 陈吉红访谈记录，2017 年 7 月 26 日，武汉华中数控股份有限公司四楼会议室。
② 陈吉红访谈记录，2017 年 7 月 26 日，武汉华中数控股份有限公司四楼会议室。
③ 陈吉红访谈记录，2017 年 7 月 26 日，武汉华中数控股份有限公司四楼会议室。

率,周云飞教授就用汇编语言把第二条曲面插补的算法实现了。"[①]简言之,华中理工大学研发数控系统所拥有的创新要素主要就是大学科研人员,而其早期最大的创新,就是在资源有限的条件下提出了切合实际的技术路线。

有了新的项目,华中理工大学的数控中心得以保留,周济将其扩充为数控研究所。1994 年,华中 1 型研发成功。不过,陈吉红称:"华中 1 型当时可以做九轴联动,能够做曲面插补,PC 平台,这是主要的特点。也是在整个行业里面排在最后的,在这种情况下,当时也想推广,但是我们自己非常清楚,当时只是个科技成果,那里面的问题一大堆,离产品还早着呢。当时能够把 80%、90%的问题解决了,但是剩下 10%是些硬骨头。因为我们做成产品,必须做商品,所以呢,没办法,我们就成立公司。"[②]于是,华中理工大学的科研人员就真正从科研走上了创新之路。1994 年,武汉华中数控系统有限公司成立。中国的机床工具工业又多了一个创新主体。周济对华中数控提出的要求是:"以创新求发展,以产业化为目标,以发展民族数控产业为己任。"这里要强调的是"以产业化为目标"。陈吉红解释:"因为我们从学校走出来的,我们搞不好搞着搞着就变成了以科研为导向了,脱离了市场,所以要求我们以产业化为目标。"[③]不过,陈吉红对华中 1 型的评价是客观而中肯的。检索当时政府编印的《国产数控机床选用指南》,根本不见华中 1 型的踪迹。1995 年,在第四届中国国际机床展览会上,由华中理工大学与武汉机床厂共同开发的 MK6030×4 四轴联动数控万能工具磨床进行了展示,该机床配备的就是华中 1 型工具磨削系统。据介绍,该系统以 32 位工业 PC 机作硬件主体,可实现多种类刀具的编程与加工,成功地解决了球头立铣刀及锥度球头立铣刀等复杂刀具的加工问题。[④]这是行业媒体对华中 1 型最早的报道之一,从中可见创新主体还是高校而非新成立的企业,该系统所依托的用户则是武汉本地机床企业。

但是,创新是不确定的,市场是有风险的,企业经营与高校科研截然不同。陈吉红如此描述华中数控初创时的窘迫:"当时应该是'十几个人七八条枪'这么一个状态。当时呢,也没有人投资,周老师就找到了同

[①] 陈吉红访谈记录,2017 年 7 月 26 日,武汉华中数控股份有限公司四楼会议室。
[②] 陈吉红访谈记录,2017 年 7 月 26 日,武汉华中数控股份有限公司四楼会议室。
[③] 陈吉红访谈记录,2017 年 7 月 26 日,武汉华中数控股份有限公司四楼会议室。
[④] 周立文:《华中 1 型工具磨削 CNC 系统》,《中国机床工具》总第 137 期,1995 年 10 月 5 日,第 3 版。

学，香港华润，投了一点钱，然后武汉市科委投了一点钱。我们假模假样地投了点无形资产。"①一方面，华中数控的技术不成熟，成本无法降低，另一方面，高校背景的企业生产的产品，难以得到工业用户的信任。华中数控只能慢慢摸索，最后看准了数控教学市场和数控化改造市场。为了满足高校与职业院校对数控系统的需求，华中数控自己开发教具，支持全国数控技能大赛，让产品能够进入市场，卖出了 1 万多台华中系统。②在数控化改造这一块，华中数控帮东方电机等企业改造了 400 多台设备。此外，公司还帮机床厂卖机床，以此来迎合与贴近用户。例如，2007 年、2008 年左右，华中数控帮沈阳机床"卖了 3000 万元"。总之，用陈吉红的比喻，华中数控采取的市场策略就是"占领两厢"。③作为一家弱小的幼稚企业，华中数控只能在市场的夹缝中求发展。

在这一过程中，因为偶然的因素，华中数控曾被中央电视台曝光质量问题。1999 年，国家检测中心来抽查华中数控，发现 14 项不合格，因为公司团队"完全不懂所谓的电磁兼容性"。测完以后的第二年，14 项指标也有 10 项不合格。陈吉红回忆："但是不管怎么说，这对我们是很好的一个促进。"④不过，1999 年也是华中数控的转折之年。当年，公司增资扩股，"863"计划作为投资进入，省市也增加了投资。之前，该公司只是在学校里租了几间教室，完全是个小作坊，但通过国债项目，华中数控于 1999 年开建占地 70 亩的新厂区，走出了校园。2000 年，华中科技大学国家数控系统工程技术研究中心获得科技部批准。当年 11 月 27 日，经湖北省经济贸易委员会批准、武汉市工商行政管理局注册，武汉华中数控系统有限公司变更为武汉华中数控股份有限公司，改制后，华中数控的总注册资本为 5900 万元，第一大股东为华中科技大学科技开发总公司，占 29%，技术、管理骨干是第三大股东，占 15%。⑤然而，企业的实际发展史比新闻报道要艰难得多。陈吉红回忆："2002 年，钱花光了，工资开不出去。内部、行业专家，认为固定资产投资太大。当年销售两三千万，领导没发工资，保员工。熬过半年。现在回过来看，搞产业就得承担风

---

① 陈吉红访谈记录，2017 年 7 月 26 日，武汉华中数控股份有限公司四楼会议室。
② 据华中数控官方资料，该公司对职业教育改革的支持系在 2004 年之后，包括在全国建立了数千个数控实训基地，以及参与承办全国数控技能大赛和全国职业院校数控技能大赛。
③ 陈吉红访谈记录，2017 年 7 月 26 日，武汉华中数控股份有限公司四楼会议室。
④ 陈吉红访谈记录，2017 年 7 月 26 日，武汉华中数控股份有限公司四楼会议室。
⑤ 史文忠：《华中数控公司完成企业股份制改造》，《中国机床工具》总第 263 期，2001 年 1 月 5 日，第 4 版。

险。"①直到此时，华中数控才真正从高校研发团队蜕变为市场化的企业。也就是在 2002 年，华中数控成功研制出华中世纪星数控系统，批量推向市场。

2003 年，国家领导人曾培炎在国务院谈数控系统，显示了中央对这一战略产业的重视。此后，在国家发展和改革委员会领导张国宝等的支持下，华中数控开始与一些机床企业接洽合作关系，包括沈阳机床，但未能谈妥。较为成功的合作是与桂林机床厂联合开发五坐标数控龙门铣床，打破国外封锁，在南昌飞机工业公司成功应用，迫使国外放松对中国五坐标数控系统的限制。华中数控与武重联合开发的重型七轴五联动车铣复合加工中心，可加工 8 米船用螺旋桨，打破了国外技术封锁，在镇江船用机械企业使用。此外，华中数控与北一数控机床有限责任公司（以下简称北一公司）、齐重数控装备股份有限公司（以下简称齐重数控）、大连机床等主机厂建立了以资产为纽带的战略合作联盟，与武重集团、齐重数控、大连机床分别组建了合资企业，北一公司则成为公司股东。②实际上，北一公司 1999 年便曾就升降台铣床的质量问题给华中数控"写了一大厚堆意见"，华中数控"有段时间做北一公司的加工中心，一年上百台"。③与这些机床主机厂的协同演化，是华中数控能够持续创新与发展的主要原因。资本品部门的生产者与用户共同推进创新的循环，在数控系统企业与机床主机企业之间，再度体现。台资企业富士康到武汉投资时，老板郭台铭称"发那科 5%的产值每年我买回来的"，希望与华中数控合资，但时任湖北省领导政治觉悟高，知道数控系统为中央所重视，关系国家战略，认为可以合作而不宜合资，郭台铭遂称"要么合资，要么竞争对手"，不久就买了赐福科技，与华中数控竞争。④但此时的华中数控在研发、经营等方面皆已步入正轨。2006 年，武汉市政协经济委员会和市财政局设立了武汉市先进数控技术推广与应用专项《华中数控系统推广应用示范项目》，给予 150 万元政策资金支持，对建立华中数控系统应用示范点并进行数控系统应用验证和可靠性考核的企业，给予每台机床 6000—18 000 元的资金支持。该项目的实施给华中数控直接带来了 1000 万元的销售收入，间接带动了 8000 万元的销售收入。2007 年，武汉市政府继续实施该专项，并

---

① 陈吉红访谈记录，2017 年 7 月 26 日，武汉华中数控股份有限公司四楼会议室。
② 华中数控：《华中数控发展历程》（2020 年 5 月版）。
③ 陈吉红访谈记录，2017 年 7 月 26 日，武汉华中数控股份有限公司四楼会议室。
④ 陈吉红访谈记录，2017 年 7 月 26 日，武汉华中数控股份有限公司四楼会议室。

将支持资金提高到 200 万元。①各级政府对华中数控这一战略性产业里的优质企业给予了支持与培育。

令董事长陈吉红意想不到的是，2008 年，华中数控与中国船舶重工集团有限公司这一军工央企并列，被美国国务院列入制裁名单。②不过，这对于正处在质变期的华中数控，反而如同刊登了"广告"。陈吉红后来回忆称："当年美国制裁了 13 家公司，全世界的，中国制裁了 3 家。当然这是件坏事，给我们连买元器件都带来了很多的困难；但也是件好事，正因为这个原因，张德江副总理到我这里来了，临走的时候把我们表扬了一通。当时苗部长都陪他们一起过来了。刘延东两点肯定：光荣地被美国制裁；产学研结合，把论文写在车间、写在田野。"③2011 年，华中数控在创业板成功上市，成为国内数控系统行业首家上市公司。针对市场实际需求，公司研制成功华中 8 型总线式高档数控系统，并且批量推向市场。与广州数控的演化史一样，华中数控从叨陪末座的小作坊到行业领军企业的发展历程，展现了演化的不确定性。而那些曾经的领军企业或沦为外资企业的代理商，或彻底退出数控系统行业，则再一次昭示了创新是一个创造性毁灭的演化过程。表 3-17 分析了华中数控早期演化与创新的历程。

表 3-17　华中数控早期演化与创新阶段

演化阶段	创新起点	创新启动与积累	产业化	新的积累
创新活动	决定追赶 技术学习	组建平台 确定技术路线 开发产品 寻找细分市场	新建厂区 批量生产 与大用户互动	公司上市 推出新产品
关键	文化 人才	组织 战略	投资 生产者—用户循环	强化投入

对于华中数控的发展模式，陈吉红在 2017 年的访谈中称："我们直接跟西门子、发那科拼刺刀，所以产量没那么大。我们整个产业链非常全，能形成自主的配套能力。我们的电机也卖别人，但是我们自己在体系内能形成配套。"但他也指出中国的国产数控系统仍然受制于系统性问题："数控系统跟大飞机一样，它是对可靠性要求非常非常高的一个产业。可靠性不仅仅是咱们数控系统的问题，与整个中国的电子工业的基础有很大关系。你比如说，我的插头，我就不行；我的电感，我就买不到合适的；然

---

① 肖明：《华中数控系统应用推介会暨武重集团与华中数控公司战略合作签约仪式成功举行》，《中国机床工具》总第 422 期，2007 年 8 月 20 日，第 4 版。
② 张凌：《华中数控遭遇"制裁门"》，《装备制造》2008 年第 12 期。
③ 陈吉红访谈记录，2017 年 7 月 26 日，武汉华中数控股份有限公司四楼会议室。

后这个按钮，一按它不起来，那你这个可靠性就差了。然后我们的电机，包括里面的 IGBT 这样的大工艺的器件。据说日本原来那种好的 IGBT 都是它自己选完自己用，把次品卖给中国，那自然我们的性能就不行了。在中国这个市场，用户觉得凭什么你跟国外的价格都一样？凭什么要用你国产的系统？所以我们必须比国外的价格低，而且最好是比它低个 30%、50%。那这问题就来了，我的材料跟它一样，我的价格比它低 50%，我怎么活呢？我们就不得不采用国产的一些器件，来降低成本。比如说一个按钮，国外的 40 块钱，国产的 4 块钱，但是这一个按钮可能给我带来可靠性的问题。我记得，第一次在大连机床，我们 2005 年合资的时候，第一套华中系统在大连机床测试，安装在车床，然后说那个按钮，按下去它就不弹起来，然后这个机床一通电机床就自己跑起来了，吓坏了，后面没办法，我们就只能换进口按钮。"[1]尽管华中数控看似实现了夹缝中的突围，但整个中国数控系统产业，创新追赶之路仍然任重而道远。

第四节 小结：战略转型下的部门创新体系重构

改革开放以后，中国实现了历史性转折，整个国家创新体系重构，工业领域的部门创新体系亦随之变迁。这场大转型体现在方方面面，从管理体制重塑，到行业行为主体重构，再到生产、流通与消费各环节的巨变，乃至文化与社会心态的变迁，真正可以说是体系性的转变。因此，若以中国机床工具工业的演化来说，牵涉的主题就包括行业周期变动、企业改制改革、新兴主体涌现、技术轨道变迁、产业结构突变等。就此而论，改革开放这一涌现各种新事象的历史进程，从宏观上来说，不啻又一次国家工业体系的创新。最为重要的是，改革开放使中国的资本品部门能够学习到新知识，缩短与世界先进的差距，而这种学习在过去长期受到限制。因此，和 "一五" 时期苏联技术的大规模对华转移相仿，改革开放初期西方技术的引进，重塑了中国资本品部门的演化路径，为创新打下了新的基础。只不过，在这一波创新浪潮中，中国政府改变了对缺乏比较优势的资本品部门的倾斜战略，而这种战略转向必然带来资本品部门创新体系的重构，既包括资本品部门暴露于激烈的全球竞争中，又包括资本品部门切断了和用户部门之间原本的协同演化关系。在资源有限的约束条件下，市场生存与研发投入之间的紧张关系从此将持续困扰中国的核心资本品部门。

---

[1] 陈吉红访谈记录，2017 年 7 月 26 日，武汉华中数控股份有限公司四楼会议室。

因此，对中国资本品部门尤其是机床工具工业来说，在 20 世纪最后十年，经历了不景气的周期，比起创新，生存本身成为更迫切的课题。但这并不意味着该行业及整个部门缺乏各种类型的创新。演化需要时间积累，创新亦复如是。

第四章　创新要素的新积累：中国机床工具工业的新体系（2001—2019）

历史之河，时而平缓，时而湍急。在长期的演化进程中，某些历史阶段意味着巨变乃至断裂，某些历史阶段则更多体现渐变与延续。毫无疑问，中华人民共和国的成立以及改革开放的启动，都属于历史的巨变。但在新体制建立后或体制转型步入轨道后，变化就没有那么激烈了。2001年以后中国机床工具工业的演化史，就进入到又一个相对平缓的阶段。尽管从2001年到2019年，中国资本品部门创新要素进行了新的积累，中国机床工具工业也形成了"十八罗汉"已成往事的新体系，但这些变化，包括各种类型的创新，在很大程度上还是改革开放的深化，是前一阶段历史的自然延续。在21世纪的头二十年间，中国机床工具工业经历了不同的周期，由此带来巨大的分化。在业界所谓的"黄金十年"里，中国机床工具工业在有利的市场周期里进行了规模扩张，整个行业与相关企业都实现了"从小变大"的转变。与此同时，随着国家实施重大专项等具有针对性的产业政策，资本品部门的创新机制得以优化，中国机床工具工业积累了新的创新要素，创新能力有所提升。不过，中国机床工具工业的技术水平和创新能力，与发达国家的机床工具工业相比，仍存在巨大差距。对中国机床工具工业来说，在拥有了庞大的规模与体量后，"从大变强"是更为迫切的课题，零星新产品"从无到有"的引进与仿制，已经不再具备其在行业早期发展阶段所具有的重要意义，企业构建持续性的自主创新能力，部门形成良好的创新生态体系，才是中国机床工具工业获得竞争能力的关键。中国资本品部门的创新追赶，仍在继续。

第一节　周期循环：中国机床工具工业的扩张与重组

进入21世纪以后，随着宏观环境的变化，中国机床工具工业也走出了20世纪90年代的低谷，伴随中国的第二轮重工业化进程，在国家产业政策的支持下，维持了约十年的高速增长，产业规模壮大，产业技术能力提升。中国成为世界上最大的机床工具生产国。但是，从2011年下半年开始，中国机床工具工业步入下行区间，整个行业遭遇到严峻的市场挑战。在这一周期循环的大历史进程中，中国机床工具工业既经历了扩张，又遭遇了重组。

一、高速增长：重工业化拉动中国机床工具工业成长

2002年11月8日，江泽民在中国共产党第十六次全国代表大会上提出，要走新型工业化道路。[①]中国的工业化进程，又到了一个新的阶段。2003年6月24日，习近平在浙江省全省工业大会上的讲话中指出："从世界新兴工业化国家和地区的发展历程来看，人均GDP进入2000美元以后，工业结构呈现从轻型制造业为主转向重型制造业为主的趋势。在这一阶段，充分吸收和应用当时的先进科学技术，大力发展附加值高、带动力强的重化工业、装备制造业是一个基本特征。"[②]由于中华人民共和国成立伊始就采取了重工业优先发展的工业化战略，因此，21世纪初的重化工业发展，是中国的第二轮重工业化。与计划经济体制下国家意志强行推动的第一轮重工业化不同的是，第二轮重工业化是市场经济条件下产业的自然升级。重工业化既是资本品部门的扩张，又带动了资本品部门中的核心部门的扩张，这为中国机床工具工业的高速增长带来了契机。

（一）从世界第一大机床消费国到生产国

进入21世纪后，中国经历了一个经济高速增长期，能源、基础设施建设对资本品的巨大需求，使中国首先成为世界第一大机床消费国，然后成为世界第一大机床生产国。庞大而持续增长的国内市场为中国机床工具工业提供了广阔的生存空间，使其产能迅速扩张。

由于中国的统计数据和各类总结基本上是以五年规划为单位进行的，而不同时期的统计口径等有可能存在差异性，所以，尽管中国机床工具工业的高速增长时期是一个具有整体性的演化阶段，且五年规划的分界线与行业自身演化的阶段性节点并不完全吻合，但从可获取的资料出发，还是以五年规划为单位描绘总体历史为宜。

2001—2005年的"十五"期间，中国机床工具工业延续了20世纪90年代末的上升趋势，产销两旺，获得了较大发展。表4-1为2001—2005年中国机床工具工业的基本情况。

[①] 江泽民：《江泽民文选》第三卷，北京，人民出版社，2006年，第545页。
[②] 习近平：《干在实处 走在前列——推进浙江新发展的思考与实践》，北京，中共中央党校出版社，2006年，第118页。

表 4-1　中国机床工具工业基本情况（2001—2005 年）

项目	2001 年	2002 年	2003 年	2004 年	2005 年
企业总数/个	2055	2225	2238	2023	2004
从业人员/万人	58.59	57.92	56.30	51.60	48.30
产品销售收入/亿元	578.74	704.42	853.85	1032.28	1212.46
利润总额/亿元	19.06	23.74	41.79	52.51	68.14
工业总产值（当年价）/亿元	631.95	745.17	912.75	1087.85	1259.61
流动资产平均余额/亿元	551.81	581.17	622.40	637.48	688.23
固定资产平均余额/亿元	316.77	339.83	313.79	298.68	311.98
资产合计/亿元	1044.50	1119.71	1173.22	1175.15	1261.51

资料来源：中国机械工业年鉴编辑委员会、中国机床工具工业协会编：《中国机床工具工业年鉴2006》，北京，机械工业出版社，2006 年，第 3 页。

表 4-1 数据基于国家统计局的数据，从中可见，在国家统计范围内，机床工具企业的数量在"十五"期间大体保持在 2000 家左右，从业人员不断减少，这应该与市场竞争和国企改革的进一步深化有关。但是，行业的产品销售收入、利润总额和工业总产值等指标是不断提升的，这显示出行业的经济效益良好。

2006—2010 年的"十一五"时期，被业界总结为中国机床工具工业史上"最为波澜壮阔的五年"。2006—2007 年，中国机床工具工业连续两年实现工业总产值的高速增长，2008 年，受国际金融危机的冲击，中国机床工具工业各项经济指标陡然下滑，但在受国际金融危机影响最严重的 2009 年，世界主要机床生产大国经济指标普遍下滑 50%—80%，中国机床工具工业的总产值仍实现 16.1% 的增长，并于 2010 年恢复了产销两方面的高速增长，工业总产值同比增速达 40.6%。[1] 2009 年，中国金属加工机床产值 153 亿美元，同比增长 7.6%，这使中国在连续 8 年成为世界第一大机床消费国和第一大机床进口国之后，首次成为世界第一大机床生产国。[2] 在"十一五"期间，中国机床工具工业的主要行业金切机床制造业和金属成形机床制造业，从企业数量与从业人员数量上看，规模均有所扩大，[3] 这与"十五"期间的收缩趋势是不同的，从侧面反映了行业的繁荣。

---

[1] 中国机械工业年鉴编辑委员会、中国机床工具工业协会编：《中国机床工具工业年鉴2011》，北京，机械工业出版社，2011 年，第 11 页。

[2] 中国机械工业年鉴编辑委员会、中国机床工具工业协会编：《中国机床工具工业年鉴2010》，北京，机械工业出版社，2010 年，第 7 页。

[3] 中国机械工业年鉴编辑委员会、中国机床工具工业协会编：《中国机床工具工业年鉴2011》，北京，机械工业出版社，2011 年，第 15—16 页。

2006—2010年中国金属加工机床的产量是有较大增长的。除了产量增长外，中国机床工具工业在该时期的经营状况表现亦佳。表4-2反映了中国机床工具工业2005—2010年的产品销售率与利润情形。

表4-2 中国机床工具工业产品销售率与利润（2005—2010年）

项目	2005年	2006年	2007年	2008年	2009年	2010年
产品销售率/%	96.3	96.8	97.6	96.4	97.7	98.2
利润/亿元	68.1	93.5	144.6	176.7	176.4	310.5
产值利润率/%	5.4	5.6	6.4	5.6	5.0	6.3

资料来源：中国机械工业年鉴编辑委员会、中国机床工具工业协会编：《中国机床工具工业年鉴2011》，北京，机械工业出版社，2011年，第15页

固定资产投资是部门积累与扩张的重要指标。资本品部门是为国民经济提供固定资产投资的部门，而这一功能的实现又取决于其内部的固定资产投资。根据可获取的数据，2007—2010年中国机床工具工业固定资产投资资金来源如表4-3所示。

表4-3 中国机床工具工业固定资产投资资金来源（2007—2010年）

项目		2007年	2008年	2009年	2010年
资金来源总计	累计/亿元	587.9	801.2	1104.4	1423.1
	比上年增长/%		36.3	37.8	28.9
国家预算内资金	累计/亿元	0.8	0.8	2.5	6.9
	占比/%	0.14	0.1	0.23	0.47
国内贷款	累计/亿元	49.9	60.8	86.3	126.1
	占比/%	8.48	7.59	7.81	8.86
利用外资	累计/亿元	32.4	35.4	34.2	24.3
	占比/%	5.51	4.42	3.1	1.7
自筹资金	累计/亿元	489.5	679.2	945.6	1228.2
	占比/%	83.26	84.78	85.62	86.3
其他资金来源	累计/亿元	16.2	24.8	35.0	38.1
	占比/%	2.76	3.09	3.17	2.86

资料来源：中国机械工业年鉴编辑委员会、中国机床工具工业协会编：《中国机床工具工业年鉴2011》，北京，机械工业出版社，2011年，第48页

由数据可见，2007—2010年，中国机床工具工业的固定资产投资占比最大的资金来源一直系企业自筹资金，这既表明中国机床工具工业已经充分市场化，不再依赖国家投资，又反映了"十一五"期间中国机床工具企业发展势头良好，实现了自我扩大再生产的有效积累。不过，从此后的

历史看，不少机床工具企业显然没有利用有效的积累从事研发等创新活动，而是单纯地进行生产上的规模扩张，这使中国机床工具工业在实现"从小变大"的历史性跨越的同时，不得不面对"大而不强"的比较优势格局。珠海市怡信测量科技有限公司董事长黄志良在回顾这一繁荣周期时说："2000年开始，（数显行业）同业们都以无比的信心，不约而同地不断扩产，当数显市场已达到极限，同行中几家企业又不约而同地向数显系统，数控机床，仪器等方向多元化的技术投入，在2000至2010年，当Heidenhain等国际大佬潜心发展高精度数控光栅时（从他们的专利申请中可以看出他们飞速的技术开发阶段），中国数显行业在技术上几乎是零进展，大家都忙于扩展厂房，做大做强！这可算是土豪的10年，迷失的10年！生产规模大了，与国际的技术差距也大了！"[1]事实上，他真正想表达的意思，应该是中国数显行业在繁荣的十年里只有"做大"而没有"做强"。而数显行业的情形也代表了整个中国机床工具工业的一般情形。

（二）在开放市场中形成的比较优势格局

20世纪90年代，进口冲击加剧了中国机床工具工业的全行业不振，也瓦解了计划经济体制下形成的资本品部门创新体系。进入21世纪后，由第二轮重工业化拉动的中国经济高速增长，不仅给了本国资本品部门以产能扩张的机会，同样给了进口资本品以巨大的市场空间。因此，在开放市场的激烈竞争中，中国机床工具工业逐渐与进口产品和外资企业形成了一种相对稳定的比较优势格局，而这种比较优势成为部门创新体系演化的重要约束性条件。

中国机床工具工业在"十五"期间的产销两旺，仍然是在中国机床工具类产品进出口逆差大幅度增加的开放性市场上取得的成绩。该时期，外商独资企业是机床进口的主体，进口额约占进口总额的50%，从机床进口的贸易方式上看，外商投资企业作为投资进口的设备、物品约占进口额的60%。[2]从海关统计数据看，2001—2008年中国进口的金切机床数量年均为11.3万台，其中，2001—2004年的进口量为增长态势，2005年开始滑落，但直到2008年才明显衰退。[3]图4-1为2001—2005年中国机床工具

---

[1] 中国机床工具工业协会数显装置分会：《中国数显30年》，2016年，第97页。
[2] 中国机械工业年鉴编辑委员会、中国机床工具工业协会编：《中国机床工具工业年鉴2006》，北京，机械工业出版社，2006年，第13页。
[3] 海关总署综合统计司：《改革开放三十年中国对外贸易监测报告》，北京，中国海关出版社，2009年，第717页。

类产品的进出口情况。

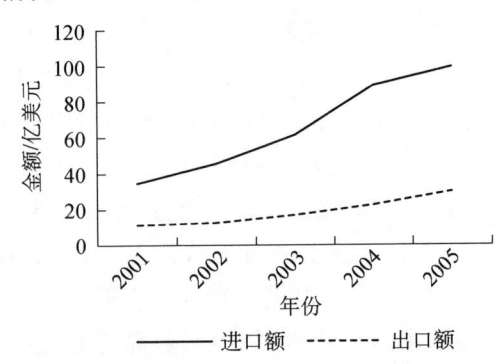

图 4-1　中国机床工具类产品进出口情况（2001—2005 年）
资料来源：整理自中国机械工业年鉴编辑委员会、中国机床工具工业协会编：《中国机床工具工业年鉴 2006》，北京，机械工业出版社，2006 年，第 13 页

尽管中国机床工具类产品的出口额在"十五"期间有所增长，但进口额涨幅更大。因此，中国机床工具工业在 21 世纪初依然顶着巨大的进口压力求发展。而在这种贸易格局下，中国机床工具工业能够实现不同于 20 世纪 90 年代的高速增长，除了自身努力外，主要得益于中国重工业化带来的广阔的国内市场需求。不过，从国内市场占有率看，中国机床工具工业的主要产品金属加工机床仅占到国内市场份额的 1/3 稍多。[1]事实上，若比较同期中国数控金切机床的进口值与生产值，就看得出国产机床在国内市场上还不具备竞争优势。图 4-2 反映了这一点。

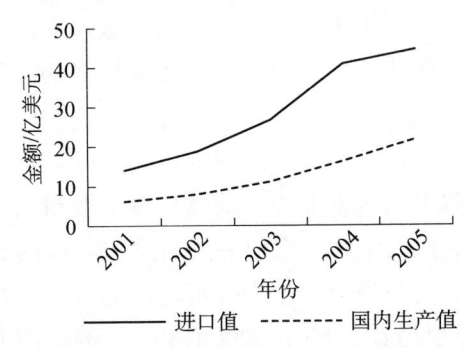

图 4-2　中国数控金切机床的进口值与国内生产值（2001—2005 年）
资料来源：整理自中国机械工业年鉴编辑委员会、中国机床工具工业协会编：《中国机床工具工业年鉴 2006》，北京，机械工业出版社，2006 年，第 17 页

与数控机床进口值和国内生产值同时增长相一致的是，中国工业企业生产设备的数控化程度也在提升。这一点，对于机床工具工业本身来说亦

---

[1]　中国机械工业年鉴编辑委员会、中国机床工具工业协会编：《中国机床工具工业年鉴 2006》，北京，机械工业出版社，2006 年，第 17 页。

极为重要，毕竟，数控机床应该用数控设备造出来。图 4-3 为 1987—2011 年哈尔滨量具刃具集团的数控机床保有量变动情形，较为明显的是，从 2002 年以后，该集团添置数控机床作为生产设备的力度较大。

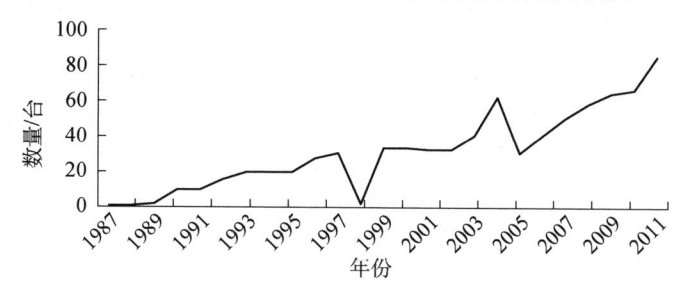

图 4-3　哈尔滨量具刃具集团的数控机床设备量

资料来源：整理自哈尔滨量具刃具集团有限责任公司：《哈量集团建企 60 周年资料汇编（1952—2012）》，哈尔滨量具刃具集团有限责任公司，2012 年，第 175—178 页

虽然与国外机床工具工业相比，中国机床工具工业还存在着较大差距，但"十五"期间，一些中国机床工具企业进行了大规模的海外并购。这主要是由于中国机床工具企业在国内市场上赚取了丰厚的利润，扩大了积累，而一些发达国家的老牌机床工具企业未能在创造性毁灭的浪潮中挺立潮头。表 4-4 为"十五"期间中国机床工具工业的海外并购项目情况。[①]

表 4-4　"十五"期间中国机床工具工业海外并购项目

时间	并购情况	所并购公司的业务
2002 年 10 月	大连机床集团公司并购美国英格索尔生产系统有限公司，拥有 100% 股权	产品为专用机床及集成制造系统、高速加工中心及三坐标单元等，中国一汽集团、上海通用汽车公司均采用过其专用机床及集成制造系统
2003 年 7 月	大连机床集团公司并购美国英格索尔曲轴制造系统有限公司，拥有 100%股权	为汽油和柴油发动机生产厂商提供曲轴生产线及设备
2003 年 10 月	上海明精机床公司并购德国沃伦贝格（Wohremberg）公司，拥有 100% 股权	主要产品为数控重型车床、数控车削中心、数控深孔钻床和专机
2003 年 10 月	上海明精机床公司并购日本池贝公司，拥有 65%股权	主要机床产品为立、卧式数控车床，立、卧式加工中心，数控镗铣床和专机（根据用户要求提供车、铣、磨组合机床）
2004 年 6 月	秦川机械发展股份有限公司并购联合美国工业公司（UAI），拥有 60% 股权	产品为各类拉削设备、各种拉床磨床、各种拉刀（内外表面、盲孔及组合拉刀）

---

① 中国机械工业年鉴编辑委员会、中国机床工具工业协会编：《中国机床工具工业年鉴 2006》，北京，机械工业出版社，2006 年，第 23 页；邵钦作：《海外并购——中国机床工业走出跨国经营第一步》，《中国机床工具》总第 362 期，2005 年 2 月 20 日，第 2 版。

时间	并购情况	所并购公司的业务
2004年9月	大连机床集团公司并购德国兹默曼（Zimmermann）公司，拥有70%股权	主要产品为龙门式五面铣床、数控床身铣床、铣削中心，产品主要服务于汽车、航空和模具制造业，主要客户有福特、通用、大众、丰田、波音、成飞、哈飞等
2004年10月	沈阳机床集团公司并购德国希斯（SCHIESS）公司，拥有100%股权	主要产品为落地镗铣加工中心、立式车铣加工中心、大型龙门车铣中心，可提供各类镗铣头和回转工作台等机床功能部件，以能源设备、船舶、重型机械和轨道交通设备制造商为主要服务对象
2005年3月	哈尔滨量具刃具集团有限公司并购德国凯狮（KELCH）公司，拥有100%股权	产品为数控机床功能部件
2005年10月	北京第一机床厂并购德国科堡公司（WALDRICH COBURG），拥有100%股权	产品为重型机床、超重型机床

德国希斯公司在早期又被译为席士，创立于1866年，20世纪60年代与另一家重型机床企业弗罗里普（Froriep）竞争激烈，导致两家均陷入不能偿还债务的危机中，遂于1971年合并，成为联邦德国最大的重型机床厂之一。[①] 从1959年开始，希斯公司就向中国出口大型立车、重型铣镗床、滚齿机和曲拐颈车床。[②] 进入20世纪90年代后，希斯公司在经营上开始出现困难。2004年9月3日，沈阳机床集团向沈阳市政府提交了收购希斯公司的请示。当时，希斯公司已于8月1日破产，破产前有员工230人，破产后净资产360万欧元。沈阳机床集团在请示中陈明了收购的动机与意义："为加速振兴东北老工业基地步伐，快速提升沈阳机床集团作为沈阳市装备制造业骨干企业的市场竞争力，抢占国家急需必备的重、大型关键基础装备制造技术的制高点，沈阳机床集团抓住德国希斯（SCHIESS）公司目前由于受欧洲经济状况的影响，以及自身产品研发巨额投入，制造成本居高不下，而导致其破产的有利时机（同时为在收购的激烈竞争中抢得先机），对其进行收购重组。德国希斯（SCHIESS）公司已有150多年历史，是世界重、大型装备两大著名品牌之一的制造企业，其大型数控龙门铣床、立式数控车床和数控落地镗铣床是航空航天、电力能源、轨道交通、重化等行业的必需装备。国内这些行业目前主要依赖进口。沈阳机床集团如对希斯（SCHIESS）公司实施收购重组，将直接获得大型装备的国际顶尖制造技术和海外销售渠道，使沈阳机床集团的大型装

[①] 阎文举：《席士—弗罗里普厂简介》，《重型机床》试刊，1977年5月，第7页。
[②] 德国机床厂协会：《机床制造厂商简介（德意志联邦共和国）》，中华人民共和国第一机械工业部科学技术情报研究所翻译发行，印行时间不详，第236页。

备研发和制造能力实现跨越式提高。"①沈阳机床集团收购希斯公司所需资金为 8500 万元，其来源为辽宁省政府和沈阳市政府各支持 2000 万元，企业自筹 4500 万元。10 月 29 日，沈阳机床集团正式与德国马格德堡法院清算人共同签订了全资收购希斯公司全部净资产的法律文件，并移交全部资产，11 月 1 日，沈阳机床集团德国希斯公司正式开始运行。沈阳机床集团为希斯公司注入资源，令其起死回生，在这一过程中，希斯公司保持了"自治独立管理与自我品牌"②。沈阳机床集团的一位领导这么介绍对希斯公司的收购："2004 年希斯经营不善，被收购，员工不到 200 人，生产不够，订单少。2004 年收购希斯后，产品以重型车床、龙门式车铣为主。企业（沈阳机床集团）想走国际化道路，补充产品线。当时的市场以船舶、能源领域比较多。我们对希斯开始不派管理层过去，后来陆续派管理层去德国。我们也陆陆续续从德国转了一些产品过来，希斯看来是小产品，我们转到国内做。它（希斯）的东西价格确实贵，公司内也买它的产品，内部先消化。"③沈阳机床集团对德国希斯公司的并购是中国机床工具企业海外并购的典型案例。实际上，希斯等企业被并购，并不完全表示它们技术落伍或缺乏技术创新能力，而是它们无法在技术与市场之间取得平衡点，但创新本身是一个综合性过程，不以技术为决定标准。这也是资本品部门显著的矛盾性。

"十一五"期间，尽管中国机床工具工业发展迅猛，但机床工具产品依然大量进口，尤其是 2010 年，各机床制造大国与地区为应对金融危机，集中各类资源在华展开激烈的市场争夺，使机床工具产品的进出口逆差进一步扩大。但中国机床工具工业的进口替代在"十一五"期间也取得了较大的进展。图 4-4 为 2005—2010 年国产金属加工机床产值国内市场占有率。

从 2005 年到 2010 年，中国国产金属加工机床产值国内市场占有率是呈上升之势的，在国际金融危机爆发后的 2009 年，甚至一度达到 70.1% 的最高值，这表明"十一五"确实堪称中国机床工具工业发展史上的一个"黄金时期"。不过，中国生产的金属加工机床等产品仍以中低端为主，发达国家和地区不生产的普通机床和经济型数控机床在中国机床产值中占有

---

① 沈阳机床（集团）有限责任公司史志办公室编：《沈阳机床集团史志（1993—2011）》，沈阳机床（集团）有限责任公司，2013 年，第 731—733、751—755 页。

② 沈阳机床（集团）有限责任公司史志办公室编：《沈阳机床集团史志（1993—2011）》，沈阳机床（集团）有限责任公司，2013 年，第 24、736—737、758 页。

③ 访谈记录，2017 年 8 月 2 日，沈阳机床（集团）有限责任公司总部。

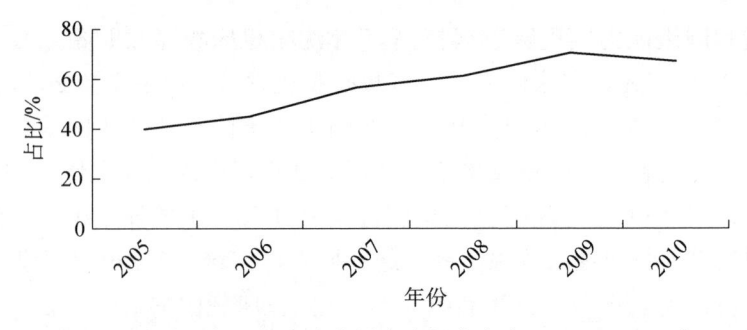

图 4-4　国产金属加工机床产值国内市场占有率（2005—2010 年）

资料来源：整理自中国机械工业年鉴编辑委员会、中国机床工具工业协会编：《中国机床工具工业年鉴 2011》，北京，机械工业出版社，2011 年，第 12 页

相当大的比重，这是国产机床市场占有率提升的重要原因。[1]市场占有率总量掩盖下的不同档次产品的市场占有结构，正是中国机床工具工业实际比较优势的体现。

进入 21 世纪以后，中国机床工具工业出现了明显的产品大型化与重型化趋势，这是中国机床工具工业技术与制造能力提升的一个表现，对国家经济与安全来说均具有重要的战略意义。21 世纪头十年中国的重工业化催生了对重型机床的需求，这是大批机床工具企业进入重型机床市场的原因。但应该看到的是，中国机床工具企业生产通用型重型机床的难度较低。据中国二重集团重机厂一名技术人员在 2017 年介绍，当其所在车间需要新设备时，就会向资产管理部报申请，由中国二重给机床企业标书，提出技术要求、技术方案等，经过评比来确定采购哪家产品。对于通用的重型机床，作为直接用户的车间只提一般要求，较少参与产品设计，最多就是监理、验收，以及在产品使用后反馈不合理的情况。[2]用户对通用型重型机床的技术要求较低，意味着在重型机床市场火热期进入的新企业，并不需要太高的技术创新能力，只需要掌握基本制造能力。对于国产重型机床与进口产品的差距，该技术人员也作了中肯的评价："国产重型机床外形、动作都没问题，精度、稳定性有问题，返修率高。画皮容易画骨难，国产设备大部分还是仿别人，核心没突破，这需要时间。国产重型机床从设计上对维修的考虑就不够，不好拆。五轴机床以前难进口，这几年好点。国外机床 1800 万元，国产机床 1200 万元，国外机床不见得价格高太多，但性价比高。"[3]中国重型机床仍需努力弥补与国外产品的差距，

---

[1]　中国机械工业年鉴编辑委员会、中国机床工具工业协会编：《中国机床工具工业年鉴 2011》，北京，机械工业出版社，2011 年，第 24 页。

[2]　中国二重集团调研访谈记录，2017 年 8 月 17 日。

[3]　中国二重集团调研访谈记录，2017 年 8 月 17 日。

这也是该时期中国机床工具工业"大而不强"的一个缩影。

总而言之，在21世纪的头十年里，中国机床工具工业伴随中国的第二轮重工业化，经历了高速增长，而机床工具工业的高速增长，本身也是中国经济高速增长的一部分。在中国近代以来的经济史上，中国资本品部门第一次经历了由市场支撑的繁荣扩张。但是，中国机床工具工业在取得了产能扩张和技术进步的成绩的同时，依然与发达国家机床工具工业存在着技术与创新上的较大差距，并由此形成未能占有国内高档产品市场的比较优势格局。

（三）沈阳机床集团：在"黄金十年"里规模扩张

伴随21世纪中国的第二轮重工业化，中国机床工具工业出现了近十年的高速增长，被业界称为"黄金十年"，该行业也真正实现了"从小变大"的历史性转变。不少企业在这十年中实现了规模扩张，其中，沈阳机床集团最为突出，堪为中国机床工具工业规模扩张的代表，亦是"黄金十年"的缩影。

在20世纪90年代初，机床工业被沈阳市列为拟大力发展的支柱产业。[1]1993年，沈阳第一机床厂、中捷友谊厂、沈阳第三机床厂和辽宁精密仪器厂联合成立了沈阳机床股份有限公司，注册资本11.7亿元，1994年，公司从沈阳市机械工业局分离出去，成为一个独立的局级经济实体。当时，几家机床厂全部陷入亏损的困境，但1995年，公司迎来转机。当年，中国政府与世界银行正式签订了《沈阳工业利用世界银行贷款改革项目》协议，项目贷款总规模1.75亿美元，其中1.21亿美元用于沈阳机床工业的改革、改组与改造。1995年12月，沈阳机床集团成立。1996年7月，沈阳机床股份有限公司在深圳交易所上市，机械工业部、辽宁省政府和沈阳市政府通过"三家抬"的方式为公司解决了5400万元的上市额度，共募集资金21 384万元，公司股份结构亦随之发生变化，国有股、社会公众股、企业法人股和内部职工个人股分别占53.73%、25.02%、7.07%和14.18%。2000年，公司明确提出加快实施三大发展战略，即推动数控机床产销量上台阶、出口创汇上台阶、机制转换上台阶，当年公司实现债转股5.74亿元。债转股后，集团公司的资产负债率由65%降至51%。公司又利用世行贷款安置下岗职工1317人。减债减人后，公司轻

---

[1] 多静如：《沈阳的经济地位与发展战略》，1993年7月12日，第10页。

装上阵。①可以说,与上海机床工具行业一样,沈阳机床集团也充分利用了改革开放带来的新要素进行投资改造。

就在这时,沈阳机床集团所属中捷友谊厂于 2001 年 2 月中标上海磁悬浮列车轨道梁加工设备项目。上海磁悬浮列车采用的是混凝土预制轨道梁,其加工设备缺乏先例,国外企业为该设备开出的价码是 2 亿马克,而中捷友谊厂所签合同金额为 6400 万元。时任中捷友谊厂总经理关锡友认为,参与这种高科技项目,从眼前看可以拉动企业经济增长,从长远看可以提升企业技术水平,因此"哪怕只有一线希望,也要尽全力去争取"。夺标后,经过艰苦奋战,中捷友谊厂于 2001 年 8 月 29 日成功研制出 4 条由 8 条专用数控机床组成的磁悬浮轨道梁加工生产线,11 月 12 日,首条生产线试切削成功。2002 年 9 月 5 日,整个磁悬浮项目需要的 2551 根轨道梁全部加工、铺设完毕,比计划工期提前了一个月,磁悬浮高速列车提前 40 天上线。同样在 2001 年,由原沈阳第三机床厂破产后重组的沈阳数控机床厂完成了五轴车铣中心 SSCKZ63-5 的样机制造。沈阳第一机床厂则于 2000 年聘请日本资深技术专家池田友三为高级技术顾问,成立"池田工作室",当年完成了 TAC 数控立车的技术攻关、CK514 数控立车的方案设计与优化、TAC-16 立式数控车铣中心的技术设计与工艺指导。池田友三由于贡献突出,获得了国家的"友谊奖",此后一直在沈阳第一机床厂工作,直到 2009 年 3 月才回国。②沈阳机床集团在 21 世纪初迎来了良好的开局,具有明显的创新活力。

作为沈阳机床集团旗下最大的主机厂,沈阳第一机床厂进入 21 世纪后即开始追求产量的扩张。时任该厂总经理高明辉这样阐述该厂的抱负:"要做到别人做不到的精度,做到别人做不到的噪声标准,做到别人做不到的主轴转速,做到别人做不到的复杂机器……还要实现比别人更低的成本,比别人更快地交货,比别人更高的质量。"2002 年第一季度,该厂机床产量累计仅 900 台,满足不了旺盛的市场需求,故该厂领导层果断提出"抓住机遇,实现规模生产、规模经营,迅速提高产销量"的决策。③规模成为企业明确的战略目标。当年,沈阳第一机床厂将干部由 118 人减至 41 人,行政处室合并精简且全部实行单一首长制,分配机制重点向技

---

① 沈阳机床(集团)有限责任公司史志办公室编:《沈阳机床集团史志(1993—2011)》,沈阳机床(集团)有限责任公司,2013 年,第 10—11、16—17 页。

② 沈阳机床(集团)有限责任公司史志办公室编:《沈阳机床集团史志(1993—2011)》,沈阳机床(集团)有限责任公司,2013 年,第 16、18—20 页。

③ 彭跃东、施元戎:《沈阳第一机床挑战极限》,见沈阳市铁西区政协文史委员会编:《铁西文史资料》第 1 辑,2004 年,第 124—127 页。

术、营销和生产一线岗位倾斜，有技能的干部和工人一样开床子生产，厂团委书记还曾为病倒的工人连续顶岗 20 多天，每天在本职工作之外加工 20 多根主轴。生产制造部则创办了《生产快报》，反映每天的生产状态和关键问题，保证出现问题随时解决，从制度上保障生产速度。该厂还建立起灵活的用工机制，增大临时用工的比例。在多种措施的作用下，沈阳第一机床厂 2002 年 5 月产量达到 709 台，6 月为 901 台，9 月增至 1000 台，12 月达到 1300 台。[1] 正是在这样火热的产量高涨的背景下，2003 年，沈阳机床集团制定了《沈阳机床集团战略发展规划纲要（2003 年 9 月 12 日）》，认为在国外市场萎缩而国内需求增长的宏观环境下，集团的经营战略目标是"用六年时间实现两个倍增计划"，分两步走："第一步：2003 至 2005 年，经济规模比 2002 年翻一番，达到 30 亿元，进入世界机床 20 强；第二步：2006 至 2008 年，经济规模再翻一番，达到 60 亿元，进入世界机床 10 强。"在产业定位上，集团的发展思路是："大力发展普及型数控机床；发展数控专机和成线、成套设备；提高高档数控机床产业化水平，增强国内外市场竞争力。"其发展策略区分了 4 种不同类型的产品，其中，扩大规模型产品"如立式加工中心、数控车床等"要求"加大销售力度，以大批量、低成本、服务及时等优势进行市场拼杀"，而存量型产品"如 CAK 数控车床"则要求"加快产品改进，进一步降低成本。目标是以千台以上批量推向国内外市场"。至于技术领先型产品和市场针对型产品，也要求"实现产业化"和"成批量进入汽车、军工等重点行业的核心制造领域"。[2] 总的来说，沈阳机床集团制定的发展战略突出了以产量提升为重点的规模扩张。

此后，沈阳机床集团在其发展过程中也确实贯彻了规模扩张的战略，不断在海内外并购机床企业，至 2008 年，公司总资产达到 160 亿元，员工有 1.8 万人，形成了沈阳业务群、昆明业务群和德国希斯这三大板块。[3] 在该阶段，集团的沈阳业务群进行了搬迁工作。在搬迁前，沈阳业务群的三大机床厂厂房面积不足、设备落后，而且资源分散，不能共享，因此，集团利用沈阳市实施"打造沈阳西部工业走廊"和"东搬西建"发展战略的契机，规划并兴建了数控机床产业园。整个数控机床产业园区建

---

[1] 彭跃东、施亢戎：《沈阳第一机床挑战极限》，见沈阳市铁西区政协文史委员会编：《铁西文史资料》第 1 辑，2004 年，第 128—129、131 页。

[2] 沈阳机床（集团）有限责任公司史志办公室编：《沈阳机床集团史志（1993—2011）》，沈阳机床（集团）有限责任公司，2013 年，第 716—719 页。

[3] 沈阳机床（集团）有限责任公司史志办公室编：《沈阳机床集团史志（1993—2011）》，沈阳机床（集团）有限责任公司，2013 年，第 741 页。

设投资 18 亿元，占地 74 万平方米，由数控车铣加工装配基地、加工中心加工装配基地、车床加工装配基地、钻镗床加工装配基地、研发中心、理化计量中心、配送中心、行政办公中心等 10 个主要建筑群组成，园区新增设备 1700 台，搬迁原有设备 1500 台。2004 年 8 月，数控机床产业园举行了奠基仪式。[①]2006 年，沈阳机床集团沈阳业务群的下属企业分批迁入数控机床产业园。[②]原沈阳市铁西区政府地方志办公室主任宋长有对比沈阳机床集团的新旧厂区，写道："2006 年，机床集团搬迁入驻开发区后，我有幸去新厂，所见现代化标准厂房，车间宽敞亮堂，头一次见到的大型机床，在旧厂的车间根本无法制造、组装。新车间装备了许多过去没见过的新设备，为开发新产品，发展大型机床，建生产线提供了空间。"[③]搬迁与投资改造的意义由此可见。

2009 年，沈阳机床集团又制定了《沈阳机床集团战略规划纲要（2009 年 9 月 17 日）》。在这份新的纲要中，沈阳机床集团首先分析了自身与国外一流机床企业的差距，其主要差距包括：①产品结构待调整，普通机床仍占 45%，且产品平均单价不到 30 万元，与国外先进企业相差近五 5 倍；②国际市场营销及服务能力弱，出口比重低，仅占 12%；③产品技术水平低，大量核心功能部件依赖进口，核心技术特别是运动控制技术掌握不够，研发能力和投入不够，研发人员仅占员工的 5%，研发投入只占总投入的 4%左右；④生产效率低，运营质量差，人均销售收入只有 60 万元，与国外先进企业相差近 5 倍，资产贡献率只有 0.7，而国外先进企业为 1.2—1.5；⑤缺乏国际化经营人才。因此，沈阳机床集团认为自己已经基本解决"由小变大"的问题，未来几年内应着力解决"由大变强"的问题。[④]这个分析是十分中肯的，也代表了高速增长时期成长起来的中国机床工具企业的一般情形。不过，该纲要也分析了中国机床企业尤其是沈阳机床集团的机会，尤其是金融危机以来，"欧美日企业严重不景气，德国吉特迈生产下降 30%，日本大隈、森精机下降 50%，德、意众多企业处于半停产状态，部分出现倒闭"，而"中国成为最大的亮点"，沈阳机床

[①] 王刚、李家瑞：《沈阳机床集团数控产业园建设纪实》，见沈阳市铁西区政协文史委员会编：《铁西文史资料》第 5 辑，2008 年，第 25—27 页。

[②] 沈阳机床（集团）有限责任公司史志办公室编：《沈阳机床集团史志（1993—2011）》，沈阳机床（集团）有限责任公司，2013 年，第 29 页。

[③] 宋长有：《老铁西人的见闻》，见沈阳市铁西区政协文史委员会编：《铁西文史资料》第 5 辑，2008 年，第 113 页。

[④] 沈阳机床（集团）有限责任公司史志办公室编：《沈阳机床集团史志（1993—2011）》，沈阳机床（集团）有限责任公司，2013 年，第 742—743 页。

"与欧美日反差极大",预计 2009 年"世界排名升至第三位"。故纲要认为"沈阳机床正处于黄金发展期,即由国内龙头企业向世界龙头企业迈进的关键时期",由此制定了"既大又强,世界第一"的总体目标。具体的经营目标则是:"到 2015 年,经济规模达到 300 亿元,实现再造一个沈阳机床。一期目标:到 2012 年,经济规模达到 200 亿元,进入世界机床前三强。二期目标:到 2015 年,经济规模达到 300 亿元,跃居世界机床首位。"在拟采取的措施中,规模扩张仍然是重要的考量,包括"形成 3 万台数控机床年产能力"的量产化策略,以及"继续加大并购及合资合作",要"在欧洲形成一个 20 亿规模的分集团"。[1]这一雄心勃勃的计划必然对资金提出了巨大的需求,纲要指出"资金筹措以企业融资为主,省、市政策支持",包括在资本市场融资 50 亿元,在非资本市场融资 50 亿元,其中包括企业中长期贷款 20 亿元、企业短期流动性贷款 10 亿元、企业债券 5 亿元等。[2]可以说,2009 年的新纲要既认识到沈阳机床集团创新能力不足的缺点,又延续了此前的规模扩张战略。

沈阳机床集团的规模扩张从主要经营指标完成情况的数据上能得到充分体现,如表 4-5 所示。

表 4-5 沈阳机床集团主要经营指标完成情况(2003—2011 年)

年份	销售收入/亿元	机床产量/台	数控机床产量/台	海外收入/万美元
2003	22.27	30 401	2 734	500
2004	40.10	50 066	6 098	1 067
2005	55.48	64 152	10 008	5 010
2006	77.04	75 518	15 055	10 156
2007	101.13	86 150	20 168	15 008
2008	112.80	85 995	20 858	18 708
2009	120.62	70 588	18 418	13 758
2010	143.53	92 098	28 018	12 540
2011	180.11	95 594	31 504	13 008

资料来源:整理自沈阳机床(集团)有限责任公司史志办公室编:《沈阳机床集团史志(1993—2011)》,沈阳机床(集团)有限责任公司,2013 年,第 27、31、40 页。

经过逐年扩张,至 2011 年末,沈阳机床集团总资产达到 200 亿元,员工总数达 1.95 万人,营业额 180 亿元,其中沈阳业务群资产总额 151

---

[1] 沈阳机床(集团)有限责任公司史志办公室编:《沈阳机床集团史志(1993—2011)》,沈阳机床(集团)有限责任公司,2013 年,第 743—747 页。
[2] 沈阳机床(集团)有限责任公司史志办公室编:《沈阳机床集团史志(1993—2011)》,沈阳机床(集团)有限责任公司,2013 年,第 747 页。

亿元，员工 1.51 万人，营业额 141 亿元；昆明业务群资产总额 38 亿元，员工 4200 人，营业额 34 亿元；欧洲业务群资产总额 11 亿元，员工 300 人，营业额 4.5 亿元。集团产品的服务领域涵盖通用机械、汽车、交通运输、能源、教育、电子等行业，其中为汽车、交通运输、能源、国防军工、航空航天等行业提供的数控机床占数控机床总销量的 70%以上。2011 年，各用户行业所占比重为：通用机械行业占 33%，汽车零部件行业占 28%，交通运输行业占 8%，能源行业占 10%，教育行业占 10%，电子行业占 3%，其他行业占 8%。① 沈阳机床集团进入 21 世纪后成长为规模庞大的企业集团。

沈阳机床集团的规模扩张在中国机床工具企业中并非孤例。根据美国的一份报告，2010 年，沈阳机床集团居于世界机床企业销售产值第二的位置，而大连机床集团有限责任公司在所报销售产值仍为 2008 年数据的情况下，居于第五位。在 2005 年以前，中国没有任何机床企业进入世界机床企业前 10 名的行列。② 这显示了中国机床工具企业在高速增长时期的规模扩张并非个别现象。这种规模扩张系相关企业主动为之的战略选择。大连机床集团有限责任公司董事长陈永开在 2007 年便称"大连机床在通用机床的生产上，打破了世界机床行业奉为经典的单件和中小批生产方式，实现规模化生产模式，大批量生产机床，从而极大地提高了劳动生产效率，降低了制造成本"③。除了沈阳机床集团与大连机床集团这两家最突出的企业外，其他不少机床企业也寻求规模扩张，这种扩张又往往与跨国并购联系在一起。天水星火机床有限责任公司具有代表性。2008 年，天水星火机床有限责任公司以现金形式收购法国索玛（SOMAB）公司共计 81%的股权，实现完全控股，以期引进该公司的五轴联动机床制造技术。同时，星火公司参股德国亨利安传动技术有限公司（WMH），收购该公司 25%的股权，双方在中国合资组建精密传动制造公司，星火公司持有合资企业 75%的股权，全部建厂工作及建厂后的管理则由德方派管理团队完成。④ 依托德国技术，星火公司 2009 年进军风电领域，与湘电集团

---

① 沈阳机床（集团）有限责任公司史志办公室编：《沈阳机床集团史志（1993—2011）》，沈阳机床（集团）有限责任公司，2013 年，第 4—5 页。
② 中国机械工业年鉴编辑委员会、中国机床工具工业协会编：《中国机床工具工业年鉴 2011》，北京，机械工业出版社，2011 年，第 17 页。
③ 陈永开：《从大连机床集团的发展经历看机床行业的发展》，《中国机床工具》总第 423 期，2007 年 9 月 5 日，第 2 版。
④ 《星火机床公司收购法国企业、参股德国企业签约仪式在兰举行》，《中国机床工具》总第 450 期，2008 年 10 月 20 日，第 1 版。

签署共同出资组建成套风力发电机组生产企业的战略框架合作协议。①2010年6月23日，星火机床工业园举行了建设开工典礼。2011年7月28日，星火机床集团青岛亨利安传动机械有限责任公司新厂落成投产。2010年，天水星火机床有限责任公司金切机床产值147 601万元，产量5764台，在中国机床工具工业协会重点联系企业中排名第8位。②2012年11月，星火公司又并购了生产大型镗铣机床和大型板材折剪机床的意大利高嘉公司（GOLGAR）。③规模扩张是中国机床工具企业进入21世纪后与高速增长相伴随的现象。

二、改革深化：中国机床工具工业成为完全竞争性行业

进入21世纪以后，中国机床工具工业成为完全自由竞争、全部市场化的行业。④中国机床工具工业的深入市场化是与国企的持续改革相伴随的，一批重要的机床工具企业延续了20世纪90年代末的体制改革，一批新的市场主体尤其是民营企业乘势兴起。

（一）机床工具工业国企改革的深化

国企改革的深化是20世纪末至21世纪初中国机床工具工业演化的主线之一。在改革过程中，一些机床工具企业彻底改变了所有制属性，一些企业则在国有资本体系内进行重组。2000年11月18日，宁江机床厂正式改制为股份制公司，成立成都宁江机床（集团）股份有限公司，2300多名员工与国有身份告别。⑤2001年12月28日，根据债转股政策，青海重型机床厂转制为青海重型机床有限责任公司。⑥2002年1月，杭州机床厂和杭州无线电专用设备一厂联合组建杭州机床集团公司，由员工出资买下全部国有资产，退出国有企业行列。根据企业改制经营者持大股的要求，集团公司由1个法人股东和35个自然人股东组成，注册资本为4000

---

① 石广谋：《进军风电领域 实现多元发展——星火机床公司与湘电集团签署风电设备生产合作协议》，《中国机床工具》总第471期，2009年9月5日，第1版。
② 中国机械工业年鉴编辑委员会、中国机床工具工业协会编：《中国机床工具工业年鉴2011》，北京，机械工业出版社，2011年，第18页。
③ 石广谋等：《贾庆林与意大利总理共同见证星火机床成功并购高嘉公司》，《中国机床工具》总第551期，2013年1月5日，第1版。
④ 中国机械工业年鉴编辑委员会、中国机床工具工业协会编：《中国机床工具工业年鉴2011》，北京，机械工业出版社，2011年，第11页。
⑤ 《宁江机床厂与"国有"挥手告别》，《中国机床工具》总第261期，2000年12月5日，第2版。
⑥ 脱大庆：《青海重型机床有限责任公司揭牌》，《中国机床工具》总第287期，2002年1月5日，第1版。

万元，其中 1 个法人股东出资 3319 万元，约占注册资本 82.98%，35 个自然人股东合计出资 681 万元，约占注册资本的 17.03%，董事长和总经理的出资额各达到 120 多万元，各占注册资本的 3%以上。[①]2003 年 7 月上旬，香港曼图实业公司投资 10 亿元人民币重组合肥锻压机床股份有限公司。[②]2004 年 12 月 28 日，北京第二机床厂有限公司宣告成立，该公司是在北京第二机床厂的基础上，由北京机电院高技术股份有限公司与北京京城机电控股有限责任公司共同投资组建的有限责任公司。[③]重庆机床厂 2005 年末改制为重庆机床（集团）有限责任公司，新公司由重庆机床厂整合重组重庆第二机床厂、重庆工具厂，是一家国有独资企业。[④]2006 年 4 月，湖南友谊阿波罗股份有限公司全资收购长沙机床厂优良资产，成立长沙机床有限责任公司。长沙机床作为"十八罗汉"之一，仍然以生产拉床为主，2007 年一次性为奇瑞汽车和长城汽车提供拉床和枪钻机床共 39 台，之后为山东重汽等企业提供了国内最大拉削力和最大拉削行程的立式双缸内拉床，2010 年又研发出了数控剐齿机。[⑤]

当然，在国企改制的过程中，也存在着一些问题。例如，重组了长征机床股份有限公司的托普，并没有真正做实业，而是不断通过资本运作扩张，走上歧途，从 2002 年开始暴露危机，最终于 2004 年轰然倒地。在此之前，自贡长征机床有限责任公司于 1999 年成立。2000 年时，在中国机床工具工业整体已经复苏的大环境下，长征公司的销售收入只有 1100 多万元，亏损达 800 多万元。当年 7 月，被托普调到成都的一部分人员回到了长征公司，组成以仝捷为首的新一届领导班子，恢复已半停顿的生产，重新理顺已混乱的各种关系，长征公司开始获得转机。[⑥]长征公司的工程师徐中行回忆："仝总恢复了长征机床在用户中的形象，内部进行调整，产品进行恢复、提升，先把原来的产品整理一遍，改型，使性能提升、外

---

① 卢曙火、陈烈新：《杭州机床集团公司举行挂牌庆典》，《中国机床工具》总第 289 期，2002 年 2 月 5 日，第 1 版。
② 王贤锁：《十亿元巨资再造锻压机床航母》，《中国机床工具》总第 325 期，2003 年 8 月 5 日，第 1 版。
③ 张秀兰：《北京第二机床厂有限公司改制完成》，《中国机床工具》总第 362 期，2005 年 2 月 20 日，第 2 版。
④ 重庆机床厂史编辑委员会：《重庆机床简史（1995—2010）》，2010 年，第 27 页。
⑤ 谭弘颖、王雅琼：《传承百年，雄风今犹存——访长沙机床厂党委书记兼总经理刘华洲先生》，《制造技术与机床》2010 年第 6 期。
⑥ 李开杰：《永不过时的长征精神——自贡长征机床有限责任公司四十年纪实》，《纪录自贡》2012 年第 2 期。

观美化，为企业渡过难关打下基础。当时也是快倒闭了。"①2004 年 12 月 11—13 日，长征公司召开了 HMC630 卧式加工中心、GMC2000 横梁移动龙门加工中心省级新产品成果鉴定会和新产品用户展示会。当年，公司销售收入首次突破 3 亿元。②徐中行介绍："长征公司产品研发迈出了新步伐，开发了几大类。第一类进行数控立式铣床研发，数控机床的销售收入，每年能有一定的量。第二开发了五轴龙门加工中心，航空方面陕飞、哈飞、洪都、贵飞、成飞都用。第三是大型专机，针对能源行业，东方汽轮机厂核电专用设备，原来买意大利的较多，意大利的卖 3000 万元左右，长征的 900 多万元，他们用的效果非常好，陆续购买，在经济低潮时期，专机支撑了长征，对东汽发挥作用也大。第四是复合机床，样机给了资阳机车厂，加工船用曲轴，就用了 1 台国产的。2007 年、2008 年和日本联合设计，由设计公司派人过去待了几个月，没有形成批量，只有样机。"③摆脱托普后，长征公司在机床制造与销售两方面均取得了可观的发展。托普与长征之间的历史纠葛反映了机床工具工业国企改革进程的曲折与艰难。到 2011 年，长征公司具备年产各类数控机床 1000 台、普通机床 3500 台的生产能力。④

尽管机床工具工业中国企的规模在萎缩，但一些骨干企业仍然保持着较强的竞争力。济南二机床保留了国企的所有制，但在市场上展现了强大的竞争力，在进入 21 世纪后成长为世界五大数控冲压装备制造商之一。2003 年，张志刚出任公司党委书记、董事长以后，济南二机床实施了流程再造和干部竞聘，将 50 个单位精减到 24 个，中层干部由原来的 124 人精减到 75 人。2003—2004 年，济南二机床先后实施 6 次干部竞聘，2007 年又组织实施第二轮大规模中层干部竞聘。2010 年，竞聘过程中参与民主测评及主、分会场评议的职工共 1691 人，占职工总数的 39.5%，首次增加中层正职辩论环节，增加现场直播，设置分会场。2013 年，济南二机床又实施中层正职换岗竞聘，加入素质测评、无领导小组讨论等元素。此外，济南二机床完善了竞争与激励机制，构建了各类人才成长通道，设立了主任（副主任）工程师、管理师、营销师、技师，实行多劳多得、做

---

① 徐中行访谈记录，2017 年 12 月 8 日，四川长征机床集团有限公司。
② 《长征公司历年大事记》，《纪录自贡》2012 年第 2 期。
③ 徐中行访谈记录，2017 年 12 月 8 日，四川长征机床集团有限公司。
④ 徐梅：《四川长征：五坐标横梁移动龙门加工中心通过鉴定》，《中国机床工具》总第 522 期，2011 年 10 月 20 日，第 3 版。

优多得、创新多得,建立覆盖全体职工的激励体系。[1]郑广东1984年从技校毕业后进入济南二机床铸造车间工作,通过刻苦努力,一步步成长为造型工高级技师。从2003年到2010年,他连续参加了3次中层干部竞聘,由于个人原因都没有成功,但他感到:"每一次参与竞聘的过程都是一次挑战自我、突破自我的过程。从竞聘前的培训、准备到笔试,再到演讲答辩,一系列的环节,让我开阔了眼界,拓展了思路,认识到自己的不足,学习了很多东西,受益匪浅。"2011年,45岁的郑广东不服输,再次参加竞聘,终于成功就任铸造有限公司副总经理的职位。[2]济南二机床的干部竞聘制度,实现了对人才的充分挖掘与利用,这就使国企同样具有了民企的效率保障机制。但济南二机床也在市场条件下保留了国企的高福利制度,将其转化为一种激励机制。在企业发展的同时,济南二机床持续提升职工福利待遇,在"五险一金"的基础上,实施补充医疗保险、企业年金,组织集资合作建房,解决了职工的住房问题。企业的宾馆、职工医院、技校、幼儿园则按照"服务于主业,发展成主业"的原则,独立经营,实现自主持续发展。[3]张志刚称:"社会进步是少不了产业工人的。我们应当理解、尊重他们。创造价值的人,应该受到尊重。"[4]因此,济南二机床的高福利制度,实际上起到了激励士气与稳定人才队伍的作用,而人毕竟是创新活动的根本。与此同时,济南二机床坚持技术创新,累计投入技改资金16亿元以上,推进焊接自动化、加工数控化等智能制造应用,完善了生产结构和生产能力,形成具有国际先进水平的专业化制造和检测把关体系,达到压力机制造行业世界领先水平。[5]通过对不同所有制企业的优点的吸纳,济南二机床的国企深化改革提升了自身的竞争力。济南二机床制造的大型冲压生产线,在国内市场占有率达到80%,并成线出口海外主机厂,为福特汽车美国工厂提供了9条大型冲压生产线,产品技术水平和质量可靠度赢得用户高度评价。[6]因此,济南二机床提供了一个

---

[1] 赵明纪主编:《铸就辉煌:济南二机床集团有限公司80华诞纪念(1937—2017)》,济南二机床集团有限公司,2017年,第44—50页。

[2] 济南二机床集团有限公司:《JIER故事:庆祝济南二机床八十华诞职工征文》,济南二机床集团有限公司,2017年,第82—83页。

[3] 赵明纪主编:《铸就辉煌:济南二机床集团有限公司80华诞纪念(1937—2017)》,济南二机床集团有限公司,2017年,第134—138页。

[4] 济南二机床集团有限公司:《JIER故事:庆祝济南二机床八十华诞职工征文》,济南二机床集团有限公司,2017年,第176页。

[5] 赵明纪主编:《铸就辉煌:济南二机床集团有限公司80华诞纪念(1937—2017)》,济南二机床集团有限公司,2017年,第62页。

[6] 赵明纪主编:《铸就辉煌:济南二机床集团有限公司80华诞纪念(1937—2017)》,济南二机床集团有限公司,2017年,第80页。

很典型的持续积累的创新演化样本。

济南二机床对于冲压线外防护的首次设计，是其进入 21 世纪后的一个创新案例。据员工张廷荣回忆，2006 年 10 月，他实习刚结束不久，就参与了对通用烟台东岳 1 号线做外防护改造维改项目。他当时的心态是："图还没画过几个，防护这个全新的东西，连抄都没地方抄啊！"济南二机床此前没有制造过冲压线外防护，项目主管王金刚也对济南二机床压力机公司的领导表达了同样的疑虑，领导让他们去参考客户已有的设备。第二天，项目组见到客户的成线设备全防护后，产生共同的感受："这么好的东西必须学会！"接下来，项目组就开始了设计工作。然而，进口设备的外观和整体构造框架可以直观认识，内部的连接方式是没有可参考的设计图纸的，只能靠项目组自己设计。张廷荣回忆，项目组采取了集体试错的方法设计："我们三个苦思冥想，相互启发找突破口，每个人把能想出来的连接方式绘制出草图，然后对连接方式相互提问题找缺陷查不足，设计出的不同形式连接方式，一次次被我们自己推翻了。"在通过上网查找相关照片和不同板材、型材的规格后，项目组设计出了基本的构造图纸，但钣金厂家认为设计图纸的有些工艺根本无法实现。于是，项目组开始转变设计思路，从咨询钣金件制造厂家的钣金折弯工艺及装配工艺入手，提取可借鉴的信息，再将信息融入设计中，对设计结构不断进行改进和优化。为提高设计水平，张廷荣还利用周末自学三维软件，对整机防护建立三维效果图，进行模拟装配和干涉问题排查，提高装配工艺的可靠性。两个月后，项目组设计出了可落实于生产制造的蓝图。于是，济南二机床压力机公司安排张廷荣去客户那里进行设计方案确认，尽管整体方案一次性审核通过，但客户还是提出了很多要求，项目组对图纸进行了完善。在这个过程中，项目组还派人去与客户沟通过一次。最终，由新人深度参与的济南二机床项目组设计制造了中国第一条整线设备外防护。而这个张廷荣原本认为只是个维改工程的产物，此后成为济南二机床成线产品的标配，增加了产品的市场竞争力。他后来才知道："这个项目最早是维改公司市场工程部经理柴惠杰跟踪的，前后跟踪了一年之久，竞争也非常激烈。当时所有营销人员都不遗余力地争夺这个合同，均抱定了这样的信念：济南二机床压力机要做第一，配套的防护也要做第一。"[①] 济南二机床对冲压线外防护的设计与制造，是在市场竞争机制下大胆进入新领域的创新过程。用户为济南二机床设计人员提供了可供学习的新知识，但这种新知识是残缺

---

① 济南二机床集团有限公司：《JIER 故事：庆祝济南二机床八十华诞职工征文》，济南二机床集团有限公司，2017 年，第 137—139 页。

的，济南二机床的设计人员只能依靠自己的努力去探索出完整的新知识，并将新知识转化为新产品。在这个过程中，用户的帮助功不可没，而济南二机床技术人员拼凑新知识的过程，和其前辈为二汽设计装备的经历如出一辙。这表明，二汽战役中的资本品部门创新机制在改革开放后能够以新的形态发挥其作用。值得一提的是，济南二机床进入新领域时敢于大胆起用新人，本身就体现了一种创新所必需的胆识与魄力，也有利于从人力资本积累的角度培育创新力量。表 4-6 为济南二机床设计制造外防护的创新流程示意。

表 4-6　济南二机床设计制造外防护的创新过程

主体	营销部门	用户	设计部门	设计部门—用户	制造部门
行为	发现市场机会	提供学习参照物	学习过程： 正向：产品结构试错 反向：从工艺推测结构	用户提供反馈意见	制造生产
演化含义	搜寻潜在新知识	发现残缺的新知识	将新知识补充完整	完善新知识	新知识变为新产品

随着时间的推移，也不乏已经改制的机床工具企业又回归国企的属性，或者某些本属于地方国企的机床工具企业被央企合并。例如，2006 年 9 月，宁江集团与四川五粮液集团全资子集团公司普什集团合资合作，双方共同出资 7 亿元，强强联合。①此后，宁江被改组为四川普什宁江机床有限公司，重新成为国企。中国通用技术集团于 2008 年 7 月对齐齐哈尔二机床（集团）有限责任公司增资并控股后者 58.05%的股份，使齐齐哈尔二机床（集团）有限责任公司成为央企中国通用技术集团发展重型数控机床的产业平台。②哈尔滨量具刃具集团有限责任公司 2005 年 7 月实行"国有控股，员工参股"的混合所有制改造，变更后的新公司注册总股本为 16 108 万元，其中国有股为 9000 万元，约占总股本的 56%，员工股为 7108 万元，约占总股本的 44%，为哈尔滨市机械系统第一个完成改制后注册的新公司。2009 年，该公司亦与中国通用技术集团联合重组，由通用技术集团对哈尔滨量具刃具集团有限公司进行增资并控股 51.67%。③哈尔滨量具刃具集团有限公司改制时，领导班子曾于 2004 年下半年利用下

---

① 陈运发：《宁江集团与五粮液集团合资合作打造精密数控机床制造巨舰》，《中国机床工具》总第 402 期，2006 年 10 月 20 日，第 3 版。
② 刘长海：《中国通用技术集团与齐二机床签署重组联合协议》，《中国机床工具》总第 444 期，2008 年 7 月 20 日，第 4 版。
③ 哈尔滨量具刃具集团有限责任公司：《哈量集团建企 60 周年资料汇编（1952—2012）》，哈尔滨量具刃具集团有限责任公司，2012 年，第 41、47 页。

班时间，进行过 12 次集体学习，集中讨论改制的具体做法。企业领导首先否定了"卖企业"的方案，董事长魏华亮回忆："当时，有好几家企业来谈并购哈量的事，但大都是房地产企业。他们并不懂我们这个行业，不了解我们这个企业对国家装备制造业的重要意义。他们并购后也不打算发展我们这个产业，他们看重的只是我们这块地皮，想异地搬迁后搞房地产开发。我一看这样不行，这条路走不得，也走不通。"[1]哈尔滨量具刃具集团有限公司领导层的决策为中国机床工具工业保留了一个有着深厚积累的创新主体。

（二）机床工具工业新兴主体的崛起

进入 21 世纪后，中国机床工具工业的国企改革呈现出明显的"国退民进"特点。除了老国企纷纷改制外，萌芽于 20 世纪末的新兴民营企业也茁壮成长，成为中国机床工具工业快速崛起的新兴主体。总体来看，"十五"期间，中国机床工具工业经济成分的变动已极为明显，民营经济企业数从 2002 年的 521 个增至 2005 年的 829 个，占比从 23.42%增至 42.86%；国有经济企业数大幅度减少，从 2002 年的 1388 个减至 2005 年的 819 个，占比从 62.38%降至 40.87%；三资企业数从 2002 年的 316 个增至 2005 年的 326 个，占比从 14.20%增至 16.27%。[2]"国退民进"的态势十分清晰。

"十一五"期间，中国机床工具工业的民营化趋势更为明显。表 4-7 为 2006—2010 年中国机床工具工业企业所有制结构情况。

表 4-7　机床工具工业企业所有制结构（2006—2010 年）

所有制性质	2006年 数量/家	2006年 占比/%	2007年 数量/家	2007年 占比/%	2008年 数量/家	2008年 占比/%	2009年 数量/家	2009年 占比/%	2010年 数量/家	2010年 占比/%
企业数合计	2404	100.0	4291	100.0	4832	100.0	5944	100.0	6367	100.0
国有控股	838	34.8	313	7.3	299	6.2	284	4.8	272	4.3
集体控股			336	7.8	312	6.5	274	4.6	230	3.6
私人控股	1160	48.3	3059	71.3	3570	73.9	4527	76.2	4986	78.3
港澳台商控股	406	16.9	251	5.8	280	5.8	303	5.1	297	4.7
外商控股			332	7.7	371	7.7	426	7.2	427	6.7
其他							130	2.2	155	2.4

资料来源：中国机械工业年鉴编辑委员会、中国机床工具工业协会编：《中国机床工具工业年鉴 2011》，北京，机械工业出版社，2011 年，第 13 页

---

[1] 哈量集团编：《坚实的足迹——哈量人建业六十载纪事》，哈量集团，2012 年，第 330—331 页。

[2] 中国机械工业年鉴编辑委员会、中国机床工具工业协会编：《中国机床工具工业年鉴 2006》，北京，机械工业出版社，2006 年，第 4 页。

一目了然的是，国有机床工具企业的数量及其占比均呈萎缩态势，而民营机床工具企业的数量增长与占比提升可谓高歌猛进。就从业人员数量而言，2006年，民营机床工具企业有从业人员141 777人，占整个行业的27.0%，到2010年，其人数增至511 680人，占比达60.5%。与"十五"期间不同的是，"十一五"期间民营机床工具企业的工业总产值和产品销售产值均已超过国有机床工具企业。[1]

民营企业宁波海天集团的前身可追溯至1966年成立于镇海的江南农机厂。该厂从1973年起试制生产了立式塑料压机，1974年正式试制成60克卧式塑料注射成型机，并在1975年生产了400克双工位卧式注射成型机。[2]2001年，在注塑机产业已取得较大成就的海天才开始涉足数控机床的研发与制造，成立了宁波海天精工机械有限公司，其卧式加工中心和数控车床的设计与制造技术来自日本的新潟公司和大日金属公司。当年，海天开始陆续引进高级研发人员30余名，以"铸造精品机床，振兴民族工业，争创世界一流"为企业发展目标，后又于2003年投资3亿元建造了5万平方米的现代化制造基地，2005年追加投资2亿元新建3万平方米的制造基地。到2009年，海天有员工629人，其中研发人员117人，大专以上技术工人300余人，产品形成包括高精度卧式加工中心，高精高速多轴大、重型龙门镗铣加工中心，高精高速数控车削中心，数控落地镗铣床四大系列近50个品种，2007年实现数控机床销售收入5.5亿元，2008年销售收入8.6亿元。[3]中国机床工具工业里的部分民营企业系从其他行业进入而来，这实际上还是改革开放打破行业专业体制的历史延续。

以生产工业缝纫机起家的台州民营企业杰克控股集团，自2004年起开发机床产品，把磨床作为进入机床业的切入点，成立了浙江杰克机床有限公司，2005年底收购了江西老国企吉安机床厂，重组为江西杰克机床股份有限公司，到2006年3月，实现了月产80台的规模。[4]杰克机床董事长陈华贵称："2003年杰克集团要买设备，那破东西还买不到，我开玩笑说我都能造。国企干得好的事民企也可以干，机床行业民企进去的人

---

[1] 中国机械工业年鉴编辑委员会、中国机床工具工业协会编：《中国机床工具工业年鉴2011》，北京，机械工业出版社，2011年，第13—14页。

[2] 浙江省二轻工业志编纂委员会编：《浙江省二轻工业志·第2分册（征求意见稿）》，1995年，第99页。

[3] 阎晓彦：《宁波海天：阔步向前的中国机床民营企业》，《中国机床工具》总第473、474期，2009年10月5、20日，第3版。

[4] 姚海彪：《杰克机床实现开门红》，《中国机床工具》总第388期，2006年3月20日，第2版。

少，就有干的空间。2004年集团二次创业，上井冈山。为什么上井冈山？对生活知足，对工作永不满足，教育、信仰很重要。在井冈山看到吉安机床要破产，正好收购。造机床起步阶段，给杰克集团配套的客户买了很多，杰克自己用得少。买吉安机床，它有造磨床的基础，有人力资源。吉安原来1000个人，接过来浙江230个人，吉安员工全部买断，再接管。我们花了2000万元，注入我们的文化。"①江西杰克机床的员工杜吉荣出生于1962年，他父母是从上海内迁到吉安的老职工，1978年他自己进厂当学徒，改制前一直干到生产部长。在2017年的访谈中，他称："国企的时候最早想造数控机床，没有人才，最好的时候，造的也是数显机床。做数控，是2008年，改制后和湖南大学的团队合作。计划经济时代产量不高，一年曲轴磨也就二三十台。大型设备都是用的上重（上海重型机床厂）的，导轨磨，1998年、1999年，30万从上重买的。国企人多，平均（主义），刚进厂拿36块钱，厂长也就40块钱。人只有往前走的。"②该公司的一名女员工是吉安当地人，1989年技校毕业后被分到吉安机床厂，她说："进厂的时候，厂里有七八百人，包括退休的。当时环境、房子比较陈旧，我进厂以后什么样，到改制时什么样。以前是砖房，改制后粉刷、翻新、改造，固定资产投资一两千万元。1992年、1993年、1994年形势非常好，有一两年人家提现金来拿货，库存一下子就清了。1998年、1999年非常困难，卖一台机床发一次工资。企业被收购时解决了老职工的后顾之忧。当时只要愿意留下，无条件接收。国企毕竟吃大锅饭，体现不出自己的价值，民企靠自己的真才实学，靠自己的劳动。以前做普通机床，现在大部分生产数控、专机。老员工有以前的机械的基础，但以前技术部门的人胜任不了现在这些，老国企时代没做过数控。开始做数控也比较困难，两三百人，一个月工资四五十万元，怎么养？刚开始投入很大，不断试制，觉得浪费得不得了。想办法引进湖南团队，3个副总都是湖南的。"③很显然，以杰克集团为代表的新兴民营企业为中国机床工具工业注入了新鲜的血液。杰克集团在浙江台州的机床产业则采取了面向基层市场的竞争战略，陈华贵称："台州机床基地组建时请了4个人，上海第三机床厂的工程师，2004年3月过来，10月就出产品。台州造的是经济型数控机床，我们上来就卖17万元，上海机床厂卖50万元左

---

① 陈华贵访谈记录，2017年9月14日，浙江杰克机床股份有限公司。
② 杜吉荣访谈记录，2017年12月14日，江西杰克机床有限公司厂部。
③ 访谈记录，2017年12月14日，江西杰克机床有限公司厂部。

右,我们的目标是小企业用得起,10万元多一台,性价比要高。"①由市场经济孕育的民营企业既壮大了中国机床工具工业的规模,也通过市场机制推动了中国数控机床的普及化。

外资机床工具企业也没有放松在中国的布局。例如,2003年1月15日,德国吉特迈(Gildemeister)集团在上海的松江区开设了新工厂,这是该集团在欧洲以外地区开设的第一家生产制造厂,工厂占地面积15 000平方米,初期主要用于组装机床、产品演示以及销售服务等,其产品为CTX310数控车床及DMC64V立式加工中心。②2002年,日本牧野公司在昆山投资1500万美元成立生产基地,2006年5月,生产基地落成,厂房占地66 000平方米,集生产、研发、技术培训、仓储及零配件中心为一体。③一位外资机床企业的中国籍高管表示,外资企业在中国独资建厂是其市场战略演化的必然阶段,为的是追求市场占有率,降低产品进入中国的成本和技术门槛。④除外商独自在华投资外,一些合资企业也建立了起来。例如,2002年5月25日,北京北一数控机床有限责任公司与日本大隈株式会社合资成立了北一大隈(北京)机床有限责任公司。⑤

小巨人机床有限公司原本是日企马扎克在银川的合资企业,后变更为日方独资,不过,因为很多国内客户一开始不认马扎克的牌子,就继续保留了小巨人的品牌。作为全球顶级机床企业的中国子公司,小巨人的技术实力在中国市场上堪称一流。该企业员工如此介绍马扎克的创新战略,即通过自己使用自己制造的机床来发现问题并改进技术,不断积累知识与能力:"自己把自己造的设备用好了,用户来看了,自然产生信任。山崎马扎克靠修理机床起家,对技术有它的认识。要用自己造的机床,才能提升技术。我们一开始就用马扎克自己的设备,日本方面要求原价买过来用,早期的设备其实问题很多,日本就派人过来修,发现问题在哪里,文件积累得很厚。后来的设备就越来越好了。我们让客户一看,客户看到我们自己用自己的产品用得这么好,自然会买。"⑥这实际上也是后发展国家资

---

① 陈华贵访谈记录,2017年9月14日,浙江杰克机床股份有限公司。
② 徐正平:《德国吉特迈集团在上海开设新厂》,《中国机床工具》总第313期,2003年2月5日,第1版。
③ 徐正平:《牧野举行中国生产基地落成庆典》,《中国机床工具》总第393期,2006年6月5日,第3版。
④ 北京机械工业信息研究院座谈会记录,2021年6月29日。
⑤ 《北一大隈机床有限责任公司成立 贾庆林何光远出席签约仪式》,《中国机床工具》总第297期,2002年6月5日,第1版。
⑥ 调研访谈记录,2017年8月8日,银川小巨人机床有限公司。

本品部门创新应采取的重要战略。值得一提的是，由于马扎克对子公司采取放权措施，小巨人实际上拥有很大的自主性，并具备一定的创新能力，其员工称："我们这儿日本人很少，就几个。我们有次把一台机子给用户改得非常好，日本人着急说这个违规了。有时候日本人觉得技术上不可能的事情，我们也做了。"[1]后来，马扎克在大连又创立了一家工厂，其中方管理人员称："马扎克注重本地化。不融入当地环境不行。宁夏那边过来的人不多，主要还是大连本地招的。其他日企看不到的，比如春节联欢晚会，都是员工自己编排表演的。"该管理人员同样提到："马扎克自己做系统，一般不主动提出卖，但如果用户提出需要，我们也卖。我们自己先用自己的产品，自己用好了，用户才能用好。大连工厂 IT 部门就 4 个人，自己做软件自己用，外面买的不一定适用，也负责维护工作。"[2]

从 20 世纪 90 年代起，一些台资机床工具企业就开始深耕大陆。例如，杭州友佳精密机械有限公司是台湾友嘉实业集团于 1993 年在浙江萧山开发区投资建立的，后几经扩资，征地 52.3 万平方米，主要产品为数控车床和加工中心，也生产停车设备和叉车，至 2004 年有职工 400 多人，当年生产数控机床 1100 台，实现销售收入 4.95 亿元。同样是在 1993 年，台湾建德工业股份有限公司在浙江萧山成立了全资子公司浙江荣德机械有限公司，2004 年厂房面积 12 000 平方米，员工 252 人，主要产品为磨床、加工中心、铣床等，当年生产机床 2977 台，产值 1.6 亿元。[3]值得一提的是，台湾机电企业在大陆投资建厂扩大了大陆的机床与工具进口。在 2007 年的中国外贸进口 200 强企业中，排名第二的就是台资企业富士康的鸿富锦精密工业（深圳）有限公司，而该公司又位列当年中国进口金属加工机床 10 强企业之首。实际上，在那 10 强企业中，富士康旗下企业就占了 3 家。表 4-8 为 2007 年中国进口金属加工机床 10 强企业。

表 4-8　中国进口金属加工机床 10 强企业（2007 年）　单位：亿美元

名次	企业	进口值	在 200 强中名次
1	鸿富锦精密工业（深圳）有限公司	2.76	2
2	东莞市对外加工装配服务公司	0.89	4
3	鸿富锦精密工业（太原）有限公司	0.79	—
4	可利科技（苏州工业园区）有限公司	0.70	—

---

[1] 调研访谈记录，2017 年 8 月 8 日，银川小巨人机床有限公司。
[2] 调研访谈记录，2017 年 8 月 4 日，大连山崎马扎克机床（辽宁）有限公司。
[3] 中国机械工业年鉴编辑委员会、中国机床工具工业协会编：《中国机床工具工业年鉴 2006》，北京，机械工业出版社，2006 年，第 54 页。

续表

名次	企业	进口值	在 200 强中名次
5	北京现代汽车有限公司	0.68	154
6	鞍钢集团国际经济贸易公司	0.64	112
7	重庆长安铃木汽车有限公司	0.64	—
8	宝山钢铁股份有限公司	0.57	9
9	奇瑞汽车有限公司	0.52	—
10	深圳富泰宏精密工业有限公司	0.47	16

资料来源：海关总署综合统计司：《改革开放三十年中国对外贸易监测报告》，北京，中国海关出版社，2009 年，第 560 页

2010 年，两岸签订 ECFA（Economic Cooperation Framework Agreement，海峡两岸经济合作框架协议），台湾地区的机床工具产品在原产地认证后，进入大陆市场可享受免关税政策。[1]这无疑扩大了台湾地区机床工具产品对大陆的出口优势。可以说，台湾地区机床工具工业的成长确实受到了祖国市场的哺育。

总而言之，进入 21 世纪以后，中国机床工具工业延续了市场化改革，并最终转型成为一个由民营经济占主体的完全竞争性行业。因此，中国机床工具工业的演化，已经不是一个"十八罗汉"唱主角的故事。

三、景气变动：中国机床工具工业的体系性重组

2014 年 12 月 9 日，习近平在中央经济工作会议上的讲话中指出："我国经济发展进入新常态，是我国经济发展阶段性特征的必然反映，是不以人的意志为转移的。"[2]2016 年 1 月 18 日，习近平再次强调："'十三五'时期，我国经济发展的显著特征就是进入新常态。"[3]在经历了高速增长的第二轮重工业化后，中国经济开始进入一个新的周期，中国机床工具工业则比一般部门要更早面对经济发展新周期下的挑战。2015 年初，有评论指出，自 2011 年下半年，中国机床工具市场开始进入下行通道。伴随着机床市场从高位回落也意味着以"大而不强，低端产能严重过剩，高端供货能力严重不足"为特征的发展阶段的终结。[4]在新周期下，中国

---

[1] 外贸协会：《一读就通：大陆工具机市场商机》，外贸协会，2015 年，第 148 页。
[2] 习近平：《习近平谈治国理政》第 2 卷，北京，外文出版社，2017 年，第 229、233 页。
[3] 中共中央文献研究室编：《习近平关于社会主义经济建设论述摘编》，北京，中央文献出版社，2017 年，第 95—96 页。
[4] 机床工具协会：《2014 年中国机床工具行业要闻回顾》，《中国机床工具》总第 599 期，2015 年 1 月 5 日，第 1 版。

机床工具工业结束了高速增长的"黄金十年",企业开始出现分化,行业随之出现体系性重组。

(一)中国机床工具工业高速增长时代的结束

转变不是一蹴而就的。2011年,中国机床工具工业依旧保持着高速增长的惯性,完成工业总产值6606.5亿元,同比增长32.1%,产品销售产值6424.9亿元,同比增长31.1%,实现利润445.8亿元,同比增长28.0%。不过,产品销售率和产值利润率分别同比下降了0.8个百分点和0.3个百分点。[1]据美国方面的排名,2011年,沈阳机床集团名列世界机床行业第一位,这是中国企业在国际机床工业发展史上首次位居第一。尽管中国有两家企业杀入世界机床企业排行榜的前列,但总的来看,世界机床企业排行榜的前20名基本被日本、德国等国企业瓜分。而从2012年开始,中国机床工具工业就感受到更大的压力了,国内市场持续低迷,国产中低端产品需求明显减少,机床工具产品进口额高位运行,全行业产品结构与市场需求矛盾更加突出,行业新增订单显著减少,产销水平明显回落,行业经济运行进入中低速增长阶段。[2]2012年春天,齐重数控董事长马伟良在对员工的讲话中指出了企业面临的宏观形势不容乐观:"主要用户行业发展放缓,内需拉动难以乐观。目前从几个月订单来看,市场形势依然低迷,像一重、二重等大用户效益也处于下滑状态……生产原料价格继续上行,效益增长难度增大。资金缺口较大,银行贷款增加导致财务费用增幅较大。"[3]这些问题是普遍存在的。

2011年以后,中国机床工具工业的数据存在统计口径不一和统计资料日益碎片化等问题,截至2021年,2018年以后的行业年鉴亦未编成付印,因此,在现有资料基础上,难以准确刻画2012年以后完整的行业变动轨迹。但很明显的是,中国机床工具工业各行业2013年均实现了增长,占据主体地位的金切机床行业的主营业务收入增长却仅0.8%,趋近于停滞,且利润总额出现了负增长,这已经释放出了强烈的警示信号。景气周期开始变动了。相关数据如表4-9所示。

---

[1] 中国机械工业年鉴编辑委员会、中国机床工具工业协会编:《中国机床工具工业年鉴2012》,北京,机械工业出版社,2013年,第22页。

[2] 中国机械工业年鉴编辑委员会、中国机床工具工业协会编:《中国机床工具工业年鉴2013》,北京,机械工业出版社,2013年,第3页。

[3] 马伟良:《坚定信心 提振精神 主动出击 创新工作 满怀激情拥抱春天》,《齐重数控报》总第240期,2012年4月9日,第1版。

表 4-9　机床工具工业各分行业主要财务指标完成情况（2013 年）

行业类别	企业数/家	主营业务收入 实际完成/亿元	主营业务收入 同比增长/%	利润总额 实际完成/亿元	利润总额 同比增长/%	产成品库存 实际完成/亿元	产成品库存 同比增长/%
合计	5283	8026.3	13.7	495.9	8.8	367.8	7.7
金切机床	743	1502.7	0.8	53.0	−15.8	134.3	5.5
金属成形机床	545	755.2	16.1	50.0	10.5	34.3	−3.6
铸造机械	616	888.1	17.1	56.3	9.9	26.7	9.6
木工机械	160	183.2	12.8	13.2	10.5	8.5	5.2
机床附件	371	519.0	21.9	38.1	27.9	15.2	21.7
工量具及量仪	666	810.9	13.3	60.4	16.0	50.9	12.3
磨料磨具	1541	2380.9	18.5	162.7	12.1	73.1	32.8
其他金属加工机械	641	987.0	16.3	62.0	8.0	24.7	5.1

资料来源：中国机械工业年鉴编辑委员会、中国机床工具工业协会编：《中国机床工具工业年鉴 2014》，北京，机械工业出版社，2015 年，第 5 页。

与增长疲软相一致的是，国产金属加工机床市场占有率基本上逐年走低，2009 年国产数控金属加工机床产值市场占有率为 62.0%，2010 年滑落至 56.7%，2012 年更降至 55.6%，直到 2013 年才小有回升，而回升原因是金属加工机床的进口大幅下滑。2013 年，中国机床工具产品进口额 1 609 204 万美元，同比下降 20.24%。[1]进口下滑反映的是中国机床工具产品国内市场需求的乏力。2014 年，中国机床工具产品进出口贸易逆差达 61.5 亿美元，小行业中只有工具、量具量仪和磨料磨具进出口贸易呈现顺差，而贸易逆差最大的是金属加工机床。[2]2015 年，中国机床工具产品进出口贸易逆差缩小至 38.6 亿美元，仍然只有工具、量具量仪和磨料磨具实现了顺差。其余产品中，加工中心贸易逆差为 30.9 亿美元，数控车床贸易逆差为 3.1 亿美元，磨床贸易逆差为 10.1 亿美元，齿轮加工机床贸易逆差为 2.3 亿美元，重型机床贸易逆差为 3.9 亿美元，特种加工机床贸易逆差为 3.6 亿美元，金属成形机床贸易逆差为 5.5 亿美元，数控装置贸易逆差为 8.6 亿美元，功能部件贸易逆差亦为 8.6 亿美元。[3]贸易逆差的持续存在，反映了中国机床工具企业与国外先进企业相比，竞争力仍有欠缺，高速增长时期形成的比较优势格局持续存在。

---

[1] 中国机械工业年鉴编辑委员会、中国机床工具工业协会编：《中国机床工具工业年鉴 2014》，北京，机械工业出版社，2015 年，第 9—10 页。

[2] 中国机械工业年鉴编辑委员会、中国机床工具工业协会编：《中国机床工具工业年鉴 2015》，北京，机械工业出版社，2016 年，第 68 页。

[3] 中国机械工业年鉴编辑委员会、中国机床工具工业协会编：《中国机床工具工业年鉴 2016》，北京，机械工业出版社，2017 年，第 70 页。

2014年，中国机床工具工业中，金属加工机床产出1500亿元，同比下降1.1%。其中，金切机床产出824亿元，同比下降8.2%，金属成形机床产出676亿元，同比增长9.2%。工具及量具量仪产出388亿元，同比增长0.3%。[1]2015年，金属加工机床产出1370亿元，同比下降8.7%。其中，金切机床产出756亿元，同比下降8.2%，金属成形机床产出614亿元，同比下降9.2%。工具及量具量仪则产出347亿元，同比下降10.5%。[2]中国机床工具工业的经营压力不断增加。到2016年，中国机床工具工业总体呈现小幅回升的状态，机床产业产出总额约为229亿美元，同比增长3.6%。[3]然而，全行业利润总额同比下降了18.3%，至当年12月，全行业亏损企业占比为36.0%，出口总值则同比下降5.0%。[4]中国机床工具工业的复苏之路依然是艰辛而充满挑战的。

行业的不景气可由企业的不景气来反映。作为中国规模最大的机床工具企业，沈阳机床集团2013年战略性退出普通机床生产领域，集中力量突破高档数控机床及其关键功能部件，机床产值数控化率提高至61%，数控机床生产规模同比增长24%，当年还在上海成立优尼斯公司，开创工业服务新模式。[5]2014年，作为上市公司的沈阳机床股份有限公司完成销售收入78.15亿元，同比增长5.91%，实现利润总额6390.51万元，同比下降8.47%。[6]据官方资料，从2007年开始，沈阳机床集团就委任同济大学的讲师朱志浩组建团队，研发i5智能数控机床。该团队历经5年攻关，于2012年攻克了运动控制核心技术，研制出具有自主知识产权的数控系统产品和数字伺服产品。在核心底层技术的基础上，团队创新性地提出了基于用户需求和基于互联网技术的智能化设计理念，并于2014年成功研制出具有互联网智能功能的i5智能数控机床。朱志浩是2008年升任沈阳机床董事长的关锡友的大学师兄。据称，关锡友选中朱志浩的原因是：

---

[1] 中国机械工业年鉴编辑委员会、中国机床工具工业协会编：《中国机床工具工业年鉴2015》，北京，机械工业出版社，2016年，第9页。
[2] 中国机械工业年鉴编辑委员会、中国机床工具工业协会编：《中国机床工具工业年鉴2016》，北京，机械工业出版社，2017年，第9页。
[3] 机床协会信息统计部：《短期趋稳 压力犹存——2016年中国机床工具市场与产业运行分析》，《中国机床工具》总第651期，2017年3月5日，第4版。
[4] 中国机械工业年鉴编辑委员会、中国机床工具工业协会编：《中国机床工具工业年鉴2017》，北京，机械工业出版社，2018年，第6页。
[5] 中国机械工业年鉴编辑委员会、中国机床工具工业协会编：《中国机床工具工业年鉴2014》，北京，机械工业出版社，2015年，第239页。
[6] 中国机械工业年鉴编辑委员会、中国机床工具工业协会编：《中国机床工具工业年鉴2015》，北京，机械工业出版社，2016年，第133页。

"留校这么多年，连个教授都没混上，整天捣鼓机床。"而当时关锡友找过很多业界专家、学者研发数控系统，均被拒绝。[1]2013 年，沈阳机床集团在研发上投入 6 亿元，占销售收入的 4%，2014 年研发投入 5.8 亿元，占销售收入的 3.8%，2015 年研发投入 4.9 亿元，占销售收入的 3.2%。[2]沈阳机床集团对于研发的投入力度不可谓不大。而根据公开报道，研发 i5 的朱志浩团队平均薪酬比沈阳员工高出 30%—50%，并享有"无目标、无时间、无内容要求"的三无管理。[3]可以说，沈阳机床集团确实另辟蹊径地希望实现数控机床研发上的创新，其 i5 的研发过程亦具有通常可辨识的创新活动的要素。但是，据上海机床厂有限公司一名员工在 2017 年的访谈中称："i5 研发基地离我们 1000 米，一起搞过几次座谈，他们有理念创新，一直没有实现批量化应用，技术成熟度上有困难。我们和他们下属企业有重大专项合作。"[4]此外，市场与宏观周期并没有给沈阳机床集团太好的机会。沈阳机床集团的上市公司沈阳机床股份有限公司的财务状况表现不佳。表 4-10 为 2015—2016 年沈阳机床股份有限公司的主要财务数据。

表 4-10　沈阳机床股份有限公司主要财务数据（2015—2016 年）

指标名称	2015 年	2016 年	同比增长（%）
营业收入（元）	6 383 900 760.01	6 243 792 555.67	−2.19
归属于上市公司股东的净利润（元）	−638 033 996.16	−1 403 329 308.89	
归属于上市公司股东的扣除非经常性损益的净利润（元）	−679 464 447.25	−1 431 602 839.94	
经营活动产生的现金流量净额（元）	−2 861 073 965.12	−1 935 685 167.56	
基本每股收益（元/股）	−0.83	−1.83	−120.48
稀释每股收益（元/股）	−0.83	−1.83	−120.48
加权平均净资产收益率（%）	−26.74	−103.34	−76.60
资产总额（元）	22 289 637 179.27	24 798 383 742.97	11.26
归属于上市公司股东的净资产（元）	2 059 630 722.96	658 502 802.28	−68.03

资料来源：中国机械工业年鉴编辑委员会、中国机床工具工业协会编：《中国机床工具工业年鉴 2017》，北京，机械工业出版社，2018 年，第 166 页

上海机床厂有限公司是由老"十八罗汉"企业上海机床厂改制而来，隶属上海电气集团股份有限公司。2006 年 5 月，上海电气集团股份有限

---

[1] 王凤、谢丽容：《关锡友成败》，《财经》2019 年第 23 期。
[2] 中国机械工业年鉴编辑委员会、中国机床工具工业协会编：《中国机床工具工业年鉴 2016》，北京，机械工业出版社，2017 年，第 147 页。
[3] 王凤、谢丽容：《关锡友成败》，《财经》2019 年第 23 期。
[4] 调研访谈记录，2017 年 7 月 6 日，上海机床厂有限公司。

公司组建成立了上海电气集团股份有限公司机床集团,其中包括上海机床厂有限公司、上海明精机床有限公司(其中包括上海重型机床厂、上海第三机床厂、上海仪表机床厂),以及并购的德国沃伦贝格机械制造有限公司和日本株式会社池贝。[1]机床产业在上海电气集团内部是比较边缘的小板块,但由于主政上海的俞正声在湖北工作时有过武汉重型机床厂改制的成功经验,对上海的机床工业也比较关心,在他的建议下,2011年,上海电气集团给了上海机床厂有限公司1.8亿元资金进行技改,改造了新的装配车间,进口了2台设备。这一新车间当时的定位是重型机床车间。[2]2016年,上海机床厂有限公司制造的MK8220/SD双砂轮架数控切点跟踪曲轴磨床在上海通用汽车有限公司浦东金桥基地生产线投入生产,这是当时罕有的进入汽车主机厂发动机生产线的国产磨床。该产品的床身是由上海机床厂有限公司花费4000万元从国外采购的数控龙门铣床加工出来的。[3]技改与新产品体现了上海机床厂有限公司的发展与创新。然而,地处上海市中心的该公司长期受城市整体产业格局的限制,其铸件、热处理、电箱、包装等初级加工环节被迫全部砍掉,只能靠技术积累在高端产品制造上创新。1993年上海机床厂有7000多人,到2008年仅剩2700余人。根据相关领导的要求,上海机床厂有限公司"产业链能短则短",但由此带来了社会配套、产品质量上的很大问题。例如,上海的铸造企业关掉后,上海机床厂有限公司所需铸件的拿货质量、交货期都存在很大困难,如果退货重做,就需要2个月,大大增加了成本。[4]在本就受束缚的条件下,上海机床厂有限公司遇到周期变动后,也陷入困境。2017年调至该公司工作的执行董事曾愉在访谈中称:"前几年好,市场好,我们好一阵子,集团也有要求,要尽快减亏,用内部调整适应市场需求。我们现在没有这么多市场来满足我们。过去这里以普通机床为主,批量做惯了,现在定制多了,适应能力还是有点问题。过去二八开,80%做普通机床,20%做专用机床,现在市场倒过来。前两年效益不好,跑了一批骨干,人员分流,好人也减掉了,去年年底市场复苏,合同要变成商品,发现问题了,和骨干跑掉有很大关系。"[5]曾愉表示上海机床厂有限公司有

---

[1] 刘建平:《上海电气机床集团成立》,《中国机床工具》总第393期,2006年6月5日,第1版。
[2] 调研访谈记录,2017年7月6日,上海机床厂有限公司。
[3] 《上海曲轴磨床与德国造同台竞技》,《中国机床工具》总第633期,2016年6月5日,第4版。
[4] 调研访谈记录,2017年7月6日,上海机床厂有限公司。
[5] 曾愉访谈记录,2017年7月6日,上海机床厂有限公司。

些"生不逢时",因为技改后就遇到了不景气的周期,"新装配车间几乎没有使用"。①上海机床厂有限公司的境遇,既有中心城市传统制造业面临的要素成本上升的特殊问题,又体现了景气变动对机床行业老牌企业冲击的共性特点。

2019年,中国机床工具工业协会重点联系企业累计实现利润总额同比下降92.7%,其中,金切机床行业2018年亏损4.4亿元,2019年亏损37亿元;金属成形机床行业累计实现利润总额同比下降17.7%。协会总结称:"自2012年以来,机床工具行业已波动下行8年。"②作为一个周期性行业,中国机床工具工业自改革开放以后,再一次面临一个严峻的不景气周期,中国资本品部门的部门创新体系,随之也面临着新的挑战。

这一挑战带来了一场体系性的重组,在某种程度上彻底推翻了中国机床工具工业旧的"十八罗汉"体系。2019年7月13日,沈阳机床股份有限公司连发公告,该公司及其母公司沈阳机床(集团)因不能清偿到期债务,且明显缺乏清偿能力,其债权人向法院申请对公司进行重整。此后不久,法院受理了债权人的申请,沈阳机床集团进入到司法重整程序。③中国规模最大、堪称历史最悠久的机床工具企业轰然倒地。曾与沈阳机床集团在规模上竞争的大连机床集团,2016年起接连出现债券违约,2017年进入重整阶段,2019年4月,中国通用技术集团重组后的通用技术集团大连机床有限责任公司正式揭牌。④事实上,行业的重组早已开始,即使不考虑"十八罗汉"中早已没落的企业,当景气周期开始新一轮变动时,行业"洗牌"就随之开始了。中国机床工具工业将在新的基础上继续其演化与创新。

(二)海德曼:在危机中的创新与蜕变

浙江台州的民营企业华丰机床厂在2008年的全球经济危机中也受到了冲击,但通过组织与技术创新而实现了蜕变,不仅平稳度过危机,还进一步发展壮大,在民营机床企业中颇具代表性。华丰机床厂将名称改成"海德曼"(下文统一称海德曼),创始人高长泉在东海边的厂区办公室接受访谈时,解释称:"名字改海德曼,原来的什么都过去了,要崭新的面

---

① 曾愉访谈记录,2017年7月6日,上海机床厂有限公司。
② 中国机械工业年鉴编辑委员会编:《中国机械工业年鉴2020》,北京,机械工业出版社,2021年,第50页。
③ 韩舒淋、马克:《拯救沈阳机床》,《财经》2019年第23期。
④ 中国机床工具工业协会:《中国通用技术集团与大连市签署战略合作框架协议——大连机床重组开业》,《世界制造技术与装备市场》2019年第3期。

貌。海德曼，英文 Headman，头脑、领头；海，海边；德，企业经营的商业道德，对标德日的德；曼，蔓延，希望从这个海边，产品蔓延发展。"①企业名字的变更体现了企业家创新求变的意志，也包含远大的志向。

2000 年后，在产品数控化阶段，海德曼靠的是与广州数控合作生产简易数控机床来占领市场。2006 年，海德曼在原有的基础上提升，制造更复杂的产品，高长泉称"原来造的车床只有丝杆，又加上线轨，效率提高，产能提高。把轨道也改为线轨，直接用台湾线轨"②。海德曼和玉环其他民营机床企业一样，抓住了行业景气周期扩张。从统计数据看，玉环从 1970 年开始生产机床，当年只生产了 2 台，1971 年生产了 9 台，1972 年生产了 12 台，1973 年增至 31 台，然后停了几年，直到 1977 年才恢复生产，当年产量为 15 台。③由此可见改革开放前玉环并不存在真正意义上的机床工业，从 1995 年开始，玉环的机床产量才有了显著提升，从 2003 年开始其年产量才突破万台。这也从侧面反映了海德曼的演化轨迹。1978—2008 年玉环的机床产量如图 4-5 所示。

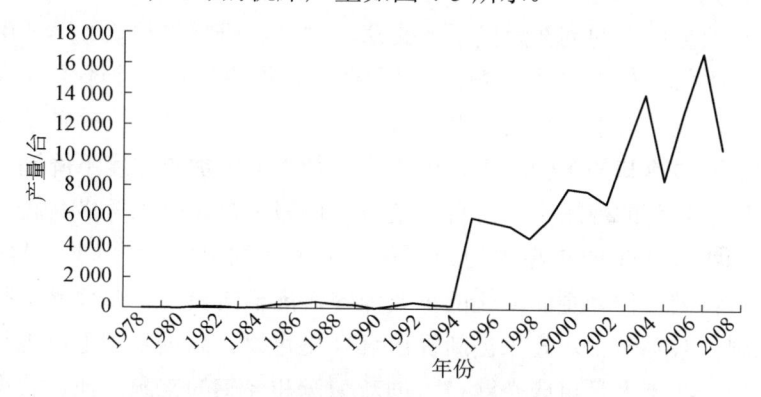

图 4-5　玉环县机床产量（1978—2008 年）
资料来源：整理自玉环县统计局编：《数字见证玉环 60 年》，2009 年，第 44—45 页
注：1997 年及以前为乡及乡以上口径，1998 年及以后为规模以上口径

高长泉说，2008 年"上半年正好抓住机会，清仓，所以下半年轻松，考虑转型升级，投设备，往高端做"④。实际上，面对全球金融危机的冲击，海德曼并没有那么轻松，但高长泉抓住了机会进行转型。爱好文艺的高长泉在金融危机中曾写了一首题为《守望》的诗，挂在公司网页

---

① 高长泉访谈记录，2017 年 9 月 14 日，浙江海德曼智能装备股份有限公司。
② 高长泉访谈记录，2017 年 9 月 14 日，浙江海德曼智能装备股份有限公司。
③ 玉环县统计局编：《数字见证玉环 60 年》，2009 年，第 44 页。
④ 高长泉访谈记录，2017 年 9 月 14 日，浙江海德曼智能装备股份有限公司。

上，里面有这样的句子："秋凉入骨，陌生的情节，似乎正在展开。夜的怀抱无边无际，期待一个深思熟虑的阴谋，顺理成章地坦露。"[1]这几句诗，既传递了景气变动后的凉意与新形势下的不安，又暗含作者的创新图谋。高长泉先稳定了员工队伍，尽管企业里无活可干，但"员工回家不上班，工资付一半，在企业不上班，工资全付"，这使得"大家都非常投入"。同时，就在2008年下半年，高长泉开始广泛招聘技术人员，包括日本、中国台湾的高级工程师和管理人员，并提出了"对标德国，取代进口"的战略目标。[2]在具体做法上，高长泉认为机床精度决定了机床的品质，德国标准比ISO标准明显偏小，所以德国标准生产的机床精度要高一些，于是，他规定海德曼应用ISO标准并压缩50%作为企业标准，机床的核心部件如刀塔、主轴则压缩80%，总之，"产品标准和国际对标"。[3]抱着这样的目标，海德曼从主轴和刀塔等机床核心零部件造起，进行创新。海德曼的内部文章在对员工解释投资主轴工厂的意义时，并不讳言企业过去几十年"靠的是复制和仿造，赢得了低成本、快速度、高效率的发展，而且完成了原始积累"，但文章强调，企业已经到了"需要在某个领域填补一项空白"的创新阶段了。文章举例称，研制主轴就"需要用创新的思维"去解决一个技术问题："因为众多功能集合在一个小空间内，气冷无法满足生产需求。解决问题的着眼点在于主轴滚筒和主轴轴承的流体冷却。经流体冷却的主轴滚筒，可以将主轴支架的加热程度下降到最低。于是，质量轻巧的静压十字滑台与集成的伺服电机，可以凭借其较小的惯性力矩和由此产生的较高的动力，获得出色的加速度。"[4]这一类内部文章，意在将创新作为企业文化的重要内容，灌输给员工。海德曼也制定了奖励机制，激励员工对技术创新提出合理化建议。高长泉相当重视基层工人，认为一线工人是机床企业技术创新力量和灵感的来源。他在公司内部推行了一项"蓝领工程"，即鼓励每一位工人用自己的技能服务技术改造，为客户解决技术难题。例如，技术工人黄理法作为海德曼的"首席技师"之一，在车间言传身教，他带出的技改5人小组曾经仅用2个月时间就将1台传统机床改造为多轴数控加工中心，使加工能力提高了10倍以上，并突破了该产品的机加工技术瓶颈。[5]随着企业能力的积累，海德曼

---

[1] 白水：《在行在言》，浙江海德曼机床制造有限公司，2013年，第22页。
[2] 高长泉访谈记录，2017年9月14日，浙江海德曼智能装备股份有限公司。
[3] 白水：《在行在言》，浙江海德曼机床制造有限公司，2013年，第134—135页；高长泉访谈记录，2017年9月14日，浙江海德曼智能装备股份有限公司。
[4] 白水：《在行在言》，浙江海德曼机床制造有限公司，2013年，第148—149页。
[5] 白水：《在行在言》，浙江海德曼机床制造有限公司，2013年，第181页。

还在上海买了一幢房子,专门安置研发人员,用高长泉的话说:"企业定位在国际高端前沿。"[1]由此可见,海德曼在 2008 年之后的创新,一方面依靠聘请国际人才进行研发与设计的变革,另一方面则重视车间层面的技术积累,其演化路径在机床工具工业里并不特殊,其成功则取决于正确的战略与精细的管理。

创新需要过程,直到 2012 年,海德曼的内部宣传仍称:"我们目前的主导产品虽然属于经济型数控机床范畴,但是在经济型数控机床领域内,我们公司的产品属于高端产品。正是在经济型数控机床这一细分市场中采取的差异化竞争战略使得我们取得了在经济型数控机床领域的竞争优势。"[2]实际上,海德曼向高端领域发展,也并非盲目追求新技术与新产品,而是高长泉看准了中国市场出现了新变化:"现在(2017 年)也是个机会,中国各地'机器换人',我们有机会做高端机床和智能装备的进口替代。国外企业和中国企业,存在时间成本和距离成本的差异。为用户搞交钥匙工程,国外企业核心技术不在中国,代理商能力不够,存在维修成本。在售前方案,还有售中、售后服务方面,中国企业肯定比国外企业来得快。成本很重要。"[3]这仍然是一种分析比较优势的差异化竞争战略。到了 2017 年,高长泉已经能在访谈中称:"海德曼现在有 4000 多人。一线员工全是大学生,至少是大专学机械制造的,这是一个动力,劳动力素质高才能保证基础技术。海德曼和国际对标,现在才有点东西做出来。现在我们车床都卖德国了。浙江省推'浙江智造',政府标准在我这里起草。政府要求精度 3 个微米,我们承诺可以到 1 个微米,后来标准出来是 2 个微米。"[4]

海德曼在全球金融危机中通过创新而实现蜕变。值得一提的是,这家企业的领导人并不将创新视为高不可攀的神秘活动,提出:"做企业的,推出一项新产品、新服务或一个新流程,要满足客户未被满足的需求或潜在的需求,创造出新的客户满意度,才算是创新……创新没有神秘感,有的就是活学活用。"还提出:"不能妄自菲薄,伤感自身的渺小。我们需要创新,哪怕是最低层次的技术的创新,可以积累创新经验。"[5]这种贴近市场的创新观,是中国民营机床工具企业在市场浪潮起伏中生生不息的动

---

[1] 高长泉访谈记录,2017 年 9 月 14 日,浙江海德曼智能装备股份有限公司。
[2] 白水:《在行在言》,浙江海德曼机床制造有限公司,2013 年,第 107 页。
[3] 高长泉访谈记录,2017 年 9 月 14 日,浙江海德曼智能装备股份有限公司。
[4] 高长泉访谈记录,2017 年 9 月 14 日,浙江海德曼智能装备股份有限公司。
[5] 白水:《在行在言》,浙江海德曼机床制造有限公司,2013 年,第 76、148 页。

力。不过，随着海德曼的升级，其机床的数控系统不再使用国产的广州数控系统，而直接从德国进口西门子的数控系统，软件则自己开发，委托深圳的企业生产。[①]这又表明中国资本品部门的创新与追赶是从外围起步向核心逼近的，在市场条件下，用户对供应商的支持存在着动态变化，如果供应商无法随着用户的升级而同步升级，既有的协同创新机制就会瓦解。这种演化上的不同步，使中国资本品部门的创新体系很难进行长期稳定的积累。

第二节 战略需求：国家政策推动下的机床工具工业创新

中国的改革开放建立了社会主义市场经济，与计划经济体制相比，其最大特点为国家与经济的脱钩，经济获得按市场比较优势自我塑造的机会。这自然也意味着各级创新体系的重构。但是，在中国建立市场经济体制的过程中，国家从来没有缺位。地缘政治的战略压力，也使中国政府无法放任缺乏比较优势的资本品部门及以之为基础的军工体系在市场演化中消解。改革开放初期，中国政府就针对重大技术装备实施了专门性的培育政策，进入 21 世纪后，则以国家科技重大专项作为一种特殊的产业政策，推动着资本品部门的创新。

一、重大专项出台：国家对资本品部门的战略需求

从 1983 年开始，中国政府实施了培育重大技术装备的政策，在市场化条件下维系了缺乏比较优势的资本品部门的创新体系。这是计划经济体制下的工业战略与工业文化在体制转型时代的延续。尽管中国日益融入全球市场，但冷战时代资本主义国家的对华技术封锁也在延续，这使得中国政府在 21 世纪仍然需要以政策手段来推动资本品部门的创新。随着中国工业化进程的深化，中国政府的相关政策也由一般资本品部门延伸至核心资本品部门，从而对机床工具工业产生影响。

（一）技术封锁与工业战略的双重延续

进入 21 世纪后，随着中国加入 WTO，"中国制造"日益壮大，席卷全球市场。但也就是在这个时候，中国工业"大而不强"的问题越来越引发关注。与改革开放初期相比，外资给中国工业带来的新知识和新要素已经有所削弱，而这种局面是多种因素共同造成的。

[①] 高长泉访谈记录，2017 年 9 月 14 日，浙江海德曼智能装备股份有限公司。

以机床工具工业这一体现了先进制造技术的资本品工业来说，由于地缘政治限制了高端技术对华转移，外资为中国部门创新体系供给的新知识是有限的。2007年7月13日，英国《金融时报》发布了新闻《山崎的"中国梦"》，开篇便写道："对于山崎智久（Tomohisa Yamazaki）而言，这几乎是一个荣耀：日本政府监管机构不允许他的公司在中国制造最精密的机床，担心这些机床可能被中国用于生产核武器或其他高科技武器。日本当局的这种担忧，凸显出山崎家族企业制造的金属切割设备的精度。当局的担忧与美国为首的国际努力相关，意在严格控制具有军事用途的机器设备的流向。"面对母国政府的担忧，这家跨国公司的负责人表示，其开设在中国的工厂"主要制造相对'低端'的机器，每台售价为10万美元甚至更低。这些机器的性能相对简单，面向当地企业销售"，还表示："我们在中国制造的机器不是为了出口。"[1]马扎克是世界上技术最先进的机床企业之一，但在地缘政治的约束下，它不可能向中国提供一流技术，也不可能在中国投资制造一流产品。一名在德资和日资机床企业工作过的高管则讲述："德国高档机床对中国有三不卖，不卖给军工、不卖给教育单位、不卖给机床厂。2013年、2014年左右，山东一家民营企业买了日本机床，老板打电话找来，说花了3个月没有调出来，开机就是乱码。后来搞清楚了，日本卖机床要用日本相机拍照片，拍准备安装在哪里，一开机就有GPS定位。结果那个老板买了机床后，地方政府给了新园区，机床运来后安装到新厂房了，没跟我们说。后来就让日本人到现场，重新拍照片定位。"[2]随着信息技术的发展，作为信息技术与工业技术融合产物的数控机床，能够被远程控制，这从国家层面来说，无疑是受制于人的安全隐患。中国的工业创新以及经济安全的保障，从资本品部门驱动的角度说，只能依靠自己发奋努力。因此，随着改革开放的深化，中国的工业战略也开始出现调整，从强调引进技术与资本转向提倡自主创新。

2003年11月7日，胡锦涛主席在庆祝中国首次载人航天飞行圆满成功大会上的讲话中指出："同'两弹一星'的研制一样，载人航天工程也是靠自力更生起步、并在自主创新中发展的……实践告诉我们，对影响国家发展和安全战略全局的尖端科技，必须主要依靠自己的努力来取得突破，这样才能牢牢掌握推动经济社会发展和科技发展战略主动。"[3]这是中国的创新与工业战略开始调整时，对自主创新内涵与意义的官方诠释。

---

[1] 网页链接见 http://www.ftchinese.com/story/001012690.
[2] 北京机械工业信息研究院座谈会记录，2021年6月29日。
[3] 胡锦涛：《胡锦涛文选》第二卷，北京，人民出版社，2016年，第114页。

在提倡自主创新的新的工业文化氛围下，中国政府开始推出一系列有利于资本品部门发展的产业政策。

（二）针对机床工具工业的产业政策

2005年2月5日，国家发展和改革委员会、科技部下达了《关于印发〈国家重大技术装备研制和重大产业技术开发专项规划〉的通知》。《国家重大技术装备研制和重大产业技术开发专项规划》的重点任务包括重大技术装备研制和重大产业技术开发，其中重大产业技术包括"先进制造关键技术"。先进制造关键技术不少是和机床工具工业有关的，也明确提到了"复合加工机床及其应用技术"。2006年，中华人民共和国国务院颁布的《国家中长期科学和技术发展规划纲要（2006—2020年）》提出，制造业的发展思路包括"提高装备设计、制造和集成能力。以促进企业技术创新为突破口，通过技术攻关，基本实现高档数控机床、工作母机、重大成套技术装备、关键材料与关键零部件的自主设计制造"。该纲要还列出重大专项，指出："本纲要在重点领域中确定一批优先主题的同时，围绕国家目标，进一步突出重点，筛选出若干重大战略产品、关键共性技术或重大工程作为重大专项，充分发挥社会主义制度集中力量办大事的优势和市场机制的作用，力争取得突破，努力实现以科技发展的局部跃升带动生产力的跨越发展，并填补国家战略空白。"[①]高档数控机床与基础制造技术被列入了重大专项，足见中国政府对机床工具工业战略性地位的肯定。2006年，国务院还发布了《关于加快振兴装备制造业的若干意见》，其中确定实现重点突破的16个主要任务中亦包括高档数控机床："发展大型、精密、高速数控装备和数控系统及功能部件，改变大型、高精度数控机床大部分依赖进口的现状，满足机械、航空航天等工业发展的需要。"[②]此后，中国政府出台了一系列配套的政策与措施。

2008年12月24日，国务院常务会议原则通过《高档数控机床与基础制造装备科技重大专项实施方案》，科技部、国家发展和改革委员会、财政部于2009年1月25日正式批复，该重大专项进入实施阶段。2010年2月25日，"高档数控机床与基础制造装备"科技重大专项实施动员大会召开，时任工信部部长李毅中作为专项领导小组组长做了动员讲话。根

---

① 工业和信息化部编著：《国家重大技术装备三十年（1983年—2013年重要文献选编）》，工业和信息化部，2013年，第38—43、56、61页。

② 工业和信息化部编著：《国家重大技术装备三十年（1983年—2013年重要文献选编）》，工业和信息化部，2013年，第79页。

据《"高档数控机床与基础制造装备"科技重大专项实施管理暂行办法》，专项的实施目标是："到2020年，通过突破关键核心技术，形成高档数控机床与基础制造装备的自主开发能力，总体技术水平进入国际先进行列，部分技术国际领先，研究开发出若干具有原创性的重大产品和技术；满足国内主要行业对制造装备的基本需求。"该重大专项的实施原则要求"围绕航空航天、船舶、汽车制造、发电设备制造等领域所需的高档数控机床和基础制造装备产品、部件、技术开展研究，强调坚持自主创新，突出重点，力争实现专项实施方案确定的目标"。尤为重要的是，该重大专项强调以企业为创新主体："优化配置全社会科技资源，坚持以企业为主体、市场为导向、产学研用紧密结合，充分发挥各方面积极性，引导各类创新要素向企业集聚。"[1]这就是对中国机床工具工业的演化与创新影响至巨的"04专项"。

从管理办法看，"04专项"是在市场与战略之间进行协调的产业政策，既追求国家所关切的战略性资本品自给目标，又运用市场机制，将创新战略落实于企业这一市场主体。"十一五"期间，"04专项"启动了17个项目、154个专题，共268项课题。其中，127项属于高档数控机床与基础制造装备主机，约占全部课题的47%；20项属于数控系统，约占全部课题的7%；45项属于功能部件与关键部件，约占全部课题的17%；67项属于共性技术，占全部课题的25%。此外，还有2项属于应用示范工程，4项属于用户工艺应用试验研究，3项属于创新能力平台建设。在这些课题中，由企业牵头承担的有194项，约占72%。[2]由此可见，"04专项"不是单纯地追求技术创新的科技政策，而是以企业为主体并面向市场应用的产业政策。

二、重大专项实施：资本品部门创新体系的强化

后发展国家的资本品部门通常缺乏比较优势，在开放性的市场竞争中难敌进口资本品，自身积累困难，也就很难投入资源进行创新。中国机床工具工业演化为完全竞争性行业后，其创新体系就面临此种困境。从长期视角看，在计划经济体制下，中国的资本品部门与用户部门被国家强制结合在一起，从而使资本品部门的积累有了确定性，也能够从用户部门得到

---

[1] "高档数控机床与基础制造装备"科技重大专项实施管理办公室：《"高档数控机床与基础制造装备"科技重大专项实施动员大会会议手册》，2010年，第39—40页。

[2] 中国机械工业年鉴编辑委员会、中国机床工具工业协会编：《中国机床工具工业年鉴2011》，北京，机械工业出版社，2011年，第27页。

创新所必需的知识反馈。这种部门之间的关系在市场化进程中解体后，资本品部门原有的部门创新体系即随之解体。"04专项"的实施，既恢复了国家对机床工具工业创新的资源注入，又为机床工具工业与用户部门牵线搭桥，这就使中国资本品部门的创新体系在新的条件下得到一定程度的强化。

（一）"04专项"对机床工具工业创新的支持

作为一种项目形式的产业政策，"04专项"对中国机床工具工业创新的支持，首先就体现于项目经费带来的资金支持。2013年，"04专项"总师卢秉恒院士在接受采访时指出："2008年的全球经济危机使很多企业陷入困境，而2009年数控机床专项的及时启动，通过3批共近200个课题项目，帮助他们渡过了难关。"[1]不过，机床工具企业的情况千差万别，对于项目资金也有着不同的看法与诉求。生产大型装备的济南二机床董事长张志刚在"04专项"实施之初就表示："重大专项中的国拨资金是引导资金，企业需要配套自筹资金才能保障项目的顺利实施。例如，大型快速高效数控全自动冲压生产线项目投入高达3亿元，而国拨经费只有1700万元，相较之下国拨资金的确少了些，但反过来讲，如果没有重大专项的资金支持，济南二机床为了自身的发展，也要进行这些项目的研发。"[2]但是，对另一些规模较小的机床工具企业来说，"04专项"的项目经费是相当可观的。例如，广州数控在2016年的报告中提出："最近几年，国内数控机床市场需求低迷，而实施国家专项课题，又需要投入大量的数控机床、人力和物力，从而使企业的资金压力较大。为此，希望国家能够将后补助经费部分提前下拨到位，以减少企业自筹资金所垫付的开支，缓解企业资金压力，促进企业发展。"该企业同时提出："对于以企业为主承担单位、高等院校作为参与单位的后补助课题项目，建议国家考虑对没有垫付能力的高校提供课题资金垫付，以减轻主承担单位的资金负担和资本风险。"[3]广州数控提出的建议，既表明企业是抱着非纯科研的市场动机参与重大专项的，又从侧面表明重大专项给予的经费在一定程度上能缓解企

---

[1] 本刊记者：《开篇有益，再攀新高——访"高档数控机床与基础制造装备"科技重大专项技术总师卢秉恒院士》，《国家科技重大专项高档数控机床与基础制造装备》2013年第2期。

[2] 本刊记者：《济二：国家科技重大专项实施的典范》，《国家科技重大专项高档数控机床与基础制造装备》2012年第1期。

[3] 《广州数控设备有限公司在产品升级中全面提升核心竞争力》，《国家科技重大专项高档数控机床与基础制造装备》2016年第3期。

业流动资金压力。实际上，中国资本品部门创新能力的薄弱，与该部门缺乏比较优势而不能在市场上充分自我积累有着密切关系。由于缺乏积累，企业无法投入资金进行研发，自然无从创新。据调研，在不景气的周期里，一些重要企业连续数年未在研发上进行投入。[1]因此，"04 专项"为企业提供的资金虽然总量不大，但在不景气的行业周期里，仍显得弥足珍贵。

不过，"04 专项"对中国机床工具工业给予的支持，确实不能用经费规模来衡量。一些企业在撰写的报告中，提到了通过参与重大专项而实现了多方面的变革。以广州数控为例，自 2009 年承担了"04 专项"的 2 项课题后，从 2010 年到 2012 年，其投入的研发经费由 9000 万元逐步提高至 1.2 亿元。在课题实施过程中，广州数控鼓励高校在读学生参与课题研究，并选派优秀工程技术人员到课题参与单位广东工业大学攻读硕士，以提高工程技术人员的理论水平和创新能力。2009—2012 年，广州数控共引进博士 2 人、硕士 30 多人，培养工程硕士近 30 人。广州数控参与这 2 项课题所取得的成果，使其实现了关键技术突破，提升了原有产品的技术水平，据称"改变了以往 95%的产品为经济型、普及型的局面，逐渐开发出中、高档数控系统"。2012 年，广州数控的中档数控系统实现了 2000 多套的销量，销售收入达 5000 万元。为了规范项目的过程管理，广州数控定期出版《广州数控季度简报》，及时通报各子课题承担部门的开发进度及存在的问题和困难，加速开发进度。为了提高产品质量及可靠性，广州数控还借鉴工信部电子第五研究所的经验与理论，建立了自己的可靠性设计、评测和增长技术体系，至 2012 年累计培训研究、工艺、试验和售后服务人员约 60 人次，增强项目参与人员的质量意识和管理能力。[2]在广州数控的案例中，"04 专项"通过设定目标来要求企业升级其技术与产品，并使企业能更方便地利用高校的人力资源，还使企业在项目实施过程中完善其管理机制，最终助推企业创新。广州数控的成果得到了用户的肯定，四川成发航空科技股份有限公司叶片分厂即表示："国产数控系统的全中文操作界面，为用户的学习和操作带来了极大的便利。而广州数控系统完善的二次开发功能，还使得四川成发航空科技股份有限公司叶片分厂能够根据自身生产需求，开发出一些辅助功能来满足各项生产的需

---

[1] 调研访谈记录，2017 年 7 月 14 日，武汉重型机床集团有限公司。
[2] 本刊记者：《乘专项东风打造南方数控产业基地》，《国家科技重大专项高档数控机床与基础制造装备》2012 年第 1 期。

要。"①航空企业属于机床工具的高端用户，广州数控能够与航空企业联合研发并为其提供产品，离不开"04 专项"的帮助，而这正是"04 专项"支持中国机床工具工业创新的体现。

华中数控的发展也得到了"04 专项"的支持。从 2009 年到 2016 年，华中数控牵头承担了"04 专项"的 7 项课题，包括开放式全数字高档数控装置、基于多种国产 CPU 芯片的跨平台高档数控装置、全数字高性能通用驱动装置、交流伺服电机和主轴电机等。通过参与课题，华中数控研发了开放式全数字高档数控装置的软硬件平台，研制了具有 2 种总线系统、多通道多轴联动和纳米插补等核心技术的高档数控装置，并在典型的高速、精密、五轴联动机床上实现了配套应用，其典型产品即华中 8 型高性能数控系统。为研制华中 8 型高性能数控系统，华中数控在运动控制技术、平台化技术、网络化技术和智能化技术方面实现了若干突破，缩小了与国外的差距。应该说，这些研发工作是华中数控自己本身就要做的，但"04 专项"给了其新产品与新技术进行验证和磨砺的机会。例如，2012 年，中航工业沈阳飞机工业（集团）有限公司（以下简称沈飞）联合华中数控，采用华中 8 型高档数控系统，改造了 1 台已连续使用 14 年的辛辛那提 LANCE2000 加工中心，攻克了钛合金复杂结构件的主轴强力切削、闭环高动态响应和轮廓误差补偿等技术难点，使机床定位精度达到 5 微米，恢复到出厂时的精度指标。②沈飞方面表示，通过第一台辛辛那提 LANCE2000 加工中心的改造和验证，沈飞"打消了顾虑，树立了使用国产数控系统的信心"，又陆续提供了 6 台用于钛合金航空复杂结构件切削的进口数控机床让华中数控进行数控系统改造。1998 年，沈飞曾引进 1 台法国双龙门式五坐标铣床，配套西门子数控系统，系沈飞重大关键加工设备。经过 10 年以上的使用，该铣床电气硬件老化，性能下降，沈飞曾于 2009 年尝试改造，但未能成果。2013 年底，基于华中 8 型数控系统在沈飞三轴加工中心上的成功应用，沈飞尝试用该系统改造法国铣床，2014 年 4 月底改造成功，其精度指标均达到出厂标准，又经 2 年多生产加工的应用验证，累计加工了 3000 余件飞机复杂结构件。对比未经改造的另一龙门铣床，采用华中 8 型数控系统改造后的铣床加工效率提高了 1.5 倍。据统计，截止到 2015 年 12 月底，沈飞配套华中 8 型数控系统的机床，累

---

① 《加强与数控系统企业的合作，推动国产数控系统技术进步》，《国家科技重大专项高档数控机床与基础制造装备》2016 年第 3 期。

② 《不忘民族责任感，自主创新求发展》，《国家科技重大专项高档数控机床与基础制造装备》2016 年第 4 期。

计生产各类航空零件 1 万多件，加工时间超过 12 万小时，共创造经济效益约 2232 万元。[①]沈飞作为用户部门对国产数控系统的早期顾虑是可以理解的，但也只有通过沈飞这种用户的支持，华中数控研制的国产数控系统才能获得改进的机会，从而争取到进一步创新的空间。"04 专项"所起的重要作用就是促进沈飞与华中数控的联合创新。除了新产品与新技术研发外，华中数控还完善了产业化能力，至 2016 年形成了年产高性能数控装置 1.5 万台、伺服驱动装置 5 万台以及伺服电机 30 万台的生产能力。除了服务于军工部门外，华中数控还进军 3C 加工行业、机器人行业、电动汽车电控领域等，表 4-11 为截至 2016 年华中 8 型高档数控系统在汽车零部件相关课题中的配套应用，具有代表性。

表 4-11　华中 8 型数控系统在汽车零部件相关课题中的配套应用（截至 2016 年）

单位：台（套）

用户	课题名称	机床类型	配套数量
华晨宝马	轿车用缸内直喷汽油发动机缸体、缸盖生产线示范工程	生产线	8
綦江齿轮	中重型车用变速器壳体柔性加工生产线示范应用	柔性加工生产线	13
双港活塞	高档活塞规模制造加工生产线研制及示范工程	生产线	35
通用五菱	汽油发动机缸体、缸盖加工应用验证平台	铣削类	2
营口华润	高硅铝合金无缸套发动机缸体关键制造技术和装备研究及示范应用	生产线	14
东风楚凯	面向汽车关键零部件加工的自动化生产线控制系统及工业机器人示范应用	自动化生产线控制系统及工业机器人	80

资料来源：《不忘民族责任感，自主创新求发展》，《国家科技重大专项高档数控机床与基础制造装备》2016 年第 4 期

至 2016 年 2 月，华中数控累计销售数控系统 6 万套，累计销售产值 26 亿元，上缴税收约 7 亿元。华中 8 型数控系统推出后，出口中国的日本发那科五轴联动数控系统由 48 万元降为约 22 万元，发那科最高端的 31i 系统也在裁剪个别功能后大幅降价。[②]进口数控系统的降价虽然挤压了国产数控系统的市场空间，但这也表明，国产数控系统的创新加剧了资本品部门的竞争，使用户部门得到实惠，对整个中国工业体系来说还是带来了一定正面效应的。因此，"04 专项"对中国机床工具工业创新的支持，为国家带来了战略与经济两方面的回报。

---

① 《勇于担当，推动国产数控系统事业向前发展》，《国家科技重大专项高档数控机床与基础制造装备》2016 年第 4 期。

② 《不忘民族责任感，自主创新求发展》，《国家科技重大专项高档数控机床与基础制造装备》2016 年第 4 期。

"04专项"不仅面向企业，也面向高校，华中科技大学是一个典型。从2009年到2016年，华中科技大学共牵头承担了"04专项"的3项课题，参与了11项课题。华中科技大学牵头承担的3项课题中，"高档数控系统关键共性技术创新平台"具有代表性。在课题实施过程中，该校围绕现场总线、智能控制、伺服驱动与电机、特种加工工艺、可靠性和应用基础等7个研究方向，建立了数控装置、伺服驱动与电机动态特性等性能测试、功能测试、综合验证以及可靠性测试的综合试验平台，具备了与国外高档数控系统性能对比试验的能力。华中科技大学还购置了动梁龙门五轴联动数控铣削加工中心、大型车铣复合数控机床和高速钻攻中心等41台套设备与仪器，价值1013.9万元，改善了研发条件。利用创新平台的人才建设机制，华中科技大学推动了《国家数控系统工程技术研究中心人事制度改革试点实施方案》的批准实施，意在用横向经费聘用非学校编制的研发人员，打破学校"有课题、有经费，不能用于外聘骨干研发人员"的瓶颈，从而打造了一支非学校事业编制的、聘用制的专职研发队伍。[①]在工业创新领域，企业作为市场主体，有着天然的优势，但高校与科研院所也是知识生产与传播的重要主体，从这一点看，"04专项"对部门创新体系的构筑是比较完整的。

（二）用户在"04专项"创新机制中的作用

如前所述，用户在"04专项"的若干案例中扮演了重要角色，事实上，将用户部门与资本品部门联合起来进行创新，可谓"04专项"作为产业政策发挥作用的主要机制。

用户部门与资本品部门之间协同演化关系的瓦解，是中国资本品部门在改革开放后难以进行创新所需要素积累的重要原因。天津市天锻压力机有限公司（以下简称天锻）对蒙皮拉伸机的研制是一个典型案例。蒙皮拉伸机是生产飞机蒙皮等钣金零部件的关键设备，中国基本依赖进口。天锻在为中国航空企业提供蒙皮拉伸机的维修及再制造服务过程中，积累了大量知识，于2015年研制出了具有自主知识产权的600吨综合蒙皮拉伸机。然而，天锻在当年应邀参加某用户的蒙皮拉伸装备招标时，尽管其产品具有较高性价比，却意外落标，原因是标书规定有一个成功用户的业绩，商务分就加1分，而天锻在国内尚属于填补空白，产品缺乏应用，自然无法满足该指标。2017年，该用户再次招标时，国外企业为了打压天

---

① 《华中科技大学"高档数控系统关键共性技术创新平台"课题成绩喜人》，《国家科技重大专项高档数控机床与基础制造装备》2016年第4期。

锻，将价格下调 5000 万元，逼近天锻的报价，使天锻丧失性价比优势，导致天锻再次落标。[①]在这一案例中，用户要求资本品部门的供应商必须有市场业绩，但中国资本品企业首次研制新产品是不可能有市场业绩的，这就使用户不采购中国资本品企业的新产品，中国资本品企业遂失去了获得市场业绩的机会，而这又使用户在下一次采购时再度以缺乏市场业绩为由拒绝中国资本品企业的新产品，如此循环，中国资本品企业是无法创新的。因此，"04 专项"通过将用户纳入课题，解决了新产品的业绩问题，帮助中国机床工具工业打破了阻碍创新的死结。

"04 专项"的课题承担单位，不仅包括机床工具企业，也包括机床工具用户企业。事实上，一些用户企业从一开始就深度参与"04 专项"，主动推进国产机床工具的创新。由中国一汽无锡油泵油嘴研究所牵头的"电控共轨柴油喷射系统制造技术与关键装备的研发及应用"项目是"04 专项"中首个由用户牵头的课题。2013 年，无锡油泵油嘴研究所所长朱剑明指出了该所承担项目的动机就是为了拉动国产装备的创新："中国汽车行业……就连生产产品的装备也都从国外进口，那么，面对体能巨大的外资企业，我们自身又有何竞争力可言呢？其结果就只能是做个打工者。中国企业要想扭转'打工者'的局面，首当其冲就要解决好加工装备的问题，但这却是机床用户所无能为力的。现在，国家数控机床专项的启动，则为我们提供了一个提升自有装备水平的良好契机。"[②]在课题实施过程中，无锡油泵油嘴研究所从应用方向入手，进行了大量基础性研究工作，并将研究成果共享给机床企业，引导机床企业有针对性地开发出适合油泵油嘴企业应用的带有工艺的加工设备。例如，该所研究分析了对标机床的结构、加工过程及工艺参数，提出了拟开发机床的可行性工艺方案。再如，该所依靠所掌握的高压共轨系统核心制造工艺，帮助机床企业改进设计方案，确保机床设计符合实际工艺要求。[③]无锡油泵油嘴研究所共享的知识，是改革开放以后中国机床工具工业从事创新极为欠缺的用户部门知识，这对于参与项目的机床企业来说，是一种宝贵的知识馈赠。

高档数控机床可以分为机床整机和数控系统两大块，由于整机企业与数控系统企业历史上是分开演化的，中国机床工具工业的用户实际上也分

[①] 机床工具协会：《天锻发布蒙皮拉伸机填补国内空白》，《中国机床工具》总第 684 期，2018 年 7 月 20 日，第 2 版。

[②] 《发挥纽带作用，攀越超精加工技术巅峰》，《国家科技重大专项高档数控机床与基础制造装备》2013 年第 2 期。

[③] 《发挥纽带作用，攀越超精加工技术巅峰》，《国家科技重大专项高档数控机床与基础制造装备》2013 年第 2 期。

成了两个层次。一方面，机床企业面对着类似无锡油泵油嘴研究所这样的机床用户，另一方面，机床企业自身又构成国产数控系统企业的用户。"04专项"不仅为机床企业和机床用户之间牵线搭桥，也让数控系统企业的创新得到了机床企业的支持。例如，宝鸡忠诚机床股份有限公司2009年开始承担相关课题，其研发的数控车床及车削中心均配备了华中数控的系统。2010年，该公司又牵头承担了新课题，其机床产品继续配备华中数控的系统，新产品加工零件的精度和粗糙度比此前的机型有了很大提高，还完成了硬车工艺试验。2013年，宝鸡忠诚机床股份有限公司牵头承担了"万台数控机床配套国产数控系统应用工程"课题，从当年1月到2015年12月，课题研制的11 432台数控机床配套了广州数控、华中数控和沈阳高精数控技术有限公司的中、高档数控系统，并被国内外的汽车、军工企业所购买。[①]在这一案例中，国产数控系统通过"04专项"课题搭载于国产数控机床，并通过国产数控机床的销售而得到市场应用及推广。从报告看，华中数控的系统在宝鸡忠诚机床股份有限公司生产的机床上得到了改进，这个过程正是机床企业持续参与"04专项"新课题的过程。

  应该看到的是，对一些用户来说，参与"04专项"确实是对国产数控机床与数控系统创新进行支持，但其支持力度的科研意义还是大于市场意义，而缺乏规模化的市场应用就不可能实现真正的产业化。机床企业与数控系统企业皆认识到用户的支持对于自身研发和创新的重要性。例如，广州数控在参与了"04专项"数年后，总结道："国产数控系统……伺服和电机的几个关键技术，如电流预控制、参数自整定和机械谐振抑制等，与进口产品差距较大。其中，伺服电机尤其要在功率密度、温升抑制等方面缩小与进口产品的差距。对此，迫切需要国内用户企业加强对国产数控系统的认知度和应用反馈。只有获得了用户的应用和反馈，国产数控系统才能得到持续优化。"[②]因此，用户的参与可以说是"04专项"推动中国机床工具工业创新最为重要的机制之一。

  （三）"04专项"的实施成效与国产机床工具的差距

  "04专项"成功地支持了中国机床工具工业的追赶与创新，取得了巨

[①] 《配套应用成果不断，市场销售初见成效》，《国家科技重大专项高档数控机床与基础制造装备》2016年第3期。

[②] 《广州数控设备有限公司在产品升级中全面提升核心竞争力》，《国家科技重大专项高档数控机床与基础制造装备》2016年第3期。

大成效。这种成效，直观地体现于作为课题成果的新型机床的研制数量不断增加。在新产品数量的背后，更为重要的是，作为创新主体的企业因"04专项"的支持而得到发展。例如，数控系统在数控机床这一核心资本品中居于核心地位，华中数控、广州数控、大连光洋等中国的数控系统企业通过"04专项"获得了显而易见的进步，这就是"04专项"极为显著的成功。不同于纯粹的科技政策，"04专项"是具有市场色彩的产业政策，其落脚点是经济学意义上的创新。济南二机床董事长张志刚就曾表示："形成产业化是国家设立重大专项的最终目的，济南二机床做专项的目的就是为了实现产业化，而不是为了取得专项而做专项，'面向市场、放眼全球行业领域的最高水平，把握行业动向和技术走势，根据用户的需求来申报重大专项的项目并引导用户需求，形成产业化，进军高端市场'，这是济南二机床实施重大专项的重要战略。"[①]济南二机床也确实做到了这一点。2018年6月，济南二机床承担的"大型全伺服冲压生产线示范工程"通过验收，作为用户的上汽通用汽车有限公司武汉分公司对项目成果的评价是："50000kN大型全伺服冲压生产线自2016年11月开始使用以来，已完成铝板、镀锌钢板、激光拼焊板等多种材料板材的生产，生产效果表明全伺服线运行工艺曲线可由编程控制，生产柔性高，冲压生产线与模具匹配良好。目前已完成新英朗、科沃兹等车型侧围、翼子板等车身外覆盖件的冲压生产，生产效率和生产质量均得到很大提升。"[②]这表明济南二机床从参与"04专项"的技术研发开始，经过长期努力，实现了从单台伺服压力机到全伺服生产线的突破，使专项成果能够真正面向大规模的生产。因此，"04专项"作为产业政策嵌入到了产业演化过程中。

"04专项"是服务于国家重大战略而作用于机床工具工业这一特定行业的产业政策。中国机床工具工业在创新与追赶上所取得的成绩，是"04专项"直接的成效，而机床工具工业作为核心资本品部门对其他部门发展的促进作用，则是"04专项"落实国家战略的体现。航天领域的案例最能展示"04专项"的战略意义。"04"专项在制定规划时，就紧密围绕航天领域的发展趋势，结合产业技术方向，强调研究开发必须符合用户要求，并以此来安排各项重点任务。在"十一五"期间，"04专项"重点解

[①] 本刊记者：《济二：国家科技重大专项实施的典范》，《国家科技重大专项高档数控机床与基础制造装备》2012年第1期。

[②] 吴艳玲：《济二"示范工程"项目通过技术验收》，《中国机床工具》总第683期，2018年7月5日，第3版。

决重大装备的"有无"问题，从"十二五"开始则侧重用户工艺研究和应用示范，解决重大装备"能用、好用"的问题。"04"专项面向航天领域支持了两大类项目，一类是特种成套制造装备研发，如"运载火箭大型特种制造装备"；一类则是国产高档数控机床应用示范，分别以复杂壁板框段类结构件和弹用发动机核心关重件为典型对象，形成配备国产高档数控系统的国产高档数控加工柔性生产线。据 2019 年初的报告，"04 专项"布置的"火箭等航天结构件制造装备"等标志性成果相关课题共 50 项，中央财政投入 8.6 亿元，其中，"运载火箭大型特种制造装备"覆盖当前运载火箭主体结构制造工艺种类的 100%，满足了制造装备种类的 90%，课题产品获国家科技进步二等奖 2 项，获省部级奖 4 项。"04 专项"支持的国产高档数控机床的示范应用，则打破了航天型号产品研制对进口设备和技术的依赖与受制约局面。[①]因此，"04 专项"通过支持核心资本品部门的创新而有效地满足了国家的重大战略需求。

尽管"04 专项"取得了巨大成效，但后发展国家在核心资本品部门领域的追赶非一日之功，中国机床工具工业的产品与创新同发达国家相比仍存在较大差距。这一点首先体现于国产数控系统仍不能完全满足机床企业的要求。山东威达重工股份有限公司 2014 年牵头承担了"立式加工中心批量配套国产数控系统应用工程"课题，到 2016 年，共研制出配套国产数控系统的立式加工中心系列新产品 12 种，并形成商品推向市场，累计销售 1135 台，实现销售收入 4.6 亿元，用户涵盖阀门、液压件、汽车、工业缝纫机、石油、铁路和职教等领域。为了支持国产数控系统，该公司还实施特殊政策，激发销售人员推销配套国产数控系统机床的积极性。应该说，这是"04 专项"一个较为成功的案例。但是，该公司亦指出，国产数控系统主要是在中、低端市场形成稳定的批量配套应用，"对国外产品带来了威胁"，但在高端的五轴数控系统领域，与进口产品仍有较大差距，具体来说："（中国数控系统企业）对五轴加工工艺了解得不充分，以及用于五轴数控系统加工的后处理软件技术水平不高等，是制约国产五轴数控系统进步的瓶颈。就系统硬件而言，尽管拥有价格竞争优势，但功能相比国外系统仍有很大差距，如会话编程、加工仿真、信息（联网）技术和机床维护等。"[②]山东威达重工股份有限公司对国产数控系统

[①] 孟光：《数控机床专项航天领域实施成效与展望》，《国家科技重大专项高档数控机床与基础制造装备》2019 年第 1 期。

[②] 《"立式加工中心批量配套国产数控系统应用工程"课题取得阶段性成果》，《国家科技重大专项高档数控机床与基础制造装备》2016 年第 3 期。

的评价具有代表性。实际上，不仅国产数控系统存在不足，国产机床整机与国外产品也存在很大差距。例如，吉林大学牵头的一项课题，用同样的方法对21台国产重型机床和13台役龄超过5年的重型机床进行了为期4个月的现场跟踪对比试验，结果表明国产机床的平均无故障时间普遍较低，在最后精度保障的关键工序方面也存在较大差距。国产大型铸锻件在成材率、制造效率和制造精度等方面与国外相比也有很大差距，部分高端大锻件的生产工艺尚未固化，不能实现批量稳定生产；锻件的材料、能源消耗较大，生产的经济性还有很大提升空间；成形装备多数处于自动化水平，其数控化、智能化有待提升。[①]这些问题是中国机床长期存在的问题，"04专项"的实施使其有所改进，但尚未从根本上彻底解决。

在"04专项"有效服务了的航天领域，国产机床包括数控系统，与国外先进水平相比，同样存在技术成熟度、产品种类数量、综合性能等方面的差距。有些产品，如国产量仪，由于技术进步缓慢，与国外的差距甚至进一步扩大。国产关键功能部件的品种满足度长期徘徊在80%左右，且高档关键功能部件的市场占有率只有5%左右，中端关键功能部件的市场占有率也仅约20%。自"04专项"实施起至2019年，国产高档数控系统的国内市场占有率由1%提升至7%，但是专项设定的目标是配套率达20%，差距是很明显的。国产高档数控系统的主要问题是，其核心算法、机电耦合动力学设计等关键技术成熟度有待提高，其伺服驱动及电机、关键功能部件的性能与稳定性也存在不足。[②]这些技术问题实际上又会传导至市场，使用户部门拒绝购买国产资本品，形成资本品部门缺乏创新所需积累的恶性循环。因此，中国机床工具工业的创新与发展仍然面临着严峻的市场形势。

机床工具产品是复杂的具有高集成性的产品，"04专项"从国家战略需求出发，为应对发达国家的技术封锁而追求进口替代，取得了很大的成绩，但在整机实现突破的同时，一些项目成果的核心零部件依旧依赖进口。例如，上海机床厂有限公司2013年启动了"汽车发动机生产线用数控曲轴磨床、凸轮轴磨床"重大专项，研制的MK8220/SD双砂轮架数控切点跟踪曲轴磨床于2016年进入汽车厂生产线，该机床从机械设计、电

---

① 刘宇凌：《突破技术瓶颈，满足发电设备行业对超大型毛坯/工件的需求》，《国家科技重大专项高档数控机床与基础制造装备》2018年第4期。

② 汤立民：《04专项在航空航天领域的实施进展情况综述》，《国家科技重大专项高档数控机床与基础制造装备》2019年第2期。

气设计、流体系统和关键的软件开发全部由上海机床厂有限公司自主研发，使该公司掌握了汽车发动机曲轴磨床的系统设计和核心技术。而且，该机床售价约 700 万元，比进口设备低 300 万元左右，也实现了"04 专项"进口替代的经济目标。但是，该机床从控制系统到钢管、液压件乃至橡皮管、密封盖的 60%的零部件要靠进口，这从自主发展和降低成本两方面来说均不利。①因此，"04 专项"为中国机床工具工业培育一个创新生态系统的目标还未能实现。

此外，和任何政策一样，"04 专项"也是在实施过程中不断完善的，初期的政策设计总会存在各种问题。例如，一家参与"04 专项"课题的航空工业企业反映，由于课题属于科研性质，无法向员工提供工时费，课题研究经常要向企业生产"让路"，课题考核和验收主要针对课题负责单位，而课题负责单位对子课题承担单位缺乏有效的制度约束，地方财政资金也不能及时到位。凡此种种，都影响了课题的进度和效果。②因此，"04 专项"在其实施过程中，也不断进行着调整与优化。

毋庸讳言，仅凭"04 专项"不足以扭转中国机床工具工业长期形成的缺乏比较优势的基本市场格局，也无法使该行业在创新上猛然跃进至世界一流水准。然而，"04 专项"自实施后，确实有效地支持了中国机床工具工业的创新，也使国家对核心资本品部门的战略需求得到了一定程度的满足。尤为重要的是，"04 专项"使诸如大连光洋等新兴市场主体在机床工具工业里得到了早期积累所需的基本要素支持，并展现了用户部门对资本品部门创新所能起到的关键作用，这些都为中国机床工具工业的创新与追赶蓄积了力量。

第三节　生态演化：中国机床工具工业在追赶中创新

进入 21 世纪后，中国机床工具工业所经历的重组便是其生态系统的演化，在这一过程中，新的产品、技术乃至市场主体均不断涌现并成长壮大，取代了旧的产品、技术并淘汰了一些老的市场主体。因此，中国机床工具工业的演化仍然体现为在追赶中创新。

---

① 《上机曲轴磨床与德国造同台竞技》，《中国机床工具》总第 633 期，2016 年 6 月 5 日，第 4 版。

② 孙海龙：《中小型飞机机身大部件复合加工机床的研制》，《国家科技重大专项高档数控机床与基础制造装备》2019 年第 2 期。

一、民营企业奋进：竞争与开放的行业生态

在中国机床工具工业的生态系统中，改革开放以来兴起的民营企业占据重要地位，使整个行业在竞争与开放中不断演化。这些奋进中的民营企业为部门创新体系持续贡献着行为主体。

诞生了海德曼与杰克机床的浙江台州，以民营企业为主体，在市场经济中自发演化出了一个机床工具产业集群。2007年12月26日，在浙江台州市人民政府会议中心，召开了台州市机床工具行业协会成立大会暨首届会员代表大会，时任杰克机床有限公司总经理的陈华贵就任首届会长。台州市机床工具行业协会首批会员单位共123家，包括机床、机床附件、工量具等4个类别。陈华贵表示，协会的成立将进一步推进台州地区机床工具行业企业的联合。中国机床工具工业协会总干事长吴柏林、名誉理事长梁训瑄应邀出席了会议并为会议致辞。[①]这是台州机床工具产业集群形成的一个标志。在这个产业集群里，活跃着一批以创新意识闯入机床工具行业的市场主体。

北平机床有限公司是台州机床工具产业集群里异军突起的一家企业。改革开放后，该公司董事长虞荣华的父亲创办了温岭纺机。1990年，虞荣华在中专念了一年机械制造就进入家族企业做事。1993年，企业改名宏达机械工业有限公司，并改做印刷机。虞荣华称："纺机技术含量低。印刷机，我们做配件、零部件，自己的主导权没有。零配件加工，没有直接接触市场的机会。"在为印刷机主机企业加工零配件的过程中，虞荣华发现了商机，那就是国内的工具磨床要靠进口，于是，他从2005年开始制造工具磨床，进入机床工具行业。2007年，企业改名北平机床有限公司。虞荣华追述企业的发展："机床行业靠厚积薄发。现在觉得轻松，印刷机零部件制造要求比机床高。2009年企业的产品把手动工具磨床改为数控工具磨床。第一号对标的是台湾工具磨床。2010年到2011年积极找美国、德国企业合资、合作。2013年，自己到德国去收购，和德国企业讲讲停停。2015年，发现收购意义不大，因为我自己水平提高了，意识到把德国企业买过来意义不大，信心大增。2016年，聘请德国工程师，在德国工作33年的工程师，把人请过来，企业放弃收购。"在2017年的访谈中，虞荣华坦率地说："工具磨床，我的目标是中国第一、世界第一。行业规模不大，做不到前一二三，就退出。现在我有1000多台设

---

① 赵立新：《台州市机床工具行业协会成立大会暨首届会员代表大会隆重召开》，《中国机床工具》总第431期，2008年1月5日，第2版。

备，110个人，博世、富士康、株钻、哈量、国内民营企业，都是我的用户，通过自己努力得到机会，不是特别难。"①北平机床有限公司的兴起靠的是企业家看准市场机会后的大胆尝试。虞荣华的弟弟虞荣江经营着台州美日机床有限公司，这是民营企业以家族为基础进行的知识传递与行业进入。

台州市东部数控设备有限公司也体现了当地产业的升级型演化。该公司董事长林银方长期从事机床维修，看到数控机床兴起后，就逐步进入这一领域，进行简单生产，1994年与人合伙开办大森机床，2004年1月创办大森数控，2008年改名为台州市东部数控设备有限公司，向政府申报高新企业获批。林银方在2017年的访谈中称："我们生产CK6132数控车床，是广州数控在浙江省最大的客户，也用西门子、发那科的系统。最初创业时10个人，目前300人左右。我聘请了沈阳那边离职的工程师，科班出身搞研发。2011年我们去看德国的汉诺威展，与德国同行交流，学到一些技术回来。他们给了很多建议，我们提升很快。2011年还聘请了台湾工程师搞研发。我们也依托日本技术。2013年做自动化产品，机械手年产500台套左右。我们的产品对口专业化的细分市场，不是大众路子。上汽、三一重工、格力、钱江摩托、立欧还有国内一些机床厂都是我们的用户。"②林银方的企业规模并不大，但充分展现了在市场上的开拓性，其升级演化则离不开各种知识搜寻与将外部知识内部化。需要指出的是，除了海德曼、杰克、北平、东部等企业外，台州还有大量技术水平较低的小微机床工具企业，这些低技术水平企业是否能实现升级，就取决于是否能通过知识搜寻与学习提升创新能力。

在浙江新昌县创办日发数码精密机械股份有限公司的王本善最早做纺织机械，后来转向做数控机床，2010年实现企业上市。当经济型数控机床在市场上很火的时候，该公司没有跟风投入，而是与浙江大学合作开发了蜂窝加工设备，进入到航空制造业领域。2014年日发开始转型，成立了日发航空数字装备有限责任公司。为了开拓新市场，日发的总经理与副总经理亲自调研了中国的飞机制造厂，跑遍了除哈飞外所有的企业，仔细研究了用户的工艺，认识到航空制造业很多工艺手段太传统，人工劳动强度大，而效率却很低，质量还保证不了。为此，日发收购了专门为航空航天产业提供整体解决方案柔性生产线的意大利 MCM（Machining Centers

---

① 虞荣华访谈记录，2017年9月13日，北平机床有限公司。
② 林银方访谈记录，2017年9月13日，台州市东部数控设备有限公司。

Manufacturing）公司，使之成为日发的控股子公司，做飞机的数字化装配。①2015 年，日发中标中航飞机股份有限公司汉中飞机分公司的总装脉动生产线系统，合同价格总计 4300 万元，该项目是意大利 MCM 公司 JFMX 软件在中国飞机自动化装备线的首次应用。②2016 年 9 月，MCM 公司与空客公司签订设备销售合同，交易标的为 6 台五轴翻板铣及选配附件，金额折合人民币约 1.5 亿元。③王本善后来解释说："2015 年、2016 年，为了平衡效益，日发向下游延伸，做航空零部件加工。意大利有很好的技术。"对于收购外企，王本善认为日发是成功的："我们尊重当地企业的管理层，真心诚意共事。我们把他们的技术转移到国内来，按他们的要求、工艺做，不减配置地做。意大利人不来中国，我们定时派人去，做到和意大利一样。"对于自己的企业，王本善很有信心："我们发展速度不是太快，希望技术做起来。我民营企业不需要国家给我资金支持，可以给市场支持，给我市场，我就能做起来。"④这是在市场中崛起的民营企业家的精神风貌。

与浙江台州相仿，福建泉州也是改革开放后兴起的民营经济重镇。尽管泉州的民营经济聚集于消费品部门，但包括机床工具工业在内的资本品部门还是获得了一定发展。泉州曾有一家国营企业福建泉州机床厂，该厂 1976 年在技术科长陈佑培的带领下研发全套生产设备，推出主打产品牛头刨床，并于 1988 年加入中国机床工具工业协会，产品一度远销欧洲。然而，在市场经济大潮中，这家位于老城区的企业逐渐没落，只留下旧厂房改造为文创园区。⑤泉州机床工具工业主要还是靠改革开放后的新兴市场主体支撑，其中的引领者是泉州嘉泰数控科技股份有限公司（以下简称嘉泰）。该公司创始人苏亚帅不到 20 岁就进入生产毛纺机械的泉州机器厂当学徒工，在工作中接触到各类设备，不仅对设备进行大修或改装，还亲手设计、制造过大型龙门刨等。技能日益提升的苏亚帅于 1997 年办起了生产各种五金产品和模具的工厂。由于福建与制鞋相关的模具加工存在巨

---

① 阎晓彦：《日发精机：航空细分市场的先行者》，《中国机床工具》总第 613 期，2015 年 8 月 5 日，第 3 版。
② 日发精机：《日发航空装备中标陕飞项目》，《中国机床工具》总第 617 期，2015 年 10 月 5 日，第 3 版。
③ 日发精机：《日发精机意大利子公司获空客公司 1.5 亿订单》，《中国机床工具》总第 640、641 期，2016 年 9 月 20 日、10 月 5 日，第 3 版。
④ "当前我国机床工业面临的形势与问题研讨会"会议记录，2019 年 6 月 25 日，北京国都大饭店。
⑤ 泉州东亚之窗文化创意产业园运营有限责任公司提供资料。

大市场需求,苏亚帅遂于1999年开始做雕铣机,亲自动手进行设计。此后,嘉泰自行研发了越来越多的机床产品。2002年,嘉泰制造了型号为XT-M8850的第一台硬轨立式加工中心,企业由此开始升级。①嘉泰营销中心副总监刘学东在2021年回忆:"老板最早做五金时,用机床,当年主要用台湾机床,发现这个设备比较有市场。从自己设计机床开始就是参照台湾经验。起初提供图纸给别的企业代工,找的云南台正。我们一开始没有做铸造、机加工。加工中心的图纸最早是自己设计,持续了没几年,就自己买设备。2001—2004年做立式加工中心,2005年开始做龙门,有几十个人的台湾团队,还成立专门做机身的公司,也是一个台湾团队。早期台湾人经验更丰富,带新的理念、管理模式过来。数控系统早几年用三菱的多,最近几年用发那科多。进入3C行业后,华中数控用得比较多。在3C这一块我们进行深耕,成立了研发新材料的子公司,陶瓷、玻璃,做这一块我们自己得摸,就干脆自己搞一个公司。老板说'哪一个环节都得了解,产品才能做得好'。小客户对工艺流程不熟悉,我们就带动他们去做。"②这也是一段典型的民营机床企业的升级演化史,从中可以看到,离台湾地区距离近给泉州机床工具工业带来的知识传播的影响。

尽管中国机床工具工业自2011年后逐渐进入衰退周期,但中国经济对资本品的需求仍然吸引着创业者进入该领域,从而催生着新的市场主体与潜在的创新主体。泉州人何轸炎就是这样一名企业家。何轸炎1973年出生于福建省安溪县,13岁就离家工作,从泉州、福州一直到广州,从事模具、雕刻行业。1993年,他的老板在福州开了新公司,派他回福建招聘工人,他决定自主创业。不过,创业历程并不顺利,何轸炎称:"1995年我每个月有4000多元薪资。1996年,我和一个台湾人合伙创业,他找订单,我出技术,一起合作。他让我拿10万元出来表示诚意,10万元给他后,他跑了,骗我骗得很彻底。我租的厂房、设备,村主任来找我付房租。"③但何轸炎没被挫折击倒,他开始做鞋模零部件,1999年研究出来,由于短时间内入行的企业太多,他又改做更高端的汽车零部件。何轸炎称自己"后来想要做机床,做和别人不一样的机床",就于2008年进入机床工具行业,其第一台产品的设计者是从嘉泰离职的谢进义。谢进义称:"我2008年毕业进入机床行业,之前在嘉泰做,后来到了

---

① 张芳丽:《苏亚帅:以35年情怀专注机床制造》,《中国机床工具》总第660期,2017年7月20日,第2版。
② 刘学东访谈记录,2021年7月20日,泉州嘉泰数控科技股份有限公司。
③ 何轸炎访谈记录,2021年7月20日,福建省正丰数控科技有限公司。

何总这里。何总掌握的是市场资源。2012年，条件比较成熟了，我们就按何总的思路做了直线电机驱动加工中心。当时我们和日本沙迪克合作，一开始设备有1000多处问题，我们优化到位，何总在这个基础上成立正丰数控，靠直线电机弯道超车。"①实际上，何轸炎进入机床行业后有一个台湾合作者，不过，由于种种原因，他争取了自己的自主权，除在2014年成立的正丰数控之外，还注册成立了福建轸丰科技有限公司。何轸炎有自己的机床梦想："我要研制一种机床，只要有这个装备，什么都能做，就像你家里有锅，买鸡煮鸡，买鸭煮鸭，买什么煮什么。"②无论他的梦想能否实现，他这样的梦想者，都显示出中国机床工具工业是一个开放的生态体系，依靠奋进中的市场主体而生生不息。

二、大连光洋：全产业链自立自强型创新

在中国机床工具工业的创新追赶中，民营企业大连光洋以其纵向一体化全产业链发展战略而大放异彩，是中国资本品部门自立自强型创新的典型案例。所谓自立自强型创新，应对的是知识流动受限的情境，而这种情境正是发达国家限制高档数控机床技术对华转移的现实。大连光洋的自立自强型创新，是中国机床工具工业改革开放史的一个缩影。

（一）大连光洋构筑全产业链模式

大连光洋成立于1993年，在经历了近40年的演化后，创业者于德海仍奋战于经营第一线，其历史并不悠久，其发展势头则可谓迅猛。大连光洋在较短的时间内发展出了复杂的业务与能力，这意味着其演化包含不同的创新模式，既包括创业者即英雄企业家的引领，又具备组织化的团队研发，充分体现了中国工业改革开放史的特色。大连光洋公开将自己的发展模式总结为全产业链模式③，其实质就是一种纵向一体化或垂直整合战略，其形式与内涵均符合自立自强型工业创新。然而，大连光洋的这种特殊发展模式，并非出于前瞻性的设计，而是在市场中渐进演化的结果。

对新兴企业来说，创业者往往具有重要影响，不仅直接决定着企业的战略方向，还会让自己的偏好渗透进企业文化，间接左右企业的演化路径。大连光洋的创始人于德海恰好属于对企业具有极强掌控力的创业型企业家。受聘于大连光洋的日本专家茂木幸夫曾在访谈中称："对光洋第一

---

① 谢进义访谈记录，2021年7月20日，福建省正丰数控科技有限公司。
② 何轸炎访谈记录，2021年7月20日，福建省正丰数控科技有限公司。
③ 于德海：《发展自己的产业链、人才链、技术链》，《经济导刊》2019年第9期。

感觉和日本企业不一样，董事长一个人说了算，咱们公司决议非常快，日本公司决议慢，太麻烦，请示一件事要经历很多部门，在光洋有些事情和董事长一商量，马上决定，办事效率高。"①最早追随于德海创业的苏升力则这样描述他的老板："创业初期是作坊式的，于总实实在在干企业，下到基层带头干，以身作则，亲临一线。"②这符合民营企业在创业阶段的一般特点，也就意味着，熊彼特所提出的经典企业家精神理论对于解释大连光洋的演化是适用的。于德海就是一名英雄企业家，具有熊彼特揭示过的"梦想和意志"以及"创造的欢乐"等企业家人格特质，③大连光洋数十年的演化与他个人的奋斗密不可分。

于德海在创业前是一个热衷于科技发明的工程师，他把对技术的兴趣与追求带入了自己创办的大连光洋里。于德海自称："我从小是无线电爱好者，七八岁就爱好这个，动手能力比较强，做的产品常参加大连商品科技展。上学时自己装音响、录音机。1968年下乡，给农村做了一台电动粉碎机，在农村待了3年，给广播站做扩大机。"④成长于特殊年代的于德海没有受过完整的基础教育，但他能够在实践中成长，这也是因为机械等领域的技术具有积累性，存在着增量改进与创新的空间。1971年，于德海进入辽渔（今辽渔集团有限公司）工作，刚入职就发明了一种建立在控制原理上的指引灯。1974年，他以工农兵学员的身份进入大连海运学院学习电子专业，和学校的老师一起做产品，毕业后回辽渔，进行设备维护、维修，搞技术革新。于德海称："辽渔进口万吨远洋捕捞船，有导航设备、自动化设备，给我带来平台，对我后来成长有利。兴趣形成和工作出成果的关联度非常高。1991年承担火炬项目，搞超声无线通信，船上接收，用图像处理，我用单片机把屏幕显示程序一行一行写出来，一些大学教授觉得不可思议。"⑤于德海自身的经验，使他非常看重技术人员对技术的兴趣与动手实践能力，并以此作为招聘大学生的标准之一。实际上，于德海自己的成长，得益于中华人民共和国成立后鼓励群众技术革新的社会主义工业文化氛围。而他进入辽渔后从事的具体工作，使他逐渐学习与积累了通信、控制与自动化的相关知识，这些知识构成了他创业的基础，也使他对企业技术发展能有自己的判断。

---

① 茂木幸夫访谈记录，2018年3月28日，大连光洋科技集团有限公司。
② 苏升力访谈记录，2018年3月28日，大连光洋科技集团有限公司。
③ 〔美〕约瑟夫·熊彼特：《经济发展理论——对于利润、资本、信贷、利息和经济周期的考察》，何畏、易家详等译，北京，商务印书馆，1990年，第103—104页。
④ 于德海访谈记录，2017年5月24日，大连光洋科技集团有限公司。
⑤ 于德海访谈记录，2017年5月24日，大连光洋科技集团有限公司。

1993年6月,长期在海上作业积劳成疾的于德海选择自己创办企业,起名大连海洋科技开发部,做电气工程安装和加工电气工程用的零部件。公司最初只有2名正式员工,主要给大连经济技术开发区的日资企业与中日合资企业做些配套工作,1994年7月组建了钣金车间。1995年,公司承揽了三洋制冷有限公司(以下简称三洋制冷)中央空调电气箱的国产化加工。1996年,公司为三洋制冷试制的液晶触摸式控制电脑设备,被三洋制冷拿回日本做技术检测,性价比超过日本厂家的产品,遂被三洋制冷选用。这家作坊式企业依靠大连经济技术开发区良好的环境迅速积累,不断壮大,于1998年7月改组为大连光洋科技工程有限公司。于德海回忆:"做企业,一开始没想怎么去赚钱。1993年日本企业来开发区投资很多,做自动化投资,我在技术上帮忙标出错误。那时没厂,自己设计,找个代工厂加工。一个项目一个项目地做,一开始没有资金,干起来后赚钱好像不困难,逐渐发展。犯的错误是那时以为自己懂技术,不招技术人员,1997年才开始招大学毕业生。"[1]实际上,据早期员工回忆,直到1998年,大连光洋也只有十几名员工。但此时于德海开始招聘大学毕业生,是因为企业发展确实遇到技术上越来越复杂的业务了。1997年入职的阮叁芽毕业于吉林北华大学,本科学习计算机专业,他回忆:"我在学校也是侧重实践,做了很多系统,在学校很赚钱的。一来光洋就做工业自动化的项目。最早给日企三洋制冷做配套。"他还回忆了于德海在为外资企业提供产品时进行了适合中国国情的改进:"老总有民族情结,日本产品操作、使用不符合中国人习惯,太贵,老总和日方沟通,我们给免费做研发改进。1997年产品初期成型。1998年产品和日本原装产品直接对垒,日本人来了8个专家,把日本自己的产品否掉了。1998年核心部件是日本的,我们做应用软件。1999年我们自己开发硬件系统,上北京找了个公司合作,当时技术人员也不是太够。"[2]此时的大连光洋,一靠钣金车间发展出了自己的机械加工与制造能力,一靠招聘大学毕业生发展出了自己的程序开发能力,同时在硬件与软件两方面积累着知识。尽管这些知识尚非数控机床的知识,但数控机床就是一种软件与机械有机结合的设备,而大连光洋在软硬件两个方面积累的知识类型均与数控机床凝结的知识有一定程度的接近性。到21世纪初,创业不满十年的大连光洋已经建立了一个支持其跨行业创新的知识库。值得一提的是,大连光洋在发展钣

---

[1] 于德海访谈记录,2017年5月24日,大连光洋科技集团有限公司。
[2] 阮叁芽访谈记录,2018年3月28日,大连光洋科技集团有限公司。

金业务时，在表面喷塑处理环节，采购的外协件品质不稳定，为了长远发展，于德海就打造了大连光洋自己的喷塑流水线。①这种自己动手的风格已经预示了大连光洋此后的自立自强型创新路径。

大连光洋是在 2000 年开始接触数控机床业务的，体现出了渐进积累的演化逻辑。当年，大连光洋成功地为德国因代克斯（INDEX）公司完成了其 TNA400 数控车削中心机床防护罩板的国产化。因代克斯公司在大连也有投资建厂，大连光洋从事的仍是配套生产业务。这是大连光洋最早生产的数控机床相关产品，利用的是其机械加工能力。此后，大连光洋逐渐接触到数控机床更核心的业务。2004 年 6 月，大连光洋与大连机床集团签订了联合开发数控系统的协议。于德海称："光洋做数控从 2000 年开始，原来做工业控制有基础，第一个给大连机床集团和英国合资企业做的，是进给型，英国人把需求交代给我们这一边，两三个月开发出来。往复杂一点发展遇到问题多，想走捷径，和德国公司接触上，拿了 750 万元买了一部分代码，人家就卖界面代码，核心的代码德国政府不让卖。公司就这样搞出了中档数控系统，核心算法自己做的。"②由此可见，大连光洋正式进入数控机床行业是其给大企业做配套业务的自然延展，依托的能力是其软件知识的扩展。由于数控系统和工业控制系统不同，大连光洋进行了新知识的搜寻与学习，而这一新知识来自于德国。但是，大连光洋能从德国获取的知识是残缺的，既包括德国政府有意限制知识流动，又包括相关知识局限于中档数控系统，并不是尖端的复杂知识。因此，即使在能够学习外部知识的条件下，大连光洋进入数控系统领域还得立足于自己去创造新知识。

在接受媒体访谈时，于德海提到他进入数控系统行业受到了民族情结的驱动："国外卖给中国的高档机床……都带有定位装置，你买来以后做什么产品、放在什么位置，都在人家的眼里。如果日后机床要移动位置，必须要向人家申请，由国外派人来给你移动……这个事情对于中国技术人员来说，是一个很大的刺激。"③从于德海对于技术的兴趣以及他充满主见的个性来看，由民族情结催生研发动机是符合逻辑的。作为佐证，员工阮叁芽也提到，大连光洋在使用进口机床时因为维修不便而产生了自己研制的想法："老板对我们装备和能力比较注重，买的设备都是日本进口，

---

① 袁吉慧访谈记录，2018 年 3 月 28 日，大连光洋科技集团有限公司。
② 于德海访谈记录，2017 年 5 月 24 日，大连光洋科技集团有限公司。
③ 中央电视台财经频道《大国重器》节目组编著：《大国重器》，北京，电子工业出版社，2014 年，第 60 页。

东西坏了换，价格太高，自己一分析，这东西值那么多钱吗？于是参与简易数控系统开发，马上批量应用，一个月几百套，老板逐步立项做数控。"①大连理工大学系统工程研究所教授、中国工程院院士王众托参与过大连光洋研制数控技术的论证会，他回忆："当时觉得光洋有些条件具备，有些差一点，可上可不上，当时大家没有像后来那么重视数控，外面的否定意见是：可以用国外的机床，军事部门不考虑成本问题。我觉得光洋有条件做，因为做了很多年工控设备、钣金工、贴片，自己能做。最后我问于总，如果你们下决心，义无反顾要干，我们支持，如果随便做做，就算了。"②由此可见，大连光洋进入数控系统行业时存在外部的反对意见，也并非在能力上水到渠成，需要企业领导者以胆识和决心作出从事创新的决策。熊彼特式企业家精神在此发挥了作用。实际上，直到 2019 年，于德海仍坦率地说："光洋主业靠数控走不到今天，数控必须靠光洋的成熟产业补贴，用其他行业赚的钱补贴数控。"③他的员工李文庆也曾在访谈中笑称："投资投到哪儿，回报都比数控好。"④这也从一个侧面证明了大连光洋的创新动机中包含民族情结等因素去维持一种短期缺乏回报的事业。

2005 年 3 月，大连光洋与华中科技大学合作成立了嵌入式数控系统联合研发中心，6 月与哈尔滨工业大学合作成立了运动控制技术工程化联合实验室，7 月则组建了清华光洋数控技术工程化联合实验室。早在 2003 年，大连光洋就成立了博士后科研工作站，吸纳技术人才，与高校在数控系统领域的一系列合作，无疑也是为了充实技术力量。2005 年 9 月，大连光洋还与德国 PA（Power Automation Gmbh）公司签订了技术合作开发合同，而 PA 系统是一种开放式数控系统。可见，在自立自强的动机之下进入新产业的大连光洋，是以开放的心态学习新知识来进行自己的创新。阮叁芽便称："数控系统做过各种尝试。第一种完全自主开发，后期有博士后工作站，引进博士共同开发。和清华大学、哈尔滨工业大学建了联合实验室。经过一段时间评估，因为产业要尽快进入实践应用，评估了一下国际上的水平，即使我们做出来，也是低端产品，在后期，就进行引进、消化、吸收。老总这种决策和我们执行力非常迅速。"⑤依靠多渠道的知

---

① 阮叁芽访谈记录，2018 年 3 月 28 日，大连光洋科技集团有限公司。
② 王众托访谈记录，2018 年 3 月 29 日，大连理工大学。
③ "当前我国机床工业面临的形势与问题研讨会"会议记录，2019 年 6 月 25 日，北京国都大饭店。
④ 李文庆访谈记录，2018 年 3 月 28 日，大连光洋科技集团有限公司。
⑤ 阮叁芽访谈记录，2018 年 3 月 28 日，大连光洋科技集团有限公司。

识学习与高强度的知识再创造，大连光洋实现了产品创新，并进入到新的产业。2006年1月，于德海在大连光洋的大会上宣称，当年公司发展的方向是将数控产品产业化，将数控系统作为大连光洋的主打产品。2月14日，大连光洋参加了上海CCMT中国数控机床展览会，现场演示了CTP8000L数控系统的加工能力，一家扬州的民营企业当场订购了5台配备该系统的机床。当年9月，大连光洋开发完成了其第一台五轴联动数控加工中心，这意味着大连光洋实现了从中档数控系统向着高档数控系统与数控机床的进军。截至2006年底，大连光洋共向8家机床企业销售60套数控系统，完成销售配套高档数控系统的三轴加工中心18台、四轴加工中心1台、五轴联动高档数控机床2台；配套中档数控系统的三轴铣床5台、卧式加工中心2台、龙门铣床3台、多功能数控车床4台、等离子切割机2台、数控雕铣机2台等，共计45台。当年公司数控产品销售收入近1600万元。从2004年与大连机床集团合作开始，到2006年将数控系统推向市场，大连光洋在极短的时间内演化为机床行业的新兴企业。

企业进入一个新行业只是工业创新的第一步，能否持续成长才是演化的关键。企业的创新需要新知识，人是最重要的知识载体，故引进新的人才可以扩充企业的知识库。大连光洋在向高档数控系统进军时，陈虎起到了关键作用。陈虎毕业于清华大学数控专业，2001年博士毕业后曾在北京的凯奇公司研发数控系统，经历了6年4轮研发，因资金链断裂而未果，但陈虎认为在凯奇的经历"非常难得"。2007年，他被在机床企业精雕公司做技术总监的师兄推荐到了大连光洋。陈虎称："大连光洋直接开展高档数控系统的研发在体系上不顺，于总要建立大家的信心。于总给我安排做工业自动化系统，可编程的自动化控制器，面向药品包装行业的。工业自动化系统不是我本行，和我原本搞的东西原理相通，但不是机床的事。这是于总有意识为下一步研发数控系统打基础，底层技术是相通的。2008年成立技术联盟，2009年获得国家重大专项，当年正式启动新一代数控系统的研发，能调动的资源就比较多了。"[①]大连光洋研究院院长李文庆也在访谈中肯定了陈虎的关键作用："我2004年3月进光洋，干了一年，正好公司准备进入数控领域。我们一开始没考虑做机床，一是做数控系统，二是做伺服驱动。软件那一块，我们当初没太多经验，随后两年陈虎到了，担任软件研究所所长，他做数控系统，我做伺服驱动。

---

① 陈虎访谈记录，2018年3月28日，大连光洋科技集团有限公司。

陈虎在数控行业辈分很高。陈虎到了，公司研发进入快车道。"①因此，大连光洋进入新产业的工业创新是以吸纳新人才为其重要动力的。

大连光洋在造出了自己的数控系统后遇到了缺乏市场认可度的产业进入壁垒。于德海很明确地表示："我们在研究了几年数控系统以后，遇到了一个问题，就是我们研发的系统面向市场的时候很难进行推广，也很难让机床厂接受。"②因此，与国内外一般只研制数控系统而不造机床的企业不同，大连光洋在研发数控系统的同时也向下游的机床主机制造延伸，使自己的系统能够有一个搭载的平台。用于德海的话说："2005年，光洋在研发数控系统的同时，又开始涉足数控机床这个行业。当时的主要目的，是通过我们的数控机床，让用户对我们的数控系统有一个全面的认识，使我们的数控系统能够更快推向市场。"③这就是大连光洋构筑数控机床全产业链模式的动机，是一种标准的纵向一体化或垂直整合战略。大连光洋能够采取这种战略，还是得益于其早期同时在软件和硬件两个方面发展出了一定的能力，恰好匹配数控机床所需要的两方面的知识。实际上，大连光洋的全产业链模式不仅仅是既造系统又造主机那么简单，而且是把自立性的研制活动渗透到了基础零部件环节。于德海称中国工程院院士王众托的系统工程理论对自己的全产业链模式有很大启示。王众托的理论具有哲学上的方法论色彩，例如，他在教材中指出："系统的有序性是在系统的形成过程中通过对各要素或子系统的集成而建立起来的。"④数控机床就是一种由各种零部件集成起来形成的有序系统，于德海用"主仆关系"来比喻全产业链里零部件与主机的关系："电机为功能部件服务，功能部件为主机服务。电机有些不能用标准件，要专门设计。我们有这么多布局，子系统却仍然是专业化原则，但大系统的好处是，需求方、主机方对零部件的要求更明确。我们做产业的布局瞄准大市场，首先满足自己配套，提高自己产品的性价比，但绝对不仅是为了自己。"⑤大连光洋自己制造符合质量要求的电机，再用电机来组成功能部件，最终集成为数控机床主机，其主机也就必然满足自己设定的要求。构筑全产业链还使大连光洋扩充了自己的知识储备，提升了创新潜能，用陈虎的话说："我们能

---

① 李文庆访谈记录，2018年3月28日，大连光洋科技集团有限公司。
② 中央电视台财经频道《大国重器》节目组编著：《大国重器》，北京，电子工业出版社，2014年，第60页。
③ 中央电视台财经频道《大国重器》节目组编著：《大国重器》，北京，电子工业出版社，2014年，第61页。
④ 王众托编著：《系统工程》（第二版），北京，北京大学出版社，2015年，第25页。
⑤ 于德海访谈记录，2017年5月24日，大连光洋科技集团有限公司。

看到别的厂家看不到的东西。"①于德海亦解释过全产业链模式在技术创新上的优势:"系统是你自己的时候,要改善就容易,如果不是你自己的,想从底层采集数据就做不到,而且数据要准。"②于是,在全产业链模式下,大连光洋既能以数控机床整机为自己生产的数控系统等零部件创造一个内部市场,解决国产数控系统缺乏市场的难题,又能通过对基础零部件的研制与创新提升数控机床整机的品质,更好地满足用户的需求。后发展国家的资本品部门是缺乏比较优势的,而资本品部门内部,核心零部件比整机通常技术复杂度更高,也更缺乏比较优势,由此带来的就是缺乏市场,大连光洋的全产业链模式是克服该难题的一种路径。

在构筑全产业链的过程中,大连光洋必须进行不同类型零部件的产品创新,客观上就构成一种能满足国家战略需求的自立自强型工业创新,为国家提供各类有可能被限制进口的产品。用于德海的话说:"要技术上不受别人垄断,数控机床的各种传感器,只有完全是自主的,产业发展才不受约束。"③例如,2005年大连光洋购买机床光机做数控系统的验证时,发现国际上能配套的关键功能部件两轴转台对中国禁运,就只能自己造。为了研发转台内的力矩电机,大连光洋找了国内几家大学与企业花了4年时间均未能解决问题,就成立了自己的电机厂。大连光洋原本想从德国海德汉公司进口29列加减1角秒的编码器,因其精密度太高也无法进口,就只能成立自己的传感器公司进行研制。④大连光洋在企业内部打造可控产业链的模式,是由典型的企业纵向一体化战略动机驱动的,具有寻常的市场逻辑,但在知识流动因政治原因受限的创新情境中,大连光洋的全产业链模式就成了一种自立自强型工业创新,带有明显的战略意义。

为了向数控系统产业链下游扩展,大连光洋于2008年成立了生产与销售数控机床主机的公司科德。经过集团的不断调整与重组,科德逐渐形成了高端五轴联动数控机床、关键功能部件、高档数控系统这三大类别产品。科德研发部部长蔡春刚2006年从哈尔滨工业大学硕士毕业进入大连光洋,最初参与数控系统开发,很快就根据企业需求转向机床研制。他回忆:"我们从关键功能部件开始,当时没有考虑过做整机,2009年后真正开发整机。当时我们团队有两位老师傅,一位从大连理工大学退休,一位从大连机床集团退休。整机上的双摆铣头,我们手里参考的资料不多。老

---

① 陈虎访谈记录,2017年5月26日,大连光洋科技集团有限公司。
② 于德海访谈记录,2017年5月26日,大连光洋科技集团有限公司。
③ 于德海访谈记录,2017年5月24日,大连光洋科技集团有限公司。
④ 于德海:《发展自己的产业链、人才链、技术链》,《经济导刊》2019年第9期。

于总带着我们去德国相关企业参观、学习，看老外产品的样品，一点点摸索，当时可以依靠参考的特别少。第一次去德国，去了个铣头的生产商，那时只是大概看看。光洋机械制造方面没有传承，没有技术手段。那时不敢想做整机，只能走一步看一步，胆量越来越大。"①由此可见，大连光洋进入数控机床整机制造领域，由于缺乏背景知识，也只能采取自我摸索学习的知识积累策略，仍是一种自立自强型工业创新路径。2011年9月5日，于德海在大连光洋内部发布了《"717"工程》的通知，提出"七大任务"的目标、"一个团队"的要求和"七大战术"的措施。该工程"核心就是把光洋已取得的研发成果迅速完善，快速产业化，尽力满足市场和用户需要"，其具体目标包括"力争2012年初实现批量列装科德全系列数控机床产品"以及"力争在2012年，系列化多主轴多刀架中小规格卧式车铣复合加工中心成为科德新一代主打产品"等。②与发展数控系统一样，大连光洋发展数控机床也经历了从技术积累到产业化的演化路径。

与研发数控系统一样，大连光洋从外部聘请了专业人才。2013年，陈虎开始联系自贡长征机床的工程师刘立新，不过，一直到2015年长征机床陷入经营困境，刘立新才来到大连。刘立新在访谈中表示，大连光洋的全产业链对研发了30年机床的他有很大吸引力："我一直主持产品开发，唯一想不了办法的就是数控系统。中国的数控机床没有自己的系统。如果从其他方面考虑，不会往大连走，这个地方有全产业链、全人才链。老板很重要，有理念，本质上有一定情怀，想做中国人自己的数控机床，双方对机床产业的情怀比较认同。"③因此，大连光洋在打破数控机床整机产业的进入壁垒时，依然利用了产业原有的技术人员来更新自己的知识库。科德发展迅猛，到2013年左右，其30%的生产设备就已经能够使用自己制造的五轴机床了。④机床企业敢于使用自己制造的机床作为生产设备是其能力的重要展现。2013年4月，在第十三届中国国际机床展览会上，德国克努特机器有限公司（Knuth Werkzeugmaschinen Gmbh）与科德签订了VGW400-U高速高精度五轴立式加工中心采购合同，该款高档数控机床配置的是大连光洋的数控系统、伺服驱动、伺服电机、力矩电机及电主轴，采用了自主研发的高刚度、固定式A/C轴直驱摇篮结构双转台

---

① 蔡春刚访谈记录，2018年3月28日，大连光洋科技集团有限公司。
② 于德海：《"717"工程》，2011年9月5日。
③ 刘立新访谈记录，2018年3月28日，大连光洋科技集团有限公司。
④ 蔡春刚访谈记录，2018年3月28日，大连光洋科技集团有限公司。

等关键功能部件。①当年 7 月，该机床运往德国。能将高档数控机床出口到德国，对大连光洋来说，是进入机床行业后取得阶段性成功的一个标志。

大连光洋的演化是一个由企业家精神驱动的创业过程，随着知识的积累而进入新领域，但在特殊的受限制的市场条件下形成了一种自立自强的全产业链模式，其过程如表 4-12 所示。

表 4-12　大连光洋的演化阶段及其动力

演化阶段	创业 （1993 年）	软硬件知识积累 （1993—2000 年）	进入数控系统产业 （2000—2008 年）	形成全产业链模式 （2008 年至今）
动力	企业家精神	市场需求（配套） 技术追求（创新意识）	知识延展 市场需求（配套） 技术追求（创新意识） 民族情结（进口受限）	满足供应链（上游延伸） 替代外部市场（下游延伸） 技术追求（创新意识） 民族情结（进口受限）

必须指出的是，大连光洋的全产业链模式不是封闭的，也不是完全自给的，它同样会采购合适的零部件，也会积极培育国产供应商。例如，大连光洋的传感器，就有长春禹衡光学有限公司作为供应商，该公司同样是经历长期知识积累的自立自强型工业创新的典型。长春禹衡光学有限公司的副董事长林长友在访谈中称："我 1983 年大学毕业进入企业，最深的体会，海德汉是老大哥，觉得在云里面，就这个感觉。当时我们有个院士说海德汉就是云端的企业。现在我们看清楚了，踏踏实实走过来的。'04 专项'搞了之后，我们进入国际第二阵营了。西门子、发那科的数控系统是不要中国传感器接上的。做国产传感器，由我们接头，科德也参加，我们也做同业协议，陈虎也支持自主的品牌上。"②因此，大连光洋的全产业链其实是一个带动行业发展的生态系统。

大连光洋造数控机床从高档型起步，2012—2013 年造了 10 余台，2014 年以后产量每年成倍增长。③2019 年，中国机床工具工业协会统计国产五轴立式加工中心销量为 631 台，科德销售了 71 台，占比约 11.3%；同年国产五轴立式加工中心总销售额为 4.5 亿元，科德销售额为 1 亿元，占比约 22.2%。④这显示出，经过近十年的发展，科德在中国高档数控机床产业里已成为中坚力量。2020 年，于德海在访谈中又一次强调了全产业链模式赋予科德的优势："这几年最大的优势，是投放市场的各类机

---

① 工业和信息化部装备工业司：《国家重大技术装备》总第 106 期，2013 年 5 月 30 日。
② 林长友访谈记录，2021 年 6 月 10 日，长春禹衡光学有限公司。
③ 汤洪涛访谈记录，2017 年 5 月 26 日，大连光洋科技集团有限公司。
④ 《科德数控股份有限公司 2021 年年度报告》，2022 年 4 月，第 28 页。

床、零部件，都实现自主。优化改进可以从基础零部件开始，这是最大优势。物理量通过传感器感知，机床上的传感器都有特殊要求。你基础强了，你的主机肯定强。"[①]2021年7月9日，科德在上海证券交易所科创板挂牌上市，体现了资本市场对其认可。表4-13为2019—2021年科德的发展情况。

表4-13 科德的发展情况（2019—2021年）

指标	2019年	2020年	2021年
营业收入/元	141 904 575.84	198 131 421.32	253 588 985.88
归属于上市公司股东的净利润/元	42 461 502.59	35 233 638.75	72 866 945.75
总资产/元	649 791 523.83	681 836 569.90	990 807 232.82
研发投入占营业收入的比例/%	48.25	54.08	30.59

资料来源：整理自《科德数控股份有限公司2021年年度报告》，2022年4月，第9页

综合来看，大连光洋的演化是由一个典型的熊彼特式企业家主导的创业过程，因为积累了与数控系统及数控机床相近的知识而大胆进入到机床行业，其动机既包含市场诱因，也包含企业家个人的民族情结等精神动力，非常符合熊彼特对企业家精神的经典描述。在进入机床行业后的演化中，大连光洋探索出了全产业链模式，其实质就是纵向一体化或垂直整合战略，但在中国核心资本品进口受限与国产高端装备缺乏市场的具体情境下，该模式被赋予了自立自强的色彩。因此，大连光洋的工业创新既包含工业演化的一般机制，又因为中国高档数控机床被地缘政治赋予的特殊性而成为一种自立自强型工业创新。

（二）大连光洋以技术文化培育创造力

创新是一种经济活动，而不是单纯的技术研发或科技发明。不过，对工业创新来说，技术确实是最关键的变量，这一点已经被工业革命以来的经济史所证明。因此，后发展国家的自立自强型工业创新同样以技术学习与追赶为其底色。如果对技术创新进行分解，从经验常识出发很容易将视线移向具体的从事创造发明的个人，但个人创造力的千差万别，使个人层面可复制性的创新机制难以总结。实际上，具有创造力的个人本身就可以视为一个演化系统，其演化是多原因和不可预测的。然而，心理学家的共识是，动机对个人的学习与创造相当重要。一些学者论证了一种常识，即在事业上更富有创造性的人往往从事自己喜爱的工作，且富有创造性的人

[①] 于德海访谈记录，2020年11月12日，大连光洋科技集团有限公司。

面对挑战性的任务时充满活力，体现出高水平的内部动机。①这一研究结论非常符合大连光洋企业家于德海的认知，也被他运用于企业经营中。尽管个人的创造力对技术创新极为重要，但现代工业创新主要发生于企业的组织中，个人创造力的发挥或者依靠团队的协助与支持，或者需要在良好的环境与氛围中强化。因此，对企业来说，重要的是如何打造可以最大程度发挥个人创造力的组织，而这又与企业文化息息相关。大连光洋工业创新的成功，从微观上说可归因于它塑造了一种有利于知识学习与能力积累的技术文化，使其能突破产业进入壁垒，开发出占据较大市场份额的高档数控机床。

对创业型企业的早期演化来说，企业创始人的偏好对企业文化有很大影响，创始人个人的观念与趣味能通过其对企业方方面面强有力的影响而渗透进基层，形成企业内部普遍性的偏好与风气。从某种意义上说，企业创业阶段的文化是创始人企业家精神的扩大化。大连光洋的创始人于德海对钻研技术的爱好使这家企业演化出了相应的技术文化，对企业活动起到了导向性的作用，将企业引上了重视技术创新的演化路径。老员工毕克滨对大连光洋研制主轴电机的回忆可以看出于德海的个性："国内主轴电机没几家做得了，于总比较犟，不信做不出来。光洋买日本大隈公司的主轴电机，日本大使馆不让卖，于总索赔要了几台主轴电机，叫研究人员从工艺上看、研究，看明白了自己再试，反复试，花很多钱，往里面投，他在技术上坚决不让步。于总属于技术型企业家，不安于现状，老想琢磨研发新的东西。"②于德海作为企业创始人的技术偏好是大连光洋产生技术文化的基础。在研发数控系统的关键阶段，大连光洋引进了陈虎作为其技术领军人物，陈虎对技术有着与于德海相同的偏好与执着。于德海在公开访谈中这么描述他与陈虎的关系："我和陈虎在一起交流的时候，经常会产生一些新的想法、新的做法。比如在数控系统和数控系统控制的高档数控机床上要实现一些新的功能，这些功能可能是国外同行们目前还没有的……首先必须得敢想，这也是在我们企业里提倡的一种文化。先要有意识上的创新，然后才会有技术上的创新……如果你连想都不敢想，还谈什么技术创新和管理创新呢？"③这意味着，陈虎加入大连光洋后，于德海

---

① 〔美〕罗伯特·J. 斯滕博格主编：《剑桥创造力手册》，施建农等译，上海，东方出版中心，2021年，第116、399—400页。
② 毕克滨访谈记录，2018年3月28日，大连光洋科技集团有限公司。
③ 中央电视台财经频道《大国重器》节目组编著：《大国重器》，北京，电子工业出版社，2014年，第62页。

给企业施加的技术偏好与创新理念被进一步强化。于德海与陈虎都具有不墨守成规的观念，故两人配合默契，而这也表明大连光洋的技术创新是以勇于创新的意识作为前提的，价值观与态度在此发挥了重要作用。大连光洋的技术文化首先是一种具体技术研发之外的技术兴趣与创新勇气。

大连光洋的领导层为企业塑造了勇于创新的技术文化，推动企业投入资源进行技术研发，而新技术的研发过程就是一个知识逐渐积累的过程。企业的知识积累过程缺乏戏剧性，而这正是技术创新作为经济发展"黑箱"难以解析之处。用陈虎的话说："光洋的技术创新真没有技术突破的点。过程努力了，结果是必然的。制定好技术路线，勇于试错，对研发中的风险包容性强，追求研发迭代、速度快，付出的学费认真总结，就是经验。组织研发活动要公平公正、实事求是。光洋的技术路线，我亲历的过程没有大的错误。"[1]这种技术创新具体过程的不可描述性，在大连光洋自动化液压系统研发负责人孙毅那里也得到了佐证："为了研发高精尖产品，我们反复至少两次下定决心，鼓励我们的工程师不要怕失败，只要努力到一定程度，会有收获。材料换了七八种，工艺更改几十种，直到突破，和日本产品没有太大区别。平时主要是鼓励工程技术人员的胆魄，没有不可知的东西。"[2]李文庆也称："我们不是一批最聪明的人，比较笨，耐得住性子，能坚持，研发靠时间积累。"[3]因此，大连光洋的技术创新就是一个不断进行试错性学习的知识积累过程。在这个过程中，大连光洋的员工进行了高强度投入，公司在2016年前实行的是6天工作制。在2011年的《"717"工程》中，于德海也要求全体员工"打破常规，全力以赴。超越时间和部门界限，超越自我"[4]。大连光洋电机事业部部长王雪这样描述第一批电机的研制过程："我的主要工作是电磁方向，光洋造电机从零开始，准备工装、卡具、模具，团队当时10个人，早上7点、8点上班，第二天早上4点下班，每天睡4个小时，干了100天，出了第一部电机。"她还这样描述研发团队和企业整体的文化氛围："我2015年坐完月子15天就开始上班。我们团队一个人可以胜任好多岗位，员工都比较拼。公司层面很透明的，新发现能分享。"[5]不过，作为创业型企业，大连光洋演化早期阶段在科层制管理上缺乏规范性，据称"研发人员都不

---

[1] 陈虎访谈记录，2018年3月28日，大连光洋科技集团有限公司。
[2] 孙毅访谈记录，2018年3月28日，大连光洋科技集团有限公司。
[3] 李文庆访谈记录，2017年5月26日，大连光洋科技集团有限公司。
[4] 于德海：《"717"工程》，2011年9月5日。
[5] 王雪访谈记录，2018年3月29日，大连光洋科技集团有限公司。

打卡的"①，也意外地塑造了一种包容性强的技术文化，鼓励技术人员自由发挥创造力。主管基础研发的李文庆讲述了他眼中的研发活动所需要的文化与氛围："做研发的人追求公平、公正。我们搞人性化管理，给研发人员较大的自由度。"②在科德负责研发的蔡春刚也称："科德的研发技术人员大约占一半，开放式创新难免会有失败，公司给研发人员宽松的环境，允许犯错误，不允许在同一个地方连续犯错，有容错机制。"③在要求员工高强度投入的《"717"工程》中，于德海同样强调管理层要"变监督考核为服务到一线"，并要求"要及时发现和总结表现突出的员工，弘扬正气，对努力付出、成就显著的员工进行宣传、推荐，以获得社会尊重和应有待遇"。④随着大连光洋的持续成长，其组织与制度均不断发生变化，但其相对稳定的技术文化是决定其创新能力的重要机制。

在具体的技术研发过程中，大连光洋非常强调量化，即一种精确的数据分析与达标。于德海称，大连光洋在研制电机时，综合了逆向消化与正向设计两种方式进行创新，逆向消化阶段求得准确的数据是掌握工艺的基础："一开始逆向消化，公司要拿数字说话，工艺一定要搞清楚。搞正向设计的人会被国内的思路框住。让工艺强的人做逆向，很快把进口电机拆解，材料做化验，供应商找到，通过这种方式，不到5年的时间各种型号、规格的电机做出来。到正向设计阶段，由西安微电机所、沈阳工业大学出来的人，在消化、吸收的基础上再创新。"⑤陈虎在谈到研发时，也强调量化的重要性："我们特别注重量化。首先知道我们自己和别人的区别在哪里，进口床子和我们自己做的比较，很多东西需要定量地拿出来。在研发过程中注重量化考核，杜绝拍脑袋的情况，要有决策依据。"⑥大连光洋毕竟是一家后发展国家的追赶型企业，其创新建立在模仿与学习的基础上，对既存知识的消化与吸收构成其创新的起点，而发达国家的先进企业既是要追赶乃至赶超的对象，也是追赶之中学习的对象。进一步说，敢想敢为的胆识塑造着后发展国家企业的创新战略，决定了其创新动机，对学习对象进行量化分析后再重新组合新学到的知识，则是一种务实的创新战术，后发展国家企业借此缩小着与学习对象的差距。自立自强型工业创新建立在最大限度学习外部知识的基础上。

---

① 李鑫访谈记录，2018年3月29日，大连光洋科技集团有限公司。
② 李文庆访谈记录，2018年3月28日，大连光洋科技集团有限公司。
③ 蔡春刚访谈记录，2018年3月28日，大连光洋科技集团有限公司。
④ 于德海：《"717"工程》，2011年9月5日。
⑤ 于德海访谈记录，2017年5月24日，大连光洋科技集团有限公司。
⑥ 陈虎访谈记录，2017年5月26日，大连光洋科技集团有限公司。

大连光洋在市场经济中逐渐演化出来的全产业链模式对其技术文化也有影响。全产业链模式使大连光洋内部的知识流动与拓展得到强化，在不同领域知识的交换中刺激着员工的创造力。数控机床集成了不同领域的知识，对技术人才的要求很高。陈虎直言："我们行业具有特殊性。硬件、软件的人才光在机床圈找不到。核心的东西竞争的是软件、算法，还要和懂机械的结合。我们的人才竞争为什么难？我们实际上是在和华为竞争（招聘人才），不是和机床行业竞争人才。这是一个难点。"[1]受限于中国东北老工业基地的整体经济环境，大连的技术型企业想要留住人才也面临着比南方企业更大的困难。因此，尽管大连光洋的领导层与高级管理人员均表示要靠"待遇留人"，但企业技术文化对技术人才的吸引力也是不容忽视的。阮叁芽称："我们公司研发人才成长非常迅速，一来就参与到工程中，容许开发失败，必须带着项目去做、去学。我们这边接触的东西多，系统观能建立起来。"[2]这种系统观依托的就是大连光洋的全产业链模式所带来的知识多样性与系统性。担任过光洋数控应用所所长的汤洪涛也表示："光洋通过平台留住人才，大家还年轻嘛，能做点事。我们的产品服务军工、进口替代，还蛮有成就感的。"[3]因此，技术文化对于大连光洋的工业创新来说，是一种影响到方方面面的调节机制与激励机制。出于创业型企业的特殊性，大连光洋的技术创新还具有大胆使用年轻人的特点，日籍员工茂木幸夫比较了这一特点与他任职过的日立精机的差异："光洋的特点是包括研发人员在内年轻人居多。光洋很快就让年轻人坐到设计师的位子，日立精机不会让新人搞设计，但新人在革新方面光写论文，不去实践设计，创新的观念、想法就没有了。年轻人有自己设计的机会就特别高兴。"[4]由此可见，研发队伍的年轻化本身也在强化着大连光洋由技术兴趣演化而成的技术文化，并由技术文化滋养企业的创造力。表4-14揭示了大连光洋创造力的形成与演化概况。

表 4-14　大连光洋创造力的形成与演化

演化事项	企业家偏好	企业家偏好塑造技术文化	技术文化激发创造力
经验意义	创新意识 技术兴趣	技术文化成为企业文化	兴趣驱动与人才吸引力 高强度投入与知识积累 量化分析与容错机制
理论内涵	知识学习的动力	知识学习的制度	知识学习的路径

---

[1] 陈虎访谈记录，2017年5月26日，大连光洋科技集团有限公司。
[2] 阮叁芽访谈记录，2018年3月28日，大连光洋科技集团有限公司。
[3] 汤洪涛访谈记录，2017年5月26日，大连光洋科技集团有限公司。
[4] 茂木幸夫访谈记录，2018年3月28日，大连光洋科技集团有限公司。

大连光洋的企业家偏好包含创新意识与技术兴趣，由企业家偏好塑造的企业文化堪称一种技术文化，这种技术文化从多个层面与多个角度激发着大连光洋的创造力，使大连光洋实现技术创新。比起有形的规章制度，技术文化构成了企业无形的知识学习的制度，并划定出企业知识学习的路径。

（三）大连光洋与用户的协同演化

除了内部的技术文化滋养了大连光洋的创新外，与用户的良性互动也给大连光洋带来了创新所需要的知识反馈，而这一点又离不开"04专项"等产业政策的支持。大连光洋与用户的协同演化解决了中国资本品部门创新体系的长期顽疾。从某种意义上说，大连光洋的全产业链模式就包含了企业内部的用户创新机制，其机床整机制造部门相对于数控系统制造部门就是用户，其数控系统制造部门相对于基础零部件制造部门又是用户，并分别向其内部供应商反馈着有利于创新的知识。进一步说，大连光洋或科德制造高档数控机床整机能力的提升，也离不开与机床用户的良性互动，而这种互动关系乃至协同演化的建立在很大程度上借助了国家的产业政策来实现。

高档数控机床的重要用户是军工、航空、航天、舰船、能源等产业。西方国家对中国进口高档数控机床实施的是半封锁策略，既包括在品种上划分高档数控机床内部的等级，从而划出可卖与不可卖的范围，又包括在时间上动态调整这种可卖与不可卖的范围。因此，中国依靠进口来满足对高档数控机床的需求是无法自主可控的。然而，由于高档数控机床的高端用户本身数量有限，半受限而非全受限的进口渠道又恰好占据了国产高档数控机床的国内市场空间。大连光洋靠全产业链模式解决了高档数控系统缺乏市场的问题，但当其产业链延伸至高档数控机床整机后，同样的问题再度浮现。在这种情况下，大连光洋极为重视与用户的协同演化。陈虎便称："替代进口相对容易对标，创造新用户反而更难。一开始用户都会有对进口机床的迷信。其实这个圈子很小，我们珍惜任何一个客户案例。机床企业用什么降成本，客户都在观望。"[①]换言之，大连光洋的自立自强型工业创新是在市场经济条件下的行为，必须考虑争取用户，而用户本身也构成一种重要的创新要素。

和很多改革开放后进入高技术领域的民营企业只能将早期产品卖给民营企业一样，民营企业也是大连光洋的重要用户。这是因为很多民营企业

---

① 陈虎访谈记录，2017年5月24日，大连光洋科技集团有限公司。

规模与财力均有限,更愿意从性价比而非单纯性能的角度来考虑设备投资,对不成熟的国产装备的包容度也较高。于德海等均在访谈中提到一家苏州民营企业在购买了科德的机床后,提出了宝贵的反馈意见。于德海称:"用户是苏州的老板,一开始开合伙公司,后来自己独立开公司,对数控系统了解得多,什么时候发现机床有问题,什么时候和我们交流,没有周日、晚上休息的时间,追求利益最大化。这个用户干的产品各行各业都有,有人下订单就接,涉及业务多,所以发现问题也多。"汤洪涛对这个案例进行了补充说明:"这个用户是 2014 年在展会上认识的,我们在和用户的交流中提升。搞数控系统的人,成天坐在办公室里守着一台电脑基本不可能搞出来。"[1]数控机床的用户在加工不同的产品时,会遇到不同的问题,解决这些问题的知识对于改进数控机床极为有用,而这些知识只可能在用户使用数控机床的过程中产生,并属于用户所享有的专有知识。因此,用户将这些知识反馈给数控机床制造商,能极大地扩充制造商的知识库。这就是资本品用户对于资本品部门的工业创新的重要价值。

大连光洋高档数控机床用户的扩充,有赖于国家产业政策和相关领导的支持。这一点也体现了中国的国家工业创新体系对部门与企业的影响。原国家发展和改革委员会副主任张国宝回忆:"由大连光洋科技股份有限公司为陕西飞机制造公司生产大型运输机制造的五轴数控激光切割机,为我国首次生产这种机床,填补了国产空白。这种机床本来已决定申请进口解决,而我希望由国内研制,经国家发改委国防动员办支持协调留在了国内生产。"这一案例展现了典型的自立自强型工业创新的逻辑,这一点也可以从张国宝在其他场合的论述中得到佐证:"最难的事情是,国内厂家生产出来了设备,在实际工程建设上却无人敢用。事实上,任何参加招投标的企业都必须拥有工程业绩,而首台(套)又没有业绩……为了从根本上解决国产设备的推广难问题,国家发改委……积极推动国家出台鼓励业主采用国产设备的首台(套)政策。"[2]因此,中国政府出台的相关产业政策,注重为装备制造企业与用户之间牵线搭桥,使自立自强型工业创新能在半封锁的市场条件下持续推进。

与其他众多企业一样,大连光洋也受惠于"04 专项"。大连光洋 2009 年承担了该重大专项的"光纤总线开放式全数字高档数控装置"课题,开发出 GNC60 光纤总线开放式全数字高档数控装置,又于 2012 年承担"高

---

[1] 于德海、汤洪涛访谈记录,2017 年 5 月 26 日,大连光洋科技集团有限公司。
[2] 张国宝:《筚路蓝缕——世纪工程决策建设记述》,北京,人民出版社,2018 年,第 397—398、522 页。

可靠性光纤总线开放式高档数控系统、精密测量系统、伺服装置和电机技术及产品成套系统工程"课题，开发出 GNC61 系列光纤总线开放式高档数控系统等系列产品。通过承担"04 专项"的课题，大连光洋在高档数控机床全产业链上突破了一系列关键技术，如开发了直线位置测量激光干涉尺，用于机床的全闭环控制，实现了数十吨重龙门工作台 0.5 微米/1000 毫米的精确运动及 0.1 微米的运动灵敏度。① 大连光洋的开放式数控系统具有创新性，一名习惯于使用进口机床的国内用户的技术人员称："我们看中大连光洋研制的五轴数控机床，其中的一个重要原因，就是它的控制软件相对开放，能够让我们结合以往的经验，大展拳脚。"② 无可讳言，与追赶对象相比，大连光洋的技术与产品是欠缺成熟度的，因此，它只能以贴近国情的创新来满足用户的需求，在市场与技术的缝隙中开辟生存空间。用阮叁芽的话说："有一部分核心的东西，老外不开放，我们得重新定义高档数控系统。"③ 自立自强型工业创新终究是为了满足知识流动受限条件下的需求，因此，与亦步亦趋的追赶相比，另辟蹊径的做法只要能满足需求，就可以视为自立自强型工业创新的成功。当然，这种成功是需要用户来检验的。对大连光洋来说尤为重要的是，"04 专项"使其能接触到无锡透平叶片有限公司（以下简称无锡透平叶片）、无锡航亚科技股份有限公司（以下简称无锡航亚）、中国航天科工三院 31 所（以下简称航天科工 31 所）等关键性的机床用户，反馈回来非常有用的知识，使其工业创新在合理的路线上持续推进。

  无锡透平叶片较早成为大连光洋的用户，该公司副总工艺师张家军回忆："2009 年，我们公司还没搬到新址，于总（于德海）带着陈虎过来，对五轴机床这一块启动'04 专项'、机床设计做一些交流。第一开始的机型科德 4200，他们回去以后很快做好，准备试切。我们公司大的叶片 S90 在那边试切，效果还是不错。按它的机床结构，公司领导比较满意。后来邵总（无锡透平叶片副总经理邵然）看完后感觉效果可以，就到大连去看了一下，就确定后续的合作。后来我们公司做能源大叶片，感觉 4200 有点小，一定要有大的机型，后来就设计 4400、4600 到 6600，就共同验证

---

  ① 大连光洋科技集团：《数控系统与机床相辅相成，协同发展》，《国家科技重大专项高档数控机床与基础制造装备》2016 年第 3 期。

  ② 中国航天科工集团三院 31 所：《军民"联姻"，提升中国"智"造水平》，《国家科技重大专项高档数控机床与基础制造装备》2016 年第 3 期。

  ③ 阮叁芽访谈记录，2018 年 3 月 28 日，大连光洋科技集团有限公司。

一些机型。"①此处所说的"4200"等是对机型的简称，如"4200"正式的名称是 KDW4200FH 卧式车铣复合加工中心。实际上，无锡透平叶片能试用大连光洋的机床，离不开原机械工业部部长陆燕荪的协调与撮合。在 2009 年 8 月 3 日 KDW4200FH 卧式车铣复合加工中心大型叶片加工现场观摩会上，陆燕荪表示："我为什么来看，我心里也不知道光洋究竟怎么样，你是忽悠呢，还是你是在干实事。我就请几个专家来看看，今天……看了现场，我有信心了。"②这表明，在"04 专项"启动时，对国产高档数控机床信心不足是种普遍现象。不过，无锡透平叶片当时也面临着进口受限的困难，大连光洋恰好为其解决了难题。据无锡透平叶片管理部副部长吴静称："我为什么佩服光洋呢，因为光洋里面的东西都是自己做的。我们一开始订发那科系统，日本海关拦下了，因为看我们网站涉及军工。"③在与大连光洋的合作中，无锡透平叶片对机床的改进提了宝贵意见，张家军称："到 6600 验收时，因为整个设计扩大，加工刚性变差，当时提出意见，感觉还是有问题，于总当场拍板重新制造一台，用了一年，还是不错的。"④2011 年，无锡透平叶片作为用户牵头承担了"04 专项"的课题"透平机械叶片制造应用国产高档数控机床示范工程研究"，使用了包括科德产品在内的 15 台国产机床组成示范生产线，用于制造百万等级核电及超超临界汽轮机大叶片、燃气轮机压气机叶片等，以综合验证国产高档数控机床的技术水平，在与进口设备的加工对比中，找出国产机床的问题，提出改进措施。对科德将"6600"改进后的 KTurboM3000 五轴叶片铣削加工中心，无锡透平叶片提出的改进建议包括增加夹具与机床之间的快速连接装置、在显示屏上增加顶尖压力值显示功能等，使该机床提高了生产效率并确保加工叶片的质量。⑤从某种意义上说，无锡透平叶片已经参与到了大连光洋的高端数控机床研发过程中，并使研发的产品更适应市场实际需求。无锡航亚是创建于 2013 年的民营企业，其创始人严奇曾在无锡透平叶片长期担任领导。2009—2016 年，无锡航亚也和大连光洋一起参与了"04 专项"，使用后者的机床加工叶根。严奇称："对

---

① 张家军访谈记录，2018 年 5 月 9 日，无锡透平叶片有限公司。
② 《KDW4200FH 卧式车铣复合加工中心大型叶片加工现场观摩会（座谈会）会议录音》，2009 年 8 月 3 日。
③ 吴静访谈记录，2018 年 5 月 9 日，无锡透平叶片有限公司。
④ 张家军访谈记录，2018 年 5 月 9 日，无锡透平叶片有限公司。
⑤ 无锡透平叶片有限公司：《实施示范工程，提升国产高档数控机床在透平机械叶片制造中的应用水平》，《国家科技重大专项高档数控机床与基础制造装备》2018 年第 4 期。

进口机床的认识可以对国产提出很多改进。我给老于（于德海）很大的帮助，连机床结构都告诉他们。"①用户反馈的知识是大连光洋制造高档数控机床进展迅速的重要原因。

更具有科技自立自强意义的案例是航天科工 31 所。②航天科工 31 所 1995 年为满足涡喷发动机研制生产任务，一车间成立了精加组，当时较高档的设备仅有 1 台数控车削中心，1996 年才由全所集资进口了 1 台五轴加工中心。2003 年，该所成立了数控车间，2009 年，其数控设备达 28 台，有机匣、叶轮两条柔性生产线。2013 年 5 月，航天科工 31 所在"04 专项"的牵引下与大连光洋就"国产高端数控机床在军工产品复杂核心零部件上的应用"达成合作意向，其后，双方工程师一起通过对斜流叶轮和铝合金转子的试加工，考察大连光洋数控机床的性能、功能和可靠性。机床安装后，立即搭载航天科工 31 所长期使用的切削参数和加工程序，结果却差强人意，经过分析，问题被归因为机床控制参数和切削参数不匹配，经过 3 天的调整才确保了试制件的表面质量满足加工要求。此后，航天科工 31 所和大连光洋在调试和试制过程中，先后攻克了机床中存在的几何精度、位置精度的测量和调整补偿，数控伺服参数与工艺参数匹配，零件的适应性编程和加工等诸多难题。该所并从数控系统顶层开发的角度，对编程和工艺切削参数提出了 21 条改进措施。③在 2018 年的调研中，航天科工 31 所相关人员也指出了他们对大连光洋的知识反馈："以前用进口机床，型号特别多、杂，购买设备得小批量，和现在比起来，更换零件、调整不方便。科德的机床 4 年前特别糙，我们科研单位产品型号多，要求千奇百怪，给他们提了特别多的要求，改进很大，结构等完全改变了。"④由此可见，用户给大连光洋提供的是学习的机会，深度参与到了大连光洋知识拓展的过程中，直至与大连光洋在高档数控机床领域协同演化。这种协同演化，也使得企业的自立自强型工业创新成为整个国家工业创新体系的重要组成部分。从 2015 年到 2022 年，航天科工 31 所共承担"04 专项"课题 4 项，新增国产高档数控机床 45 台，改造设备 9 台，建成中国首条弹用涡轮发动机整体叶轮、机匣数字化柔性生产线，这些设备完成了整体叶轮类、机匣类、燃烧室类、进气道类等 9 类 10 万余件产

---

① 严奇访谈记录，2018 年 12 月 21 日，无锡航亚科技股份有限公司。
② 航天科工 31 所涉及军工，本文所用材料均已脱敏，可在该所微信公众号等公开宣传材料上查阅佐证。
③ 中国航天科工集团三院 31 所：《军民"联姻"，提升中国"智"造水平》，《国家科技重大专项高档数控机床与基础制造装备》2016 年第 3 期。
④ 中国航天科工三院 31 所调研访谈记录，2018 年 5 月 4 日。

品的制造，有力地推进了中国飞航武器装备的自主化。该所的合作对象并非只有大连光洋，但大连光洋系其最重要的国产高档数控机床供应商。大连光洋与航天科工 31 所的合作，是"04 专项"的一个成功典范，也展现了中国机床工具工业面向未来创新的生命力。

第四节　小结：演化时机与部门创新要素的重新积累

市场经济具有周期性，产业和企业的演化也有自己的生命周期，时机对演化来说至关重要。进入 21 世纪后，在近 20 年的时间里，中国机床工具工业经历了一轮宏观经济的景气变动，形成了完全不同于"十八罗汉"体系的新体系，民营企业大放异彩，部门创新要素也重新积累。与 20 世纪 90 年代不同，21 世纪初中国机床工具工业在重工业化的拉动下高速增长，享受了行业历史上罕有的"黄金十年"。然而，随着经济周期出现变动，中国机床工具工业又遭遇了严峻的行业危机，在景气时代进行了规模扩张的众多企业陷入破产重组的困境，由此也带来了整个行业体系的巨变。在行业生态体系的重构过程中，部门创新要素也以各种方式重新积累，驱动着中国机床工具企业继续追赶世界先进。极为重要的是，中国政府出台了专门针对机床工具工业的产业政策"04 专项"，再度在资本品部门与其用户部门之间建立起了联系机制，使资本品部门创新所需的知识积累得以大大扩充，加速了中国机床工具工业在高档数控机床领域的创新。中国机床工具工业的创新是在知识流动受限背景下的自主探索，需要靠企业自己努力去发现难以从外部获取的新知识，并建立起自己的产业链来满足需求，而一旦其产业链得到完善，又能够满足整个国家的战略需求，故可以称为自立自强型工业创新。在可以预见的未来，中国机床工具工业将依然主要依靠自立自强型工业创新的路径进行追赶。

结论　后发展国家的资本品部门创新

经过 70 年的演化，中国机床工具工业发生了翻天覆地的巨变，在国家经济体制的变革与一轮轮市场周期中，行业大浪淘沙，企业沉浮枯荣。从市场主体来看，中国机床工具工业早已形成了多样性的生态。一些老牌企业没落了，一些老牌企业依然努力求存；一些新企业脱颖而出，但大量新企业默默无闻，或者在创新浪潮中旋起旋没，无法在行业史的长河中激起一朵浪花。即使行业进入不景气周期，中国市场对机床工具产品的需求仍然在吸引着新的市场主体进入，这表明中国的资本品部门在中国经济内生动力的驱动下，具有蓬勃活力。然而，这个后发展国家的资本品部门在全球政治经济体系中，同时承受着市场开放与技术封锁的双重压力，这双重压力从不同的方向上塑造着中国资本品部门的创新体系。从中国机床工具工业 70 年的演化历史中，可以对资本品部门的创新总结若干启示。

一、后发展国家的资本品部门需要国家培育

资本品部门是人类的生产工具演化为产业后的形态，凝结着人类制造活动最先进的知识。以机床工具工业为代表的资本品部门是生产力变革的关键，也是工业革命不可或缺的条件。资本品部门的创新对国家的工业竞争力与国防安全具有举足轻重的战略意义。然而，后发展国家与发达国家的差距，恰恰就在于后发展国家缺乏足够的知识去主导生产力变革，只能在向发达国家学习的过程中进行追赶。换言之，在后发展国家与发达国家的诸多差距中，资本品部门的差距是极为显著的。因此，后发展国家尤其后发展大国要想实现追赶，必须建立起自己的具有创新能力的资本品部门。

但是，在几百年来不断演化的世界体系中，后发展国家的资本品部门很难充分发育，这也导致直到 21 世纪，全球的资本品部门仍然聚集于少数国家与地区。究其原因，后发展国家的资本品部门极为缺乏比较优势，大批企业在技术上无法突破产业进入壁垒，偶有突破的企业也难以与技术先进的发达国家资本品在市场上竞争，只能停留于低端市场，由此会形成发达国家向后发展国家出口资本品的较为固定的国际分工。在这种自然形成的国际分工下，后发展国家在资本品部门领域的追赶需要层层突破，从

生产一般资本品向生产核心资本品逐步迈进，但每前进一步，阻力也就越大。这也就解释了：尽管近代中国演化出了自己的资本品部门，但在该部门中居于核心地位的机床工具工业却难以成为一个独立行业。从历史的"自然实验"来看，这种比较优势固化的桎梏难以靠市场自身的力量去打破，需要借助国家这一外力。中国机床工具工业能够在短期内迅速成为一个独立行业，就是中华人民共和国成立后政府各项举措的产物。这些举措包括政府引导企业转型、为企业提供资源以及直接从国外引进技术创建新企业等，其实质就是国家通过行政力量汇聚资源，帮助企业打破产业的进入壁垒，其结果就是固化的国际分工被打破，为进一步的追赶创造了一个起点。因此，中国机床工具工业的形成表明，后发展国家的资本品部门需要国家去奠定发展的基础。而后发展国家从无到有培育战略性产业的演化过程，对其而言本身就是一种改变均衡结构的创新，需要学习和创造大量新知识。

二、后发展国家资本品部门创新具有特殊类型

创新一般被视为发达国家的专有现象，后发展国家对发达国家只能模仿与学习，这导致研究后发展国家的工业演化难以运用标准的创新理论。然而，这种创新观指向的多为原始创新或颠覆性创新，但从创新的本意或熊彼特的经典定义来看，创新实际上具有增量性与渐进演化性，也具有时空上的相对性。进一步说，模仿与学习本身就包含了创新的基本机制。创新具有演化性，演化意味着能力在时间中累积。后发展国家工业建立在学习与模仿基础上的"从无到有"，通常是其追赶发达国家的演化必经阶段，是其更具原创性的创新活动的前序阶段。更为重要的是，搜寻新知识再加以创造性利用的学习能力，既是创新的基本机制，又为模仿性的追赶所不可或缺。因此，发达国家的创新与后发展国家的追赶，存在着学习能力这一共同要素作为实际起作用的因素。这也意味着，后发展国家工业种种"从无到有"的突破现象，既是其工业创新演化史的早期阶段，又是其追赶过程中会反复出现的一种特殊的创新类型。中国机床工具工业的演化史就是一部充满从无到有式创新的历史，可以说，从无到有式创新是后发展国家资本品部门最为普遍的一种创新类型。在中国机床工具工业历史上，20世纪60年代的高精度精密机床战役就是典型的从无到有式创新，21世纪中国机床工具企业对高档数控机床的研发也具有从无到有式创新的色彩。

后发展国家资本品部门的从无到有式创新，存在一个基本背景，即其对外部先进知识的获取受到限制，无法简单地通过技术引进乃至进口产品来满足需求，只能立足于自己去将残缺的知识拼图补充完整。这种知识受限是由发达国家的技术封锁造成的，中国的资本品部门尤其机床工具工业，自1949年以后就一直受到种种封锁。于是，那种立足于自己去补充乃至创造新知识的创新，就成为中国资本品部门另一种特殊的创新类型，可以依据官方政策语言称其为自立自强型创新。现实世界中的知识流动受限是自立自强型创新赖以成立的逻辑，但必须指出的是，这种限制是动态的，并随着发达国家自身的利益变动而调整。实际上，发达国家往往禁止汇集了先进知识的资本品部门中最尖端的技术流向被封锁国家，却并不限制该部门的中低端产品去占领被封锁国家的市场。这种半限制状态旨在使发达国家在战略与经济两方面实现利益最大化。对被封锁国家来说，半限制状态的影响同样是复杂且动态的。一方面，半限制状态下仍然存在的知识流动构成了自立自强型创新所依托的知识存量；另一方面，高端技术的创新投入往往取自在中低端产品市场上的积累，半限制状态下高端技术和中低端产品市场的不同境况，会削弱自立自强型创新的自我积累机制。更有甚者，有限的封锁意味着局部的开放，而这种局部的开放往往会形成一种期待进一步开放的心理预期，削弱自立自强型创新的动机。然而，寄希望于外部变化的心理预期也就意味着将发展的主动权拱手予人，使发展的质量与节奏受到外部力量的控制，难以承受非预期变化的风险。这种现实中的风险，反过来又使自立自强型创新成为应对封锁的最佳策略。因为，不管知识流动受限的程度如何，自己的需求依靠立足于自己的创新去满足，是最不受外部风险影响的路径。从这个角度说，中国资本品部门未来的追赶仍须以自立自强型创新为主。

三、工业文化对资本品部门的创新有激励作用

资本品部门是凝结了先进知识的经济部门，技术创新在资本品部门的创新中占有核心地位。然而，技术创新恰恰是后发展国家资本品部门创新体系最薄弱的环节。技术创新向来是经济学研究中的"黑箱"，因为进行创新的个体所依赖的创造力是难以量化分析的，历史记录亦存在太大的偶然性。不过，工业创新是在企业的组织内部实现的，个体的创造力也需要通过组织转化为工业创新，这就使得组织能够成为解析"黑箱"的一种角度。从中国机床工具工业自立自强型创新的成功案例看，其技术创新主要靠的是技术人员的高强度投入和持续积累取得的，这一过程虽然具有"黑箱"的不可描述性，但可以辨识的是，企业内部偏好技术与强调创新的文

化对于技术人员的创新动机与知识学习均具有正面调节作用。这种文化是工业文化在微观层面的体现。而所谓工业文化,就是一种肯定工业发展与强调技术创新的价值观体系。从中国机床工具工业的演化来看,工业文化对后发展国家资本品部门的创新有着激励作用,是其部门创新体系的重要组成部分。

创新的基础是知识的搜寻与学习,而学习是一个包含动机与策略的行为过程。技术创新之所以呈现"黑箱"状态,是因为个体学习的效果具有高度不确定性,亦难以复制。在学习的过程中,策略也必须根据各种具体的情境去调整,缺乏普遍性。于是,在学习过程中,较容易干预与产生相应变化的变量,主要为动机。工业文化实际上就是一种对个体与组织进行动机强化的机制。以中国机床工具工业的演化史来说,在强技术封锁阶段,技术封锁的压力通过强化资本品部门行为主体的学习动机而促进了从无到有式创新的实现,但在弱技术封锁阶段,学习动机随着压力的减弱而减弱。鉴于学习能力是追赶与创新的共同要素,追赶过程中学习动机的减弱,会降低从追赶过渡至创新的概率。因此,通过培育工业文化而常态化地维持高强度的学习动机,有利于后发展国家资本品部门对创新活动进行投入,使其依靠自身力量调动资源去突破国际比较优势的桎梏。进一步说,对于"黑箱"状态的技术创新来说,培育工业文化也是不多的易于操作的策略。而要培育工业文化,既应在企业内部塑造鼓励创新的技术文化,又应从国家创新体系的宏观层面着手营造有利于资本品部门发展的社会氛围。部门创新体系始终是与企业和国家创新体系这两端联结为一体的。

四、资本品部门的创新依赖与用户部门的互动

资本品部门是一种典型的为其他部门供给技术的生产部门。演化与创新经济学传统上主要关注技术供给侧的生产部门的创新,随着学术发展,用户部门对生产部门的知识反馈及两者间的协同演化已越来越受重视。中国机床工具工业的演化史,有力地证明了资本品部门的创新依赖与用户部门的互动。如果将资本品视为先进知识的凝结,那么,这些知识必然既包含资本品的生产知识,又包含资本品的使用知识。从满足需求的角度说,资本品的使用知识赋予了资本品真正的价值,是决定资本品是否具有市场价值的先决条件。因此,资本品生产商要努力将使用知识融入其生产的资本品中,这意味着,生产知识与使用知识又是融合于一体的,均须被生产商所掌握。然而,在现实世界中,生产商并不能预知一切,资本品的某些

特殊的使用知识是在使用过程中产生的，并被使用者所专享。但恰恰是这些特殊的使用知识构成改进资本品的空间，决定了资本品市场竞争的附加值。于是，当资本品使用者将其专享的使用知识反馈给资本品生产商时，资本品生产商能用于创新的知识就高效率地扩充了。对于被技术封锁的资本品生产商来说，这种知识反馈更显珍贵，因为其中往往包含生产商难以正常学到的外部知识。这就是资本品部门与用户部门协同演化的重要性。

在计划经济时代，中国的工业管理部门从整体上扮演了用户角色。由于政府部门比企业更受追求自给性的战略逻辑支配，这意外地导致缺乏比较优势的资本品部门获得了市场条件下难以获得的用户部门的支持。中国机床工具工业早期的两场重大"行业战役"，离开用户的支持是难以成功的。在逐渐市场化与进口不完全受限的时代，中国机床工具工业又组织了类似的"战役"，期望实现先进数控系统的从无到有，效果却远比不上前两次"战役"，其原因虽非单一，但缺乏用户部门的有力支持却不可忽视。到了21世纪，"04专项"这一产业政策为机床工具工业与用户部门牵线搭桥，在一定程度上恢复了中国资本品部门创新体系曾有过的有效机制，其取得的成功也就更大。因此，构建资本品部门与用户部门的协同演化机制，促进知识在两者间有效流动，是后发展国家自立自强型创新的一条有效路径。而这种部门间的协同演化，本身也将塑造整个国家创新体系。

主要参考文献

一、经典著作与领导人文集

《建国以来毛泽东文稿》第七册，北京，中央文献出版社，1992年。
邓小平：《邓小平文选》第三卷，北京，人民出版社，1993年。
胡锦涛：《胡锦涛文选》第二卷，北京，人民出版社，2016年。
江泽民：《江泽民文选》第三卷，北京，人民出版社，2006年。
习近平：《干在实处 走在前列——推进浙江新发展的思考与实践》，北京，中共中央党校出版社，2006年。
习近平：《习近平谈治国理政》第2卷，北京，外文出版社，2017年。
中共中央文献研究室编：《毛泽东文集》，北京，人民出版社，1999年。
中共中央文献研究室编：《习近平关于社会主义经济建设论述摘编》，北京，中央文献出版社，2017年。
〔德〕马克思：《资本论（纪念版）》，中共中央马克思恩格斯列宁斯大林著作编译局编译，北京，人民出版社，2018年。

二、档案

中国机床工具工业协会、上海市档案馆、重庆市档案馆、云南省档案馆、青海青重机床制造有限责任公司、大连光洋科技集团有限公司等所藏档案

三、行业、企业与部门刊物

《国家科技重大专项高档数控机床与基础制造装备》。
《机床通讯》。
《齐重数控报》。
《一厂人》。
《中国机床工具》。
《重型机床》。

四、调研访谈与座谈会记录

北京机床研究所老领导访谈记录，2017年3月1日。
北京机械工业信息研究院座谈会记录，2021年6月29日。

北平机床有限公司调研访谈记录，2017年9月13日。
长春禹衡光学有限公司调研访谈记录，2021年6月10日。
成都工具研究所老领导访谈记录，2017年5月19日。
大连光洋科技集团有限公司调研访谈记录，2017年5月24日。
大连光洋科技集团有限公司调研访谈记录，2017年5月26日。
大连光洋科技集团有限公司调研访谈记录，2018年3月28日。
大连光洋科技集团有限公司调研访谈记录，2018年3月29日。
大连山崎马扎克机床（辽宁）有限公司调研访谈记录，2017年8月4日。
"当前我国机床工业面临的形势与问题研讨会"会议记录，2019年6月25日。
福建省正丰数控科技有限公司调研访谈记录，2021年7月20日。
广州数控设备有限公司调研访谈记录，2017年10月24日。
江西杰克机床有限公司调研访谈记录，2017年12月14日。
泉州嘉泰数控科技股份有限公司调研访谈记录，2021年7月20日。
上海机床厂有限公司调研访谈记录，2017年7月6日。
沈阳机床（集团）有限责任公司调研访谈记录，2017年8月2日。
沈阳集团昆明机床股份有限公司调研访谈记录，2018年4月20日。
四川长征机床集团有限公司调研访谈记录，2017年12月8日。
台州市东部数控设备有限公司调研访谈记录，2017年9月13日。
无锡航亚科技股份有限公司调研访谈记录，2018年12月21日。
无锡透平叶片有限公司调研访谈记录，2018年5月9日。
武汉华中数控股份有限公司调研访谈记录，2017年7月26日。
武汉重型机床集团有限公司调研访谈记录，2017年7月14日。
银川小巨人机床有限公司调研访谈记录，2017年8月8日。
浙江海德曼智能装备股份有限公司调研访谈记录，2017年9月14日。
浙江杰克机床股份有限公司调研访谈记录，2017年9月14日。
浙江西菱股份有限公司调研访谈记录，2017年9月13日。
中国二重集团调研访谈记录，2017年8月17日。
中国航天科工三院31所调研访谈记录，2018年5月4日。

五、行业、企业史志等

《第二汽车制造厂志（1969—1983）》，东风汽车公司史志办公室编印，2001年。
《昆机志（续编）（1989—2009）》，昆明，沈机集团昆明机床股份有限公司，2009年。
《中国一汽志（1987—2011）》，中国第一汽车集团公司，2013年。
《足迹·心路——秦川40年记》，秦川机床集团有限公司、陕西秦川机械发展股份有限公司编印，2005年。

蚌埠锻压机床厂编：《锻压机床厂厂志》，蚌埠锻压机床厂，1985年。

长安汽车（集团）有限责任公司：《长安公司志（长安汽车集团公司部分）（1995—2006）》，长安汽车（集团）有限责任公司，2008年。

长沙市冶金机械工业志编纂委员会编：《长沙冶金机械工业志》，1992年。

《厂志》编辑委员会：《秦川机床厂厂志（1965—1985）》，秦川机床厂，1987年。

成都工具研究所：《创新历程：成都工具研究所50周年所庆文集》，成都工具研究所，2006年。

成都市成华区地方志编纂委员会编：《成都市成华区志（1990—2005）》，北京，新华出版社，2014年。

重庆机床厂厂史编辑委员会：《重庆机床厂简史（1940—1994）》，1995年。

重庆机床厂史编辑委员会：《重庆机床简史（1995—2010）》，2010年。

德州机床厂史志编纂委员会编：《德州机床厂发展简史（1939年2月—1995年6月）》，内部资料，1995年。

第二砂轮厂厂志编辑室编：《二砂厂志（1953—1985）》，1986年。

《东北机械工业资料选编》编辑部编：《东北机械工业资料选编（1945—1954）》，沈阳，沈阳市机电工业局，1985年。

《东风汽车公司志》编辑部：《东风志（1984—2007）》，2012年。

该书编写小组：《宁江机床厂厂史》，宁江机床厂，1984年。

该书编撰小组：《烟台环球机床附件集团有限公司史志（1949—2007）》，烟台环球机床附件集团有限公司，2007年。

该书编纂委员会：《湖北锻压机床厂志》，湖北锻压机床厂，1989年。

该书编纂组：《沈阳第三机床厂志（1933年—2006年）》，沈阳第三机床厂，2006年。

广西第一机床厂：《广西第一机床厂志（1966—1988）》，广西第一机床厂，1989年。

国家机械委机床工具局：《中国机床与工具工业（1981—1985）》，国家机械委机床工具局，1987年。

哈尔滨量具刃具集团有限责任公司：《哈量集团建企60周年资料汇编（1952—2012）》，哈尔滨量具刃具集团有限责任公司，2012年。

机电部机床工具司：《中国机床与工具工业技术经济分册（1986—1990）》，机电部机床工具司，1992年。

机械工业部机床工具工业局：《中国机床与工具工业（1949—1981）》，机械工业部机床工具工业局，1982年。

机械工业部机械基础装备司：《中国机床与工具工业（1991—1995）》，机械工业部机械基础装备司，1997年。

济南第二机床厂史志办公室编：《中共济南第二机床厂党史大事记（1947—1988）》，内部资料，1988年。

济南第一机床厂志编辑委员会：《济南第一机床厂志（1944—1985）》，济南第一机床厂，1988年。

济南二机床集团有限公司：《迈向辉煌：济南二机床集团有限公司六十周年厂庆专辑》，济南二机床集团有限公司，1997年。

济南二机床集团有限公司：《JIER故事：庆祝济南二机床八十华诞职工征文》，济南二机床集团有限公司，2017年。

江东机床厂厂史编撰小组：《江东机床厂简史》，2008年。

江南造船厂志编纂委员会编：《江南造船厂志（1865—1995）》，上海，上海人民出版社，1999年。

《江西省机械工业志》编纂委员会编：《江西省机械工业志》，合肥，黄山书社，1999年。

《昆明机床厂发展史》编委会编：《明珠璀璨——昆明机床厂发展史》，北京，企业管理出版社，1992年。

昆明机床厂志编纂委员会编：《昆明机床厂志（1936—1989）》，昆明机床厂，1989年。

《牡丹江第一机床厂厂志》编纂领导小组：《牡丹江第一机床厂厂志（1946—1983）》，牡丹江第一机床厂，1984年。

南京第二机床厂志编纂委员会编：《南京第二机床厂志（1896—1996）》，南京第二机床厂，1996年。

南京工艺装备制造厂简志编纂办公室：《南京工艺装备制造厂简志（1952—2002）》，南京工艺装备制造厂，2002年。

宁江机床厂档案馆编：《宁江三十年》，宁江机床厂，1995年。

齐齐哈尔第一机床厂志办编：《一机床厂志（1950—1985）》，内部发行，1989年。

青海第一机床厂厂史编写组：《青海第一机床厂厂史（1958—1983）》，青海第一机床厂，1984年。

山东机床附件厂志编写领导小组：《山东机床附件厂志（1949—1989）》，山东机床附件厂，1990年。

陕西机床厂志编辑委员会：《陕西机床厂志（1933—1994）》，陕西机床厂，1995年。

上海第二机床厂党委宣传科编：《上海第二机床厂建厂七十周年纪念征文集》，1986年。

上海机床厂厂史编写组：《上海机床厂厂史（1946—1996年）》（初稿），上海机床厂，1996年。

上海机床电器厂：《上海机床电器厂厂志（1931—1991）》，上海机床电器厂，1991年。

上海量具刃具厂厂志编写小组：《上海量具刃具厂厂志》，上海量具刃具厂，1989年。

上海市机床总公司编：《上海机床行业志》，1993年。

沈机集团昆明机床股份有限公司编著：《昆明机床群英谱——暨昆机史料和文学作品选编》，昆明，云南科技出版社，2016年。

沈阳第一机床厂志编纂委员会编：《沈阳第一机床厂志（1935—1985）》，沈阳第一机床厂，1987年。

沈阳第一机床厂志编纂委员会编：《沈阳第一机床厂志（1986—1995）》，沈阳第一机床厂，2014年。

沈阳机床（集团）有限责任公司史志办公室编：《沈阳机床集团史志（1993—2011）》，沈阳机床（集团）有限责任公司，2013年。

沈阳市人民政府地方志编纂办公室：《沈阳地区工厂沿革史料》，1985年。

孙振英主编：《齐齐哈尔第二机床厂志（1950—1985）》，哈尔滨，黑龙江人民出版社，1992年。

台湾机械工业同业公会：《机械工业五十年史》，1995年。

太原第一机床厂志编纂组：《太原第一机床厂志》第1卷，太原第一机床厂，2008年。

王旭升主编：《中国机械进出口（集团）有限公司成立六十周年征文集》，2010年。

文思安编述，苏宗礼协修：《湖南机床厂志》，厂志编委会监修，1984年。

无锡机床厂：《奋进之路——无锡机床厂四十年大事记（1948—1988）》，1989年。

无锡机床股份有限公司：《锡机·智造世界强音》，无锡机床股份有限公司，2018年。

武汉机床厂厂志编委会：《武汉机床厂厂志（1928—1981）》，武汉机床厂，1983年。

武汉重型机床厂厂志办公室编：《武汉重型机床厂厂志（1953—1985）》，1988年。

《武重志》第二卷编纂委员会：《武重志》第二卷，武汉重型机床集团有限公司，2007年。

新乡机床厂志编辑组：《新乡机床厂志（1947—1982）》，新乡机床厂，1983年。

烟台机床附件厂史编纂领导小组：《烟台机床附件厂史（1949—1983）》，烟台机床附件厂，1983年。

杨建强主编：《湖州机床厂五十年（1954—2004年）》，湖州机床厂，2004年。

云南机床厂党委宣传部编：《从高原奔向大海——云南机床厂发展之路》，内部发行，1992年。

张克约编著：《机械风云100年——两岸机械行业交流20年回顾》，台北，商讯文化事业股份有限公司，2011年。

赵家润主编：《长沙机床工具志》，长沙市冶金机械志编委会、机床工具行业协调小组编印，1990年。

赵明纪主编：《铸就辉煌：济南二机床集团有限公司80华诞纪念（1937—2017）》，济南二机床集团有限公司，2017年。

浙江锻压机床厂编：《浙锻四十年（1951—1991）》，浙江锻压机床厂，1991年。

浙江锻压机床厂编：《浙锻五十年（1951—2000）》，浙江锻压机械集团公司，2001年。

浙江省二轻工业志编纂委员会编：《浙江省二轻工业志·第2分册（征求意见稿）》，1995年。

郑阳生、朱浩然主编：《建厂四十周年征文集（1951—1991）》，杭州机床厂，1991年。

中国机床工具工业协会:《中国机床与工具工业(1996—2000)》,2001年。

中国机床工具工业协会数显装置分会:《中国数显30年》,2016年。

株洲硬质合金厂志编纂办公室:《株洲硬质合金厂志(1953—1980)》,株洲硬质合金厂,1983年。

株洲硬质合金集团有限公司编纂委员会:《株洲硬质合金集团有限公司志(1991—2003)》,株洲硬质合金集团有限公司,2004年。

株洲硬质合金集团有限公司编纂委员会:《株洲硬质合金集团有限公司志(2004—2013)》,株洲硬质合金集团有限公司,2014年。

六、年鉴、报告与资料汇编等

工业和信息化部编著:《国家重大技术装备三十年(1983年—2013年重要文献选编)》,工业和信息化部,2013年。

国家计划委员会机电司、国家统计局工业交通司主编:《中国机械电子工业统计信息资料汇编(1949—1991年)》,北京,机械工业出版社,1993年。

国家统计局工业交通物资统计司编:《中国工业经济统计资料(1949—1984)》,北京,中国统计出版社,1985年。

海关总署综合统计司:《改革开放三十年中国对外贸易监测报告》,北京,中国海关出版社,2009年。

机电部机床工具司、数控机床一条龙编辑部、沈阳第三机床厂:《数控机床一条龙产品手册》,1991年。

上海市工商行政管理局、上海市第一机电工业局机器工业史料组编:《上海民族机器工业》,北京,中华书局,1966年。

沈云龙主编:《近代中国史料丛刊续编》第9辑第83册,台北,文海出版社有限公司,1974年。

台湾机械工业同业公会:《台湾工具机总览2018》,2018年。

台州市经济和信息化委员会:《台州工业发展报告(2011—2012)》,2013年。

外贸协会:《一读就通:大陆工具机市场商机》,外贸协会,2015年。

王守泰等口述,张柏春访问整理:《民国时期机电技术》,长沙,湖南教育出版社,2009年。

玉环县统计局编:《数字见证玉环60年》,2009年。

郑会欣主编:《战前及沦陷期间华北经济调查》,天津,天津古籍出版社,2010年。

中共中央文献研究室编:《建国以来重要文献选编》,北京,中央文献出版社,2011年。

中国第二历史档案馆编:《中华民国史档案资料汇编》第5辑第2编《财政经济》(五),南京,凤凰出版社,1997年。

中国机械工业年鉴编辑委员会编:《中国机械工业年鉴2020》,北京,机械工业出版社，2021 年。

七、未正式出版书稿及回忆录

白水：《在行在言》，浙江海德曼机床制造有限公司，2013 年。
北京机床研究所 70 届（71 届）入职 50 周年纪念活动组委会：《青春落脚的地方：纪念文集（1970—2020）》，2020 年。
恩宝贵：《情系中国机床》，内部资料，2007 年。
梁任编：《机床工业兴则国兴：梁训瑄其人其事》，北京，北京时代弄潮文化发展公司，2014 年。

八、著作

北京第一机床厂调查组：《北京第一机床厂调查》，北京，中国社会科学出版社，1980 年。
陈夕主编：《中国共产党与三线建设》，北京，中共党史出版社，2014 年。
陈夕主编：《奠基：苏联援华 156 项工程始末》（Ⅰ、Ⅱ），成都，天地出版社，2020 年。
《当代中国》丛书编辑部编：《当代中国的机械工业》，北京，中国社会科学出版社，1990 年。
葛帮宁撰写：《东风》，北京，中国工人出版社，2017 年。
杭州市政协文史资料委员会编：《新中国杭州工业发展史料》，杭州，杭州出版社，2010 年。
黄志平编著：《美国、巴统是怎样进行出口管制的》，北京，中国对外经济贸易出版社，1992 年。
机械工业杂志编辑部编：《沈阳第二机床厂技术改造工作的经验》，北京，机械工业出版社，1956 年。
李健、黄开亮主编：《中国机械工业技术发展史》，北京，机械工业出版社，2001 年。
刘仁杰：《分工网路：剖析台湾工具机产业竞争力的奥秘》，台北，联经出版事业公司，1999 年。
刘绍五：《难忘岁月——刘绍五回忆录》，沈阳，沈阳出版社，1998 年。
陆敬严、华觉明分卷主编：《中国科学技术史：机械卷》，北京，科学出版社，2000 年。
路风：《新火》，北京，中国人民大学出版社，2020 年。
芮明杰主编：《产业经济学》（第三版），上海，上海财经大学出版社，2016 年。
盛伯浩主编：《中国战略性新兴产业研究与发展·数控机床》，北京，机械工业出版社，2013 年。
王小鲁：《改革之路：我们的四十年》，北京，社会科学文献出版社，2019 年。
王众托编著：《系统工程》（第二版），北京，北京大学出版社，2015 年。

吴敬琏：《吴敬琏论改革基本问题Ⅲ：当代中国经济改革》，上海，上海三联书店，2021年。

《新时期中国工业的发展与管理》编委会编著：《新时期中国工业的发展与管理》，北京，电子工业出版社，2013年。

张国宝：《筚路蓝缕——世纪工程决策建设记述》，北京，人民出版社，2018年。

张培刚：《农业与工业化（上卷）：农业国工业化问题初探》，武汉，华中科技大学出版社，2002年。

中共中央文献研究室编：《毛泽东年谱（1949—1976）》，北京，中央文献出版社，2013年。

中央电视台财经频道《大国重器》节目组编著：《大国重器》，北京，电子工业出版社，2014年。

周国栋等编著：《台湾机电工业》，北京，机械工业出版社，1990年。

〔澳〕马克·道奇森、〔英〕大卫·甘恩、尼尔森·菲利普斯编：《牛津创新管理手册》，李纪珍、陈劲译，北京，清华大学出版社，2019年。

〔丹〕伊列雷斯：《我们如何学习：全视角学习理论》（第二版），孙玫璐译，北京，教育科学出版社，2014年。

〔德〕坎特纳、〔意〕马雷尔巴主编：《创新、产业动态与结构变迁》，肖兴志等译，北京，经济科学出版社，2013年。

〔美〕G. 多西、C. 弗里曼、R. 纳尔逊，等合编：《技术进步与经济理论》，钟学义、沈利生、陈平，等译，北京，经济科学出版社，1992年。

〔美〕埃里克·冯·希普尔：《用户创新：提升公司的创新绩效》，陈劲、朱朝晖译，上海，东方出版中心，2021年。

〔美〕安士敦、瞿宛文：《超越后进发展：台湾的产业升级策略》，朱道凯译，北京，北京大学出版社，2016年。

〔美〕奥利弗·E. 威廉姆森、西德尼·G. 温特编：《企业的性质——起源、演变和发展》，姚海鑫、邢源源译，北京，商务印书馆，2010年。

〔美〕巴里·诺顿：《中国经济：适应与增长》（第二版），安佳译，上海，上海人民出版社，2020年。

〔美〕布朗温·H. 霍尔、内森·罗森伯格主编：《创新经济学手册》第一卷，上海市科学学研究所译，上海，上海交通大学出版社，2017年。

〔美〕德托佐斯等：《美国制造：如何从渐次衰落到重振雄风》，惠永正等译，北京，科学技术文献出版社，1998年。

〔美〕拉维·K. 杰恩、哈里·C. 川迪斯、辛西娅·W. 韦克：《研发组织管理：用好天才团队》，柳卸林、刘建军译，上海，东方出版中心，2021年。

〔美〕理查德·R. 纳尔逊：《经济增长的源泉》，汤光华等译，北京，中国经济出版社，2001年。

〔美〕理查德·R. 尼尔森主编：《国家（地区）创新体系：比较分析》，曾国屏等译，北京，知识产权出版社，2011年。

〔美〕罗伯特·J. 斯滕博格主编：《剑桥创造力手册》，施建农等译，上海，东方出版中心，2021年。

〔美〕罗森伯格：《探索黑箱：技术、经济学和历史》，王文勇、吕睿译，北京，商务印书馆，2004年。

〔美〕莫厄里、纳尔逊编著：《领先之源：七个行业的分析》，胡汉辉、沈华、周晔译，北京，人民邮电出版社，2003年。

〔美〕诺布尔：《生产力：工业自动化的社会史》，李风华译，北京，中国人民大学出版社，2007年。

〔美〕乔·贝恩：《新竞争者的壁垒》，徐国兴等译，北京，人民出版社，2012年。

〔美〕约瑟夫·熊彼特：《经济发展理论——对于利润、资本、信贷、利息和经济周期的考察》，何畏、易家详等译，北京，商务印书馆，1990年。

〔美〕约瑟夫·熊彼特：《经济分析史》，朱泱、易梦虹、李宏，等译，北京，商务印书馆，1994年。

〔美〕约瑟夫·熊彼特：《资本主义、社会主义与民主》，吴良健译，北京，商务印书馆，1999年。

〔挪〕詹·法格博格等主编：《牛津创新手册》，柳卸林等译，上海，东方出版中心，2021年。

〔日〕山本直：《丰田四十年的历程》，周宝廉、傅春寰译，天津，天津人民出版社，1981年。

〔日〕丸山伸郎：《中国工业化与产业技术进步》，高志前、梁策、王志清译，北京，中国人民大学出版社，1992年。

〔意〕弗朗科·马雷尔巴等：《高科技产业创新与演化：基于历史友好模型》，李东红、马娜译，北京，机械工业出版社，2019年。

〔意〕卡洛·M. 奇波拉主编：《欧洲经济史》第二卷，贝昱、张菁译，北京，商务印书馆，1988年。

〔英〕查尔斯·辛格等主编：《技术史》第4卷《工业革命》，辛元欧、刘兵主译，北京，中国工人出版社，2020年。

〔英〕弗里曼等：《工业创新经济学》（第三版），华宏勋等译，北京，北京大学出版社，2004年。

〔英〕李约瑟：《中国科学技术史》第4卷第2分册，鲍国宝等译，北京，科学出版社，1999年。

〔英〕斯旺：《创新经济学》，韦倩译，上海，格致出版社、上海人民出版社，2012年。

九、期刊与论文

丁一：《机床工业技术学习中的"用户-生产者互动"机制研究——大连光洋科技集团案例分析》，首都经济贸易大学硕士学位论文，2019 年。

韩舒淋、马克：《拯救沈阳机床》，《财经》2019 年第 23 期。

贾根良：《资本品工业的自主创新：扩大内需战略的关键》，《经济学家》2012 年第 11 期。

贾利军、陈恒烜：《资本品驱动制造业升级：自由贸易还是产业保护——新古典经济学与新李斯特主义经济学的比较分析》，《政治经济学评论》2019 年第 2 期。

简练：《北京精雕：中国机床工业的后起之秀》，《经济导刊》2017 年第 6 期。

课题组：《装备制造业国企的改革和产业升级》，《经济导刊》2019 年第 3 期。

刘玥：《国家、行业组织与产业发展：中国机床工具工业协会的创建与发展（1988—2016）》，华中师范大学硕士学位论文，2020 年。

孙喜：《国有企业能够搞好——济南二机床改革发展的经验和启示》，《经济导刊》2017 年第 5 期。

王凤、谢丽容：《关锡友成败》，《财经》2019 年第 23 期。

武力、李扬：《新中国经济成就的制度因素及其演进逻辑》，《历史研究》2020 年第 3 期。

于德海：《发展自己的产业链、人才链、技术链》，《经济导刊》2019 年第 9 期。

张柏春：《中国近代机床的引进与仿制》，《科学技术与辩证法》1990 年第 5 期。

张志：《发展资本品工业的一种国家主义思路》，《演化与创新经济学评论》2015 年第 1 期。

十、外文文献

Altmann N, Köhler C, Meil P. *Technology and Work in German Industry*. London: Routledge, 2018.

Broehl W G. *Precision Valley: The Machine Tool Companies of Springfield, Vermont*. New York: Prentice-Hall, Inc., 1959.

DiFilippo A. *Military Spending and Industrial Decline: A Study of the American Machine Tool Industry*. New York: Greenwood Press, 1986.

Eckley R S. *Global Competition in Capital Goods: An American Perspective*. New York: Quorum Books, 1991.

Floud R. *The British Machine-Tool Industry, 1850-1914*. Cambridge: Cambridge University Press, 1976.

Holland M. *From Industry to Alchemy: Burgmaster, a Machine Tool Company*. Washington D.

C.: BeardBooks, 1989.

Landes D S. *The Unbound Prometheus: Technological Change and Industrial Development in Western Europe from 1750 to the Present*. Cambridge: Cambridge University Press, 2003.

Lloyd-Jones R, Lewis M J. *Alfred Herbert Ltd and the British Machine Tool Industry, 1887-1983*. Hampshire: Ashgate, 2006.

Lundvall B A. *National Systems of Innovation: Toward a Theory of Innovation and Interactive Learning*. London: Pinter Publishers, 1992.

Malerba F. *Sectoral Systems of Innovation: Concepts, Issues and Analyses of Six Major Sectors in Europe*. Cambridge: Cambridge University Press, 2004.

Nelson R R, Winter S G. *An Evolutionary Theory of Economic Change*. Cambridge: The Belknap Press of Harvard University Press, 1982.

Pirtle Ⅲ C. *Engineering the World: Stories from the First 75 Years of Texas Instruments*. Dallas: Southern Methodist University Press, 2005.

Wilson J F, Wong N D, Toms S. *Growth and Decline of American Industry: Case Studies in the Industrial History of the USA*. London: Routledge, 2020.

长尾克子：『工作機械技術の変遷』，東京，日刊工業新聞社，2003 年。

通商産業政策史編撰委員会編：『通商産業政策史（1980—2000）』第 7 巻，東京，財団法人経済産業调查会，2013 年。

沢井実：『マザーマシンの夢—日本工作機械工業史』，岡崎，名古屋大学出版会，2013 年。

沢井実：『機械工業』，東京，日本経営史研究所，2016 年。

后 记

2016年5月4日，我应中国机床工具工业协会的邀请开始撰写《中国机床工具工业简史》，这一两万字的文稿后来经过修改、扩充，成为中国工业经济联合会主编的《中国工业史》机械工业分卷机床工具工业部分的底稿。当时邀请我的是在中国机床工具工业协会媒体部任职的《中国工业报》前总编杨青老师。杨青老师关注到我，源于我的博士论文研究的是近代中国机械工业史，尽管我的研究时段延伸到了1957年。我对当代史极为看重，因为当代史研究直接指向了现实问题。2014年我进入复旦大学中国史博士后流动站，本意延续博士论文的主题，对当代中国机械工业的历史进行一个整体性的研究，惜未能如愿。因此，杨青老师的邀约正合我意。2014年3月16日，经吾友中国机械工业信息研究院陈琛的介绍，中央电视台纪录片频道朱兰亭导演对我进行了采访，邀请我担任纪录片《工业传奇》的顾问。7月23日，我赴北京参加中信改革发展研究院的国企研究中心成立会，除见到孔丹理事长外，还聆听了温铁军、崔之元等学者的发言。那一年我还应老同学王斌之邀撰写了两本关于工业文化的教材，并于11月3日赴京，在工业和信息化部受到相关领导接见，讨论在华中师范大学创立工业文化研究机构事宜。12月9日，我再度赴京，既去中国机床工具工业协会讨论行业史撰写问题，又陪同彭南生老师参加工业文化论坛，与工业和信息化部工业文化发展中心的领导议定合作框架。这一年11月9日，我在日志中写下一句："特朗普赢得美国总统大选，世界之保守化。"如今看来，无论是世界历史，还是我个人的生活，命运的齿轮都在2016年转动了。

追述了这么大段个人的经历，其实也写出了本书的缘起。在为中国机床工具工业协会撰写官方行业史的同时，我也在进行着自己的研究。感谢中国机床工具工业协会提供的资料，以及为我联系了众多企业进行调研。从2016年到2018年，从东北老工业基地到西南三线建设腹地，从东南海滨到西北高原，我调研了中国几乎所有最重要、最典型的机床工具企业，积累了大量文献资料与采访记录。实际上，我的调研一直持续到2019年，直到2020年才被突如其来的疫情打断，但此后只要有机会，我也会去走访相关企业。2018年暑假，单位办公楼空调维修，我依靠电扇，度过了武汉火热的夏天，为中国机床工具工业协会完善了官方行业史的通史部分，而我自己援用演化与创新经济学理论进行的行业史研究，也从那时开始起步。在这一过程中，感谢陈文佳在我较缺乏人手帮忙的时候给我做了不少打下手的工作。更感谢刘玥，在那几年里帮我维持2017年1月成立的华中师范大学中国工业文化研究中心的日常运转。2019年1月17日，刘玥随我在中国机床工具工业协会采访了王黎明副会长，并以该协会的历史作为硕士学位论文选题。可惜由于后来突发疫情，我对这篇毕业论文的指导未令我自己感到满意。这里还要特别感谢协会张芳丽老师一直以来的帮助。

自2017年以后，我忙于华中师范大学中国工业文化研究中心的工作，很难安坐于书斋撰写关于机床工具工业的论文。中国演化经济学界的扛旗人贾根良老师曾几次提醒我不要"歧路亡羊"，分散对战略与创新等现实最迫切问题的研究的精力，惭愧的是我每次只能唯唯应付。与贾老师及其高足黄阳华君数次讨论机床工具工业与智能制造的问题，也给了我极大的激励。感谢科学出版社的李春伶老师一直鼓励我进行产业与科技史研究，这才使我终于下定决心沉潜了近一年时间，将对中国机床工具工业长达5年的研究进行整合，形成了一部相对完整的书稿，于2021年顺利申请上了国家社会科学基金后期资助项目。在此也对5位匿名评审专家的意见与建议表示感谢！从2021年底到2023年上半年，我根据这些意见与建议对本书尽可能地进行了修改与完善。感谢复旦大学中国研究院的友人在2021年我比较困难的时候给予的帮助。感谢孙喜同志这位一起为中国工业奔走的"战友"提出的意见，并感谢中信改革发展研究基金会与工业和信息化部产业发展促进中心的支持。感谢陈劲、王焕祥老师主编的《演化与创新经济学评论》刊发了我对机床工具工业进行分析性研究的论文，并感谢《人大复印报刊资料·创新政策与管理》予以全文转载，这是对我的理论研究的莫大肯定，也鼓励着我继续在产业创新研究的道路上前进。

2022年秋天，我的工作陷入非常艰难的处境中，华中师范大学中国近代史研究所的博士生黄蓉在一年多的时间里帮我分担了困难，在此表示由衷的感谢。2023年夏天，中国社会科学院的武力老师邀请我去青海参加了新中国工业遗产与红色文化传承研讨会，并鼓励我坚持国史研究，对此我铭刻于心。2024年，随着学校的改革，校内各非实体研究中心的运营模式也出现了巨大的变动。然而，盛衰有常，我亦早预计过各种可能性，如果命运的齿轮再次转动，亦不过平常心以待。感谢妻子李宗奇与女儿严知萌在"后方"给予我的支持！这些年来我一直奔波各地，晚上在办公室加班至 9 点亦属寻常，没有她们的理解与支持，我难以前行。

最后，对于这项研究来说，我要深深感谢这些年来接受了我调研的众多企业、机构、个人。2019 年 7 月 17 日，我在浙江台州协助当地的机床企业撰写一个汇报材料，事关中央领导所担忧的中国机床工具工业的自主可控问题。在酒店房间里改了一晚上稿子后，次日清晨，我吹着东海的凉风，随口作了四句："龙心忧武库，东海起潮风。远眺烟波渺，平澜振机工。"

关于中国机床工具工业的研究，本书限于篇幅，尚不能全面展开，而我的学术征程，也与中国工业的追赶世界先进一道，仍在继续。

严　鹏

2024 年 4 月 3 日草于办公室